Lehrbuch der Programmierung mit Java

Klaus Echtle ist Professor für Praktische Informatik an der Universität Essen. Seine Arbeitsschwerpunkte sind Zuverlässigkeits- und Fehlertoleranz-Probleme von verteilten Rechensystemen, wobei er sich auch in der Organisation nationaler und internationaler Tagungen zum Thema Fehlertoleranz engagiert.

Michael Goedicke ist ebenfalls Professor für Praktische Informatik an der Universität Essen. Seine Arbeitsschwerpunkte liegen im Bereich Software Engineering. Insbesondere widmet er sich Problemen der Spezifikation der Architektur von Softwaresystemen und des Requirements Engineering. Er ist u.a. aktiv bei der Organisation nationaler und internationaler Tagungen und Forschungsprojekte zu diesem Thema.

Klaus Echtle · Michael Goedicke

Lehrbuch der Programmierung mit Java

dpunkt.verlag

Prof. Dr. Klaus Echtle
Universität Gesamthochschule Essen
Fachbereich Mathematik und Informatik
Schützenbahn 70
45127 Essen

Prof. Dr. Michael Goedicke
Universität Gesamthochschule Essen - Opti-Gebäude
Fachbereich Mathematik und Informatik
Altendorferstr. 97-100
45127 Essen

Lektorat: Christa Preisendanz
Copy-Editing: Ursula Zimpfer, Herrenberg
Satz: Klaus Echtle und Michael Goedicke, Essen
Herstellung: Peter Eichler
Umschlaggestaltung: Helmut Kraus, Düsseldorf
Druck und Bindung: Koninklijke Wöhrmann B.V., Zutphen, Niederlande

Die Deutsche Bibliothek - CIP-Einheitsaufnahme

Echtle, Klaus
Lehrbuch der Programmierung mit Java / Klaus Echtle ; Michael Goedicke. - 1. Aufl.. - Heidelberg:
   dpunkt-Verl., 2000
   ISBN 3-932588-22-3

1. Auflage 2000
Copyright © 2000 dpunkt.verlag GmbH
Ringstraße 19
69115 Heidelberg

Vorwort

Dieses Lehrbuch beschreibt die Methoden der Programmierung – von den Grundlagen bis zu den Strukturierungskonzepten für umfangreiche Programme. Im Vordergrund steht nicht eine bestimmte Programmiersprache, sondern die Erläuterung von Prinzipien wie z.B. Rekursion und Objektorientierung. Durch Diskussion der Möglichkeiten und Grenzen dieser Prinzipien soll ein tiefgehendes Verständnis vermittelt werden.

Damit richtet sich dieses Buch an alle, die sich intensiv mit modernen Methoden der Programmierung beschäftigen möchten. Neben dem Interesse (und vielleicht sogar einem bisschen Spaß) an diesem Thema muss der Leser keine Vorkenntnisse mitbringen. Erfahrungen im Umgang mit Computern sind natürlich nicht hinderlich, aber auch nicht notwendig. Das Durcharbeiten dieses Lehrbuchs, am besten begleitet von selbstständigen Programmierübungen, belohnt den Leser mit umfassenden Kenntnissen und einem guten Beurteilungsvermögen von Programmiertechniken. Als nächster Schritt kann sich das Thema Software Engineering anschließen, das sich den Arbeitsvorgängen des Softwareentwurfs widmet – von der Erfassung der Anforderungen bis zur Pflege des fertigen Softwareprodukts.

Wer einen schnellen, aber nur oberflächlichen Einstieg in die Programmierung sucht oder sich nur für ein Nachschlagewerk der Konstrukte einer Programmiersprache interessiert, mag mit anderen Werken besser bedient sein. Hier geht es darum, das gesamte Spektrum abzudecken, das sich vom Erlernen von Konzepten über ihre Anwendung in Programmen bis hin zur kritischen Beurteilung erstreckt. Dieses Buch kann daher Studenten und allen anderen empfohlen werden, die „der Sache auf den Grund gehen" möchten.

Das Programmieren lässt sich nur anhand einer Programmiersprache sinnvoll erkären. Hier wird die neuere Sprache Java verwendet, die alle relevanten Konzepte von modernen imperativen Programmiersprachen einschließt und zunehmend Verbreitung findet. Java wird aber nur als Instrument benutzt, um die Konzepte, um die es eigentlich geht, darzulegen. Dabei treten neben vielen Vorteilen auch einige Nachteile von Java zu Tage.

Der Aufbau des Buches orientiert sich an der Informatik-Grundausbildung. Zunächst werden wichtige Grundbegriffe wie Algorithmus, Syntax oder Grammatik in einem kurzen Abriss dargestellt. Daran schließen sich die ersten Schritte zur Programmierung mittels primitiver Datentypen und einfacher Anweisungen an. Die wichtigen Themen der objektorientierten Programmierung bestimmen dann den Rest des Buches: Klassendefinitionen, Objekte, Methoden, Konstruktoren usw. Damit wird auch ein Fundament geschaffen, auf dem sich typische, häufig benötigte Elemente des Programmierens erklären lassen, beispielsweise die Rekursion von Methoden und Datenstrukturen. Das wiederum liefert die Basis, um nützliche Strukturen wie Stapel, Listen, Bäume und Graphen einzuführen.

Ein tiefergehendes Konzept der Objektorientierung ist die Spezialisierung von Klassen – in vielen Sprachen auch Vererbung genannt. In diesem Buch wird nicht nur der Erweiterungsmechanismus von Java vorgestellt, sondern auch großes Gewicht auf die Darstellung gelegt, wie er sinnvoll einzusetzen ist und welche Alternativen existieren, z.B. die Spezialisierung durch Delegation. Das Gleiche gilt für die Definition von Schnittstellen (Interfaces sind eine Spezialität von Java). Es wird ausführlich diskutiert, wie Schnittstellen verwendet werden können, um wieder verwendbare Softwarekomponenten zu erhalten.

Die Vorstellung besonderer Programmierkonzepte wie Pakete, Ausnahmen und Threads rundet die Darstellung ab.

Das Buch schließt mit einer Kurzanleitung für das Erstellen von kleineren bis mittelgroßen Softwareprojekten. Das erworbene Wissen wird damit in den Rahmen des Softwareentwicklungs-Prozesses gestellt. Große, anspruchsvolle Projekte erfordern allerdings einen vertieften Einstieg in das Gebiet Software Engineering, das nicht Gegenstand dieses Buches ist.

Zu allen Kapiteln werden zahlreiche Beispielprogramme angegeben. Ein größeres Beispiel, ein Ausschnitt aus dem Mahnwesen einer Bibliothek, wird an verschiedenen Stellen in diesem Buch aufgegriffen und ist im Anhang A zusammenhängend dargestellt. Die Autoren haben die angegebenen Beispiele sorgfältig programmiert und getestet. Das schließt aber nicht aus, dass sich trotzdem an der einen oder anderen Stelle ein Fehler eingeschlichen haben könnte. Auch konnten nicht alle verfügbaren Java-Systeme und Plattformen ausprobiert werden. Leider hat die Erfahrung gezeigt, dass Programme in den verschiedenen Rechnerwelten (meist nur geringfügig) unterschiedliches Verhalten zeigen können.

Dem Leser wird empfohlen, die Beispielprogramme nachzuvollziehen, um die Anwendung der Programmierkonzepte besser zu verstehen. Darüber hinaus ist auch das selbstständige Erstellen von Programmen nützlich. Im Text selbst sind zwar keine Übungsaufgaben enthalten. Diese sind im World-Wide Web unter `www.informatik.uni-essen.de/Prog/` zu finden.

In diesem Buch werden die verbalen Beschreibungen durch zahlreiche grafische Darstellungen ergänzt. Dabei werden (etwas entgegen dem Trend der Zeit) nicht die Darstellungsmittel von UML gewählt. Die verschiedenen Diagrammformen von UML eignen sich nicht so gut als Erklärungshilfsmittel und weisen nicht immer die von den Autoren gewünschte Detailtiefe auf. Die gewählten Grafiken sind aber nicht so weit von UML entfernt, dass ein Umstieg und die Einarbeitung in UML-Werkzeuge schwer fiele.

Die Autoren hoffen, dem Leser die Methoden der Programmierung gut verständlich und in sich geschlossen dargestellt zu haben und ihm ein nützliches Fundament für seine weitere Beschäftigung mit der Programmierung zu bieten.

Allen, die uns geholfen haben, danken wir für ihre Unterstützung.

Essen im März 2000
Klaus Echtle und Michael Goedicke

Inhaltsverzeichnis

1   Grundbegriffe der Informatik 1
1.1   Motivation 1
1.2   Problemlösung durch Methoden und Maschinen
      der Informatik 3
1.3   Verarbeitung von Information durch einen Algorithmus . . 7
1.4   Formale Sprache und Grammatik 11
1.5   Programm 17

2   Grundelemente der Programmierung 21
2.1   Erste Schritte 21
2.2   Primitive Datentypen 30
2.3   Anweisungen 43
2.4   Arrays 65

3   Objekte und Klassen 83
3.1   Grundzüge der Objektorientierung 83
3.2   Verweisvariablen und Zugriffe auf Objekte 89
3.3   Methoden und ihre Parameter 98
3.4   Konstruktoren 107
3.5   Gültigkeitsbereich von Bezeichnern 114

4   Rekursion 121
4.1   Beschreibungen mit Selbstbezug 121
4.2   Rekursive Algorithmen 127
4.3   Rekursive Datenstrukturen 134
4.4   Arten rekursiver Beschreibungen 158

5   Nützliche Datenstrukturen 165
5.1   Zeichenkette 165
5.2   Puffer und Stapel 169
5.3   Suchbaum 172
5.4   Hashtabelle 179
5.5   Gerichteter Graph 185

6	Erweiterung von Klassen	193
6.1	Erweiterung einer Klassenimplementierung	193
6.2	Erzeugung von Objekten bei erweiterten Klassendefinitionen	205
6.3	Verdecken von Variablen und Überschreiben von Methoden	212
6.4	Vererbungshierarchien	218
6.5	Verwendung der Erweiterungsmechanismen: Das Bibliotheksbeispiel	224
6.6	Anonyme Erweiterungen von Klassen	231
6.7	Beziehungen zwischen Klassen	236
7	Flexible Softwarekomponenten: Generische Objektstrukturen	243
7.1	Verwendung von Programmteilen für ähnliche Aufgaben	243
7.2	Abstrakte Klassen	250
7.3	Definition von Schnittstellen	256
7.4	Verwendung von Schnittstellen	263
8	Spezielle Konzepte der Programmierung	277
8.1	Pakete	277
8.2	Ausnahmen	291
8.3	Threads	302
9	Eine Kurzanleitung zur Softwareentwicklung	313
9.1	Zweck dieser Kurzanleitung	313
9.2	Stadien der Softwareentwicklung	314
9.3	Die Rolle von Werkzeugen	326
9.4	Bewertung und Ausblick	327
A	Anhang: Beispiel eines Softwareentwurfs	329
B	Anhang: Der EinAusRahmen	355
	Literatur	361
	Index	363

1 Grundbegriffe der Informatik

1.1 Motivation

Rechensysteme ziehen sich durch fast alle Lebensbereiche, von der Büroarbeit über die Automatisierung von industriellen Anlagen bis in den Freizeitsektor. Durch die Ausführung von Programmen erfolgt die jeweils benötigte Datenverarbeitung, beispielsweise die Kalkulation eines Kredits, die Steuerung eines Fließbandes oder die Auswahl geeigneter Erläuterungstexte in einem Lernprogramm.

Einerseits vermögen Programme umfangreiche Berechnungen durchzuführen und große Datenmengen korrekt zu verarbeiten, wozu der Mensch wegen des hohen Aufwands nicht in der Lage ist. Man denke etwa an eine Stauprognose durch Simulation aller Fahrzeuge im Straßennetz einer Stadt. Andererseits entspricht das Programmverhalten nicht immer der Erwartung des Benutzers, wie jeder schon mehr oder weniger leidvoll erfahren hat.

Programme sind stur. Sie legen jeden einzelnen Schritt fest, den ein Rechensystem ausführt. Auf eine Eingabe kann nur so reagiert werden, wie es das Programm vorsieht. Eine über den Programmen stehende „Intelligenz", die Sonderfälle in sinnvoller Abweichung vom Programm zu behandeln gestattet, existiert in Rechensystemen nicht. Menschen sind anders: Sie planen ihr Verhalten meist nur für Routinearbeiten und hoffen darauf, unerwartete Sonderfälle durch Improvisation zu meistern. Programmierer[1] sind dagegen gezwungen, alle möglicherweise eintretenden Fälle vorherzusehen und im Programm entsprechend zu berücksichtigen. Dieser Zwang zur Vollständigkeit führt zu umfangreichen Programmen, die weit über ihre eigentliche Kernfunktion hinausreichen.

Programme sind komplex. Nicht nur die hohe Anzahl der Programmkomponenten, auch die vielfältigen Wechselwirkungen zwischen diesen erschweren das Verständnis eines Programms und machen es anfällig für Entwurfsfehler. Gedankliche Irrtümer bei der Programmierung lassen sich auch durch große Sorgfalt kaum gänzlich vermeiden.

Unverzichtbar für anspruchsvolle Programmiervorhaben sind daher Arbeitsweisen, Hilfsmittel und Programmiersprachen, welche die beschriebenen Schwie-

---

1. Um den Lesefluss nicht zu stören, wird hier und im folgenden Text die grammatikalisch männliche Form als Oberbegriff von z.B. Programmierer und Programmiererin benutzt.

rigkeiten und ihre Folgeprobleme mindern und eindämmen. Insbesondere sollen Entwurfsfehler oder -schwächen möglichst schon durch Analyse des geschriebenen Programms erkannt werden, nicht erst durch seine Ausführung. Zur besseren Beherrschung der Programmkomplexität sind immer wieder neue Konzepte propagiert worden. Fast könnte man von Modeerscheinungen sprechen, denn ein Allheilmittel gegen Programmfehler wurde noch nicht gefunden und wird es wohl niemals geben. Jedoch haben sich bestimmte Ansätze bewährt und durchgesetzt.

Hervorzuheben ist die Objektorientierung – ein wirksames Konzept zur überschaubaren Strukturierung von Programmen. Jeder konkrete oder abstrakte Gegenstand, mit dem sich ein Programm befasst, kann durch ein eigenständiges Objekt repräsentiert werden. Das Verhalten eines Objekts wird in einem abgegrenzten Programmteil beschrieben, der quasi von einer Mauer umgeben ist und weitgehend unabhängig vom Rest des Programms arbeitet. Für die erwünschten Wechselwirkungen mit anderen Objekten sind Lücken in die Mauer zu brechen, die explizit spezifiziert werden müssen. Objektorientierung fördert daher das Programmverständnis und die Wiederverwendbarkeit von bereits erstellten Objektklassen.

Dieses Buch gibt eine Einführung in die Programmierung, die sich an Konzepten, nicht an einer Programmiersprache orientiert. Um jedoch babylonische Sprachverwirrung zu vermeiden, stützen sich alle Beispiele und Erläuterungen auf eine einzige Sprache. Die Wahl fiel auf die noch junge Sprache *Java*, weil sie neben der Objektorientierung noch weitere fortschrittliche Konzepte kennt, insbesondere die strenge Trennung verschiedener Datentypen, die strukturierte Ausnahmebehandlung und die Übersetzung in eine einfache Ausführungssprache, die von zahlreichen Rechensystemen verstanden wird. Das alles ist aus der „Vor-Java-Zeit" bestens bekannt, aber in den gängigen Programmiersprachen nur teilweise realisiert. Mit der Akzeptanz von Java wird jedoch diesen Konzepten in ihrer Gesamtheit zu großer Verbreitung verholfen.

Für Java spricht auch die „Internet-Unterstützung." Von fremden Rechnern geladene Java-Programme lassen sich auf Wohlverhalten prüfen, so dass man sich gegen unerwünschte Ausspähung und Sabotage schützen kann. Leider sind die derzeit verfügbaren Schutzschilde noch etwas löchrig und lassen manchen unerlaubten Dateizugriff unbeanstandet.

Schließlich ist die syntaktische Nähe von Java zu C++ für alle von Vorteil, die sich mit der ebenfalls objektorientierten Sprache C++ auseinandersetzen müssen. Gegenüber C++ besticht Java durch klare und konsistente Formulierung seiner Konzepte. Von der guten Verständlichkeit der sprachlichen Ausdrucksmittel profitieren Einsteiger und fortgeschrittene Programmierer gleichermaßen.

Primäres Ziel dieses Buches ist die Vermittlung moderner Methoden zur Erstellung von Programmen. Das Gewicht liegt weniger auf den Feinheiten einzelner Techniken als vielmehr auf dem Verständnis der Probleme und der Möglichkeiten, welche die Programmierung bietet. Eine schnelle, unüberlegte Hauruck-Programmierung würde den Programmfehlern nur Tür und Tor öffnen, wie inzwischen wohl alle Hacker eingesehen haben, die sich in ihrem verschlungenen „Spaghetti-Code" verheddert haben. Ähnlich wie die mathematische Modellbildung erfordert auch die Programmierung zunächst bestimmte Denkweisen, insbesondere die gekonnte Abstraktion, die später eine geeignete Detaillierung zulässt. Erst danach kommt der sichere Umgang mit Formalismen.

Durch die grundsätzliche Betrachtung der Programmierprinzipien soll hier ein Fundament gebildet werden, das für jeden von Nutzen ist, der sich mit Programmen befasst, sei es durch Programmierung oder durch sonstige Beteiligung an Projekten, die Programmiervorhaben beinhalten. Der letztgenannte Arbeitsbereich gewinnt zunehmend an Bedeutung, weil sich anspruchsvolle Aufgaben oft nur durch Kooperation von Experten verschiedener Disziplinen lösen lassen.

Die folgenden Abschnitte werden zunächst Grundbegriffe der Informatik und die mit ihnen zusammenhängenden Vorgehensweisen erläutern. Ab Kapitel 2 wird dann auf die Programmierung im engeren Sinne näher eingegangen. Sie umfasst die sogenannte „Programmierung im Kleinen", die sich mit einzelnen Anweisungen, Prozeduren, Objekten und Objektklassen auseinandersetzt. Fragen des Software Engineering („Programmierung im Großen") bleiben hier ausgeklammert, weil sie Programmierkenntnis voraussetzen und daher erst im Anschluss an das Studium dieses Buches aufgegriffen werden sollten.

1.2 Problemlösung durch Methoden und Maschinen der Informatik

Jedes etablierte Fachgebiet besitzt eigene Vorgehensweisen, um Probleme zu lösen. Schon der erste Blick zeigt deutliche Unterschiede:

- ❑ Mathematiker leiten aus Axiomen Aussagen ab.
- ❑ Naturwissenschaftler beobachten die Natur und entwickeln ein (mathematisches) Modell, das die Beobachtung erklärt. Aus dem Modell lassen sich dann weitere Aussagen über das Verhalten der Natur ableiten.
- ❑ Ingenieure lösen eine gegebene technische Aufgabe, beispielsweise eine Untersetzung bei der Kraftübertragung, durch Anwendung der Modelle über die Natur. Es entsteht ein Konstruktionsplan zur Produktion einer speziellen Maschine, beispielsweise eines Getriebes.

Informatiker lösen ebenfalls eine gegebene technische oder planerische Aufgabe, jedoch gibt es keine Produktion im ingenieurwissenschaftlichen Sinne.

- ❑ Informatiker wählen je nach Aufgabenstellung geeignete Modelle aus, auf deren Grundlage sie eine Lösungsbeschreibung erstellen, die auf einem allgemein verwendbaren Rechensystem ausführbar ist. Die Lösungsbeschreibung wird als *Programm* bezeichnet. Zusammen mit dem Programm wird das Rechensystem zu einer speziellen Maschine. Sie verarbeitet Eingabedaten und liefert Ausgabedaten.

Die Apparatur eines Rechensystems wird als *Hardware* bezeichnet. Die Programme bilden die *Software*.

Die Aufgabe der Hardware besteht darin, Programme auszuführen sowie die Ein- und Ausgabe von Daten zu realisieren. Diesem Zweck dienen die folgenden Komponenten: Prozessoren als Ausführungseinheiten, Halbleiter-, Magnetplatten- und andere Speicher als Gedächtnis zur Aufnahme von Programmen und Daten, Tastatur, Maus usw. als Eingabeeinheiten, Bildschirm, Drucker usw. als Ausgabeeinheiten sowie Rechnernetz-Anbindungen als Einheiten für den Datenaustausch mit anderen Rechensystemen. Auf die Funktionsweise dieser Komponenten wird hier nicht weiter eingegangen, weil der Blick auf die Programmierung gerichtet ist.

Die Nutzung der Hardwarekomponenten erfordert eine *Betriebssoftware* zur Steuerung und Verwaltung. Beispielsweise ist der vorhandene Speicherplatz auf verschiedene Programme und Datenbestände aufzuteilen. Ebenso wie die Hardware ist die Betriebssoftware unabhängig von den Anwendungen eines Rechensystems. Zur speziellen Maschine wird ein Rechensystem erst durch die Programme der *Anwendungssoftware*, die zur Bearbeitung gegebener Aufgaben eingesetzt werden. Zur Ausführung dieser Programme werden Funktionen der Betriebssoftware und der Hardware benutzt, so dass insgesamt die in Abb. 1–1 skizzierte Struktur eines Rechensystems entsteht.

Die Universalität eines Rechensystems lässt fast beliebige Anwendungen zu. Selbstverständlich kann ein Rechensystem selbst keine Materie bearbeiten oder

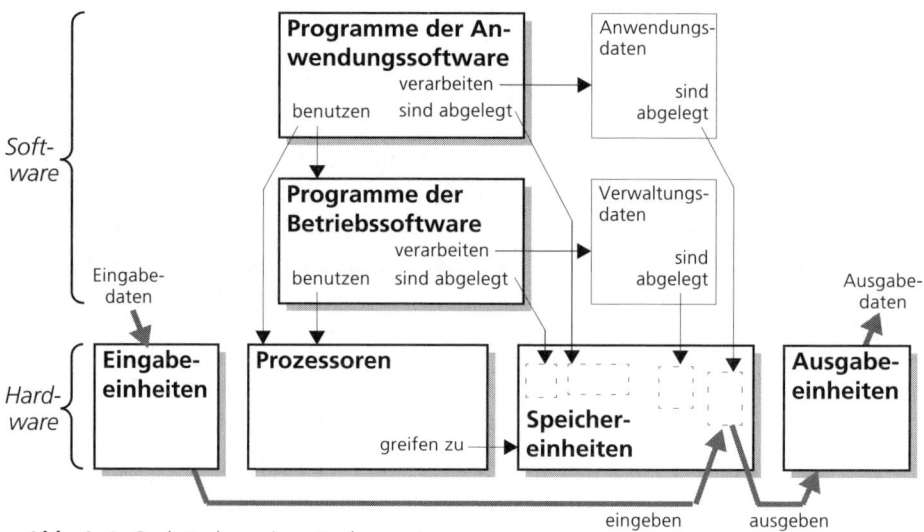

Abb. 1–1 *Grobstruktur eines Rechensystems*

bewegen. Der Datenverarbeitung sind aber kaum Grenzen gesetzt. So lassen sich mittels Rechensystemen etwa Pläne zur günstigen Nutzung von Weinanbauflächen erstellen, Gehälter des Winzer-Personals abrechnen, Kunden verwalten, Bestellungen aufnehmen, Lieferungen vormerken und Bezahlungen durchführen. Die Arbeit im Weinberg und der Transport der edlen Tropfen lässt sich durch Software natürlich nicht ersetzen. Durch Rechensysteme und Rechnernetze fließen nur Datenströme, jedoch kein Wein. Zahlreiche Maschinen werden aber durch Rechner geführt, beispielsweise Anlagen zur Verpackung von Flaschen in Kartons.

Die folgenden Stichwörter sollen einen groben Eindruck der Vielfältigkeit der möglichen Rechneranwendungen vermitteln. Programme können u.a. folgende Probleme lösen: Berechnung von Preis- und Steuertabellen, Verwaltung von Personen und Vorgängen, symbolisches Lösen von Gleichungssystemen, Simulation des Wettergeschehens, Automatisierung chemischer Reaktoren, Überwachung des Eisenbahnverkehrs, Bewertung von Börsendaten, Verschlüsselung von Nachrichten und vieles mehr.

Ein Programm zu erstellen bedeutet, für ein Problem aus einem Anwendungsgebiet eine Lösung zu erarbeiten. Dies erfordert Kreativität, aber auch eine gute Übersicht über alle zu betrachtenden Varianten eines Problems. Wenn etwa ein Programm zur Bestimmung der besten Straßenverbindung zwischen zwei Punkten entworfen werden soll, muss zunächst präzisiert werden: Welche Landkarte wird zugrunde gelegt? Wird die kürzeste oder die schnellste Verbindung gesucht (und wie wird die Fahrzeit ermittelt)? Fließt das Staurisiko in die Berechnung ein? ... Es ist bemerkenswert, dass Menschen bereits nach kurzem Blick auf die Landkarte einen günstigen Weg finden, das Erstellen eines brauchbaren Programms zur Wegsuche jedoch wochenlange Arbeit kostet. Der Grund für diesen Unterschied ist offensichtlich: Wer ein konkretes Fahrziel vor Augen hat, beispielsweise von Essen aus nach Karlsruhe, orientiert sich sofort an diesem Spezialfall: Auf Grund der Entfernung ist klar, dass nur eine Autobahn in Frage kommt, also die A3, die A45 oder die A61. Niemand macht sich die Mühe, eine vielleicht kürzere Strecke über Bundesstraßen zu suchen. Wer will sich schon durch ampelüberfüllte Städte quälen? Erst recht denkt niemand an eine Fährverbindung über den Rhein. Solche intuitiv offensichtlichen Überlegungen taugen jedoch nicht für ein allgemein einsetzbares Programm zur Wegsuche. Vielmehr muss jede Einzelheit der Suchstrategie explizit formuliert werden.

Eine überschaubare Struktur lässt sich oftmals nur durch ein *Modell* erzielen, welches sowohl das Problem als auch den Spielraum für Lösungen in geeigneter Abstraktion darstellt. Viele formale Modelle haben darüber hinaus den Vorzug, dass bestimmte Eigenschaften oder gar (Teil-) Lösungstechniken bereits bekannt und als korrekt nachgewiesen sind.

Das Problem der Wegsuche kann durch einen ungerichteten Graphen ausgedrückt werden: Knoten stehen für Straßenkreuzungspunkte, Kanten sind die Verbindungen zwischen diesen (grafisch als Linien veranschaulicht). Vom genauen Straßenverlauf (Kurven, Brücken, Bahnübergänge usw.) wird abstrahiert. Nur die für das Problem relevanten Eigenschaften wie die Entfernung und die durchschnittliche Fahrzeit werden als Attribute der Kanten in das Modell aufgenommen. Zusätzlich könnte ein wahrscheinlichkeitstheoretisches Modell das Auftreten von Staus in Abhängigkeit von der Tageszeit ausdrücken. Erst jetzt kann das Problem exakt formuliert werden, beispielsweise in der Form:

> Gegeben seien ein ungerichteter Graph mit den Knoten Start und Ziel sowie die gewünschte Abfahrtszeit t. Es sei K die Menge der Kantenzüge vom Knoten Start zum Knoten Ziel. Es sei e die minimale Gesamtlänge aller Kantenzüge aus K. Die Teilmenge $T \subset K$ enthalte alle Kantenzüge, deren Gesamtlänge höchstens 20% über e liegt. Wähle den Kantenzug aus T, der die geringste Gesamtzeit für die Fahrt und erwartete Staudauer aufweist.

Das Programm zur Wegsuche kann sich nun an der Struktur des Graphen und den Attributen seiner Kanten orientieren. Auch für andere Problemlösungen finden sich oft geeignete Modelle. Die folgenden Beispiele sollen die Vielfalt der Modellwelten zeigen, deren man sich bei der Programmierung bedienen kann:

❏ Modelle aus der Mathematik:
   Gleichungssysteme, Differentialgleichungssysteme, algebraische, wahrscheinlichkeitstheoretische und statistische Beschreibungen, ...
❏ Modelle aus Operations Research und Graphentheorie:
   gerichtete und ungerichtete Graphen, Netzplantechnik, ...
❏ Modelle aus den Natur- und Ingenieurwissenschaften:
   Modell des Massepunktes und Gesetze der Mechanik, chemische Reaktionsgleichungen, ...
❏ Modelle aus der Informatik:
   endliche Automaten, Petrinetze, formale Sprachen, Grammatiken, Entscheidungstabellen, ...
❏ Nicht formale Modelle der Organisation:
   Organigramme, ...

Häufig ist ein Modell aus dem Anwendungsgebiet Dreh- und Angelpunkt der Programmierung, da es die Gedanken zur Entwicklung einer Problemlösung leitet.

Endprodukt des Entwurfsprozesses ist ein Programm, d.h. eine Lösungsbeschreibung, die sowohl vom Menschen als auch von einem Rechensystem verstanden wird. Dazu sind alle Verarbeitungsschritte in einer Programmiersprache auszudrücken, die einerseits übersichtlich und verständlich, andererseits maschinenlesbar und -ausführbar ist.

1.3 Verarbeitung von Information durch einen Algorithmus

Die Information, die durch die Eingabedaten gegeben ist, wird durch Rechensysteme nicht nur („oberflächlich") *be*arbeitet, sondern *ver*arbeitet. Die Ausgabedaten liefern neue Information in dem Sinne, dass sie etwas ausdrücken, was man zuvor evtl. nicht wusste. Programme sollen den Benutzer schlauer machen, etwa indem sie ihm die geeignetste Fahrroute zwischen zwei Orten mitteilen.

Programme stellen daher eine Verarbeitungsvorschrift von Information dar. Als solche sind sie unabhängig vom Rechensystem. Man könnte sie sogar als eine Handlungsanweisung für den Menschen auffassen und sie mühsam von Hand ausführen.

Eine Vorschrift zur Informationsverarbeitung wird *Algorithmus* genannt. Programme sind Algorithmen. Jeder kennt Algorithmen aber auch aus anderen Gebieten, beispielsweise Verfahren zur Berechnung des arithmetischen Mittels, zur Einstellung einer Digitaluhr oder zur Lösung eines linearen Gleichungssystems. Auch Handlungsanweisungen wie Kochrezepte, Musiknoten oder Bedienungsanleitungen von Fahrscheinautomaten können als Algorithmus aufgefasst werden. Der Algorithmus-Begriff soll nun durch die Merkmale A1 bis A5 präzisiert werden.

A1 Ein Algorithmus beschreibt eine Relation über das Kreuzprodukt einer Eingabe- und einer Ausgabemenge. Dadurch werden für jede Eingabe die zulässigen Ausgaben festgelegt.

A2 Ein Algorithmus setzt sich aus wohldefinierten Elementaroperationen zusammen, die auf einer geeigneten Maschine ausführbar sind.

A3 Ein Algorithmus legt die Abfolge der Schritte fest, wobei jeder Schritt genau eine Elementaroperation umfasst.

A4 Ein Algorithmus ist eine Beschreibung endlicher Länge.

A5 Ein Algorithmus benutzt nur endlich viele Speicherplätze zur Ablage von Zwischenergebnissen.

A2 besagt, dass die Bedeutung der Elementaroperationen nicht unklar bleiben darf. Zulässig sind zum Beispiel die Addition von Zahlen, der Vergleich von Wörtern gemäß alphabetischer Ordnung oder das Verlagern eines gespeicherten Datums an einen anderen Speicherort. Ausgeschlossen sind dagegen unpräzise beschriebene Operationen wie „prüfe, ob eine Zahl zufällig erscheint, wie etwa 5731, oder eine Besonderheit aufweist, wie etwa die Symmetrie in 5335."

A3 verlangt, dass zu jedem Ausführungszeitpunkt eindeutig feststehen muss, ob eine Elementaroperation als nächste ausführbar ist. Vage Beschreibungen, die die Reihenfolge der Schritte nicht genau festlegen, sind unzulässig. Erlaubt ist dagegen die unbestimmte Auswahl unter mehreren Operationen, wie in Prog. 1–2 zu erkennen ist. Ein solcher *Indeterminismus* (vgl. A9) tritt jedoch in Programmen selten auf.

A4 und A5 fordern die so genannte *Finitheit* eines Algorithmus: Sowohl das Programm als auch die Daten müssen sich in einem endlich großen Speicher ablegen lassen. Die Datenmenge hängt in der Regel von der Eingabe ab und kann sogar in Abhängigkeit von einem Eingabedatum „explodieren", d.h. sehr stark anwachsen. So könnten bei Eingabe einer Zahl x für die Ausführung eines Algorithmus x^{10} Speicherplätze benötigt werden. Bei gegebenem x ist nur ein unbegrenztes Anwachsen ausgeschlossen.

Ein einfacher Algorithmus (und damit ein Programm) ist die folgende Verarbeitungsvorschrift zur Berechnung der Entfernung $|x - y|$ zwischen den Kilometersteinen x und y entlang einer Straße (siehe Prog. 1–1). Prog. 1–2 zeigt eine indeterministische Variante zur Lösung desselben Problems, wobei willkürlich $|x - y|$ oder $|y - x|$ gerechnet wird, was ohne Einfluss auf das Ergebnis bleibt.

```
Schritt 1:    Lies Eingaben x und y,    weiter mit Schritt 2
Schritt 2:    Falls x ≤ y: weiter mit Schritt 3,
              falls x > y: weiter mit Schritt 4
Schritt 3:    Berechne a = y - x,       weiter mit Schritt 5
Schritt 4:    Berechne a = x - y,       weiter mit Schritt 5
Schritt 5:    Schreibe Ausgabe a,       beende Ausführung
```

Prog. 1–1 *Deterministischer Algorithmus*

```
Schritt 1:    Lies Eingaben x und y,    weiter mit Schritt 2 oder 3
Schritt 2:    Berechne a = x - y,       weiter mit Schritt 4
Schritt 3:    Berechne a = y - x,       weiter mit Schritt 4
Schritt 4:    Falls a ≥ 0: weiter mit Schritt 5,
              falls a < 0: weiter mit Schritt 6
Schritt 5:    Setze b = a,              weiter mit Schritt 7
Schritt 6:    Berechne b = -a,          weiter mit Schritt 7
Schritt 7:    Schreibe Ausgabe b,       beende Ausführung
```

Prog. 1–2 *Indeterministischer Algorithmus*

Im Folgenden werden in A6 bis A13 weitere Eigenschaften beschrieben, die nicht jeder Algorithmus aufweisen muss, jedoch können sie je nach Anwendungsgebiet wünschenswert sein.

A6　*Terminierung*: Für jede (!) Eingabe endet die Ausführung des Algorithmus nach endlich vielen Schritten.

A7　*Begrenzte Schrittanzahl*: Für jede (!) Eingabe wird die zugehörige Ausgabe spätestens nach Ausführung einer vorgegebenen Schrittanzahl s geliefert. Wenn ein Rechensystem für jeden Schritt höchstens die Zeit σ benötigt, dann wird die Ausgabe spätestens nach Verstreichen der *begrenzten Antwortzeit* $τ = s·σ$ geliefert.

Üblicherweise wird von einem Algorithmus Terminierung (A6) verlangt, da unendlich viele Verarbeitungsschritte unendlich langes Warten auf die Ergebnisausgabe bedeuten würden, was den Algorithmus wertlos macht. Es gibt jedoch Ausnahmen: Ein Algorithmus zur Verarbeitung von Maus-Eingaben darf nicht selbstständig terminieren, weil auf jeden Mausklick noch weitere folgen können, die ebenfalls zu verarbeiten sind. Ähnliches gilt für Programme, die Maschinen automatisieren. Sie müssen bereit sein, eine beliebig lange Folge von Eingabedaten zu verarbeiten. Hier fordert man Terminierung üblicherweise nur für die Programmabschnitte einer einzelnen Eingabeverarbeitung, nicht aber für das gesamte Programm. Jeder dieser Programmabschnitte muss also mit begrenzter Schrittanzahl (A7) ausgeführt werden können.

Je nach Anwendungsgebiet darf ein Programmabschnitt sogar nur eine begrenzte Antwortzeit τ aufweisen. Liefert z.B. ein Füllstandsmelder zum Zeitpunkt t_1 die Eingabe „Behälter voll,“ so muss ein zur Automatisierung eingesetzter Rechner spätestens zum Zeitpunkt $t_2 = t_1 + \tau$ das Kommando „schließe Zulaufventil" ausgeben, um ein Überlaufen zu vermeiden.

A8   *Determiniertheit*: Die Eingabe-Ausgabe-Relation (siehe A1) ist rechtseindeutig. Dies bedeutet, dass jeder Eingabe genau eine Ausgabe zugeordnet wird.

A9   *Determinismus*: In jedem Zustand, der bei Ausführung des Algorithmus erreicht wird, ist jeweils nur ein einziger Folgeschritt als nächster ausführbar.

Für manche Aufgaben gibt es genau eine korrekte Lösung, etwa für die Addition 2 + 2. Vom Additionsalgorithmus wird Determiniertheit verlangt. Zahlreiche Probleme kennen aber mehrere korrekte Lösungen, z.B. die Buchung von Flügen. Sind die Plätze 22F und 23F noch frei und die Reisenden Meier und Geier möchten buchen, dann ist sowohl die Zuordnung (Meier → 22F, Geier → 23F) als auch (Geier → 22F, Meier → 23F) möglich. Der Zuordnungsalgorithmus braucht nicht determiniert zu sein. Er kann vielmehr bei exakt gleichen Eingaben je nach zufälliger Nachrichtentransferdauer zwischen Reisebüro und Fluggesellschaft den Fluggast, dessen Bestätigung zuerst eintrifft, dem Platz 22F zuordnen.

Determinismus bezieht sich dagegen nicht auf die Ergebnisausgabe, sondern auf die Abfolge der Rechenschritte. Wenn mehrere Alternativen bei der Auswahl des nächsten Rechenschritts bestehen, wie in Schritt 1 von Prog. 1–2, liegt *Indeterminismus* vor. Er tritt meistens auf, wenn ein Algorithmus auf mehreren Prozessoren ausgeführt wird, wobei die Transferdauer von Nachrichten zwischen diesen nicht exakt vorhergesagt werden kann. Indeterminismus kann dann zur Erhöhung der Ausführungsgeschwindigkeit genutzt werden, indem von mehreren Nachrichten, die an einem Prozessor eintreffen sollen, die zufällig zuerst ankommende auch zuerst bearbeitet wird.

Terminierende, deterministische Algorithmen, die aus determinierten Elementaroperationen bestehen, sind stets determiniert, weil eine eindeutige Abfolge von eindeutigen Rechenschritten zu einem eindeutigen Ergebnis führt. Die Umkehrung gilt nicht. Prog. 1–2 ist indeterministisch, aber determiniert.

A10 *Allgemeinheit*: Ein Algorithmus löst nicht nur ein einziges Problem, sondern eine Klasse von Problemen.

A11 *Änderbarkeit*: Ein Algorithmus soll sich leicht modifizieren lassen, um ihn an eine veränderte Aufgabenstellung anzupassen.

Programmierung ist mitunter ein recht arbeitsintensiver und damit teurer Spaß, so dass man die mit Mühe hergestellten Programme möglichst universell einzusetzen beabsichtigt. So möchte man Plätze im Flugzeug sinnvollerweise nicht nur für einzelne Passagiere, sondern auch für Paare und Gruppen buchen, die nicht getrennt sitzen wollen. Die Eingabedaten müssen dann entsprechend detaillierter sein, um den konkret zu bearbeitenden Auftrag zu formulieren. Häufig müssen Programme auch nachträglich erweitert werden, um zusätzliche Funktionen zu erbringen, etwa die Preisangabe in DM und Euro anstatt in nur einer Währung.

A12 *Effizienz*: Für eine gegebene Eingabe soll die Anzahl der benötigten Schritte möglichst gering sein.

Wer möchte schon lange auf Rechenergebnisse warten? Die Ausführung eines Algorithmus soll möglichst wenige Schritte benötigen, um die Ausgabe schnell zu liefern. Die Erstellung eines besonders effizienten Programms ist oft mit großem zusätzlichem Entwurfsaufwand verbunden. Für bestimmte Probleme sind aus der theoretischen Informatik bewiesene Grenzen der Effizienzsteigerung bekannt.

A13 *Robustheit*: Der Algorithmus soll sich möglichst auch dann wohldefiniert verhalten, wenn eine unzulässige Eingabe (die nicht Element der Eingabemenge ist) vorliegt.

Im rauen Alltag der Programmbenutzung sind Fehleingaben nicht zu vermeiden. Ein Geburtsdatum könnte mit `13.13.1993` angegeben sein. Von dem verarbeitenden Programm wird in diesem Fall eine Fehlermeldung und eine Aufforderung zur erneuten Eingabe erwartet, jedoch kein Programmabbruch oder gar eine Interpretation des unsinnigen Datums.

Die beiden folgenden sehr einfachen Algorithmus-Beispiele zeigen, dass man ein und dasselbe Problem auf unterschiedliche Art lösen kann und dabei hinsichtlich Änderbarkeit, Effizienz und Robustheit evtl. unterschiedliche Eigenschaften erzielt. Prog. 1–3 und Prog. 1–4 berechnen beide das arithmetische Mittel von zwei Zahlen x und y.

Prog. 1–3 weist im geschriebenen Programm und in der Ausführung einen Schritt weniger auf und könnte daher effizienter sein. Prog. 1–4 kann leichter geändert werden, wenn ein gewichtetes Mittel berechnet werden soll, beispielsweise `0,7·x+0,3·y`. Außerdem ist Prog. 1–4 etwas robuster, weil keine Zwischenergebnisse entstehen, die größer als die Eingaben sind und zur Überschreitung des im Rechner darstellbaren Zahlenbereichs führen könnten. Die Programme 1–3 und 1–4 sind natürlich nur kleine Spielzeugbeispiele. In größeren Programmen können die Unterschiede deutlicher ausfallen.

```
Schritt 1:    Lies Eingaben x und y,    weiter mit Schritt 2
Schritt 2:    Berechne a = x + y,       weiter mit Schritt 3
Schritt 3:    Berechne b = a / 2,       weiter mit Schritt 4
Schritt 4:    Schreibe Ausgabe b,       beende Ausführung
```

Prog. 1–3 *Berechnung des artihmetischen Mittels nach der Formel (x + y)/2*

```
Schritt 1:    Lies Eingaben x und y,    weiter mit Schritt 2
Schritt 2:    Berechne a = 0,5 · x,     weiter mit Schritt 3
Schritt 3:    Berechne b = 0,5 · y,     weiter mit Schritt 4
Schritt 4:    Berechne c = a + b,       weiter mit Schritt 5
Schritt 5:    Schreibe Ausgabe c,       beende Ausführung
```

Prog. 1–4 *Berechnung des artihmetischen Mittels nach der Formel 0,5 · x + 0,5 · y*

1.4 Formale Sprache und Grammatik

Ein Algorithmus sowie seine Eingabe- und Ausgabedaten müssen so geschrieben werden, dass Mensch und Maschine sie verstehen können. Um Eindeutigkeit zu gewährleisten, werden *formale Sprachen* benutzt, deren Syntax und Semantik formal definiert sind.

Als Syntax bezeichnet man wie in der natürlichen Sprache die Regeln zum Aufbau von Texten aus den Elementen einer Sprache. Diese Regeln sind wichtig, um unsinnige Konstruktionen auszuschließen. Mit der syntaktisch falschen Gleichung „(a– (+ 3 = b +" wissen wir ebenso wenig anzufangen wie mit dem Satz „Dem Augen schärft verklären". Nur bei korrekter Syntax lässt sich überhaupt die Bedeutung eines Textes definieren, d.h. die *Semantik* festlegen. Dazu ordnen wir Textstücken eine Frage, eine Aussage oder einen Befehl zu. Ohne derartige Abbildung in eine Menge möglicher Bedeutungen bleiben selbst syntaktisch korrekte Sätze sinnleer, wie z.B. „Der Eingeladene wurde niemals eingeladen." Natürliche Sprachen weisen einen semantischen Interpretationsspielraum auf. Er stört uns nicht in dem Satz „Es herrscht Aufbruchstimmung", führt jedoch zu Missverständnissen bei „Die Renten sind sicher."

Programme sowie ihre Ein- und Ausgabedaten verlangen völlige Eindeutigkeit. Jeder Schritt eines Algorithmus muss einem Rechensystem eine klare Anweisung erteilen. Jedes Datum muss objektiv interpretierbar sein.

Für die Beschreibung einer Syntax haben sich Grammatiken bewährt. Sie helfen, die zulässigen Ausdrucksmöglichkeiten einer Programmiersprache besser zu verstehen, aber auch Ein- und Ausgabedaten für beliebige Programme präzise strukturieren zu können. Zur Darstellung einer Grammatik gibt es eine gut verständliche textuelle Notation sowie eine übersichtliche grafische Repräsentation.

Die Definition einer formalen Sprache beruht auf einem *Alphabet*, d.h. einer Menge von n Zeichen $A = \{z_1, \ldots, z_n\}$. Auch Symbole, die wir mit mehreren

Buchstaben oder Sonderzeichen schreiben, können Elemente eines Alphabets sein. Beispielsweise ist

$$A = \{ \text{"0"},\text{"1"},\text{"2"},\text{"3"},\text{"4"},\text{"5"},\text{"6"},\text{"7"},\text{"8"},\text{"9"},$$
$$\text{"+"},\text{"-"},\text{"*"},\text{"ggT"},\text{"kgV"},\text{"("},\text{")"},\text{","} \}$$

ein geeignetes Alphabet zur Notation von einfachen arithmetischen Ausdrücken. Hintereinander geschriebene Zeichen des Alphabets werden *Wort* genannt (in Abweichung von dem Begriff Wort der natürlichen Sprache). Die Zeichenfolge "15 – ggT (12, 16)" ist ebenso ein Wort wie ") + 0 *", obwohl nur das erste sinnvoll ist. Zulässig ist auch ein Wort ohne Zeichen, das *leere Wort*, das durch ε symbolisiert wird. A* bezeichnet die *Menge aller Wörter über A*, d.h. die Menge der Wörter, die sich aus dem Alphabet A bilden lassen, inklusive dem leeren Wort. Wenn A mindestens ein Zeichen enthält, so enthält A* stets unendlich viele Wörter, weil sich Zeichen in einem Wort beliebig oft wiederholen lassen, wie das Beispiel "11 + 1 + 1 + 0 + 111111" ∈ A* demonstriert.

Eine *formale Sprache* L (auch abkürzend *Sprache* genannt) soll nicht alle Wörter über einem Alphabet enthalten, sondern nur die entsprechend dem Zweck der Sprache sinnvolle Teilmenge, d.h. L ⊂ A*. Sollen etwa nur ganze Zahlen und keine Rechenoperationen ausgedrückt werden, so gilt

$$L = \{ \dots, \text{"-2"}, \text{"-1"}, \text{"0"}, \text{"1"}, \text{"2"}, \text{"3"}, \dots \}.$$

Eine *Grammatik* G erlaubt die Definition von komplizierter aufgebauten Sprachen, indem sie syntaktische Variablen benutzt. Mit den Variablen Subjekt und Prädikat lassen sich z.B. in die Satzstellungsregel „zuerst Subjekt, dann Prädikat" Wörter der deutschen Sprache einsetzen, um den Satz „Vögel zwitschern" zu erhalten.

Eine Grammatik G für eine Sprache L ist das Viertupel G = (V, T, P, S) mit folgender Bedeutung:

V   ist die Menge der *syntaktischen Variablen*. Sie treten in der Sprache nicht auf, sondern müssen durch Terminalsymbole ersetzt werden.

T   ist die Menge der *Terminalsymbole*, welche die Wörter der Sprache L bilden. Terminalsymbole sind Zeichen des zugrunde liegenden Alphabets A. Somit gilt immer T ⊂ A, oft sogar T = A.

P   ist die Menge der *Produktionen*, d.h. der Ersetzungsregeln X → Y, die besagen, dass ein Teilwort X durch ein Teilwort Y ersetzt werden kann, z.B. Prädikat durch „zwitschern". Sowohl X als auch Y können syntaktische Variablen und Terminalsymbole enthalten. Oft ist aber X genau eine syntaktische Variable und Y ein beliebig aufgebautes Teilwort. Ein Wort der Sprache L liegt erst vor, wenn alle syntaktischen Variablen durch Terminalsymbole ersetzt worden sind.

S   ist ein *Startsymbol*, S ∈ V, von dem ausgehend die Produktionen so lange angewandt werden, bis nur noch Terminalsymbole vorliegen.

Für das angegebene Alphabet A liefert folgende Grammatik G = (V, T, P, S) eine Sprache L, die nur sinnvolle arithmetische Ausdrücke enthält:

V = { Ausdruck, Summand, Faktor, Funktion, Zahl }
T = { "0", "1", "2", "3", "4", "5", "6", "7", "8", "9",
     "+", "-", "*", "ggT", "kgV", " (", ")", "," }
P = { Ausdruck → Summand,
     Ausdruck → Summand "+" Ausdruck,
     Ausdruck → Summand "-" Ausdruck,
     Summand → Faktor,
     Summand → Faktor "*" Faktor,
     Faktor → Zahl,
     Faktor → "ggT" " (" Ausdruck "," Ausdruck ")",
     Faktor → "kgV" " (" Ausdruck "," Ausdruck ")",
     Zahl → "0", ... , Zahl → "9",
     Zahl → Zahl Zahl   }
S = Ausdruck

Eine Sprache L ist die Menge aller Wörter, welche durch die Grammatik G = (V, T, P, S) abgeleitet werden können, also

$$L = \{w \in T^* : \exists\, w_1, ... , w_k \in (V \cup T)^* : S \xrightarrow{P} w_1, w_1 \xrightarrow{P} w_2, ... , w_k \xrightarrow{P} w\}$$

wobei $w_i \xrightarrow{P} w_j$ bedeutet, dass die Anwendung einer Produktion von P auf ein Teilwort von w_i das Wort w_j ergibt.

Durch Anwendung der Produktionen erhalten wir z.B. das Wort "22 + kgV (4 * 5, 18 - 3)", wie aus Abb. 1–2 ersichtlich.

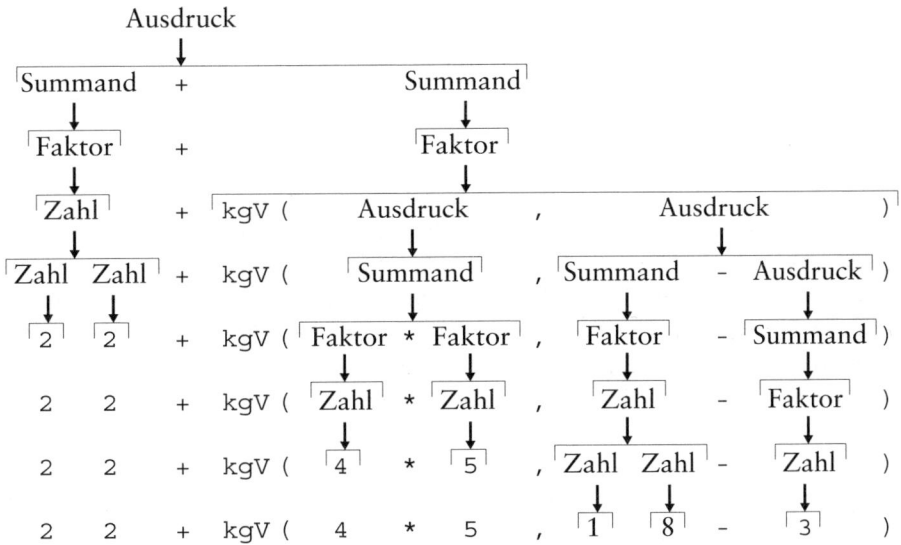

Abb. 1–2 *Ableitung eines Wortes aus dem Startsymbol „Ausdruck"*

Für viele Zwecke genügt eine einfache Art der Grammatik, die so genannte *kontextfreie Grammatik*. Ihre Mengen V, T und P sind nicht leer und endlich. Außerdem besteht die linke Seite einer Produktion stets aus genau einer syntaktischen Variablen. Die Anwendung der Produktionen führt dann zu einer hierarchischen Verfeinerung, wie in Abb. 1–2 dargestellt (die angegebene Beispielgrammatik ist kontextfrei). Terminalsymbole werden bei Kontextfreiheit nicht weiter ersetzt.

Da die Anzahl der Produktionen recht groß sein kann, wird nun eine kompaktere Schreibweise eingeführt, die *erweiterte Backus-Naur-Form* oder kurz EBNF. Durch die EBNF-Notation verändert sich eine kontextfreie Grammatik nicht. Sie wird nur prägnanter repräsentiert, indem mehrere Produktionen zusammengefasst dargestellt werden. EBNF bietet folgende Möglichkeiten (Tab. 1–1):

Produktionen einer Grammatik $a, b \in V$, $x, y, z, x_1, ..., x_k \in (V \cup T)^*$	EBNF-Notation	Bemerkung
$a \rightarrow x$	$a = x$	
$a \rightarrow x_1$, ... , $a \rightarrow x_k$	$a = (x_1 \mid ... \mid x_k)$	Alternativen
$a \rightarrow xz$, $a \rightarrow xyz$	$a = x [y] z$	y ist optional
$a \rightarrow xa$, $a \rightarrow y$	$a = \{ x \} y$	x beliebig oft wiederholt
$a \rightarrow xb$, $b \rightarrow xb$, $b \rightarrow y$	$a = \{ x \}_1 y$	x mindestens 1 mal

Tab. 1–1 *Erweiterte Backus-Naur-Form EBNF*

Die Ausdrucksmittel der erweiterten Backus-Naur-Form lassen sich auch verschachtelt anwenden, beispielsweise Alternativen innerhalb einer Wiederholung. In EBNF lautet die obige Grammatik für arithmetische Ausdrücke:

Ausdruck = Summand $[("+" \mid "-")$ Ausdruck $]$
Summand = Faktor $["*"$ Faktor $]$
Faktor   = $(\{ ("0" \mid "1" \mid ... \mid "9") \}_1 \mid$
         $("ggT" \mid "kgV") " (" $ Ausdruck $", "$ Ausdruck $") ")$

Syntaxdiagramme sind eine grafische Veranschaulichung von kontextfreien Grammatiken. Für jede syntaktische Variable wird ein gerichteter Graph angegeben, der folgende Knoten enthält: genau einen Startknoten α und einen Endknoten ω sowie beliebig viele Knoten, die syntaktische Variablen repräsentieren (dargestellt durch einen eckigen Kasten), und beliebig viele Knoten für Terminalsymbole (dargestellt durch einen Kreis oder einen abgerundeten Kasten). Die gerichteten Kanten werden nun so eingetragen, dass gilt: Jeder Kantenzug von α nach ω entspricht genau einer möglichen Ersetzung der syntaktischen Variablen. Dabei entsprechen die auf dem Kantenzug durchlaufenen Knoten (in der Durchlaufreihenfolge) der rechten Seite einer Produktion.

Zur Vereinfachung der Darstellung lässt man die Knoten α und ω üblicherweise weg. Anfangs- und Endpunkt eines Durchlaufs sind dann an einem offenen Pfeilanfang bzw. einer offenen Pfeilspitze ersichtlich. Außerdem erlaubt man das Verzweigen von Pfeilen und das Einmünden von Pfeilen in andere, um unübersichtliche Pfeilstrukturen zu vermeiden.

Die Grammatik für arithmetische Ausdrücke wird durch die Syntaxdiagramme in Abb. 1–3 ausgedrückt.

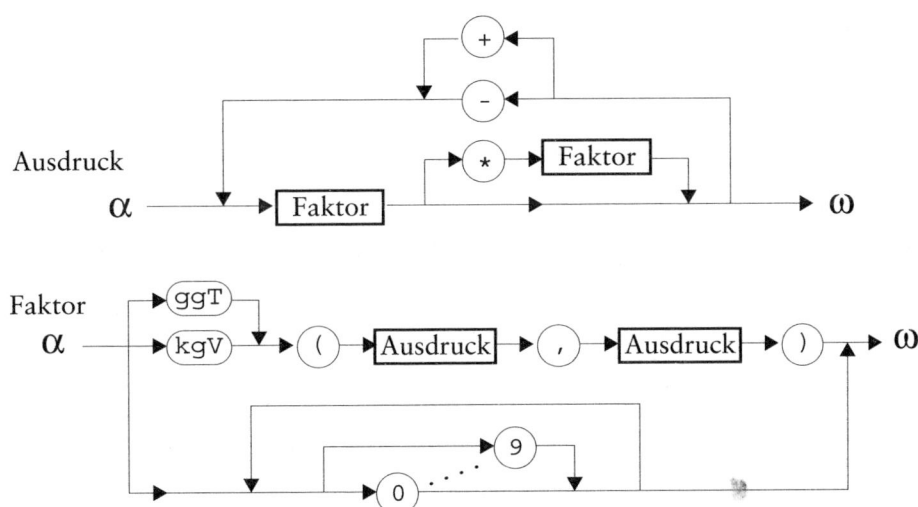

Abb. 1–3 *Syntaxdiagramme für* Ausdruck *und* Faktor *zur Beschreibung einer Grammatik*

Grammatiken eignen sich nicht nur zur Syntaxdefinition einer Programmiersprache, sondern auch zur Festlegung der syntaktisch zulässigen Eingaben. Ein Programm zur Wegsuche benötigt intern z.B. einen ungerichteten Graphen, der Landkarten-Information ausdrückt. Wenn der Graph erstmalig aufgebaut oder um neue Straßenverbindungen erweitert werden soll, muss diese Information in textueller Form eingegeben werden, aber wie? Man könnte festlegen, dass Straße für Straße einzugeben ist. Jede Straße ist durch eine Reihe von Attributen zu charakterisieren: ihre Art und ihre Nummer (z.B. A45), die entlang der Strecke liegenden Orte, die Entfernungen zwischen diesen sowie die anzunehmende Fahrgeschwindigkeit, falls diese von einem Standardwert abweicht. Verschiedene Punkte innerhalb von Orten sind ggf. durch Nummerierung zu unterscheiden. Ein einfaches Aneinanderfügen dieser Attribute wäre aber schwer überschaubar oder gar miss-verständlich, wie das folgende Beispiel zeigt:

```
A 10 F 22 H 12 70 Z 8 B 11 D 17 E
```

Offenbar ist hier eine Autobahn A10 gemeint, die über F, H usw. führt. Was aber bedeutet "H 12 70 Z"? Sind Punkt 12 des Ortes H und der 70 km davon entfernte Ort Z gemeint oder eine Enfernung von 12 km zwischen H und Z, die typi-

scherweise mit Tempo 70 km/h gefahren wird? Ebenso bleibt unklar, ob das Teilwort "Z 8 B 11" einen 8 km von Z entfernten Ort B bezeichnet oder auf
Punkt 8 des Ortes B die Beschreibung der Bundesstraße B 11 folgt. Diese Probleme sind durch eine Grammatik zu lösen, die für Eindeutigkeit und Übersicht
sorgt. Man könnte die Syntax der Straßeneingabe z.B. wie folgt festlegen:

Straßen   = Bezeichnung Punkt { Strecke Punkt }$_1$ [" ; " Straßen]
Bezeichnung = [("A" | "B" | "L")] Zahl " : "
Punkt   = "<" Ortsname [" , " Zahl] " > "
Strecke   = Zahl [" / " Zahl]
Ortsname   = { ("A" | "B" | ... | "Z" | "a" | "b" | ... | "z" | "-") }$_1$
Zahl   = { ("0" | "1" | ... | "9") }$_1$

Die bei „Strecke" erstgenannte Zahl drückt die Entfernung, die evtl. zweitgenannte die Geschwindigkeit aus. Die Grammatik kann anstatt in EBNF auch
durch die Syntaxdiagramme in Abb. 1–4 repräsentiert werden. Ein sinnvolles
Beispiel einer Straßen-Eingabe (aus einer schönen Ecke Deutschlands) könnte
lauten:

```
B3:     <Rastatt, 1> 8 <Sandweier> 2 <Baden-Oos, 3>
        1/30 <Baden-Oos, 1> 2/50 <Sinzheim> ;
2055:   <Kuppenheim> 5/80 <Haueneberstein> 2 <Baden-Oos, 3> ;
2072:   <Kuppenheim> 3 <Niederbühl> 2/40 <Rastatt, 1>
```

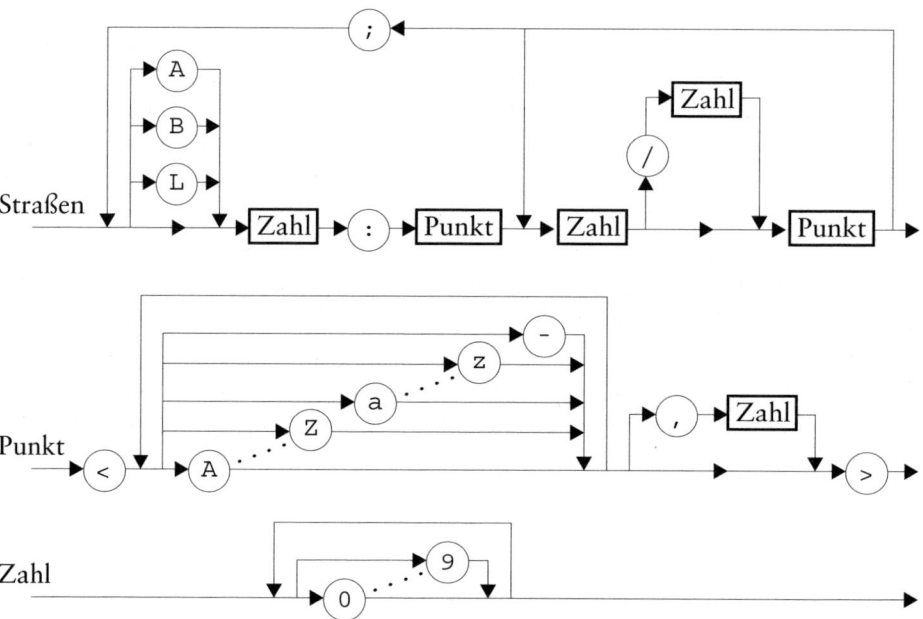

Abb. 1–4 *Syntaxdiagramme für die Grammatik zur Straßen-Eingabe*

Jede Syntaxdefinition legt nur die zulässige Struktur einer textuellen Beschreibung fest, nicht jedoch ihre inhaltliche Bedeutung. Daher muss zusätzlich die Semantik angegeben werden.

Zur Definition der Semantik gibt es grundsätzlich drei Alternativen:

❑ Die *operationale* Definition der Semantik legt eine Maschine fest, welche die Sprachelemente interpretiert, z.B. die Schritte eines Algorithmus. Ein Beispiel zur Veranschaulichung: Eine Maschine merke sich in einer Speicherzelle die Nummer des Schritts, der als nächster ausgeführt wird. Die Elementaroperation

```
Falls a ≥ 0: weiter mit Schritt 5,
Falls a < 0: weiter mit Schritt 6
```

aus Prog. 1–2 führt dann zu folgenden Maschinenoperationen: Wenn das Vorzeichen von a positiv ist, dann kopiere die erste, andernfalls die zweite Schrittnummer aus der Darstellung der Elementaroperation in die Schritt-Speicherzelle.

Der operationale Ansatz zur Semantik-Definition ist formal und eindeutig. Er ist im Detail leicht verständlich, jedoch in größeren Zusammenhängen oft nur schwierig zu durchschauen.

❑ Die *denotationale* Definition der Semantik geht nicht den Umweg über eine Maschine, sondern legt die Bedeutung der einzelnen Sprachkonstruktionen direkt fest. Beispielsweise kann die hervorgerufene Abbildung von einem Ausgangszustand in einen Folgezustand in Form einer Funktion oder eines prädikatenlogischen Ausdrucks beschrieben werden. Dieser Ansatz ist schwieriger zu verstehen, eignet sich aber besser für Beweisführungen, um bestimmte Programmeigenschaften zu zeigen.

❑ Die rein *verbale*, nicht formale Definition der Semantik wendet sich direkt an die Vorstellungskraft des Menschen und ist daher nicht zu verachten, wenn neben der Definition auch die Absicht, die mit einer bestimmten Konstruktion verfolgt wird, vermittelt werden soll.

Operationale und denotationale Methoden werden wir nicht weiter betrachten, weil der Aufwand zur Einführung der Formalismen hier unangemessen wäre. Stattdessen wird die Sprache Java ab Kapitel 2 in verbaler Form eingeführt.

1.5 Programm

Rechensysteme lösen Probleme durch Ausführung von Algorithmen. Diese werden durch Programme realisiert, die üblicherweise nicht in der primitiven Algorithmen-Notation der Programme 1–1 bis 1–4 (siehe Abschnitt 1.3), sondern in einer höheren Programmiersprache aufgeschrieben werden, um Verarbeitungsschritte, ihre Ausführungsreihenfolge und die Struktur der bearbeiteten Daten prägnanter und in besserer Entsprechung zu den benutzten Modellen ausdrücken zu können. Nur so lassen sich komplexe Ansätze zur Problemlösung, wenn überhaupt, in ein Programm überführen, das ein Mensch überschauen und verstehen kann.

Die Hardware versteht solche Programme aber nicht. Sie vermag nur Abfolgen von einfachen Befehlen auszuführen. Daher muss zunächst ein *Übersetzer-*Programm (engl. *compiler*) bemüht werden, das aus einem Programm in einer *höheren Programmiersprache* (auch *Hochsprache* genannt) ein solches in *Maschinensprache* erzeugt. Dabei wird natürlich die Semantik des Programms beibehalten, seine Syntax dagegen drastisch vereinfacht. Eine Maschinensprache kennt in der Regel nur Befehle für elementare Rechenoperationen, für den Transfer von Daten zwischen Speicherorten und für den Sprung zu einer bestimmten Programmstelle. Menschen halten sich am besten von Maschinenprogrammen fern, da sie sich in dem unübersichtlichen Befehlsdschungel leicht hoffnungslos verirren können. Zum Glück kann man sich auf Compiler verlassen und braucht sich nur mit dem in einer Hochsprache (z.B. Java) formulierten Programm zu befassen.

Programmiersprachen sind formale Sprachen, die meist eine reichhaltige Syntax aufweisen. Die Vielfalt grammatikalischer Regeln ist für den Entwurfsprozess von Programmen eher eine Hilfe als eine Einschränkung. Die mitunter als pingelig empfundene Syntaxprüfung, die ein Übersetzer durchführt, erlaubt nämlich, zahlreiche Entwurfsfehler schon vor der Programmausführung zu erkennen. Beispielsweise wird festgestellt, wenn Zugriffe auf nicht vorhandene Komponenten von Objekten versucht werden.

Die Semantik von Programmiersprachen soll einerseits genügend Möglichkeiten bieten, um Lösungen aus einer Modellwelt gut in ein Programm übertragen zu können. Andererseits darf es in einer Programmiersprache nicht zu viele alternative Konstruktionen geben, um dieselbe Wirkung zu erzielen. Einfachheit fördert die Erlernbarkeit der Sprache und die Verständlichkeit der Programme. Aus diesem Spannungsfeld führt in praktisch allen Programmiersprachen der Ansatz, nur einen beschränkten Satz an Grundelementen zur Verfügung zu stellen, zusätzlich aber die Schaffung weiterer Elemente innerhalb von Programmen zu unterstützen. Viele Programmiersprachen bieten die folgenden Ausdrucksmittel an:

- ❏ *Einfache Anweisungen* sind die Grundbausteine eines Programms. Sie können z.B. eine arithmetische Formel enthalten, die bei Programmausführung zu errechnen ist, sowie die Bezeichnung eines Speicherorts, der den errechneten Wert aufnimmt.
- ❏ *Unterprogramme* sind beliebig formulierbare Programmteile aus mehreren einfachen Anweisungen, die den Operationen aus einem benutzten Modell oder den Regeln des Anwendungsgebiets entsprechen. Beispielsweise können wir in einer mathematischen Formel Folgendes schreiben:

ggT $(21, 30) \cdot 23$. Gemeint ist damit der mit 23 multiplizierte größte gemeinsame Teiler von 21 und 30. Die Funktion ggT wird aber von Programmiersprachen nicht angeboten und muss daher als Unterprogramm formuliert werden, bevor sie in einer Formel benutzt werden kann. Unzählige weitere Operationen können durch ein Unterprogramm realisiert werden: die Berechnung der Einkommensteuer aus dem zu versteuernden Einkommen und der Steuerklasse, die Bestimmung der Anzahl von Tagen zwischen zwei Kalenderdaten usw.

❏ *Primitive Datentypen* legen fest, welche Werte eine Variable annehmen kann. Mögliche „Inhalte" von Variablen sind ganze Zahlen, Gleitkommazahlen, Zeichen eines Alphabets usw. Beispielsweise kann eine Variable des Typs „Buchstabe" benutzt werden, um die Art einer Straße auszudrücken: A = Autobahn, B = Bundesstraße, L = Landstraße, Leerzeichen = sonstige Straße (siehe Abb. 1–4). Manche Programmiersprachen kennen nur fest vorgegebene primitive Datentypen und erlauben keine Erweiterung um zusätzliche Datentypen.

❏ *Komplexe Datenstrukturen* lassen sich aus primitiven Datentypen aufbauen. So können Vektoren, Matrizen, Listen, Tabellen, gerichtete und ungerichtete Graphen usw. erzeugt werden. Beispielsweise kann unter Verwendung der primitiven Datentypen „Zeichen" und „Zahl" eine für Preislisten geeignete Datenstruktur gebildet werden. Sie besteht aus mehreren Einträgen, die jeweils aus einem Text zur Warenbezeichnung, einer Zahl zur Preis- und einem kurzen Text zur Währungsangabe bestehen. Texte sind ihrerseits aus Zeichen zusammengesetzt.

❏ *Objekte* vereinigen beliebig strukturierbare Daten und Unterprogramme, welche auf diese Daten zugreifen. Dadurch lassen sich konkrete und abstrakte Gegenstände aus der Realität und aus Modellen gut nachbilden. Beispielsweise könnte ein Kessel durch einen Zylinder modelliert werden. Ihm entspricht dann im Programm ein Objekt „Zylinder," das die charakterisierenden Daten, nämlich den Radius r, die Kesselhöhe k und die momentane Füllhöhe f, aber auch die Unterprogramme enthält, um die Grundfläche $r^2 \cdot \pi$, das Kesselvolumen $k \cdot r^2 \cdot \pi$ und das Füllvolumen $f \cdot r^2 \cdot \pi$ zu berechnen. Weitere Unterprogramme `Zufluss(x)` und `Abfluss(x)`, deren Parameter x ein Zu- bzw. Abflussvolumen ausdrückt, erhöhen bzw. vermindern die Füllhöhe um $x / (r^2 \cdot \pi)$. Die beiden letztgenannten Unterprogramme zeigen einen großen Vorteil von Objekten in Programmen: Durch Nutzung der objektspezifischen Unterprogramme können Objekteigenschaften manipuliert werden, ohne dass direkte Zugriffe auf die objektinternen Daten nötig sind. Für die Programmerstellung bedeutet dies, dass man sich mit den internen Sachverhalten nur bei der Programmierung des Objekts befassen muss. Danach kann abstrahiert werden. `Zufluss(x)` lässt sich unabhängig davon aufrufen, ob der Kessel eine kreisförmige oder eine ovale Grundfläche besitzt. Die Form wird vom Unterprogramm behandelt. An der Programmstelle des Unterprogramm-Aufrufs braucht man darauf aber nicht einzugehen. Die dadurch erzielte gedankliche Trennung der zu berücksichtigenden Aspekte erleichtert die Programmierung wesentlich.

❑ *Klassen von Objekten* beschreiben Objektmengen mit gleichem Verhaltensmuster. So könnte eine Klasse „zylindrische Kessel" gebildet werden, die alle Kessel einer Anlage umfasst. Radius, Kesselhöhe und Füllhöhe mögen für einzelne Kesselobjekte verschieden sein. Die oben genannten Unterprogramme sind jedoch für alle Objekte der Klasse gleich, weil die gleichen geometrischen Gesetze gelten. Weitere Beispiele von Objektklassen (kurz *Klassen* genannt), die in einem Programm definiert werden können, unterstreichen die Nützlichkeit dieses Konzepts:

  – Eine Klasse „Bankkonto" beschreibt Bankkonten, die natürlich unterschiedliche Kontostände aufweisen, aber mit den gleichen Unterprogrammen für Einzahlung, Überweisung usw. behandelt werden.

  – Eine Klasse „Knoten" beschreibt z.B. die Knoten eines Graphen. Die Knoten-Objekte können unterschiedliche Städte repräsentieren, verwenden aber alle die gleichen Unterprogramme, um die Entfernung von anderen Städten (über den kürzesten Kantenzug) zu berechnen.

  – In einem Verkehrs-Simulationsprogramm kann eine Klasse „Fahrzeug" das Verhalten von Fahrzeug-Objekten ausdrücken, die durch Daten wie Aufenthaltsort und Geschwindigkeit charakterisiert sind. Diese Daten werden von Unterprogrammen manipuliert, die Beschleunigung, Spurwechsel, Bremsen usw. simulieren.

Die Realisierung dieser Ausdrucksmittel in einer Programmiersprache wird in den folgenden Kapiteln anhand der Sprache Java erläutert.

2 Grundelemente der Programmierung

2.1 Erste Schritte

Aus der Algorithmen-Notation, wie sie in Abschnitt 1.3 benutzt wurde, haben sich verschiedene Grundelemente von Programmiersprachen entwickelt. Sie umfassen primitive Datentypen und einfache Anweisungen, die zur Formulierung von simplen Programmen ausreichen. Man muss nur die nacheinander auszuführenden Anweisungen in der entsprechenden Reihenfolge aufschreiben. Eine Nummerierung der Schritte entfällt. Viele Programmiersprachen besitzen diesbezüglich ein ähnliches Grundgerüst.

In objektorientierten Programmiersprachen (wie Java) sind zusätzlich alle Programmteile einer Objektklasse zuzuordnen. Folglich besteht auch das kleinste Programm aus mindestens einer Klassendefinition, die mindestens ein Unterprogramm mit den auszuführenden Anweisungen enthält. Die Unterprogramme werden *Methoden* genannt. Da es kein Hauptprogramm im eigentlichen Sinne gibt, muss die als erste auszuführende Methode gekennzeichnet werden. In Java ist sie mit dem Namen `main` zu bezeichnen. Die Anweisungen in `main` können ggf. weitere Methoden aufrufen. Prog. 2–1 zeigt ein einfaches Programm zur Berechnung der arithmetischen Formel $10 + 23 \cdot 33 + 3 \cdot 7 \cdot (5 + 6)$.

Nehmen wir die Elemente dieses Programms genauer unter die Lupe. Das Wortsymbol `class` gibt an, dass eine Klasse definiert wird. Die Bezeichnung `einfacheRechnung` ist der Name dieser Klasse, der frei gewählt werden kann. Die Zeile `public class einfacheRechnung` bildet den *Kopf* der Klasse. Auf

```
public class einfacheRechnung
{ public static void main (String [] Aufrufparameter)
  { int x, y;
    x = 10;
    y = 23 * 33 + 3 * 7 * (5 + 6);
    System.out.print ("Das Resultat lautet ");
    System.out.print (x + y);
    System.out.println (".");
  }
}
```

Prog. 2–1 *Ein einfaches Programm*

ihn folgt der *Rumpf*, welcher alle Komponenten der Klasse enthält. Der Rumpf ist in geschweifte Klammern eingefasst, um ihn eindeutig abzugrenzen.

Diese Struktur ist in Prog. 2–2 veranschaulicht, das mit Prog. 2–1 identisch ist, jedoch zusätzliche Erläuterungen enthält (die nicht Bestandteil des Programms sind). Die Klasse `einfacheRechnung` ist mit einem breiten grauen Rahmen umrandet. Der Klassenkopf ist grau unterlegt.

Innerhalb der geschweiften Klammern des Klassenrumpfes befindet sich nur eine Komponente, die Methode `main`. In Prog. 2–2 ist sie durch eine dünne schwarze Linie umrandet. Wir unterscheiden den Methodenkopf (wiederum grau unterlegt), der die Methode benennt und ihre Verwendung festlegt, vom Methodenrumpf, der die Anweisungen und weitere Komponenten dieser Methode enthält.

Im Kopf fallen neben dem Methodennamen `main` noch weitere Angaben auf. Für eine erste Programmbetrachtung sind sie nicht von Interesse. Es sei nur soviel gesagt: Wegen `public` kann die Methode auch von außerhalb der Klasse `einfacheRechnung` aufgerufen werden (auch die Klasse `einfacheRechnung` ist `public`). `static` erlaubt die Ausführung von `main`, ohne dass zuvor Objekte der Klasse `einfacheRechnung` erzeugt werden müssen. Beim Aufruf können entsprechend der Parametervereinbarung

```
(String [] Aufrufparameter)
```

zu bearbeitende Auftragsdaten an `main` übergeben werden. Von ihnen wird in dem angegebenen Beispielprogramm jedoch kein Gebrauch gemacht. `void` be-

Prog. 2–2 *Erläuterung des Programms 2–1*

sagt schließlich, dass die aufrufende Programmstelle keine Ergebnisdaten zurück erhält. Für `main` gibt es keine explizit zu benennende Aufrufstelle. Als Hauptprogramm-Methode wird `main` vielmehr vom Java-Laufzeitsystem (d.h. von außerhalb des Programms) aufgerufen.

Konzentrieren wir uns auf den Rumpf der Methode `main`, wo die entscheidenden Anweisungen für die Berechnung zu finden sind. Analog zum Klassenrumpf ist auch der Methodenrumpf in geschweifte Klammern eingefasst.

Die Zeile `int x, y;` (im oberen gepunkteten Rahmen von Prog. 2–2) vereinbart zwei Variablen x und y, die jeweils mit einer ganzen Zahl (engl. *integer*, in Java abgekürzt mit `int`) belegt werden können. Dies bedeutet, dass x und y je einen Speicherort der Hardware bezeichnen, der ganze Zahlen aufnehmen kann. Die Zuordnung bestimmter Speicherorte wird bei der Übersetzung automatisch vorgenommen. In einer höheren Programmiersprache braucht man sich damit nicht zu befassen. Variablenvereinbarungen sind keine Anweisungen. Sie bewirken keine Ausführung von Rechenschritten, sondern führen nur Variablen mit ihrem Datentyp (hier `int`) und ihrem Namen (hier x bzw. y) ein, damit sie in den nachfolgenden Anweisungen benutzt werden können.

Die ersten Anweisungen stehen in dem mittleren gepunkteten Rahmen in Prog. 2–2. Jede der beiden mit Semikolon abgeschlossenen Zeilen stellt eine *Anweisung* dar (engl. *statement*). Die erste weist die Zahl 10 der Variablen x zu. 10 wird also an dem mit x bezeichneten Speicherort abgelegt. Salopp ausgedrückt: 10 kommt in die Kiste mit der Aufschrift x. Die zweite Anweisung führt zu einiger Rechenarbeit, da die Formel `23 * 33 + 3 * 7 * (5 + 6)` auszuwerten ist. Anstatt der angegebenen Formel könnte auch jeder andere sinnvolle mathematische Ausdruck stehen, der die vier Grundrechenarten, Klammern und bestimmte Funktionen enthalten kann. Für die Berechnung gelten die üblichen Reihenfolgeregeln: geklammerte Terme zuerst, Punkt- vor Strichrechnung, ansonsten von links nach rechts. Eine Multiplikation ist durch „*“, eine Division durch „/“ auszudrücken. Obige Formel liefert den Wert 990, welcher der Variablen y zugewiesen wird. Um die Speicherung von Zwischenergebnissen (z.B. das Produkt 23·33 = 759) braucht man sich nicht zu kümmern. Sie werden automatisch an anonymen Orten temporär abgelegt.

Der untere gepunktete Rahmen von Prog. 2–2 enthält drei Anweisungen zur Ergebnisausgabe, jede in einer eigenen Zeile. Sie rufen die Methoden `print` bzw. `println` auf und geben danach in Klammern an, welche Daten auszugeben sind: der von der Rechnung unabhängige Text `Das Resultat lautet`, die Summe der Variablen x und y sowie einen Text, der nur aus einem Punkt besteht. Ein Text (in Java *String* genannt) ist in hochgestellte doppelte Anführungszeichen einzufassen, um ihn von Variablennamen zu unterscheiden. Beispielsweise bezeichnet das Wort `Das` einen Text und keine Variable namens `Das`. Bei Programmausführung wird folgende Zeile ausgegeben:

```
Das Resultat lautet 1000.
```

Diese Zeile erscheint üblicherweise auf dem Bildschirm, nicht auf dem Drucker, wie `print` irreführend suggeriert. `println` beendet zusätzlich die Zeile, so dass nachfolgende Ausgaben in einer neuen Zeile beginnen würden. Die Methoden `print` und `println` sind nicht in dem hier beschriebenen Beispielprogramm implementiert, sondern vielmehr einer Klasse, welche die Ausgabe durchführt. Da diese Klasse außerhalb von `einfacheRechnung` liegt, muss durch das Voranstellen der „Ortsangabe" `System.out` angegeben werden, wo sie zu finden ist. Andernfalls würde nur innerhalb der Klasse `einfacheRechnung` nach einer Methode `print` gesucht, die dort aber nicht vorkommt.

Auf Variablen, Datentypen, Klassen usw. wird später noch detailliert eingegangen. Hier wurden nur die Aspekte grob skizziert, die auch im einfachsten Programm zu berücksichtigen sind. Der Leser mag sich gefragt haben: Warum so kompliziert? Oder gar: Warum sind Programme viel umständlicher als Taschenrechner? Bei letzteren muss man nur die Formel $10 + 23 \cdot 33 + 3 \cdot 7 \cdot (5 + 6)$ eintippen und sieht sofort das Ergebnis in der Anzeige. Zugegeben, für eine so einfache Rechnung würden wir ebenfalls den Taschenrechner bevorzugen. Der Anspruch der Programmierung reicht aber bedeutend weiter. Sie soll die korrekte Realisierung von Algorithmen ermöglichen, welche auf viele unterschiedliche Daten angewandt werden können und welche die Daten mit sehr umfangreichen, komplizierten Anweisungsfolgen verarbeiten. Eine klare Strukturierung durch Klassen, Objekte, Methoden, Anweisungen und Variablen erleichtert die Programmerstellung und die Korrektheitsprüfung. Der hieraus entstehende geringe Zusatzaufwand ist dagegen vernachlässigbar.

Wie bereits angedeutet, sind Programme meist erst dann interessant, wenn sie nicht stets die gleiche Ausgabe liefern, wie das bei Prog. 2–1 bzw. 2–2 der Fall ist. Analog zur Ausgabe mit `print` muss eine Eingabemethode zur Verfügung gestellt werden, die das Einlesen von Zahlen, Texten und anderen Daten gestattet. Derartige Unterprogramme sind in vielen Programmiersprachen vorhanden, nicht jedoch in Java. Hier wird eine Anweisungsfolge verlangt, mit der auch eingegebene „Problemdaten" behandelt werden können. Beispielsweise könnte vom Programm die Angabe eines Kalendertags in der Form „Tag. Monat. Jahr" erwartet werden. Wie ist nun zu verfahren, wenn auf der Tastatur fälschlicherweise nur eine Zahl getippt und die Eingabe mit der Return-Taste abgeschlossen wird? Auf die Behandlung von Ausnahmesituationen werden wir jedoch erst in Kapitel 8.2 eingehen.

Hier verwenden wir eine Eingabemethode `Eingabe ()`, welche eine ganze Zahl aus einer Eingabezeile liest. Sie wird von dem Java-System nicht zur Verfügung gestellt und muss daher im Anwendungsprogramm realisiert werden. Prog. 2–3 zeigt die Implementierung in dem schwarz umrandeten Programmteil, dessen Details hier nicht von Interesse sind. Man beachte nur, dass auf `Eingabe` runde Klammern folgen müssen, auch wenn keine Parameter vorhanden sind. Die Klammern sind notwendig, um z.B. Variablennamen von Methodennamen unterscheiden zu können. Der Aufruf von `Eingabe ()` führt dazu, dass die Programmausführung so lange verharrt, bis eine ganze Zahl in einer Zeile eingetippt worden ist. Diese Zahl steht dann an der Programmstelle zur Verfügung, wo der Aufruf `Eingabe ()` erfolgt. Sie kann insbesondere einer Variablen zugewiesen werden, wie in den entsprechenden Zeilen von Prog. 2–3 zu sehen ist.

Das Programm 2–3 berechnet Umfang und Fläche eines Rechtecks, dessen Länge und Breite (als ganze Zahlen) eingegeben worden sind. Jeder Eingabeanweisung geht eine Ausgabe voran, die zur Eingabe auffordert: „Bitte Länge eingeben:" bzw. „Bitte Breite eingeben:" Dadurch wird der Benutzer geführt und muss die Eingabereihenfolge nicht auswendig lernen oder einer Dokumentation entnehmen.

Die Variablen der Methode `main` in der Klasse `Rechteck` sind nicht nur mit einem Buchstaben, sondern mit einer Buchstabenfolge bezeichnet, welche die Bedeutung der Variablen angibt.

Erläuterungen zu Programmteilen können als so genannte *Kommentare* direkt an die betreffende Programmstelle geschrieben werden. Sie sind jedoch nur für den Menschen gedacht, der das Programm liest und verstehen soll – nicht für das Rechensystem, das ein Programm ausführt. Der Compiler entfernt daher alle

```
public class Rechteck
{ public static void main (String [] Aufrufparameter)
  { int Laenge, Breite, Umfang, Flaeche;
    // Eingabe:                                          Kommentar
    System.out.println ("Bitte Länge eingeben:");
    Laenge  = Eingabe ();                                Zuweisung an eine Variable
    System.out.println ("Bitte Breite eingeben:");
    Breite  = Eingabe ();                                Zuweisung an eine Variable
    // Berechnung:                                       Kommentar
    Umfang  = 2 * (Laenge + Breite);
    Flaeche = Laenge * Breite;
    // Ausgabe:                                          Kommentar
    System.out.println ("R: " + Laenge + " " + Breite);
    System.out.println ("Umfang: " + Umfang);
    System.out.println ("Fläche: " + Flaeche);
  }

  static int Eingabe ()
  { String s = "";
    try { s = new java.io.DataInputStream (System.in).
          readLine ();
        }
    catch (java.io.IOException e)  {}
    return java.lang.Integer.parseInt (s);
  }
}
```

Prog. 2–3 *Ein Programm zur Berechnung des Umfangs und der Fläche eines Rechtecks*

Kommentare. Kommentare werden durch // eingeleitet und reichen bis zum Ende der jeweiligen Zeile. Alternativ dazu können Kommentare auch unabhängig von den Zeilen mit /* begonnen und mit */ beendet werden. Prog. 2–3 enthält drei Kommentare, welche die Anweisungen der Methode main in die drei Bereiche Eingabe, Berechnung und Ausgabe aufteilen und damit die Übersicht verbessern.

Die Ausgabeanweisungen in Prog. 2–3 enthalten Pluszeichen zwischen Texten und Zahlen. Damit ist nicht gemeint, dass Texte zu Zahlen wie auch immer zu addieren sind, sondern vielmehr dass sie aneinander gefügt (d.h. *konkateniert*) werden. Auf diese Weise kommt man mit einer geringeren Anzahl von Ausgabeanweisungen aus (in Prog. 2–1 hätte eine einzige genügt).

Eine Ausführung von Prog. 2–3 zeigt beispielsweise folgende Ein- und Ausgaben auf dem Bildschirm (Abb. 2–1):

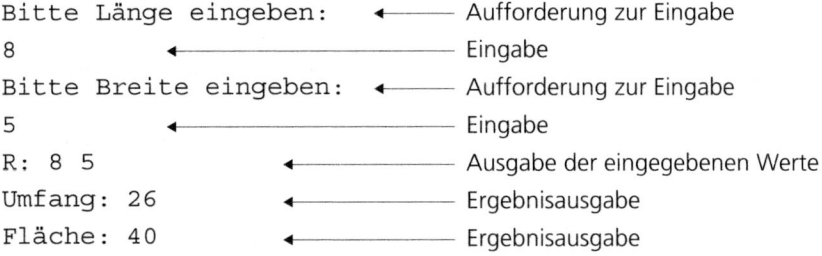

```
Bitte Länge eingeben:      ◄─────  Aufforderung zur Eingabe
8                     ◄───────────────  Eingabe
Bitte Breite eingeben:     ◄─────  Aufforderung zur Eingabe
5                     ◄───────────────  Eingabe
R: 8 5                     ◄───────  Ausgabe der eingegebenen Werte
Umfang: 26                 ◄───────  Ergebnisausgabe
Fläche: 40                 ◄───────  Ergebnisausgabe
```

Abb. 2–1 *Ein- und Ausgabe von Prog. 2–3*

Sowohl in der Mathematik als auch in Programmiersprachen werden Variablen und das Gleichheitssymbol benutzt. Es gibt jedoch große Abweichungen in der Bedeutung und Verwendung, die zu einem unterschiedlichen Umgang mit diesen Elementen zwingen:

❑ In der Mathematik werden Variablen meist durch einen Buchstaben symbolisiert. In Programmen sind als Variablennamen dagegen beliebige Folgen aus Buchstaben und Ziffern erlaubt, die mit einem Buchstaben beginnen. Als Namen sind jedoch einige für Java reservierte Wortsymbole wie z.B. class ausgeschlossen. Man beachte, dass die Unterscheidung zwischen Groß- und Kleinschreibung signifikant ist. Eine als Flaeche vereinbarte Variable darf z.B. nicht flaeche genannt werden.

❑ Mathematische Variablen werden meist ohne besondere Deklaration benutzt, beispielsweise in der Gleichung $9{,}7 = x + 5{,}2$. In Java und anderen höheren Programmiersprachen muss dagegen jede Variable vor ihrer Verwendung vereinbart werden. Die *Vereinbarung* (auch *Deklaration* genannt, engl. *declaration*) hat einen doppelten Zweck: Sie gibt zum einen den Datentyp der Variablen an, z.B. int. Damit steht fest, welche Operationen auf die Variable angewandt werden dürfen. Zum anderen ist die

Vereinbarung eine wirksame Maßnahme zur Erkennung von Tippfehlern im Programm. Ohne Vereinbarung würden in dem Programmausschnitt 2–4 sowohl die Variable `Grundflaeche` als auch die Variable `Grundfaeche` verwendet, von denen die letztgenannte keinen definierten Wert besitzt.

```
Grundflaeche   = 5 * 7;                                    ─────Tippfehler
Volumen        = Grundfaeche * Hoehe;
```

Prog. 2–4 *Programmausschnitt ohne Variablenvereinbarung*

❑   In der Mathematik steht eine Variable für einen beliebigen Wert, mit dem symbolisch gerechnet werden kann, insbesondere durch Umformung von Gleichungen. Die meisten Programmiersprachen kennen jedoch keinen symbolischen Umgang mit Variablen. Durch `int x; x > 2; x² < 10;` wäre zwar klar, dass x nur die ganze Zahl 3 sein kann. Ein Rechensystem zieht solche Schlüsse jedoch nicht selbst. Man muss sie vielmehr programmieren und der Variablen den errechneten Wert explizit zuweisen. Wenn eine Variable in einem Programmausdruck auftritt, muss ihr Wert feststehen. Der Wert einer `int`-Variablen kann nur eine ganze Zahl wie z.B. 35 sein, niemals aber ein Term wie z.B. 5·7.

❑   Mathematische Variablen repräsentieren stets einen bestimmten Wert, auch wenn dieser noch unbekannt sein mag, wenn mit der Variablen symbolisch gerechnet wird. Innerhalb eines Aussagekontextes ist eine Variable unveränderlich. Die beiden Gleichungen $x = 2$ und $1 + x = 7$ stehen im Widerspruch und liefern daher keine gültige Aussage. Anders in Programmiersprachen: Variablen bezeichnen dort Speicherorte, deren Inhalt sich während der Programmausführung beliebig oft ändern kann. Die Zuweisungen in `int x; x = 2; x = 6;` bewirken, dass zuerst 2, danach 6 am Speicherort x abgelegt werden. Zu jedem Zeitpunkt kann der Speicherort nur einen Wert aufnehmen, so dass die 6 den Vorgängerwert 2 überschreibt.

❑   In der Mathematik bedeutet das Gleichheitszeichen die Aussage, dass die links und rechts von ihm stehenden Terme gleich sind. Völlig anders ist dagegen das Gleichheitszeichen in einer Zuweisung. Niemals dürfen dort die linke und rechte Seite vertauscht werden. Rechts steht ein beliebig komplizierter Ausdruck, der bei der Programmausführung ausgewertet wird. Links steht genau eine Variable, welche den errechneten Wert aufnimmt.

❑   In Programmiersprachen hängt die Bedeutung von Operationen vom Datentyp der Variablen ab, auf die sie angewandt werden. Wie Prog. 2–3 gezeigt hat, bewirkt ein Pluszeichen zwischen Zahlen eine Addition, ein Pluszeichen zwischen einem String und einer Zahl dagegen, dass die Zahl in einen String umgewandelt wird und sodann beide Strings aneinander gefügt werden.

Die Grundelemente von Java wurden anhand von Beispielprogrammen erläutert. Natürlich gibt es Abertausende weiterer Programme, selbst wenn nur die bislang vorgestellten einfachen Konstruktionen benutzt werden. Das Potential der Gestaltungsmöglichkeiten soll nun durch Syntaxdiagramme aufgezeigt werden. Sie bleiben auf die wesentlichen Programmelemente beschränkt, da nicht die Sprache Java vollständig eingeführt werden soll, sondern vielmehr Programmierprinzipien in ihren Grundzügen zu erläutern sind. Auch in den folgenden Abschnitten werden Syntaxdiagramme dazu benutzt, in prägnanter Weise die Möglichkeiten aufzuzeigen, die bestimmte Konstruktionen bieten.

Die Syntaxdiagramme zum Aufbau eines Programms aus den Grundelementen zeigt Abb. 2–2. Einige Besonderheiten sollen hier erläutert werden:

In einer Klasse können nicht nur Methoden, sondern auch Variablen vereinbart werden. Es sind die Variablen der Objekte, die aus der Klasse erzeugt werden – mehr darüber in Kapitel 3.

Wenn mehrere Auftragsdaten an eine aufgerufene Methode übergeben werden, so ist eine durch Kommata getrennte Liste von Parametern anzugeben. Falls eine Methode Ergebnisdaten an die Aufrufstelle zurückliefert (beispielsweise liefert `static int Eingabe ()` in Prog. 2–3 eine ganze Zahl), wird vor dem Methodennamen nicht `void`, sondern der betreffende Datentyp (z.B. `int`) angegeben.

Mit einer Variablenvereinbarung kann eine Initialisierung verbunden werden. Dies bedeutet, dass eine Variable sofort mit einem Anfangswert belegt wird. In Prog. 2–1 könnte man die dritte bis fünfte Zeile zu einer zusammenfassen:

```
{ int x = 10, y = 23 * 33 + 3 * 7 * (5 + 6);
```

Unter „Ausdruck" seien verschiedene Arten von Formeln verstanden, die einen Wert liefern, beispielsweise eine mathematisch korrekte Formel wie

```
23 * 33 + 3 * 7 * (5 + 6),
```

deren Berechnung eine ganze Zahl ergibt.

Es existieren viele verschiedene Anweisungsarten, von denen das Syntaxdiagramm nur die Zuweisung und den Methodenaufruf zeigt. Unter letzterem wird beispielsweise der Aufruf

```
System.out.println ("Fläche: " + Flaeche)
```

verstanden.

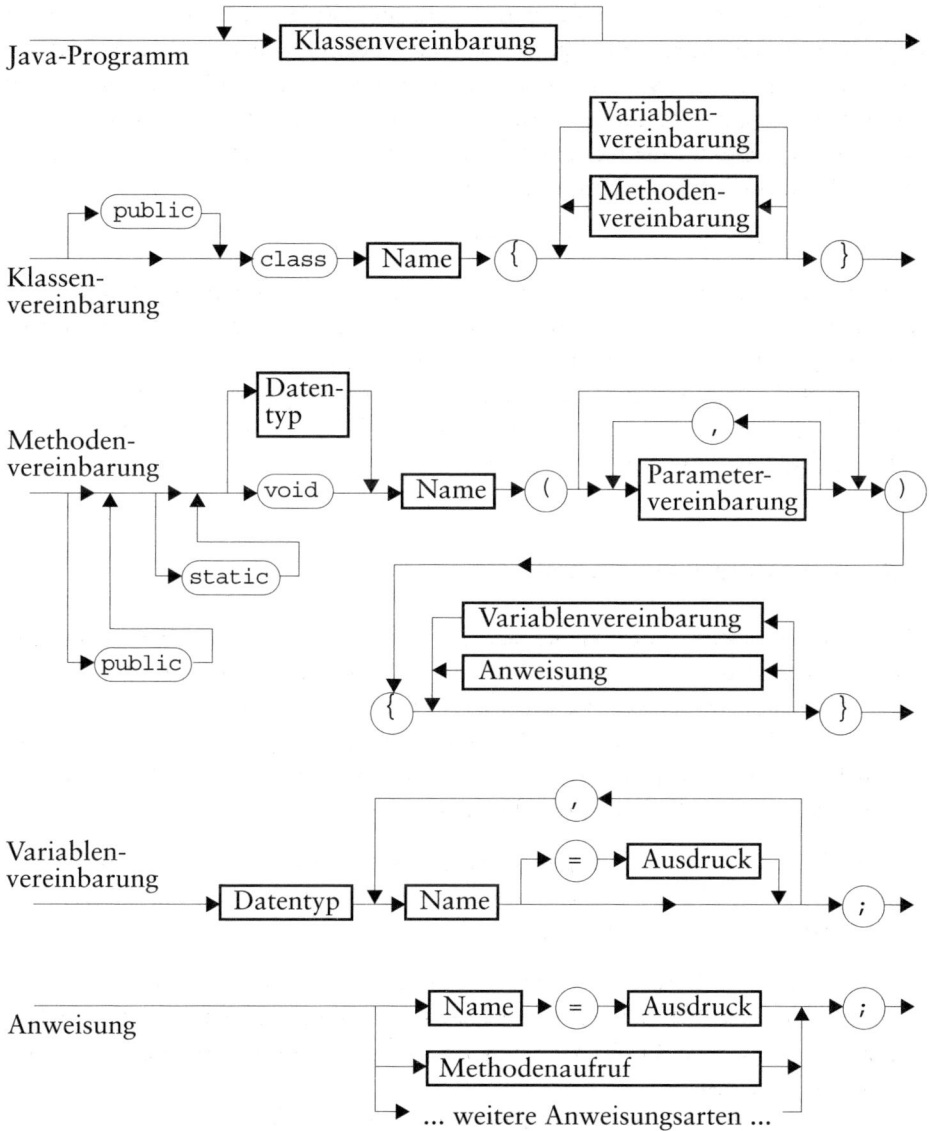

Abb. 2–2 *Syntaxdiagramme*

Haben Sie Lust zu programmieren?

Für das Erlernen der Programmierung sind praktische Übungen an einem Rechensystem sehr zu empfehlen. Insbesondere die Fehlermeldungen, die bei der Übersetzung oder bei Ausführung eines Programms auftreten, zeigen sehr schnell, wo möglicherweise noch Verständnisschwierigkeiten liegen. Durch ein „Herumspielen" mit verschiedenen Variationen eines Programms werden die vielfältigen Gestaltungsmöglichkeiten zur Problemlösung klar. Ausgangspunkt können die in dem Buch angeführten Programmbeispiele sein, die sich in vielfältiger Weise modifizieren und ergänzen lassen – beispielsweise von der Flächenberechnung eines Rechtecks zur Volumenberechnung eines Quaders. Es dürfte dem Leser nicht schwerfallen, sich selbst entsprechende Aufgaben zu stellen. Zusätzlich werden in diesem Buch einige Übungsbeispiele diskutiert. Auch die Web-Seiten der Verfasser bieten Übungsmaterial:

`www.informatik.uni-essen.de/Prog`

Zur Programmierung benötigt man neben einem Rechensystem einen Editor zum Schreiben der Programme sowie ein Java-System, das einen Compiler und ein Laufzeitsystem zur Programmausführung (eine so genannte *Java Virtual Machine*) enthält. Derzeit sind solche Systeme für verschiedene Rechensysteme aus dem Internet und durch CDs, die Zeitschriften beigefügt sind, kostenlos erhältlich. Viel Spaß bei der Programmierung!

2.2   Primitive Datentypen

Ergibt es einen Sinn, in dem Ausdruck $13 \cdot x - x/2$ für die Variable x den String `"Maja musiziert"` einzusetzen? Natürlich nicht. Sinnvollerweise erlaubt man nur Zahlen einer bestimmten Zahlenart, z.B. rationale Zahlen. Was hier offensichtlich erscheint, muss in einer höheren Programmiersprache stets explizit ausgedrückt werden: Für jede Variable ist ihr Datentyp anzugeben. Er legt zwei Eigenschaften der für die Variable zulässigen Daten fest:

- ❑   den *Wertebereich* (z.B. ganze Zahlen aus einem bestimmten Intervall) und
- ❑   die *Operationen*, die auf den Datentyp angewandt werden dürfen (z.B. Addition, Subtraktion usw.).

Objektorientierte Sprachen besitzen dafür bestens geeignete Ausdrucksmittel. Daten werden durch Objekte, Datentypen durch die entsprechenden Objektklassen repräsentiert. Die Methoden der Klassen legen die Operationen auf den Daten der Objekte fest.

Durch die Bereitstellung von zahlreichen Standardklassen für häufig vorkommende Datentypen wird dem Programmierer Routinearbeit erspart. So werden in Java u.a. Klassen für verschiedene Zahlentypen, Texttypen und Objekttypen der grafischen Oberfläche (Fenster, Textfelder, Schaltflächen usw.) mitgeliefert. Durch die Definition zusätzlicher Klassen können innerhalb eines Programms beliebig viele weitere Datentypen hinzugefügt werden. So könnte man sich einen Datentyp `Wochentag` definieren, der den Wertebereich {`Montag`, `Dienstag`, ... , `Sonntag`} und die Operationen `vorgestern`, `gestern`, `morgen` und `übermorgen` umfasst. Jede Operation entspricht einer Methode der Klasse. Beispielsweise liefert die Methode `vorgestern(Freitag)` den Wert `Mittwoch`.

So einfach und übersichtlich die Datentypdefinition durch Klassen auch ist, so verbindet sich mit ihr ein gewisser Ballast, was den Schreibaufwand betrifft. Zu jedem Methodenaufruf müssen der Klassen- oder Objektname sowie die in Klammern eingeschlossene Parameterliste angegeben werden. Aber wer möchte schon ganzeZahl.minus (x) anstatt einfach -x schreiben? Für zweistellige Operationen wie die Addition bevorzugen wir die gewohnte Infix-Schreibweise x+y vor allen Arten des Methodenaufrufs mit Parameterliste.

Aus diesen und anderen Gründen gibt es in höheren Programmiersprachen neben den Klassen auch so genannte primitive Datentypen. Sie müssen nicht erst durch Klassenbildung eingeführt werden und erlauben eine Notation, die der üblichen Schreibweise entspricht. Primitive Datentypen sind mit ihren Wertebereichen und Operationen vorgegeben. Sie können weder verändert noch ergänzt werden.

Ganze Zahlen

Zur Darstellung von ganzen Zahlen gibt es die vier primitiven Datentypen byte, short, int und long. Sie unterscheiden sich im Wesentlichen durch ihren Wertebereich, der $\{-2^{8 \cdot n - 1}, \ldots, 2^{8 \cdot n - 1} - 1\}$ beträgt, wobei für byte n = 1, für short n = 2, für int n = 4 und für long n = 8 zu setzen ist.

Dabei gibt n die Anzahl der Bytes an, die jeweils 8 Stellen einer im Dualsystem dargestellten Zahl zu speichern vermögen. Mit $8 \cdot n$ Dualstellen lassen sich die $2^{8 \cdot n}$ Zahlen von 0 bis $2^{8 \cdot n} - 1$ ausdrücken. Da eine Stelle für die Speicherung des Vorzeichens einer Zahl benötigt wird, verbleiben noch $8 \cdot n - 1$ Stellen, wodurch sich die $2^{8 \cdot n - 1}$ positiven Zahlen von 0 bis $2^{8 \cdot n - 1} - 1$ und die $2^{8 \cdot n - 1}$ negativen Zahlen von $-2^{8 \cdot n - 1}$ bis -1 ausdrücken lassen. Die Null muss nicht auch als negative Zahl -0 ausgedrückt werden können. Auf diesen Überlegungen beruhen die Formeln zu den Wertebereichen von ganzen Zahlen.

Mit der rechnerinternen Speicherung einer Zahl im Dualsystem muss man sich bei der Programmierung nicht befassen. Alle im Dezimalsystem angegebenen Zahlen werden automatisch konvertiert. Wir schreiben z.B. einfach 260 oder -17.

Normalerweise verwendet man für ganze Zahlen den Datentyp int, dessen Wertebereich {-2 147 483 648, ... , 2 147 483 647} meistens ausreicht. Bei Bedarf kann zu dem Datentyp long übergegangen werden, der den noch viel größeren Wertebereich {-9 223 372 036 854 775 808, ... , 9 223 372 036 854 775 807} besitzt. Wenn es darum geht mit weniger Stellen auszukommen, also Speicherplatz zu sparen, bietet sich short mit dem Wertebereich {-32 768, ... , 32 767} oder gar byte mit dem Wertebereich {-128, ... , 127} an.

Der Programmierer muss sich völlig sicher sein, dass die Ergebnisse von Rechenoperationen den jeweiligen Wertebereich nicht überschreiten. In vielen Programmiersprachen wird eine Überschreitung mit dem Abbruch der Programmausführung sowie einer entsprechenden Fehlermeldung quittiert. Schlimmer ist die Situation in Java, wo die Variable im Falle einer Wertebereichsüberschreitung einfach einen anderen Wert erhält und der Benutzer durch keinerlei Fehlermeldung gewarnt wird. So können völlig falsche Ergebnisse ausgegeben werden, die aber nicht als solche erkennbar sind. Daher ist es in Java besonders wichtig, für Variablen stets einen Datentyp mit ausreichend großem Wertebereich zu wählen.

Auf ganzzahligen Datentypen sind die üblichen Rechenoperationen zulässig, nämlich das unäre Minus (-, entspricht dem negativen Vorzeichen eines arithmetischen Ausdrucks) und die zweistelligen Rechenoperationen Addition (+), Subtraktion (-), Multiplikation (*), ganzzahlige Division (/) und Restbildung (%). Wir benutzen die angegebenen Infix-Rechenzeichen, wie aus Prog. 2–5 ersichtlich. Die Operationen werden unter Berücksichtigung von Klammerungen und den Regeln „Punkt vor Strich" (d.h. *, /, % vor +, -) sowie „ansonsten von links nach rechts" abgearbeitet. In Prog. 2–5 wird der Variablen c der Wert 38 zugewiesen.

```
int  a = 5,  b = 6,  c;
c = -(1 + a) * (-b + 2) - b / a + 4 * b % 13 / 2 * 3;
```
Prog. 2–5 *Ausschnitt aus einem Programm mit Variablen des Typs* int

Man beachte, dass die ganzzahlige Division den Rest weglässt, weil der Quotient in der Regel nicht als ganze Zahl darstellbar ist. Möchte man dennoch die Zahlenart verlassen und den Quotienten z.B. als Dezimalbruch darstellen, so muss man eine Typumwandlung herbeiführen, wie sie später in diesem Abschnitt erläutert wird.

Bei der ganzzahligen Division liefert beispielsweise 14 / 3 den Wert 4. Den Rest der Division erhält man durch die Restbildung 14 % 3, was 2 ergibt. Folglich ist (x / y) * y + x % y stets gleich x. Setzt man die Zahlen aus dem angegebenen Beispiel ein, so erhält man (14 / 3) * 3 + 14 % 3. Dieser Ausdruck liefert 4 * 3 + 2, was dem Wert 14 entspricht.

Die ganzzahlige Division und die Modulobildung ist auch auf negative Zahlen anwendbar, wie die folgenden Beispiele zeigen:

(-14) / 3 liefert −4   14 / (-3) liefert −4   (-14) / (-3) liefert 4
(-14) % 3 liefert −2   14 % (-3) liefert 2   (-14) % (-3) liefert −2

Unzulässig sind die Division durch null (z.B. a / 0) sowie die entsprechende Restbildung (z.B. a % 0).

Gleitkommazahlen

Zur Darstellung von *rationalen Zahlen* gibt es die primitiven Datentypen float und double, die Zahlen mit Nachkommastellen repräsentieren. Intern werden Zahlen in der Form *Vorzeichen · Mantisse · $2^{Exponent}$* gespeichert, beispielsweise +0,625 · 2^2, um die Zahl 2,5 auszudrücken.

Wenn bei konstanter Stellenanzahl der Mantisse eine Zahl in die Schreibweise ohne Exponent gewandelt wird, stellt man Folgendes fest: Je größer der Exponent war, desto mehr Vorkomma- und desto weniger Nachkommastellen lassen sich darstellen. `float` und `double` werden daher als *Gleitkommazahl*-Datentypen bezeichnet.

Wir schreiben Gleitkommazahlen durch eine Aufeinanderfolge von Dezimalziffern, die an genau einer Stelle einen Punkt enthält. Dieser stellt den Dezimalpunkt dar (der in deutschsprachiger Notation als Komma geschrieben wird). Der Zahl kann ein positives oder negatives Vorzeichen vorangehen. Ein Exponent zur Basis 10 kann mit einem einleitenden e (oder E) und einem Exponenten-Vorzeichen der Zahl folgen. Schließlich kann noch f oder d angehängt werden, um `float`- von `double`-Zahlen zu unterscheiden. Schreibt man weder f noch d, so wird die Zahl als `double` interpretiert. Abb. 2–3 zeigt ein Syntaxdiagramm für Gleitkommazahlen. Fünf gültige Gleitkommazahlen sind beispielsweise

```
-1.5    100.    1.e12f    .6    +17.208E-3d
```

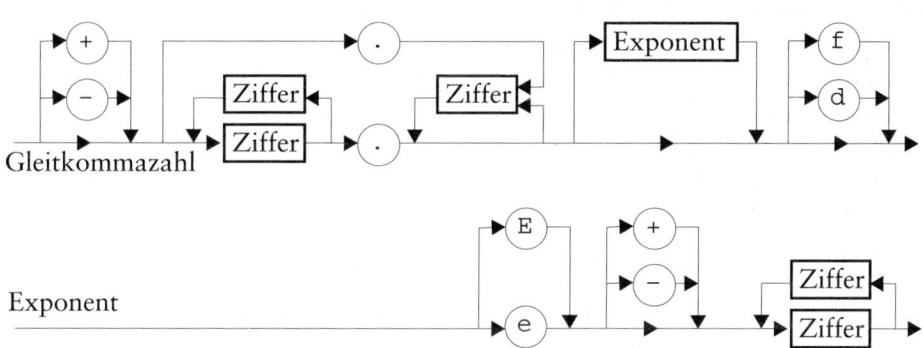

Abb. 2–3 *Syntax einer Gleitkommazahl*

Die Wertebereiche von `float` und `double` liegen in den Intervallen

$$[-3{,}4028235 \cdot 10^{38}; 3{,}4028235 \cdot 10^{38}] \text{ bzw.}$$
$$[-1{,}797693 \cdot 10^{308}; 1{,}797693 \cdot 10^{308}].$$

Die kleinste darstellbare positive Zahl (die von Null verschieden ist) lautet $1{,}4012984 \cdot 10^{-45}$ bei `float` bzw. $4{,}9406564 \cdot 10^{-324}$ bei `double`.

In den genannten Intervallen gibt es unendlich viele rationale Zahlen. Davon vermögen die angegebenen Datentypen jedoch nur endlich viele darzustellen (fast 2^{32} bei `float` und fast 2^{64} bei `double`). Alle übrigen rationalen und reellen Zahlen aus dem jeweiligen Intervall können nur näherungsweise wiedergegeben werden. Die Ungenauigkeit ist durch die meist ausreichende Anzahl der Nachkommastellen in der Regel tolerierbar. Je kleiner der Betrag einer Gleitkommazahl ist, desto kleiner ist die maximale Rundungsabweichung der Zahldarstellung.

```
float   a = 20.5f,   b = -3.e-2f,   c;
double d = 123.456,   e;
c = 3.5f * (-a + b) + b / 5.f;
e = d + 3.4 * 7.5e4;
```

Prog. 2–6 *Programmstück mit Gleitkommazahlen*

Zulässige Rechenoperationen für Gleitkommazahlen sind die vier Grundrechenarten (+, -, *, /) mit der üblichen mathematischen Semantik. Die Division berechnet den Quotienten so genau wie möglich. Die Regeln zur Auswertereihenfolge mehrerer Operatoren (Klammern mit höchster Priorität, Punkt vor Strich, ansonsten von links nach rechts) sind die gleichen wie bei den ganzen Zahlen. Prog. 2–6 zeigt ein Programmstück mit Gleitkommazahlen. Die zugewiesenen Werte lauten (als Dezimalbrüche geschrieben):

$a = 20,5 \quad b = -0,03 \quad c = 71,861 \quad d = 123,456 \quad e = 255123,0$

Die bei Gleitkommazahlen möglichen Rundungsabweichungen verhalten sich meist „friedlich" und führen nur zu geringen Ungenauigkeiten. Bisweilen treten in Ausdrücken mit Gleitkommazahlen aber auch Ausreißer mit extremen Werteverfälschungen auf. Man muss sich im Klaren darüber sein, dass Rundungsabweichungen durch Rechenoperationen beliebig zunehmen können. Prog. 2–7 zeigt ein Beispiel mit diesem unerwünschten Effekt. Der korrekte Wert, welcher der Variablen y zugewiesen werden soll, lautet 1, wie sich leicht nachrechnen lässt: Die erste Klammer ergibt

$$300,1 \cdot 400,1 + 10 - 200,1 \cdot 600,1 \;=\; 120070,01 + 10 - 120080,01 \;=\; 0.$$

Folglich ist $b \cdot (a \cdot b + e - c \cdot d) \cdot d \;=\; 0$ und die Variable y erhält den Wert des Quotienten $(a - c)/e^2 \;=\; (300,1 - 200,1)/(10 \cdot 10) \;=\; 100/100 \;=\; 1$.

Tatsächlich wird aber bei Ausführung des Programms der Variablen y der fast zweitausendfach größere Wert 1876,78 zugewiesen – ein unglaublich großer Unterschied! Er kommt dadurch zustande, dass der Nachkommaanteil 0,01 der Produkte $a \cdot b$ und $c \cdot d$ im Dualsystem nicht exakt darstellbar ist. Folglich liefert der erste Klammerausdruck nicht den Wert 0, sondern leicht abweichend davon 0,0078125. Durch Multiplikation mit b und d entsteht daraus die große Abweichung von $400,1 \cdot 0,0078125 \cdot 600,1 \;=\; 1875,78$, zu der noch der Quotient $(a - c)/e^2 = 1$ addiert wird.

```
float   a = 300.1f,   b = 400.1f,
        c = 200.1f,   d = 600.1f,
        e =  10.0f,   y;
y = b * (a*b + e - c*d) * d + (a - c)/(e*e);
```

Prog. 2–7 *Programmstück mit sehr großer Rundungsabweichung*

Man hüte sich davor, den Rechensystemen die Schuld für dieses Problem zu geben. Beim Rechnen im Dezimalsystem ist die Situation nicht anders. Wer es nicht glaubt, möge die Formel $a \cdot (b \cdot c - d \cdot e)$ zunächst für $a = 117{,}14$; $b = 123{,}44$; $c = 345{,}63$; $d = 297{,}77$ und $e = 143{,}16$ ohne jede Rundung berechnen. Das Resultat lautet 4195,25196. Wird sodann der gleiche Ausdruck mit den auf eine Nachkommastelle gerundeten Werten $a = 117{,}1$; $b = 123{,}4$; $c = 345{,}6$; $d = 297{,}8$ und $e = 143{,}2$ ausgewertet, so erhält man den um mehr als eine Größenordnung abweichenden Wert 243,568. Die Rundungsabweichung des gesamten Ausdrucks liegt weit über der maximalen Rundungsabweichung von 0,05 der einzelnen Werte.

Beim Umgang mit Gleitkommazahlen ist Vorsicht geboten. Man muss prüfen, ob eine Berechnung „Rundungsfallen" wie z.B. die Multiplikation von kleinen Differenzen mit großen Faktoren enthält. In diesem Fall sollte man den Ausdruck nach Möglichkeit so umformen, dass dieses Problem nicht mehr besteht. Wendet man z.B. auf die letzte Zeile von Prog. 2–7 das Distributivgesetz an und schreibt `y = b*a*b*d + b*e*d - b*c*d*d + (a - c)/(e*e);`, so liefert die Programmausführung das korrekte Ergebnis 1.

Wahrheitswerte

Der Vergleich von ganzen Zahlen oder Gleitkommazahlen durch einen der Vergleichsoperatoren =, ≠, <, >, ≤ oder ≥ führt nicht zu einem zahlartigen Resultat, sondern zu einem der beiden Wahrheitswerte *wahr* oder *falsch*. Zu ihrer Darstellung gibt es den Datentyp `boolean`, dessen Wertebereich nur aus den beiden Konstanten `true` und `false` besteht. Entsprechend den Gesetzen der booleschen Algebra können boolesche Ausdrücke unter Verwendung der Operatoren *und* (&& geschrieben), *oder* (|| geschrieben), *nicht* (! geschrieben) sowie Klammerung gebildet werden, wie Prog. 2–8 zeigt.

```
boolean angemeldet, bezahlt, storniert, zahlungspflichtig;
angemeldet = true;
bezahlt    = false;
storniert  = false;
zahlungspflichtig = angemeldet && !(bezahlt || storniert);
```

Prog. 2–8 *Programmstück mit booleschen Variablen*

Booleschen Variablen können auch Vergleichsaussagen von Zahlen zugewiesen werden. Prog. 2–9 zeigt dazu ein Beispiel, das die Wichtigkeit der syntaktisch korrekten Interpretation verdeutlicht: Die Programmzeile

```
Ueberdruck = gemessenerDruck > Maximaldruck;
```

darf nicht so missverstanden werden, dass der Überdruck gleich dem gemessenen Druck und dieser größer als der Maximaldruck sein muss. Das Gleichheitszei-

```
float     gemessenerDruck = 5.0f,  Maximaldruck = 18.8f;
int       ZuflussStufe = 2, AbflussStufe = 3;
boolean   Ueberdruck, unkritisch;
Ueberdruck = gemessenerDruck > Maximaldruck;
unkritisch =    Ueberdruck
             && gemessenerDruck < 1.2f * Maximaldruck
             && ZuflussStufe <= AbflussStufe;
```

Prog. 2–9 *Programmstück mit Booleschen Variablen und Vergleichen von Zahlen*

chen symbolisiert statt dessen wie gewohnt die Zuweisung des Werts des rechts von ihm stehenden Ausdrucks an die links von ihm stehende Variable. Zuerst wird also die Aussage erarbeitet, ob der gemessene Druck größer als der Maximaldruck ist. Der Wert der Aussage (entweder `true` oder `false`) wird sodann der Booleschen Variable `Ueberdruck` zugewiesen.

Vergleichsoperatoren werden in Java wie folgt geschrieben:

> `==`   bedeutet: *ist gleich*,
>
> `!=`   bedeutet: *ist ungleich*,
>
> `<`   bedeutet: *ist kleiner als*,
>
> `>`   bedeutet: *ist größer als*,
>
> `<=`   bedeutet: *ist kleiner als oder gleich*,
>
> `>=`   bedeutet: *ist größer als oder gleich*.

Man beachte das doppelte Gleichheitszeichen der Gleichheitsabfrage, das von dem einfachen Gleichheitszeichen der Zuweisung zu unterscheiden ist. Da in der Mathematik nur = für die Gleichheitsaussage geschrieben wird, besteht die Gefahr einer Verwechslung, die der Java-Compiler leider nicht immer aufzudecken vermag.

Wie aus der Zuweisung an die Variable `unkritisch` in Prog. 2–9 ersichtlich, können boolesche Formeln Vergleichsausdrücke enthalten, in denen wiederum arithmetische Formeln enthalten sind. Nicht einmal Klammerung ist für diese prägnante Schreibweise notwendig.

Die eindeutige Zuordnung der Operanden zu den Operatoren und die Ausführungsreihenfolge ergeben sich aus der in Java festgelegten *Priorität der Operatoren*. Die Priorisierung stellt eine Erweiterung der Punkt-vor-Strich-Regel auf mehr als zwei Stufen dar.

In Java und vielen anderen Programmiersprachen gelten folgende Prioritäten der bislang besprochenen Operatoren:

1. Höchste Priorität genießen die unären Operatoren (d.h. die Operatoren mit nur einem Operanden): positives (+) und negatives (-) Vorzeichen sowie das boolesche Komplement (!).
2. Multiplikative Operationen (Punktrechnungen * / %)
3. Additive Operationen (Strichrechnungen + -)
4. Vergleiche (== != < > <= >=)
5. Und-Verknüpfung (&&)
6. Niedrigste Priorität besitzt schließlich die Oder-Verknüpfung (||).

Wie in der Mathematik üblich, geht Klammerung vor, besitzt also quasi höchste Priorität. Soweit die Klammerung nichts anderes verlangt, wird in einem Ausdruck ein Operator vor dem nachfolgenden Operator ausgewertet, wenn seine Priorität nicht kleiner ist als die des nachfolgenden Operators. Besitzt hingegen der nachfolgende Operator eine höhere Priorität, wird dieser zuerst ausgewertet.

In dem Ausdruck a && b || c < d + e * f lautet die Berechnungsreihenfolge: Und-Verknüpfung, Multiplikation, Addition, Kleiner-Vergleich, Oder-Verknüpfung. Die Möglichkeiten zur Bildung eines booleschen Ausdrucks sind dem Syntaxdiagramm in Abb. 2–4 zu entnehmen.

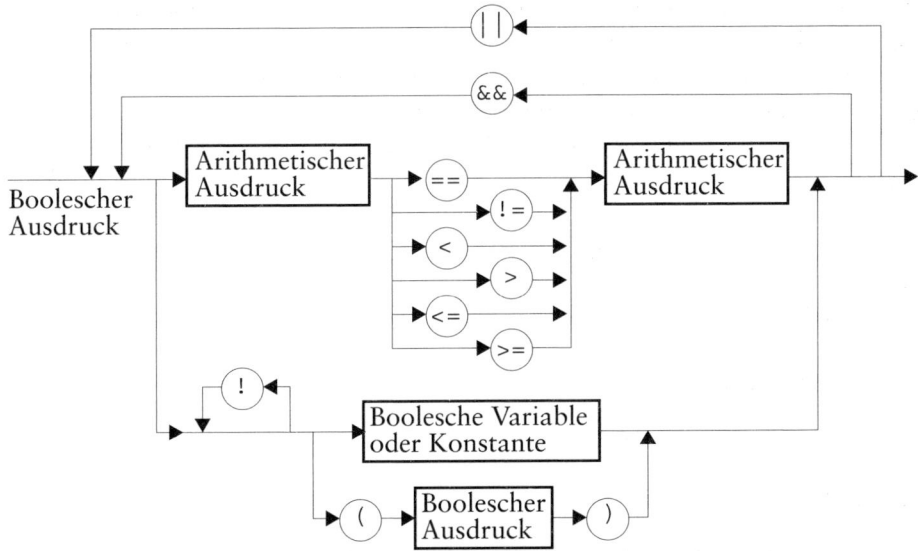

Abb. 2–4 *Syntaxdiagramm eines Booleschen Ausdrucks*

Zeichen

Zur Darstellung von *einzelnen Zeichen* eines Textes gibt es den primitiven Datentyp char (von engl. *character*). Der Wertebereich umfasst Groß- und Kleinbuchstaben, Ziffern, Satzzeichen, Rechenzeichen, sonstige Sonderzeichen und Steuerzeichen, die das Druckbild beeinflussen. Alle Zeichen werden in einfachen hochgestellten Anführungszeichen geschrieben. Gültige Zeichen sind beispielsweise: 'a' 'p' 'Ä' ',' '?' '3' '9' '+' '§' '@'

Das Zeichen '3' besitzt keinen Zahlenwert, sondern repräsentiert nur das Zeichen zur Darstellung der Ziffer 3. Den meisten Programmiersprachen liegt ein Code zugrunde, der intern jedes Zeichen durch eine siebenstellige Dualzahl ausdrückt, also $2^7 = 128$ verschiedene Zeichen umfasst. Java bezieht sich dagegen auf den sogenannten Unicode, der $2^{16} = 65536$ Zeichen erlaubt. Alle Sprachen der Welt lassen sich dadurch problemlos schreiben. Deutsche Umlaute sind ebenso enthalten wie chinesische Schriftzeichen.

Steuerzeichen werden durch das Symbol \ eingeleitet. '\n' steht für Zeilenvorschub, '\t' für Tabulator, '\f' für den Seitenvorschub usw. Auch die zur Zeichendarstellung benötigten Hilfszeichen lassen sich mit einleitendem \ ausdrücken: '\'' steht für das einfache Anführungszeichen ('), '\"' für das doppelte Anführungszeichen ("), '\\' für den so genannten Backslash (\).

Vergleichsoperatoren sind auch für Zeichen definiert. Sie drücken aus, ob Zeichen gleich (==) oder verschieden sind (!=) bzw. ob sie in alphabetischer Reihenfolge vor (<), nicht vor (>=), nach (>) oder nicht nach (<=) einem anderen Zeichen stehen. Für Ziffern, Sonderzeichen usw. ist die alphabetische Reihenfolge durch den verwendeten Code definiert. Prog. 2–10 zeigt ein Beispiel zur Verwendung von Variablen des Typs char. Darin wird der Variablen x der Wert true zugewiesen, weil in der alphabetischen Ordnung des Unicodes '(' vor '{' steht. Die Variable y erhält den Wert false, da '[' natürlich verschieden von '{' ist.

```
char     rund = '(',  eckig = '[',  geschweift = '{';
boolean  x, y;
x = rund < geschweift;
y = eckig == geschweift;
```

Prog. 2–10 *Programmstück mit Zeichen*

Zeichenketten

Wörter und *Texte* bestehen nicht nur aus einem einzelnen Zeichen, sondern aus einer Zeichenkette (auch *String* genannt). Für die Bildung eines Datentyps, der mehrere Elemente bereits bekannter Datentypen umfasst, gibt es in jeder Programmiersprache geeignete Konstruktionen, beispielsweise Arrays (siehe Abschnitt 2.4). Insofern wird kein eigener primitiver Datentyp zur Darstellung von Zeichenketten benötigt. Java kennt die Klasse String, aus der Zeichenketten-Objekte gebildet werden können.

String ist kein primitiver Datentyp. Da Zeichenketten häufig vorkommen, wurden jedoch speziell für diese Klasse folgende vereinfachende Schreibweisen eingeführt, die sich an der Notation für primitive Datentypen orientieren:

❑ Die bereits mehrfach diskutierte Konkatenation von Strings durch +

❑ Die Schreibweise von String-Werten durch Zeichenketten, die in doppelten Anführungszeichen eingeschlossen sind, wie z.B. "sonnenklar"

Durch "sonnenklar" wird aus der Klasse String ein neues Objekt erzeugt, dessen interne Variablen mit der Zeichenkette sonnenklar belegt werden. Im Gegensatz zu anderen Klassen braucht der Operator new (siehe Abschnitt 3.1, Seite 86) zur Objekterzeugung nicht explizit aufgerufen zu werden. Weitere String-Operationen sind am Klassenkonzept orientiert, auf das Kapitel 3 eingehen wird. Hier sei nur Folgendes erwähnt:

❑ Beliebige Datentypen werden in einen String umgewandelt, wenn sie als Parameter der Ausgabemethode System.out.println auftreten.

❑ String-Objekte können durch == und != verglichen werden. Die Vergleiche <, <=, > und >= sind nur für einzelne Zeichen zulässig, nicht für Strings!

Auf eine Tücke des Vergleichs muss hingewiesen werden: Schreibt man mehrmals in einem Programm den gleichen String, so wird dafür nur ein einziges String-Objekt erzeugt. Jeder explizite Aufruf von new führt dagegen zu einem neuen String-Objekt, auch wenn der Inhalt gleich ist. Wir müssen daher lernen zwischen *denselben* und *gleichen* Strings zu unterscheiden. Im erstgenannten Fall liefert der Vergleich mit == den Wahrheitswert true, im letztgenannten dagegen false. Diese Merkwürdigkeit von String-Objekten ist aus Prog. 2–11 und seiner Ausgabe ersichtlich. Sie lautet: merkwürdig true merkwürdig false

```
String a = "merkwürdig", b = "merkwürdig",
       c = new String ("merkwürdig"),
       d = new String ("merkwürdig");
System.out.println (a + " " + (a==b) + " " + c + " " + (c==d));
```

Prog. 2–11 *Programmstück mit Strings*

Strenges Typsystem

Jede Variable besitzt einen eindeutigen Datentyp. Er legt fest, welche Werte die Variable annehmen kann und welche Operationen folglich darauf anwendbar sind. Dieses so genannte strenge Typsystem erleichtert die Erkennung von vielen Programmierfehlern, die zu einer Datentyp-Verletzung führen. Operatoren dürfen nur Operanden verknüpfen, die *typkompatibel* zueinander sind. Dies bedeutet, dass in einer Operation nur gleiche oder „zueinander passende" Datentypen erlaubt sind. So können eine Variable x des Typs `double` und die Konstante `3.5` des Typs `double` miteinander multipliziert werden, wie das Beispiel `x * 3.5` zeigt. Die versuchte Multiplikation mit einem Wahrheitswert, z.B. `x * true`, wird jedoch vom Compiler abgelehnt. Gleiches gilt für die Zuweisung: Für eine `double`-Variable x ist die Zuweisung `x = 17.2;` erlaubt, `x = false;` dagegen verboten. Am Ende dieses Abschnitts kommen wir auf den Begriff der Typkompatibilität zurück und definieren ihn genauer.

Durch den Operator ist jeweils festgelegt, welche Datentypen die Operanden aufweisen dürfen. Dabei sind in der Regel mehrere Kombinationen von Datentypen kompatibel zueinander. Beispielsweise kann der Additionsoperator + `byte` mit `byte`, `short` mit `short`, `int` mit `int` usw. verknüpfen. Während die Addition von ganzen Zahlen und Gleitkommazahlen den gleichen mathematischen Operator bezeichnen, so trifft dies für die Vernüpfung von Strings mit + nicht zu. Ein Pluszeichen zwischen Strings repräsentiert die Konkatenation (d.h. das Aneinanderfügen von Strings). Die Semantik eines Operators hängt also von den Datentypen seiner Operanden ab.

Operator und Operanden-Datentyp legen auch den Ergebnis-Datentyp fest. Im Falle der Verknüpfung mit + entspricht er den Operanden-Datentypen, die stets gleich sein müssen. Ausnahme: Die Addition von `byte`- bzw. `short`-Zahlen führt zu einem `int`-Ergebnis. Vergleichsoperatoren wie `==`, `<`, `!=` usw. liefern stets eine binäre Aussage vom Typ `boolean`.

Wie lassen sich Operatoren auf unterschiedliche Datentypen anwenden, beispielsweise zur Addition von ganzen Zahlen und Gleitkommazahlen? Ein arithmetischer Ausdruck wie `22 + 15.1` ist mathematisch sinnvoll und in Java auch erlaubt. Das bedeutet aber nicht, dass die Addition doch mit verschiedenartigen Datentypen ausgeführt wird. Vielmehr wird ein Operand vor der Addition implizit in einen erweiterten Datentyp umgewandelt. In unserem Beispiel ist `22` vom Typ `int`, `15.1` vom Typ `double`. Folglich wird aus `22` zunächst die `double`-Zahl `22.0` gebildet – ohne dass dies im Programm besonders anzugeben ist. Danach werden zwei `double`-Zahlen addiert, wodurch sich für das Resultat `37.1` eindeutig der Datentyp `double` ergibt.

Solche *impliziten Datentyp-Anpassungen* sind nicht zwischen beliebigen Datentypen möglich. Die Addition zwischen einer ganzen Zahl und einem Wahrheitswert wird nicht durch Umwandlung des letzteren in eine Zahl ermöglicht. Aus `3 + false` wird niemals `3 + 0`. Die Datentypen `int` und `boolean` sind weder typkompatibel, noch werden sie durch Umwandlung dazu gemacht. Eine implizite Anpassung erfolgt nur in Richtung auf einen allgemeineren Datentyp hin, der die Bedeutung des ursprünglichen Werts wiedergeben kann, allenfalls mit einer geringen Rundungsabweichung. Abb. 2–5 zeigt die impliziten Anpassungen. Streng genommen gehört die Überführung in `String` (graue Pfeile) nicht dazu, weil sie durch ein in Java vorgegebenes Unterprogramm `toString` realisiert wird. Von der Wirkung her kann diese Umwandlung aber als implizite Datentyp-

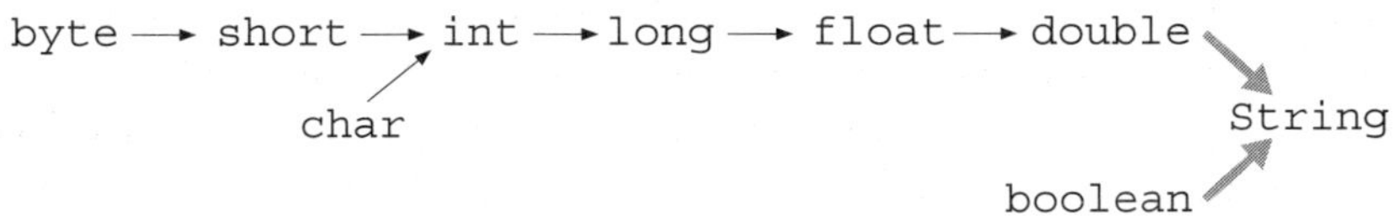

```
byte ──→ short ──→ int ──→ long ──→ float ──→ double ╲
                 ╱                                      ╲
            char                                          String
                                                        ╱
                        boolean ─────────────────────╱
```

Abb. 2–5 *Implizite Datentyp-Anpassungen in Java*

Anpassung betrachtet werden (falls nicht vom Programmierer ein ungeeignetes Unterprogramm `toString` implementiert wird, welches das vorgegebene `toString` ersetzt).

Letztlich kann jeder primitive Datentyp als `String` wiedergegeben werden. Mit Strings sind zwar keine arithmetischen Berechnungen möglich. Die in eine Zeichenkette gewandelten Zahlenwerte sind jedoch für den Menschen lesbar.

Die Regeln zur Typkompatibilität und impliziten Anpassung mögen vielleicht unnötig kompliziert erscheinen, sind aber eine gute Hilfe zu Fehlervermeidung und zur Eindeutigkeit von Ausdrücken. In der Praxis stören die Regeln nicht, da sie weitgehend den gewohnten Schreibweisen entsprechen. Allenfalls die Verknüpfung von Strings mit + kann Verwirrung stiften:

Der Ausdruck `17 + " und " + 4` liefert den String `"17 und 4"`.

Der Ausdruck `17 + 4 + " und "` liefert dagegen den String `"21 und "`.

Die Plus-Operatoren werden in beiden Ausdrücken jeweils von links nach rechts abgearbeitet. Im erstgenannten Ausdruck ist zunächst die ganze Zahl `17` mit dem String `" und "` zu verknüpfen. Folglich wird `17` zuvor in den String `"17"` umgewandelt, so dass das Pluszeichen eine Konkatenation der beiden Strings bewirkt. In analoger Weise führt das zweite Pluszeichen zum Anhängen des durch implizite Typanpassung entstandenen Strings `"4"`. Im zweitgenannten Ausdruck verknüpft dagegen das erste Pluszeichen zwei ganze Zahlen, wodurch eine Addition erfolgt. Das zweite Pluszeichen bewirkt die Wandlung der Summe `21` in den String `"21"`, an den `" und "` angehängt wird.

In manchen Fällen mag auch eine Datentyp-Umwandlung sinnvoll sein, die mit großem Genauigkeitsverlust oder einer Bedeutungsänderung der Daten verbunden ist. Beispiele hierfür sind das Abschneiden des Nachkommaanteils einer Gleitkommazahl, um eine ganze Zahl zu erhalten, sowie die Abbildung einer ganzen Zahl auf ein Zeichen entsprechend dem verwendeten Zeichencode. Solche „gefährlichen" Veränderungen dürfen nicht implizit erfolgen, da ihre Auswirkungen leicht übersehen werden und zu unerwünschtem Programmverhalten führen können.

Daher wird dem Programmierer eine *explizite Datentyp-Umwandlung* erlaubt, die er „auf eigene Verantwortung" vornehmen kann. Dazu ist die Bezeichnung des gewünschten Datentyps in Klammern dem betreffenden Ausdruck voranzustellen, wie es in den Zuweisungen von Prog. 2–12 zu sehen ist. Die Ausgabe dieses Beispielprogramms lautet `9 R S` und erklärt sich wie folgt: Der Quotient `x/y` ergibt `9.670588`, der ganzzahlige Anteil davon `9`. Man beachte, dass sich ohne Klammerung von `(x/y)` der Umwandlungsoperator `(int)` nur auf den Dividenten, nicht auf den Quotienten beziehen würde. In der dritten Programmzeile liefert `(int)x` die ganze Zahl 82, der im Unicode das Zeichen R entspricht. Wenn zu diesem Zeichen 1 zu addieren ist, so wird entsprechend Abb. 2–5 zuvor eine implizite Datentyp-Anpassung von `char` nach `int` ausgeführt. Die explizite Datentyp-Umwandlung `(char)` wandelt die Summe gemäß Unicode in ein Zeichen zurück. Durch die Anweisung `b = (char)(a + 1);` wird letztlich das Nachfolgezeichen von a der Variablen b zugewiesen.

```
float   x = 82.2f,  y = 8.5f;
int     n = (int)(x/y);
char    a = (char)(int)x,  b = (char)(a + 1);
System.out.println ("gewandelt: " + n + " " + a + " " + b);
```

Prog. 2–12 *Programmstück mit expliziter Datentyp-Umwandlung*

Durch die Angabe des Datentyps wird eine explizite Datentyp-Umwandlung aus dem Programm ersichtlich, so dass ungewollte Wertveränderungen kaum unbemerkt bleiben können.

　　Typumwandlungen sind natürlich nur zwischen den Datentypen erlaubt, für die Umwandlungsvorschriften bekannt sind. Sie beruhen auf der mathematischen Bedeutung von Zahlen oder auf einem Zeichencode. Leider wandelt Java nicht alles um, was in eindeutiger Weise möglich wäre. So ist einem String, der eine Zahl enthält, diese nicht zu entlocken. Ausdrücke wie `(int) "365"` versteht Java nicht. Statt dessen muss etwas umständlich das Umwandlungs-Unterprogramm `Integer.parseInt ("365")` aufgerufen werden, wie wir in Prog. 2–3 (Seite 25) gesehen haben.

　　Eine explizite Datentyp-Umwandlung kann aus dem Wertebereich des Ziel-Datentyps herausführen. Die Zahl `100000` ist mit dem Datentyp `int`, nicht aber mit `short` darstellbar. Leider meldet Java Verletzungen des Wertebereichs nicht, sondern liefert ohne jede Warnung einen beliebig weit abweichenden Wert. Beispielsweise gilt `(short) 100000 == -31072`. Es liegt in der Verantwortung des Programmierers sicherzustellen, dass der umgewandelte Wert im Wertebereich des angegebenen Datentyps liegt.

　　Typkonversion (engl. *type cast*) wird als Oberbegriff für die implizite Datentyp-Anpassung und die explizite Datentyp-Umwandlung verwendet.

　　Für die *Typkompatibilität* zweier Datentypen t_1 und t_2 ist nur die implizite datentyp-Anpassung relevant. Hinsichtlich einem Operator f, der Operanden von den Typen u_1 und u_2 verlangt, sind t_1 und t_2 typkompatibel, wenn es implizite Datentyp-Anpassungen a_1 und a_2 gibt, so dass $u_1 = a_1(t_1)$ und $u_2 = a_2(t_2)$. Beispielsweise sind `char` und `short` hinsichtlich einem Operator, der zwei `int`-Operatoren verlangt, typkompatibel, weil es die impliziten Datentyp-Umwandlungen von `char` zu `int` sowie von `short` zu `int` gibt.

2.3 Anweisungen

In Java sind alle ausführbaren Programmteile als Methoden von Objektklassen zu realisieren. Jede Methode besteht aus Vereinbarungen und Anweisungen, die in der aufgeschriebenen Reihenfolge sequentiell ausgeführt werden. Jede Anweisung ist mit Semikolon abzuschließen, es sei denn, sie endet mit einer geschweiften Klammer. Dann kann das abschließende Semikolon entfallen.

Im Folgenden werden die elementaren Anweisungsarten vorgestellt: Zuweisungen, Verzweigungen und Schleifen. In weiteren Abschnitten kommen noch einige spezielle Anweisungen hinzu, z.B. zur Behandlung von Ausnahmen, die durch Fehler hervorgerufen werden.

Zuweisung

Errechnete Werte von Ausdrücken können in einer Variablen gespeichert werden, um sie später in weiteren Ausdrücken verwenden zu können. Das Speichern erfolgt durch eine Zuweisung, die aus dem Variablennamen, einem Gleichheitszeichen, dem Ausdruck und einem abschließenden Semikolon besteht, wie die bereits aufgeführten Programmbeispiele gezeigt haben. Die spätere Verwendung des gespeicherten Werts geschieht einfach dadurch, dass der Variablenname in Ausdrücken auftritt. Erst wenn einer Variablen ein neuer Wert zugewiesen wird, steht der bisher gespeicherte Wert nicht mehr zur Verfügung.

Eine Zuweisung wird wie folgt abgearbeitet:

❏ Zuerst wird die Seite links vom Gleichheitszeichen ausgeführt, um zu bestimmen, welcher Variablen ein Wert zugewiesen werden soll. Bei den einfachen Programmen aus diesem Kapitel ist die Variable unmittelbar zu erkennen, so dass bereits der Compiler den Speicherort festlegen kann. Wie wir in Kapitel 3 sehen werden, kann die Variable aber auch erst durch Ausführung von Methoden ausgewählt werden, genauer: Methoden erarbeiten einen Verweis auf ein Objekt, dessen Variable einen Wert erhalten soll.

❏ Danach wird die rechte Seite ausgeführt, d.h. der Wert des Ausdrucks errechnet. Dabei werden die bekannten Regeln der Operator-Reihenfolge, der impliziten Datentyp-Anpassung usw. angewandt.

❏ Schließlich wird der Wert der rechten Seite der Variablen auf der linken Seite zugewiesen. Dies setzt voraus, dass die Variable und der Ausdruck typkompatibel sind. Wenn nötig, wird eine implizite Datentyp-Anpassung des Ausdrucks durchgeführt. Eine Typkonversion der Variablen ist jedoch stets ausgeschlossen.

Bei jedem der drei genannten Schritte können Fehlersituationen auftreten, die dazu führen, dass die normale Ausführung des Programms sofort abgebrochen und stattdessen in einen speziellen Programmteil zur Behandlung von Ausnahmen übergegangen wird.

Eine Zuweisung, abgeschlossen mit einem Semikolon, ist eine Anweisung, wie in Zeile 2 von Prog. 2–13 zu sehen ist. Dort erhält die Variable a den Wert 9. Dieser Wert von a kann in einem späteren Ausdruck einfach dadurch wieder verwendet werden, dass a geschrieben wird. Beispielsweise wird in Zeile 3, der Wert von a ganzzahlig durch 2 geteilt (wobei 9/2 den Wert 4 ergibt) und dieser Quotient von 7 abgezogen, so dass schließlich in der Variablen b der Wert 3 abgelegt wird.

```
int  a = 1,  b = 2,  c,  d;
a = 3 + 2 * (a + b);
b = 7 - a/2;
c = 3 * (d = a + b + 1);
```

Prog. 2–13 *Programmausschnitt mit Zuweisungen*

Eine Zuweisung kann aber auch als Ausdruck verwendet werden, der einen Wert liefert – und zwar den zugewiesenen Wert. In Zeile 4 von Prog. 2–13 enthält die Klammer eine Zuweisung. Die Variable d erhält den Wert $9+3+1$, was 13 ergibt. Diese 13 ist nun der Wert des Klammerausdrucks, so dass der Variablen c schließlich $3 \cdot 13$, also 39, zugewiesen wird.

Sind mehrere Zuweisungen ohne Klammerung ineinander verschachtelt, so werden die Zuweisungen von rechts nach links abgearbeitet (im Gegensatz zu der in Ausdrücken sonst üblichen Abarbeitungsreihenfolge von links nach rechts). Eine Zuweisungskette a = b = c = d = 5; wird daher wie folgt verstanden:

```
a = (b = (c = (d = 5)));.
```

Häufig kommt es vor, dass Variableninhalte in Abhängigkeit von sich selbst verändert werden. Beispielsweise werden sie um 1 erhöht oder etwa mit dem Faktor 2 multipliziert, d.h. verdoppelt. In den entsprechenden Anweisungen a = a + 1; beziehungsweise a = a * 2; ist der Variablenname a links und rechts des Zuweisungssymbols zu schreiben. Besonders bei langen Variablennamen besteht in diesen Fällen der Wunsch, den Schreibaufwand zu reduzieren. Die Programmiersprache Java kommt ihm durch eine spezielle Kurznotation entgegen, deren Syntax Abb. 2–6 zu entnehmen ist. Beispielsweise steht a += 10; abkürzend für a = a + 10; sowie a /= 2 + b; abkürzend für a = a / (2 + b);.

So praktisch und übersichtlich die Kurznotation auch ist, so enthält sie doch eine kleine Tücke. Die beiden Zuweisungen a = a * 3/2 und a *= 3/2 an eine Integer-Variable a sind nicht gleichwertig! Besitzt a anfänglich den Wert 5, so wird in der erstgenannten Zuweisung von links nach rechts gerechnet $5 \cdot 3/2$, was zur ganzzahligen Division 15/2 führt, die 7 ergibt. Die zweitgenannte Zuweisung berechnet dagegen 3/2 zuerst. Der ganzzahlige Quotient 1 wird sodann mit 5

Zuweisung

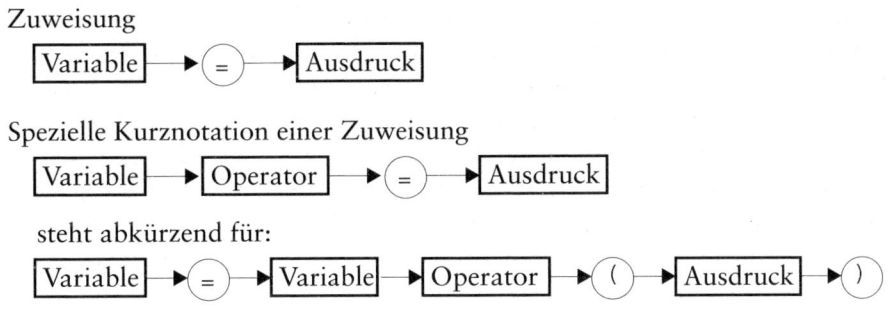

Abb. 2–6 *Syntax der Zuweisung*

multipliziert. Der Variablen a wird also in der einen Zuweisung 7, in der anderen dagegen 5 zugewiesen – scheinbar eine Inkonsistenz. Man darf jedoch die Klammerung nicht übersehen, welche die Kurznotation laut Abb. 2–6 stets impliziert. Korrekterweise müsste man die Zuweisungen $a = a * (3/2)$ und $a *= 3/2$ vergleichen, die natürlich beide das gleiche Resultat liefern, nämlich 5.

Für das Erhöhen oder Erniedrigen des Inhalts einer Variablen a um 1 gibt es zusätzlich eine noch prägnantere Notation, nämlich

```
a++     oder     ++a     an Stelle von     a += 1
a--     oder     --a     an Stelle von     a -= 1
```

Wenn auf eine solche Zuweisung unmittelbar ein Semikolon folgt, ist es gleichgültig, ob der Operator ++ bzw. -- vor oder nach der Variablen geschrieben wird. Tritt eine solche Zuweisung dagegen in einem Ausdruck auf, dann wird im Ausdruck der ursprüngliche Variablenwert verwendet, wenn der Operator nachgestellt ist. Bei vorangestelltem Operator wird dagegen der bereits veränderte Wert im Ausdruck eingesetzt. Dies entspricht den Regeln:

*Nach*gestellter Operator: Erhöhung bzw. Erniedrigung *nach* Verwendung
*Voran*gestellter Operator: Erhöhung bzw. Erniedrigung *vor* Verwendung

In Zeile 2 des Programmstücks 2–14 wird a mit dem ursprünglichen Wert von b multipliziert, was $2 \cdot 3 = 6$ ergibt. Nach seiner Verwendung wird b auf 4 erhöht. In Zeile 3 wird a vor seiner Verwendung auf 5 erniedrigt. Die ganzzahlige Division 19/5 liefert 3. Um diesen Wert 3 wird b schließlich von 4 auf 7 erhöht.

```
int  a = 2,  b = 3;
a *= b++;
b += 19 / --a;
```

Prog. 2–14 *Programmausschnitt mit Kurznotationen von Zuweisungen*

Die Verwendung von ++ und -- in Ausdrücken hat Vor- und Nachteile. Da in einen Ausdruck ohne großen Schreibaufwand Erhöhungs- bzw. Erniedrigungsanweisungen eingeschoben werden, kann ein Programm kürzer formuliert werden. Andererseits wird es durch die Einschübe von ++ bzw. -- eher unübersichtlicher, insbesondere wenn eine Variable an verschiedenen Stellen in einem Ausdruck unterschiedliche Werte aufweist, wie in dem Beispiel: a + 2 * a++ + a. Bei einem Anfangswert von a = 3 ergibt dieser Ausdruck $3 + 2 \cdot 3 + 4 = 13$, wobei die beiden ersten Auftreten von a den Wert 3, das letzte dagegen den Wert 4 liefert. Nach der zweiten Verwendung von a wurde eine Erhöhung durchgeführt. Man beachte, dass die Punkt-vor-Strich-Regel keinen Einfluß auf den Wert von a ausübt: Zwar können die Additionen erst nach der Multiplikation ausgeführt werden. Der Wert des zuerst geschriebenen a wird jedoch schon vor der Addition erarbeitet.

Wegen der möglichen Verwirrung wird vor einem „wilden" Einsatz von ++ und -- gewarnt. Dieses Sprachmittel sollte nur in gut überschaubaren Fällen eingesetzt werden.

Zuweisungen dürften wohl die in Programmen am häufigsten vorkommenden Anweisungen sein. Um ihre Verwendung zu demonstrieren, werden zwei Programmbeispiele angegeben, die beide die gleiche Spezifikation erfüllen:

Nach Eingabe von drei natürlichen Zahlen p, q und r soll der Bruch $\frac{p}{q}$ als gemischte Zahl der Form Ganze Zähler/Nenner sowie als Dezimalbruch ausgegeben werden, beispielsweise $\frac{p}{q} = \frac{14}{3} = 4\frac{2}{3} = 4{,}666$. Sodann soll $\frac{p + (r + 2) \cdot q + r + 1}{q}$ ebenfalls als gemischte und als reelle Zahl ausgegeben werden.

Prog. 2–15 zeigt eine übersichtliche, gut verständliche Lösung, die sich eng an die Gesetze des Bruchrechnens anlehnt. Der ganzzahlige Anteil errechnet sich aus der ganzzahligen Division von p und q. Der Rest dieser Division ist der Zähler des Bruchs in der gemischten Zahl. Der reelle Wert des Bruchs errechnet sich aus der Gleitkommadivision von p und q. Diese Art der Division wird dadurch herbeigeführt, dass in den Programmzeilen 5 und 10 der Dividend durch explizite Datentyp-Umwandlung mittels (float) in eine Gleitkommazahl überführt wird.

```
int    p = Eingabe (), q = Eingabe (), r = Eingabe ();        Zeile 1
int    Ganze, Zaehler, Nenner;                                      2
float  Wert;                                                        3
Ganze = p/q;    Zaehler = p%q;    Nenner = q;                       4
Wert  = (float)p/q;                                                 5
System.out.println (p + "/" + q + "  =  " + Ganze + " "            6
        + Zaehler + "/" + Nenner + "  =  " + Wert);                7
p = p + (r + 2)*q + r + 1;                                          8
Ganze = p/q;    Zaehler = p%q;    Nenner = q;                       9
Wert  = (float)p/q;                                                10
System.out.println (p + "/" + q + "  =  " + Ganze + " "           11
        + Zaehler + "/" + Nenner + "  =  " + Wert);               12
```

Prog. 2–15 *Programmausschnitt berechnet gemischte Zahlen*

```
int    p = Eingabe (), q = Eingabe (), r = Eingabe ();        Zeile 1
int    Ganze, Zaehler, Nenner;                                       2
float  Wert =    (Ganze = p/q)                                       3
              + (float)(Zaehler = p%q)/(Nenner = q);                 4
System.out.println (p + "/" + q + "  =  " + Ganze + " "             5
              + Zaehler + "/" + Nenner + "  =  " + Wert);            6
Wert =   (Ganze += (Zaehler += Nenner + ++r)/Nenner + r)            7
              + (float)(Zaehler %= Nenner)/Nenner;                   8
System.out.println (Ganze * Nenner + Zaehler + "/" + q             9
              + "  =  " + Ganze + " " + Zaehler + "/" + Nenner      10
              + "  =  " + Wert);                                     11
```

Prog. 2–16 *Programmausschnitt mit Zuweisungen*

Prog. 2–16 kann dagegen als unschöne Trickprogrammierung bezeichnet werden, die eher Verwirrung stiftet. Sie ist hier trotzdem aufgeführt, um Besonderheiten von Zuweisungen zu zeigen. Die Zuweisungen an die Variablen Ganze, Zaehler und Nenner sind in den Ausdruck zur Berechnung des reellen Werts eingefügt worden. Dies ist noch einigermaßen übersichtlich. Schwer verständlich ist dagegen die Berechnung des zweiten Bruchs. In den Zeilen 7 und 8 werden wiederum Ganze und Zaehler in dem Ausdruck zur Berechnung des reellen Werts bestimmt. In der inneren Klammer wird Zaehler um den Nenner und den Wert von r + 1 erhöht. Man beachte, dass dann in der äußeren Klammer der bereits um 1 erhöhte Wert von r verwendet wird. Da in der äußeren Klammer aber schlicht r steht, wird das Programm dadurch unnötig schwer durchschaubar. Derartige Tricks sollte man vermeiden. Ebenso vertrackt ist die zweimalige Zuweisung an Zaehler in einem einzigen Ausdruck. Die erste Zuweisung erhöht Zaehler um Nenner + r + 1, die zweite erniedrigt Zaehler auf den Rest der Division durch den Nenner.

Prog. 2–16 berechnet den korrekten Wert des Bruches $\dfrac{p + (r + 2) \cdot q + r + 1}{q}$, der um $r + 2 + \dfrac{r + 1}{q}$ größer ist als $\dfrac{p}{q}$.

Die Zuweisungen in den Zeilen 7 und 8 besitzen nämlich folgende mathematische Bedeutung: Zum Zähler wird $q + (r + 1)$ addiert, was den Bruch um $1 + \dfrac{r + 1}{q}$ erhöht. Die Ganzen werden um $r + 1$ und um Zaehler / Nenner erhöht. Die Erhöhung um Zaehler / Nenner verändert den Wert des Bruches nicht, weil der Zähler entsprechend auf den Divisionsrest Zaehler % Nenner reduziert wird, um einen unechten Bruch zu vermeiden. Insgesamt beträgt die Erhöhung des Bruchs wie gefordert $1 + \dfrac{r + 1}{q} + r + 1 = r + 2 + \dfrac{r + 1}{q}$.

Bedingte Anweisung, Verzweigung

Der Eingang von Geld auf das eigene Konto macht Freude. Wenn das Konto von einem Programm geführt wird, können wir darin die Geldzuweisung problemlos durch eine Zuweisung an eine Konto-Variable k ausdrücken. Was aber, wenn die

Zuweisung nach einem abgestuften Kriterium erfolgt: 100 Euro bei Gewinnstufe 1, 10000 Euro bei Gewinnstufe 2, gar nichts bei einer Niete? Das Programm muss dann mehrere Zuweisungen enthalten, darf aber nur die Zuweisung ausführen, welche die entsprechende Bedingung erfüllt. Zu diesem Zweck bietet Java (wie alle anderen Programmiersprachen auch) die Möglichkeit, *bedingte Anweisungen* zu formulieren. Die Java-Syntax ist in Abb. 2–7 definiert.

Bedingte Anweisung

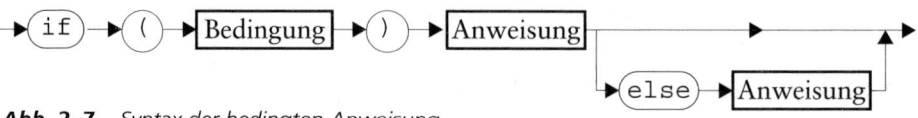

Abb. 2–7   *Syntax der bedingten Anweisung*

Die Bedingung ist ein Ausdruck, der einen Wert vom Typ `boolean` liefert. Beispielsweise ist `a<=b` eine Bedingung. Weitere Vergleichsoperatoren, die entweder *wahr* oder *falsch* liefern (`true` oder `false`), sind in Abschnitt 2.2 bei den Wahrheitswerten aufgeführt. Man beachte, dass die Gleichheitsabfrage nicht mit einfachem, sondern doppeltem Gleichheitszeichen geschrieben wird. `a=b` ist eine Zuweisung des Werts von b an die Variable a. Die Abfrage, ob a und b gleiche Werte aufweisen, wird hingegen `a==b` geschrieben. Andere, auch kompliziertere boolesche Formeln sind ebenfalls als Bedingung zulässig. Wenn a, b und c als Integer-Variablen sowie v und w als boolesche Variablen vereinbart sind, dann ist beispielsweise `a > 3 && v || b != c && !w` eine zulässige Bedingung. Sie frägt ab, ob (a > 3 und v *wahr*) oder (b ≠ c und w *falsch*) ist.

Die Bedingung wird stets in runde Klammern eingeschlossen. Die darauf folgende Anweisung wird ausgeführt, wenn die Bedingung den booleschen Wert *wahr* liefert. Ist ihr Wert dagegen *falsch*, wird die Anweisung nicht ausgeführt. In einer bedingten Anweisung können beliebige Anweisungen auftreten, Zuweisungen ebenso wie Ausgaben (`System.out.print (...)`) oder jede andere Anweisungsart. Selbst bedingte Anweisungen dürfen in bedingten Anweisungen vorkommen. Durch eine derartige Verschachtelung ist es möglich, hierarchische Entscheidungen über die Ausführung von Anweisungen zu treffen.

Man beachte, dass einzelne Anweisungen stets mit einem Semikolon abzuschließen sind.

Sollen bei Erfüllung der Bedingung mehrere Anweisungen ausgeführt werden (etwa drei aufeinander folgende Zuweisungen), so sind diese in geschweifte Klammern einzuschließen. Die geklammerte Zuweisungssequenz kann dann syntaktisch an die Stelle der Anweisung in Abb. 2–7 treten. Auf die schließende geschweifte Klammer folgt kein Semikolon.

Soll bei Nichterfüllung der Bedingung eine andere Anweisung ausgeführt werden, so müssen gemäß Abb. 2–7 das Wortsymbol `else` und darauf folgend die betreffende Anweisung geschrieben werden (bzw. mehrere in geschweifte Klammern einzuschließende Anweisungen). Der `else`-Zweig kann auch weggelassen werden, wie aus dem Syntaxdiagramm ersichtlich ist. Falls er jedoch vorhanden ist, kann die bedingte Anweisung als eine *Verzweigung* aufgefasst werden: Zuerst wird die Bedingung ausgewertet. Ist sie erfüllt, wird der Hauptzweig (auch then-Zweig genannt) ausgeführt, andernfalls der else-Zweig.

Sind mehrere bedingte Anweisungen mit else-Zweig ineinander verschachtelt, so wird ein else-Zweig immer dem innersten if zugeordnet, zu dem es gemäß Syntaxdiagramm in Abb. 2–7 gehören kann. Durch Gruppierung von Anweisungen mittels geschweiften Klammern kann aber auch eine andere Zuordnung erzielt werden. Die nachfolgend aufgeführten Beispiele verdeutlichen dies.

Prog. 2–17 zeigt als einfaches Beispiel die bedingte Anweisung zur Gewinnausschüttung auf ein Konto k (eine float-Variable) in Abhängigkeit von der Gewinnstufe g (eine int-Variable). Im Falle eine Niete, d.h. g == 0, bleibt das Konto k unverändert.

```
if (g == 1)        k +=   100.0f;
else  if (g == 2)  k += 10000.0f;
```

Prog. 2–17 *Bedingte Anweisung zur Gewinnausschüttung*

Der Programmausschnitt 2–18 zeigt die Gruppierung von Anweisungen mit geschweiften Klammern. Ein eingegebener Winkel wird, falls er stumpf ist, auf einen spitzen Winkel mit gleichem Sinus-Wert abgebildet. Es empfiehlt sich der besseren Übersicht wegen, zusammengehörige öffnende und schließende Klammern genau untereinander an die betreffenden Zeilenanfänge zu schreiben. Dies ist jedoch keine zwingende Regel.

```
float Winkel = Eingabe ();
if (Winkel > 90.0f && Winkel < 180.0f)
{ System.out.println ("stumpfer Winkel");
  Winkel = 180.0f - Winkel;
}
```

Prog. 2–18 *Bedingte Anweisung zur Abbildung eines stumpfen auf einen spitzen Winkel*

Die Verschachtelung bedingter Anweisungen ist Gegenstand des Programmausschnitts 2–19. Der else-Zweig in den Zeilen 5 und 6 gehört zu dem if in Zeile 3, weil dies das innere if, das in Zeile 2 dagegen das äußere if ist. In Prog. 2–20 wird jedoch der else-Zweig der Zeilen 5 und 6 dem if aus Zeile 2 zugeordnet, weil die geschweiften Klammern den then-Zweig, der zu diesem if gehört, auf die Zeilen 3 und 4 begrenzen.

Wenn die Verschachtelung nicht in then-Zweigen, sondern ausschließlich in else-Zweigen auftritt, ist die Zuordnung von else-Zweigen mit und ohne Klammerung der else-Zweige stets die gleiche. Daher lassen sich größere Fall-

```
int  i = Eingabe (),  j = Eingabe ();                          Zeile 1
if (i == 5)                                                           2
  if (j == 5)                                                         3
    System.out.println ("i und j sind 5");                           4
  else                                                                5
    System.out.println ("nur i ist 5");                             6
else                                                                  7
  if (j == 5)                                                         8
    System.out.println ("nur j ist 5");                             9
```

Prog. 2–19 *Verschachtelte bedingte Anweisungen*

```
int  i = Eingabe (),  j = Eingabe ();                                1
if (i == 5)                                                           2
{ if (j == 5)                                                         3
    System.out.println ("i und j sind 5");                           4
}                                              zusätzliche Zeile 4a
else                                                                  5
  System.out.println ("i ist nicht 5");                             6
if (j == 5)                                                           8
    System.out.println ("j ist 5");                                 9
```

Prog. 2–20 *Verschachtelte bedingte Anweisungen*

```
float Winkel = Eingabe ();
if      (Winkel <   90.0f)
  System.out.println ("spitzer Winkel");
else if (Winkel ==  90.0f)
  System.out.println ("rechter Winkel");
else if (Winkel <  180.0f)
  System.out.println ("Stumpfer Winkel");
else if (Winkel == 180.0f)
  System.out.println ("gestreckter Winkel");
```

Prog. 2–21 *Verschachtelte bedingte Anweisungen für eine größere Fallunterscheidung*

unterscheidungen problemlos ohne Klammerung schreiben, wie in Prog. 2–21 angegeben ist.

Für größere Fallunterscheidungen, in denen alle Bedingungen nur vom Wert eines einzigen ganzzahligen Ausdrucks abhängen und die Abhängigkeit ausschließlich durch Gleichheitsabfragen ausgedrückt werden kann, gibt es eine besondere Form der bedingten Anweisung, die switch-Anweisung. Sie erlaubt es, beliebigen Integer-Zahlen einen Anweisungszweig zuzuordnen. Bei Programmausführung wird zunächst ein arithmetischer Ausdruck ausgewertet, dessen Zahlenwert entscheidet, welcher Zweig durchlaufen wird. Wird eine Zahl errechnet, der kein Anweisungszweig zugeordnet ist, so hängt die Ausführung davon ab, ob ein

Ersatzzweig vorhanden ist (mit `default` bezeichnet, in seiner Wirkung ähnlich einem `else`-Zweig). Wenn es einen gibt, wird er ausgeführt. Andernfalls wird kein Zweig durchlaufen. Abb. 2–8 zeigt die Syntax der `switch`-Anweisung.

`switch`-Anweisung

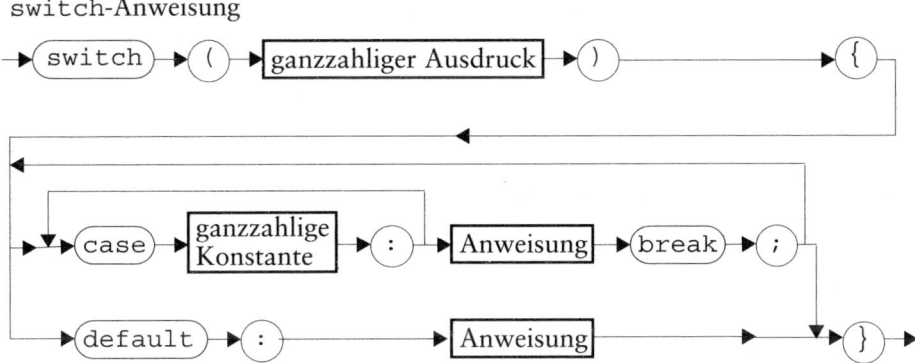

Abb. 2–8   Syntax der switch-Anweisung

Auch hier gilt, dass an Stelle einer einzelnen Anweisung eine Gruppe von aufeinanderfolgender Anweisungen stehen kann. Sie kann, aber muss nicht in geschweifte Klammern eingeschlossen werden. Der mögliche Verzicht auf geschweifte Klammern erklärt sich daraus, dass das Wortsymbol `break` jeden Zweig beendet. Somit gehören alle Anweisungen bis zum Erreichen von `break` zu einem Zweig. Es sei erwähnt, dass es noch weitere Formen der `switch`-Anweisung gibt, in denen ganz oder teilweise auf `break` verzichtet wird. Da dies aber der Übersicht schadet, wollen wir darauf nicht näher eingehen.

Prog. 2–22 zeigt ein Beispiel zur Verwendung der `switch`-Anweisung. Sie berechnet den ganzzahligen Wert einer Hexadezimalziffer, die als Zeichen dargestellt ist. Man beachte, dass der Wert eines Zeichens gemäß Abb. 2–5 (Seite 41)

```
char Ziffer;    int Wert;
Ziffer = ...
switch (Ziffer)
{ case '0': case '1': case '2': case '3': case '4':
  case '5': case '6': case '7': case '8': case '9':
    Wert = Ziffer - '0';                       break;
  case 'a': case 'b': case 'c': case 'd': case 'e':
  case 'f':
    Wert = Ziffer - 'a' + 10;                  break;
  case 'A': case 'B': case 'C': case 'D': case 'E':
  case 'F':
    Wert = Ziffer - 'A' + 10;                  break;
  default: System.out.println (Ziffer + " ist ungültig");
}
```

Prog. 2–22 Beispiel einer switch-Anweisung

bei Bedarf implizit in eine ganze Zahl konvertiert wird. Daher stellt eine `char`-Variable auch einen ganzzahligen Ausdruck dar. Die Subtraktion von Zeichen bedeutet nichts anderes als die Subtraktion der Zahlen ihrer internen Repräsentation. Da die Zeichen alphabetisch durchnummeriert sind, ist die Differenz der Abstand der Zeichen gemäß alphabetischer Reihenfolge. So ergibt `'c' - 'a'` die Differenz 2. Die Hexadezimalziffern 10, 11, 12 usw. werden üblicherweise durch Kleinbuchstaben a, b, c usw. oder durch Großbuchstaben A, B, C usw. ausgedrückt.

Wiederholungsanweisung, Schleife

Für die meisten Aufgabenstellungen, die durch Programmierung zu lösen sind, reichen die bislang vorgestellten Anweisungsarten nicht aus. Allein mit Zuweisungen und Verzweigungen können nur Programme erstellt werden, die jede ihrer Anweisungen höchstens einmal ausführen. Problemlösungen, die sehr viele Schritte erfordern, wären nur durch entsprechend große Programme zu erreichen. Die hohe Geschwindigkeit der Datenverarbeitung in Rechensystemen wäre nicht mit Vorteil zu nutzen, weil der Mensch als Programmierer zuvor jeden einzelnen Verarbeitungsschritt in das Programm schreiben müsste. Die Programmierdauer würde in jedem Fall die Rechenzeit um ein Vielfaches überschreiten.

Oft sind dieselben Rechenschritte viele Male zu wiederholen, so dass es sich anbietet, in einer Programmiersprache *Wiederholungsanweisungen* vorzusehen. Sie werden auch *Schleifen* genannt. Der zu wiederholende Schritt muss dann nur einmal als Anweisung geschrieben werden. Beispielsweise kann das millionste Element der Zahlenfolge (a_i) mit $a_1 = 3$ und $a_{i+1} = (4 \cdot a_i + 5 \cdot a_i^2) \% 13579$ berechnet werden, indem eine Variable `a` auf den Anfangswert 3 gesetzt und dann die Zuweisung `a = (4*a + 5*a*a) % 13579` nacheinander 999999 mal ausgeführt wird. Das Prozentzeichen steht hier (wie in Java üblich) für den Rest einer ganzzahligen Division.

Wiederholungsanweisungen sind überall dort unverzichtbar, wo die Anzahl der Wiederholungen von den zu bearbeitenden Daten abhängt. Wenn etwa die Aussage interessiert, ob die natürliche Zahl n eine Primzahl ist, so ist zu prüfen, ob n durch eine der Zahlen 2, 3, 4, ... , $\lfloor \sqrt{n} \rfloor$ teilbar ist. Hierbei bezeichnet $\lfloor \sqrt{n} \rfloor$ die auf eine ganze Zahl abgerundete Wurzel von n. Also ist zunächst die Anzahl der Wiederholungen durch eine Anweisung zu berechnen, die sinngemäß $w = \lfloor \sqrt{n} \rfloor$ lautet. Sodann ist die bedingte Anweisung `if (n%p == 0)` ... w-mal zu wiederholen, wobei p, beginnend mit 2, jeweils um 1 zu erhöhen ist, um die Teilbarkeit durch 2, 3, 4 usw. nacheinander zu prüfen. Es sei angemerkt, dass die Primzahlprüfung auch effizienter gestaltet werden kann. So könnte p zunächst den Wert 2 annehmen und danach nur noch die ungeraden Zahlen durchlaufen. Dieser Gesichtspunkt soll hier jedoch nicht vertieft werden.

Java bietet drei verschiedene Arten von Wiederholungsanweisungen:

- `while`-Schleife,
- `do-while`-Schleife,
- `for`-Schleife.

Grundsätzlich wäre nur eine (beliebige) dieser Schleifenarten notwendig, da jede durch jede andere ersetzt werden kann. Je nach Festlegung der Wiederholungsanzahl bzw. -bedingung führt jedoch die eine oder andere Schleifenart zu einem prägnanter geschriebenen Programm. Daher wäre eine Einschränkung auf weniger Schleifenarten nicht sinnvoll. Wir beginnen mit der `while`-Schleife, deren Syntax Abb. 2–9 entnommen werden kann. Die Bedingung ist ein boolescher Ausdruck, der vor jeder Ausführung des Schleifenkörpers ausgewertet wird. Solange er den Wahrheitswert *wahr* (`true`) liefert, wird der Schleifenkörper immer wieder ausgeführt. Nimmt er dagegen den Wert *falsch* (`false`) an, so terminiert die `while`-Schleife sofort. Der wiederholt auszuführende Schleifenkörper kann aus einer einzelnen Anweisung (abschließendes Semikolon nicht vergessen) oder aus einer in geschweiften Klammern eingeschlossenen Gruppe von Anweisungen bestehen (analog zur bedingten Anweisung). Im letztgenannten Fall werden die geklammerten Anweisungen als Ganzes wiederholt ausgeführt. Die Ausführung des Schleifenkörpers wird auch als *Iteration* bezeichnet.

while-Schleife

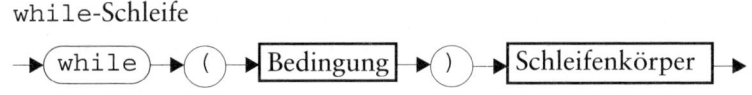

Abb. 2–9 *Syntax der while-Schleife*

Die Semantik der `while`-Schleife ist in Abb. 2–10 als so genanntes Flussdiagramm dargestellt. Die Ausführungsreihenfolge folgt hier den Pfeilen. Durch die Pfeile von der Bedingung zum Schleifenkörper und von dort zurück zur Bedingung wird die Schleife ersichtlich. Die Bedingung kann alternativ auf zwei Wegen verlassen werden, je nach dem, ob sie erfüllt ist (d.h. *wahr* liefert) oder nicht (*falsch*). Man beachte, dass der Schleifenkörper überhaupt nicht ausgeführt wird, wenn die Bedingung schon bei ihrer ersten Auswertung nicht erfüllt ist.

Wir wollen nun die eingangs diskutierten Beispiele mittels `while`-Schleifen formulieren. Die sehr einfache Berechnung des millionsten Elements einer bestimmten Zahlenfolge ist dem Programmfragment 2–23 zu entnehmen. Darin be-

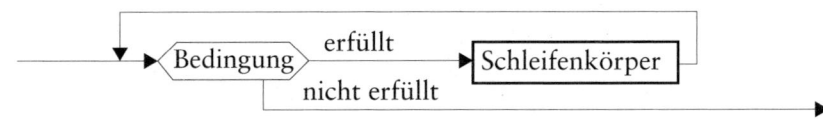

Abb. 2–10 *Semantik der while-Schleife*

```
int  i = 1,  a = 3;
while (i++ < 1000000) a = (4*a + 5*a*a)%13579;
```

Prog. 2–23 *while-Schleife berechnet das millionste Element einer Zahlenfolge*

zeichnet i den Index und a den Wert eines Elements a_i. Die Anfangswerte i = 1 und a = 3 passen zueinander und bezeichnen das Element a_1. In der while-Schleife wird i durch i++ *nach* seiner Verwendung in der Bedingung um 1 erhöht. Die Variable a wird im Schleifenkörper fortgeschaltet, so dass danach i und a wiederum zueinander passen. Sie beschreiben somit nacheinander die Werte a_2, a_3, a_4 usw. Wenn i den Wert 1 000 000 erreicht hat, ist erstmalig die Bedingung nicht erfüllt: Die Schleife terminiert. Dass i nach der letzten Auswertung der Bedingung (i++ < 1000000) nochmals um 1 auf 1 000 001 erhöht wird, beeinflusst den Endwert von a nicht.

Schon dieses einfache Beispiel zeigt einerseits den großen Nutzen von Schleifen und andererseits die in ihnen lauernde Gefahr unerkannter Programmierfehler. Mit nur zwei Zeilen konnten eine Million auszuführender Rechenschritte beschrieben werden. Sie einzeln aufzuschreiben oder gar persönlich auszuführen wäre viel zu aufwendig. Das Java-Programm liefert das Resultat 8936 in rund einer Sekunde – einen leistungsfähigen Prozessor haben wir unserem Rechner ja gegönnt. Schleifen wollen jedoch sorgfaltig programmiert sein. Schon kleine Fehler können dazu führen, dass die Bedingung immer erfüllt ist und somit die Schleife niemals endet. Hätten wir beispielsweise irrtümlich i anstatt i++ geschrieben, so würde i den Wert 1 stets beibehalten und die Ungleichung i < 1000000 immer erfüllen. Der Schleifenkörper wird dann unendlich oft ausgeführt – genauer gesagt, so oft, bis wir ungeduldig werden und die Programmausführung durch ein entsprechendes Betriebssystemkommando abbrechen.

Etwas komplizierter ist das zweite Beispiel einer while-Schleife, in dem geprüft werden soll, ob eine eingelesene natürliche Zahl n eine Primzahl ist (siehe Prog. 2–24). Die Variable Teiler durchläuft alle Werte von 2 bis zur abgerundeten Quadratwurzel von n. Zur Berechnung der Wurzel wird die in Java bereits existierende Methode sqrt aus dem Package java.lang.Math benutzt (sqrt ist eine Abkürzung von *square root*). Da diese Methode einen float-Parameter erwartet und einen float-Wert zurückliefert, werden das ganzzahlige n in float und danach der Gleitkommawert der Wurzel in int umgewandelt.

```
int     n = Eingabe (),  Wurzel,  Teiler = 2;
boolean istPrimzahl = true;
Wurzel = (int) java.lang.Math.sqrt ((float) n);
while (Teiler <= Wurzel && istPrimzahl)
  if (n % Teiler == 0)  istPrimzahl = false;
  else                  Teiler++;
System.out.println (n + " prim: " + istPrimzahl);
```

Prog. 2–24 *while-Schleife prüft, ob eine Zahl prim ist*

Die boolesche Variable `istPrimzahl` soll ausdrücken, ob n prim ist. Mit der Zuweisung `istPrimzahl = true` wird dies zunächst angenommen. Sobald aber ein Teiler von n gefunden wird, d.h. die Bedingung `n % Teiler == 0` *wahr* liefert, wird `istPrimzahl = false` gesetzt. Andernfalls wird `Teiler` um 1 erhöht, um im nächsten Schleifendurchlauf die Teilbarkeit durch den nächstgrößeren Teiler zu prüfen. Die Iterationen werden so lange durchgeführt, bis der Teiler den Wert der Wurzel überschreitet oder ein Teiler gefunden worden ist. Im letztgenannten Fall besitzt `istPrimzahl` den Wert false, so dass die Bedingung `Teiler <= Wurzel && istPrimzahl` nicht mehr erfüllt ist. Das `&&`-Zeichen in der Bedingung drückt die Und-Verknüpfung von `Teiler <= Wurzel` und `istPrimzahl` aus, die nur dann *wahr* liefert, wenn beide Terme wahr sind.

Noch ein Wort zur Schreibweise von Prog. 2–24. Der Schleifenkörper besteht aus nur einer Anweisung, nämlich einer Verzweigung, die in beiden Zweigen jeweils wiederum genau eine Anweisung aufweist. Deshalb kann auf geschweifte Klammern verzichtet werden. Eine Klammerung des Schleifenkörpers wäre aber ebenfalls zulässig. In Prog. 2–24 wird der Schleifenkörper durch Einrückung kenntlich gemacht, um für den menschlichen Leser die Übersicht zu verbessern. Der Java-Compiler achtet jedoch auf Einrückungen, Zeilenumbrüche und sonstige verdeutlichende Formatierungen überhaupt nicht.

Schleifen sind in der Regel schwerer zu verstehen als Verzweigungen. Für den Einstieg in die Programmierung von Schleifen kann empfohlen werden, die Iterationen anhand von konkreten Zahlenbeispielen einzeln nachzuvollziehen. In den Tabellen aus Abb. 2–11 werden für die Eingaben n = 21 bzw. n = 37 die ausgeführten Iterationen Zeile für Zeile mit den sich ändernden Variablenwerten von `Teiler` und `istPrimzahl` untereinander geschrieben. Mit zunehmender Programmiererfahrung wird man Schleifen auch ohne diese aufwendige Beispielanalyse verstehen lernen.

n	Wurzel	Teiler	istPrimzahl
21	4	2	true
21	4	3	false
(2 Iterationen)			

n	Wurzel	Teiler	istPrimzahl
37	6	2	true
37	6	3	true
37	6	4	true
37	6	5	true
37	6	6	true
(5 Iterationen)			

Abb. 2–11   *Iterationen bei Ausführung von Prog. 2–24*

Bei manchen durch Schleifen zu lösenden Aufgaben soll mindestens eine Iteration erfolgen. Die Bedingung ist dann nicht vor, sondern nach Ausführung des Schleifenkörpers auszuwerten. Speziell für diesen Zweck bietet Java die `do-while`-Schleife, deren Syntax und Semantik aus Abb. 2–12 bzw. 2–13 hervorgeht.

do-while-Schleife

Abb. 2–12   *Syntax der do-while-Schleife*

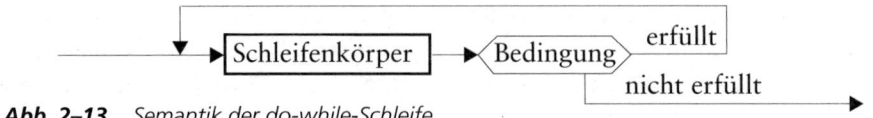

Abb. 2–13   *Semantik der do-while-Schleife*

Ein einfaches Beispiel zur do-while-Schleife zeigt Prog. 2–25. Der wiederholt auszuführende Schleifenkörper liest so lange Zahlen ein, bis deren Summe den Wert 100 übersteigt. Der Schleifenkörper besteht aus zwei Zuweisungen, die in geschweifte Klammern eingeschlossen sind. Nach Terminierung der Schleife werden der Wert der Summe sowie die Anzahl der eingelesenen Werte ausgegeben.

```
int  Summe = 0,  Anzahl = 0;
do { Summe = Summe + Eingabe ();
     Anzahl++;
   }
while (Summe <= 100);
System.out.println ("Sum. " + Summe + ", Anz. " + Anzahl);
```

Prog. 2–25 *Programmausschnitt mit einer do-while-Schleife*

Ein etwas anspruchsvolleres Beispiel ist die Intervallschachtelung zur Bestimmung der Wurzel $\sqrt{x}$ einer positiven Zahl x (siehe Prog. 2–26). Man weiß, dass $\sqrt{x}$ stets im Intervall [0, x+1] liegt. So liegt die Wurzel von 5 mit Sicherheit zwischen 0 und 6. Folglich setzt man eine untere Grenze uG = 0 und eine obere Grenze oG = x+1. Die Intervallgröße lässt sich nun halbieren, indem man prüft, ob die Mitte m = $\frac{uG + oG}{2}$ des Intervalls unter oder über w = $\sqrt{x}$ liegt, d.h. $m^2 \le x$ oder $m^2 > x$. Im erstgenannten Fall lässt sich das Intervall, in dem die gesuchte

```
float x = Eingabe (),
      uG = 0,  oG = x + 1,  m,  epsilon = 0.001f;
do { m = (uG + oG)/2;
     if (m*m > x)  oG = m;
     else          uG = m;
   }
while (oG - uG > epsilon);
System.out.println (  "Wurzel " + x
                    + " beträgt ungefähr " + m);
```

Prog. 2–26 *Programmausschnitt zur Intervallschachtelung*

Wurzel liegt, auf [m, oG], im zweitgenannten Fall auf [uG, m] verkleinern. Die Einschränkung von $\sqrt{x}$ ist dadurch genauer geworden. In einer do-while-Schleife lässt sich die Intervallgröße mit jeder Iteration halbieren, wenn der Schleifenkörper den oben genannten Halbierungsschritt ausführt und der Variablen uG bzw. oG die jeweils erreichte Intervallgrenze zuweist. Die Schleife terminiert, wenn der Abstand zwischen uG und oG so gering ist, dass einer vorgegebenen Genauigkeit ε der Wurzelbestimmung entsprochen werden kann ($ε = 10^{-3}$ in Prog. 2–26).

Die Programmbeispiele haben gezeigt, dass im Zusammenhang mit einer Schleife immer wieder die gleichen Arten von Aufgaben zu erledigen sind, und zwar:

❑ Vorbereitende Anweisungen: Variablen werden vereinbart und auf Anfangswerte gesetzt.

❑ Fortschaltende Anweisungen: Nachdem eine Iteration ausgeführt worden ist, werden Variablen Nachfolgewerte zugewiesen.

❑ Abfrage der Schleifenbedingung: Es wird geprüft, ob noch eine Iteration auszuführen ist oder die Schleife terminieren soll.

Um die entsprechenden Programmteile übersichtlich strukturieren zu können, bietet Java ebenso wie die meisten anderen Programmiersprachen eine spezielle Art der Schleife, die for-Schleife. Sie enthält im Schleifenkopf drei Anweisungsgruppen: Vorbereitungen, Bedingung und Fortschaltungen. Damit ist es insbesondere gut möglich, den wohl am häufigsten vorkommenden Verwendungszweck von Schleifen prägnant auszudrücken: Eine so genannte Laufvariable durchläuft alle ganzen Zahlen von einem Startwert bis zu einem Endwert. Sei int i die Laufvariable. Dann ist i = Startwert die Vorbereitung, i++ die Fortschaltung und i <= Endwert die Schleifenbedingung. Abb. 2–14 zeigt die Syntax der for-Schleife.

Generell ist die Vereinbarung von Variablen zu Beginn einer Methode sinnvoll, z.B. zu Beginn von main (...). Jedoch können Variablen, die nur in einer einzigen for-Schleife Verwendung finden, auch im Schleifenkopf vereinbart werden, um ihren ausschließlichen Bezug zu dieser einen Schleife zu unterstreichen. Solche Variablen sind meist Laufvariablen, welche die Iterationen in geeigneter Weise zählen.

Eine Merkwürdigkeit der for-Schleife in Java besteht darin, dass mehrere vorbereitende Anweisungen oder eine vorbereitende Vereinbarung zulässig sind, nicht jedoch die Kombinationen aus Vereinbarung und Anweisungen. Die meisten anderen Programmiersprachen lassen nur eine vorbereitende Anweisung zu, nämlich die Zuweisung des Startwerts an eine Laufvariable.

Der Schleifenkopf besteht aus dem Wortsymbol for sowie der nachfolgenden runden Klammer samt ihrer Elemente. Man beachte, dass Vorbereitung, Bedingung und Fortschaltung durch Semikolon getrennt werden. Bestehen Vorbe-

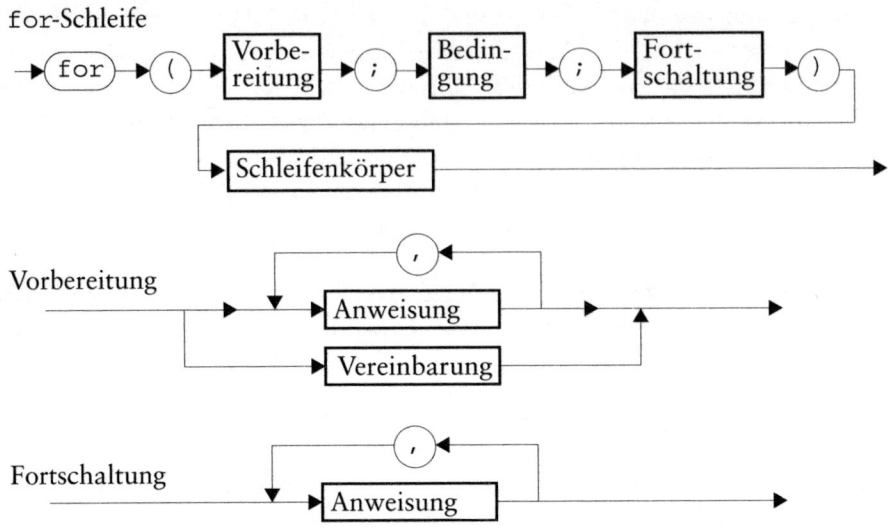

Abb. 2–14 *Syntax der for-Schleife*

reitung bzw. Fortschaltung aus mehreren Anweisungen, so werden diese durch Kommata getrennt – eine Besonderheit der Syntax von for-Schleifen. Es ist höchstens eine vorbereitende Vereinbarung und nur eine Bedingung zulässig. Eine vorbereitende Vereinbarung kann aber (wie bei Variablenvereinbarungen üblich) mehrere Variablen des gleichen Datentyps deklarieren. Sinnvollerweise wird jede der vereinbarten Variablen auch innerhalb der Vereinbarung sofort mit einem Anfangswert belegt. Beispielsweise ist

```
for (int i = 2, j = 10; i <= 5; i++, j--)
```

ein zulässiger Schleifenkopf mit einer vorbereitenden Vereinbarung von zwei Integer-Variablen i und j, wobei i bis 5 hochgezählt und j erniedrigt wird.

Variablen, die in einem Schleifenkopf vereinbart werden, sind nur innerhalb der betreffenden Schleife gültig (im Schleifenkopf und im Schleifenkörper). Außerhalb der Schleife können sie nicht verwendet werden. Trotzdem dürfen im innersten Block außerhalb der Schleife keine namensgleichen Variablen vereinbart werden. Als Block werden bestimmte Anweisungssequenzen bezeichnet, die in geschweifte Klammern eingefasst sind. Abschnitt 3.5 geht näher auf geschachtelte Strukturen ein. Hier soll ein Beispiel zur Verdeutlichung genügen: Wenn in einem Schleifenkopf for (int i = ... die Variable i vereinbart wird, kann sie nur in der betreffenden Schleife, nicht aber außerhalb verwendet werden. In „unmittelbarer Umgebung" darf außerhalb der Schleife trotzdem keine andere Variable mit dem Namen i definiert werden.

Von Besonderheiten wie z.B. den mehrfachen Fortschaltungsanweisungen wird eher selten Gebrauch gemacht. Im Normalfall weist die Vorbereitung nur ei-

ner Laufvariablen einen Anfangswert zu; die Bedingung prüft, ob sie den Endwert erreicht hat; die Fortschaltung erhöht den Wert der Laufvariablen um 1.

Wie bei `while`- und `do-while`-Schleife besteht der Schleifenkörper aus einer
beliebigen Anweisung oder aus einer in geschweifte Klammern eingeschlossenen
Gruppe von Anweisungen.

Abb. 2–15 zeigt die Semantik der `for`-Schleife. Die Vorbereitung wird zu Beginn stets genau einmal ausgeführt. Die Prüfung der Bedingung erfolgt vor, die
Fortschaltung dagegen nach jeder Ausführung des Schleifenkörpers. Wenn die
Bedingung von Anfang an nicht erfüllt ist, wird nur die Vorbereitung, nicht aber
der Schleifenkörper und die Fortschaltung ausgeführt.

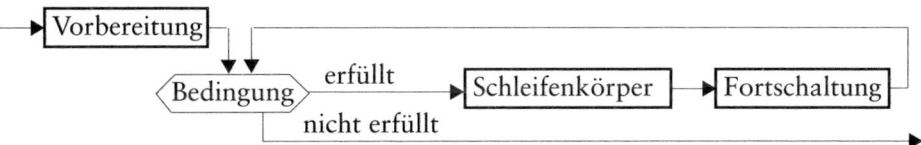

Abb. 2–15 *Semantik der for-Schleife*

Einige Beispiele mögen nun die Verwendung der `for`-Schleife demonstrieren.
Prog. 2–27 leistet das Gleiche wie Prog. 2–23, verwendet jedoch eine `for`-Schlei-
fe.

Prog. 2–28 druckt eine Wertetabelle der Funktion $f(x) = x^2 - 8$ für alle ganzzahligen x aus dem Intervall [–5, 12]. Die Variable x durchläuft dieses Intervall
als Laufvariable einer `for`-Schleife. Der Schleifenkörper besteht aus zwei geklammerten Anweisungen, die wiederholt ausgeführt werden. In analoger Weise
lassen sich Wertetabellen für beliebige andere Funktionen und Intervalle erstellen. Wie Prog. 2–28 zeigt, ist dazu kein großer Programmieraufwand nötig.

Ein geübter Programmierer kann mit Schleifen routiniert umgehen und
durchschaut die Wirkung von einfacheren Schleifen sofort. Erfahrungsgemäß haben Anfänger jedoch größere Schwierigkeiten. Ihnen sei eine genaue Analyse der
aufgeführten Beispiele empfohlen. Wenigstens teilweise sollten die Iterationen ge-

```
for (int i = 1, a = 3; i < 1000000; i++)
    a = (4*a + 5*a*a)%13579;
```

Prog. 2–27 *for-Schleife berechnet das millionste Element einer Zahlenfolge*

```
int x, y;
for (x = -5; x <= 12; x++)
{ y = x*x - 8;
    System.out.println ("x = " + x + ",   y = " + y);
}
```

Prog. 2–28 *for-Schleife druckt eine Wertetabelle*

mäß Abb. 2–11 (Seite 55) anhand von bestimmten Variablenwerten nachvollzogen werden.

Schwieriger zu verstehen ist die Verschachtelung von Schleifen. Damit sind Schleifenkörper gemeint, die wiederum Schleifen enthalten. Die umfassende Schleife wird als *äußere Schleife* bezeichnet, in deren Körper eine *innere Schleife* auftritt. Jede einzelne Iteration der äußeren Schleife ruft daher den vollständigen Ablauf aller Iterationen der inneren Schleife auf. Das Beispiel in Prog. 2–29 erzeugt die Ausgabe:

```
10 1, 10 2, 10 3, 10 4, 20 1, 20 2, 20 3, 20 4, 30 1, 30 2, 30 3, 30 4,
```

```
for (int i = 10; i <= 30; i = i + 10)                          äußere
    for (int j = 1; j <= 4; j++)                         innere  Schleife
        System.out.print (i + " " + j + ",  ");          Schleife

System.out.println ();
```

Prog. 2–29 *Zwei verschachtelte for-Schleifen*

Die Anzahl der Iterationen der inneren Schleife kann auch von einer Laufvariablen der äußeren Schleife abhängen, wie dies in Prog. 2–30 der Fall ist. Dieses Programm erzeugt die Ausgabe:

```
1 1, 2 1, 2 2, 3 1, 3 2, 3 3,
```

```
for (int i = 1; i <= 3; i++)                                   äußere
    for (int j = 1; j <= i; j++)                         innere  Schleife
        System.out.print (i + " " + j + ",  ");          Schleife

System.out.println ();
```

Prog. 2–30 *Zwei verschachtelte for-Schleifen mit voneinander abhängigen Laufvariablen*

Das Thema „Schleifen" soll mit einem etwas größeren Beispiel abgeschlossen werden, in dem vier ineinander verschachtelte Schleifen auftreten. Die Aufgabenstellung besteht im Ausdrucken eines Kalenders für ein beliebiges Jahr gemäß dem in Abb. 2–16 vorgegebenen Format. Die gewünschte Jahreszahl und der erste Wochentag des betreffenden Jahres sind einzugeben (1 = Montag, 2 = Dienstag usw.).

Um den Kalender zu drucken, sind Schleifen erforderlich, welche die Monatsblöcke von oben nach unten sowie von links nach rechts durchlaufen (siehe Prog. 2–31). Zusätzlich muss innerhalb eines Monats je eine Schleife die Tage von oben nach unten sowie von links nach rechts durchlaufen. Wenn wir die äu-

```
Kalender 2003

Januar                    Februar               März
Mo     6 13 20 27         Mo     3 10 17 24     Mo     3 10 17 24 31
Di     7 14 21 28         Di     4 11 18 25     Di     4 11 18 25
Mi   1 8 15 22 29         Mi     5 12 19 26     Mi     3 10 17 24
Do   2 9 16 23 30         Do     6 13 20 27     Do     5 12 19 26
Fr   3 10 17 24 31        Fr     7 14 21 28     Fr     7 14 21 28
Sa   4 11 18 25           Sa   1 8 15 22        Sa   1 8 15 22 29
So   5 12 19 26           So   2 9 16 23        So   2 9 16 23 30

April                     Mai                   Juni
Mo     7 14 21 28         Mo     5 12 19 26     Mo     2 9 16 23 30
Di   1 8 15 22 29         Di     6 13 20 27     Di     3 10 17 24
.......... usw.
```

Abb. 2–16 *Ausschnitt aus dem auszudruckenden Kalender*

ßerste Schleife mit S1, die nächstinnere mit S2, die noch weiter innen liegende mit S3 und die innerste Schleife mit S4 bezeichnen, dann sind die Laufrichtungen der Schleifen, bezogen auf das Druckbild, aus Abb. 2–17 ersichtlich.

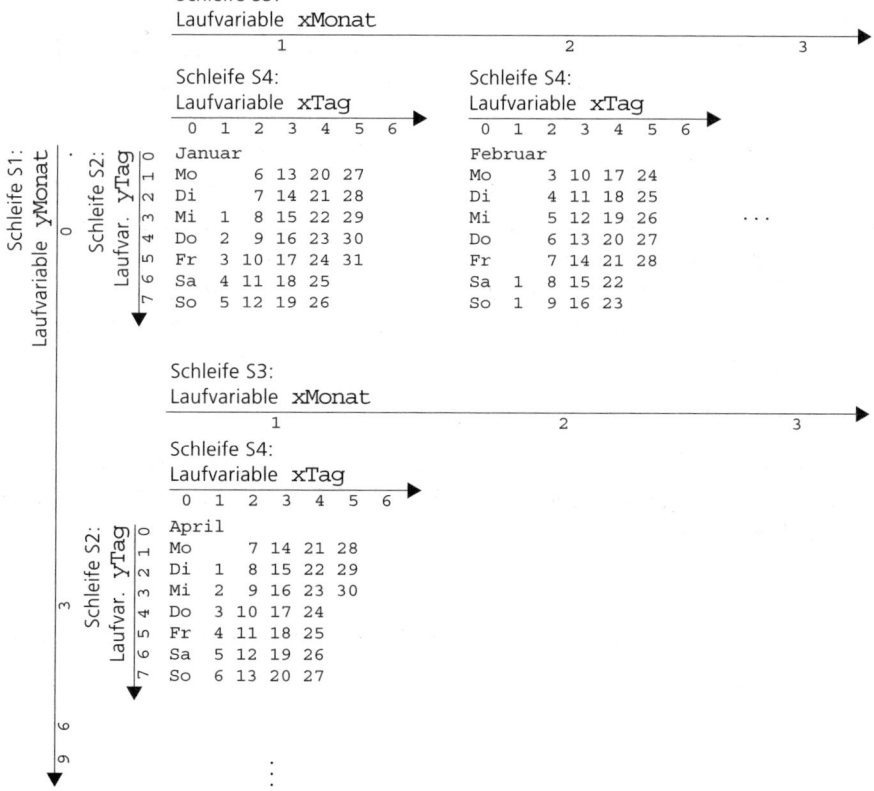

Abb. 2–17 *Laufvariablen der vier verschachtelten Schleifen S1, S2, S3 und S4*

Die beiden äußeren Schleifen S1 und S2 durchlaufen die Druckzeilen, wobei S1 „in großen Schritten" die vier Monatsblöcke und S2 innerhalb jedes Blocks die Zeilen durchläuft. Für jede Zeile werden die beiden inneren Schleifen S3 und S4 ausgeführt, wobei S3 die drei nebeneinander liegenden Monatsblöcke und darin S4 die Druckspalten durchläuft. Die Laufvariablen der vier verschachtelten Schleifen lauten yMonat, yTag, xMonat und xTag. Ihre Werte bezeichnen quasi einen Koordinatenpunkt auf der zu bedruckenden Fläche. Für jeden der Punkte wird in je einer switch-Anweisung der Monatsname sowie die Tagesbezeichnung „in Klartext" umgewandelt: Der String-Variablen NameM wird nacheinander "Januar", "Februar" usw. zugewiesen; die Wochentagsbezeichnungen "Mo", "Di" usw. werden unmittelbar ausgedruckt.

Da sich die Monatsnamen und Tagesbezeichnungen in der innersten Schleife S4 nicht ändern, liegen die beiden switch-Anweisungen in der zweitinnersten Schleife S3. Mit der Bestimmung des Monatsnamens werden auch der Variablen vorM die Anzahl der Tage der vorangehenden Monate und der Variablen imM die Anzahl der Tage im betreffenden Monat zugewiesen. Diese Information wird benötigt, um den ersten Wochentag der Monats zu berechnen. Die Anzahl der Tage hängt auch von der Variablen s ab, der für Schaltjahre der Wert 1, ansonsten der Wert 0 zugewiesen wird.

Die zweite switch-Anweisung führt in der obersten Zeile eines Monatsblocks (d.h. yTag == 0) zur Ausgabe des Monatsnamens NameM. In den darauffolgenden Zeilen wird dagegen das Wochentagskürzel ausgegeben, gefolgt von der innersten Schleife S4, welche die Zahlen für die Tage ausgibt.

Die Verzweigung innerhalb von S4 sorgt dafür, dass einstelligen Zahlen zwei Leerzeichen, zweistelligen Zahlen dagegen nur ein Leerzeichen vorangestellt wird. An der Stelle von Tageszahlen, die kleiner als eins oder größer der Gesamtzahl der Tage im Monat sind, werden drei Leerzeichen ausgegeben.

Für einen „Koordinatenpunkt", der durch yMonat, yTag, xMonat und xTag gegeben ist, berechnet sich die Tageszahl durch die Formel

```
7*xTag + yTag - (WochJ + vorM - 1) % 7
```

Darin würde `7*xTag + yTag` die Tageszahl bezeichnen, wenn der Erste des Monats ein Montag wäre. Die Verschiebung auf die tatsächliche Tageszahl ergibt sich durch den Term

```
(WochJ + vorM - 1) % 7,
```

der von WochJ, dem ersten Wochentag des Jahres, und vorM, der Anzahl der Tage der Vormonate, abhängt.

```
public class Kalender
{ public static void main (String [] unbenutzt)
  { int     Jahr  = Eingabe (),    // Jahreszahl.
            WochJ = Eingabe (),    // erster Wochentag des Jahres.
            vorM  = 0,             // Anzahl der Tage der Vormonate.
            imM   = 0,             // Anzahl der Tage im Monat.
            s     = 0;             // Anzahl der Schalttage (29. Februar).
    String  NameM = "kein Monat";  // Name des Monats.
    System.out.println ("Kalender " + Jahr);
    if (Jahr % 4 == 0 && Jahr % 100 != 0 || Jahr % 400 == 0)  s = 1;
    // S1: Schleife über die untereinander zu druckenden Monate:
    for (int yMonat = 0; yMonat < 12; yMonat += 3)
    { System.out.println ("");
      // S2: Schleife über untereinander zu druckende Tage in einem Monat:
      for (int yTag = 0; yTag <= 7; yTag++)
      { // S3: Schleife über die nebeneinander zu druckenden Monate:
        for (int xMonat = 1; xMonat <= 3; xMonat++)
        { switch (yMonat + xMonat)
          { case  1: NameM = "Januar   "; vorM =   0;     imM = 31; break;
            case  2: NameM = "Februar  "; vorM =  31; imM = 28 + s; break;
            case  3: NameM = "März     "; vorM =  59 + s; imM = 31; break;
            case  4: NameM = "April    "; vorM =  90 + s; imM = 30; break;
            case  5: NameM = "Mai      "; vorM = 120 + s; imM = 31; break;
            case  6: NameM = "Juni     "; vorM = 151 + s; imM = 30; break;
            case  7: NameM = "Juli     "; vorM = 181 + s; imM = 31; break;
            case  8: NameM = "August   "; vorM = 212 + s; imM = 31; break;
            case  9: NameM = "September"; vorM = 243 + s; imM = 30; break;
            case 10: NameM = "Oktober  "; vorM = 273 + s; imM = 31; break;
            case 11: NameM = "November "; vorM = 304 + s; imM = 30; break;
            case 12: NameM = "Dezember "; vorM = 334 + s; imM = 31; break;
          }
          switch (yTag)
          { case 0: System.out.print ("   " + NameM + "        "); break;
            case 1: System.out.print ("Mo"); break;
            case 2: System.out.print ("Di"); break;
            case 3: System.out.print ("Mi"); break;
            case 4: System.out.print ("Do"); break;
            case 5: System.out.print ("Fr"); break;
            case 6: System.out.print ("Sa"); break;
            case 7: System.out.print ("So"); break;
          }
          // S4: Schleife über die nebeneinander zu dr. Tage in einem Monat:
          for (int xTag = 0; xTag <= 6 && 0 < yTag; xTag++)
          { int Tag = 7*xTag + yTag - (WochJ + vorM - 1) % 7;
            if      ( 1 <= Tag && Tag <=  9)  // einstellige Zahl.
              System.out.print ("  " + Tag);
            else if (10 <= Tag && Tag <= imM)  // zweistellige Zahl.
              System.out.print (" "  + Tag);
            else                               // keine Zahl
              System.out.print ("   ");
          }
        }
        System.out.println ("");  // Vorschub zur nächsten Druckzeile.
      }
    }
  }
}
```

Prog. 2–31 *Drucken eines Kalenders mit verschachtelten for-Schleifen*

Benannte Anweisungen

Jede Anweisung kann mit einem Namen versehen werden. Man schreibt dazu den Anweisungsnamen, gefolgt von einem Doppelpunkt, vor die Anweisung. Beispielsweise verleiht `Startwert: istPrimzahl = true;` der Zuweisung `istPrimzahl = true;` den Namen `Startwert`. Von einer solchen Benennung wird allerdings selten Gebrauch gemacht. Möchte man eine Anweisung näher erläutern, so sollte man besser einen Kommentar verwenden, beispielsweise `istPrimzahl = true; // Zuweisung des Startwerts`.

Die Benennung einer Anweisung wird in der Regel nur benötigt, um eine Anweisung verlassen zu können. Insbesondere bei der Ausführung von Schleifenkörpern kann festgestellt werden, dass die Schleife sofort zu verlassen ist – ohne den Rest des Schleifenkörpers noch auszuführen. Hierfür kann die Schleifenbedingung aber nicht verwendet werden, weil sie nur nach kompletter Ausführung des Schleifenkörpers geprüft wird. Dagegen führt die im Schleifenkörper vorhandene Anweisung `break;` zum sofortigen Verlassen der Schleife. Welche Schleife wird aber verlassen, wenn man sich im Inneren von mehreren verschachtelten Schleifen befindet? Hier hilft nur die Benennung der Schleifen mit Namen weiter. Bei benannten Schleifen kann der Name der Schleife, die verlassen werden soll, in der `break`-Anweisung angegeben werden.

Manchmal kann es sinnvoll sein, den Schleifenkörper sofort zu verlassen, jedoch nicht die Schleife unmittelbar zu beenden, sondern zur Überprüfung der Schleifenbedingung zurückzukehren. Die Anweisung `continue;` vermag genau dies zu erreichen, wobei ggf. wieder der Schleifenname anzugeben ist.

Die Abbruchanweisungen `break;` und `continue;` können bei allen Schleifenarten verwendet werden, d.h. bei der `while`-Schleife, der `do-while`-Schleife und der `for`-Schleife. In Prog. 2–32 zeigen Pfeile an, wo die Programmausführung nach `break`- bzw. `continue`-Anweisungen fortgesetzt wird. Die äußere Schleife trägt den Namen `Monatsschleife`, die innere den Namen `Tagesschleife`.

Wenn in einem Programm `break;` und `continue;` häufig vorkommen, erschweren die „kreuz und quer" möglichen Sprünge die Verständlichkeit des Programms. Deshalb sollten die Abbruchanweisungen nur in seltenen Sonderfällen eingesetzt werden. Normalerweise reichen die üblichen Köpfe von `while`-Schleifen, `do-while`-Schleifen und `for`-Schleifen aus, den Programmablauf in übersichtlicher Weise zu steuern.

```
// Gib jeden Freitag, den 13., eines Jahres aus.

int Wochentag = Eingabe (),   // letzter Wochentag des Vorjahres.
    Schalttag = Eingabe (),   // 1 im Schaltjahr, 0 sonst.
    Tag, Monat;

Monatsschleife:
for (Monat = 1; Monat <= 12; Monat++)
{ Tag = 0;

  Tagesschleife:
  while (++Tag <= 31)
  {
    if (   Monat == 2 && Tag > 28 + Schalttag
       || (   Monat == 4 || Monat == 6
           || Monat == 9 || Monat == 11) && Tag > 30)
      continue Monatsschleife;

    Wochentag = Wochentag % 7 + 1;   // nächster Wochentag.

    if (Tag != 13)   // Datum kann nicht Freitag, der 13., sein.
      continue Tagesschleife;

    if (Wochentag == 5)   // Fünfter Wochentag ist Freitag.
      System.out.println ("Freitag, der 13." + Monat + ".");

    if (Monat == 12)   // Abbruch nach dem 13.12.
      break Monatsschleife;
  }
}
System.out.println ("Dies sind die Glückstage des Jahres.");
```

Prog. 2–32 *Wirkung von* break *und* continue

2.4 Arrays

In Schleifen können Laufvariable und andere Variablen nacheinander sehr viele verschiedene Werte annehmen. Mit den bisher eingeführten Mitteln ist es aber nicht möglich, all diese Werte zu speichern. Stattdessen verbleiben nach Terminierung einer Schleife nur die zuletzt erreichten Endwerte von Variablen.

In vielen Anwendungsfällen ist jedoch eine Speicherung aller Zwischenwerte unverzichtbar, weil später der Zugriff auf jeden einzelnen Wert möglich sein soll. So kann eine Menge von Variablenwerten als Liste, Tabelle, Vektor oder Matrix aufgefasst werden. Derart zusammengehörige Variableninhalte bilden ein Ganzes, das von einem Programm in beliebiger Weise verarbeitet werden kann.

Beispielsweise kann eine Tabelle in ihren Zeilen den Lagerbestand von verschiedenen Artikeln enthalten, wobei die Spalten verschiedene Lagerorte unterscheiden. In zwei verschachtelten `for`-Schleifen werden zunächst alle Werte eingelesen und in den Tabellen-Variablen gespeichert. Erst die weiteren Eingaben legen dann fest, wie die Tabelle verarbeitet wird. Es könnte etwa berechnet werden, welcher Lagerort die meisten Artikel von bestimmten Warengruppen enthält, oder eine Eingabe könnte einen Tabelleneintrag erhöhen, um das Einlagern von zusätzlichen Artikeln auszudrücken.

Eine Tabelle mit einzelnen, unabhängigen Variablen auszudrücken ist völlig ungeeignet. Es wäre nicht möglich, in Iterationen von Schleifen nacheinander auf Variablen wie `Artikel1Ort1`, `Artikel2Ort1`, `Artikel3Ort1`, `Artikel1Ort2` usw. zuzugreifen. In der Schleife müsste eine `switch`-Anweisung die jeweilige Variable auswählen. Da wäre der Programmieraufwand geringer, wenn man unter Verzicht auf die Schleife die Zugriffe auf jede einzelne Variable separat programmieren würde. Auf Grund des hohen Aufwands scheitert dieser Ansatz jedoch für große Tabellen (mit z.B. 15 Spalten und 100 Zeilen, also 1500 Einträgen). Außerdem geht die Flexibilität verloren, den zu bearbeitenden Teil der Tabelle nicht schon bei der Programmierung, sondern erst durch die Eingabe bei Programmausführung festzulegen.

Wesentlich geeigneter für die Repräsentation von Tabellen sind *Arrays*, die den Zugriff auf einzelne Elemente über ganzzahlige Laufvariablen ermöglichen. Eine einzige Array-Variable fasst eine Vielzahl von Variablen eines Datentyps zusammen. Letztere werden durch ganzzahlige Indizierung unterschieden. Fast alle Programmiersprachen kennen Arrays und legen als Schreibweise fest, dass ein Index in eckige Klammern einzufassen und der Array-Variablen nachzustellen ist. Den Lagerbestand aller Artikel an allen Orten kann eine Array-Variable `Bestand` ausdrücken, die je einen Index für die Zeile und die Spalte aufweist. So bezeichnet `Bestand[2][5]` den Lagerbestand von Artikel 2 am Ort 5.

Entscheidend ist nun, dass nicht nur ganzzahlige Konstanten wie 2 oder 5, sondern auch `int`-Variablen, ja sogar komplizierte Ausdrücke vom Typ `int` als Index auftreten können. `Bestand[i][j]` drückt den Lagerbestand von Artikel i am Ort j aus. Die Variablen i und j können nun als Laufvariablen in Schleifen verwendet werden, um in einfacher Weise auf verschiedene Elemente der Tabelle zuzugreifen. Beispielsweise berechnet

```
int Summe = 0;
for (int i = 3; i<= 28; i++)  Summe += Bestand [i][4];
```

den gesamten Bestand der Artikel 3 bis 28 am Ort 4. Wenn die Artikel in mehrere Gruppen zu je genau 10 Artikel unterteilt sind und die `int`-Variable g die Gruppe bezeichnet, dann berechnet

```
int Summe = 0;
for (int i = 1; i <= 10; i++)
  for (int j = 1; j <= 15; j++)
    Summe += Bestand [10 * g - 10 + i] [j];
```

den Gesamtbestand der Gruppe g an den Orten 1 bis 15. Der Indexausdruck `10 * g - 10 + i` durchläuft dabei alle Artikel einer Gruppe, beispielsweise die Artikel 31 bis 40, die zur Gruppe g = 4 gehören.

Eine Tabelle weist in der Regel Zeilen und Spalten auf, ist also zweidimensional. Arrays können aber auch ein- oder mehrdimensional sein. Die Anzahl der Indizes ist stets gleich der Anzahl der Dimensionen. Ein eindimensionales Array `Zeichen` aus Elementen vom primitiven Datentyp `char` kann z.B. die Zeichen eines Textes in je einem Array-Element speichern. Das Programmstück

```
boolean Palindrom = true;
for (int i = 1; i <= 7/2 && Palindrom; i++)
  Palindrom = Zeichen [i] == Zeichen [7 + 1 - i];
```

prüft dann, ob die Elemente 1, ... , 7 des Arrays `Zeichen` ein Palindrom bilden, d.h. vorwärts und rückwärts gelesen das gleiche Wort ergeben. Wenn etwa die betreffenden Array-Elemente

'R', 'E', 'N', 'T', 'N', 'E', 'R'

lauten, behält die boolesche Variable `Palindrom` den Wert `true`. Für die Elemente

'R', 'E', 'N', 'T', 'I', 'E', 'R'

wird dagegen `Palindrom` in der dritten und letzten Iteration der Schleife auf `false` gesetzt.

Jede Array-Variable muss – wie alle Variablen – vor ihrer Verwendung vereinbart werden. Dabei sind zwei Eigenschaften festzulegen:

❑ Der Datentyp der Elemente: Alle Elemente eines Arrays sind stets vom gleichen Typ. Dieser Datentyp ist in der Vereinbarung zuerst zu schreiben.

❑ Die Anzahl der Dimensionen: Sie entspricht der Anzahl der Indizes. In der Vereinbarung folgen daher auf den Datentyp so viele öffnende und schließende eckige Kammern wie die Anzahl der Dimensionen.

`int [] x` vereinbart beispielsweise eine Array-Variable x, der ein eindimensionales Array aus `int`-Elementen zugewiesen werden kann.

`float [] []` `Entfernung` deklariert eine Variable `Entfernung` für eine zweidimensionale Matrix aus Gleitkommazahlen. Mit der Vereinbarung werden den Array-Variablen jedoch noch keine Arrays zugewiesen. Array-Variablen kann man sich als einen Speicherplatz vorstellen, der einen Verweis auf ein Array enthalten kann – und zwar nur auf ein solches Array, das hinsichtlich Datentyp der

Elemente und Anzahl der Dimensionen der Vereinbarung entspricht. Die Vereinbarung allein schafft nur den Speicherplatz für einen solchen Verweis. Dieser ist zunächst leer, zeigt also auf kein Array. Folglich ist mit der Vereinbarung die Anzahl der Elemente noch nicht festgelegt.

Einer Array-Variablen kann ein neu erzeugtes Array zugewiesen werden. Dabei ist der Indexbereich für jede Dimension anzugeben, woraus sich die Elementanzahl sowohl für jede Dimension als auch insgesamt in eindeutiger Weise ergibt. Während viele Programmiersprachen für jeden Index beliebige Unter- und Obergrenzen zulassen, macht Java hier eine Einschränkung: Die Untergrenze ist stets 0. In der Praxis stört diese Festlegung meist nicht, weil der kleinste Index in der Regel 1 oder 0 sein soll. Möchte man 1 als kleinsten Index verwenden, so bleibt eben das mit 0 indizierte Array-Element unbenutzt, was keine allzu große Speicherplatz-Verschwendung darstellt.

Die Erzeugung eines neuen Arrays ist mit dem Wortsymbol new einzuleiten, gefolgt von dem Datenyp der Elemente sowie der jeweils in eckige Klammern eingeschlossenen Elementanzahl für jede Dimension. `new int [20]` erzeugt beispielsweise ein int-Array mit genau 20 Elementen, `new float [80][80]` ein float-Array mit 80·80, also insgesamt 6400 Elementen. Dieses Array kann als quadratische Entfernungsmatrix verwendet werden.

Da die Index-Untergrenze stets 0 beträgt, folgt daraus, dass die Obergrenze die um 1 verminderte Elementanzahl ist. In dem erstgenannten Array umfasst der Indexbereich von `[0]` bis `[19]` genau 20 Elemente. Im zweitgenannten Array liegt jeder der beiden Indizes im Bereich von `[0]` bis `[79]`. Diese Bereichsfestlegung begünstigt leider Flüchtigkeitsfehler. Wenn man mit `new int [20]` ein Array erzeugt, tendiert man zu der Annahme, dass ein Element mit Index `[20]` auch existiert, was aber unzutreffend ist. Die obere Indexgrenze ist immer ausschließlich zu verstehen.

Ein erzeugtes Array kann einer Array-Variablen zugewiesen werden, entweder in einer eigenen Zuweisung oder bereits als Initialisierung in der Vereinbarung. Beispiele hierfür sind:

```
int [] x;   x = new int [20];
float [][] Entfernung = new float [80][80];
```

Die Zuweisung von Arrays an Array-Variablen kann in einem Programm an beliebiger Stelle stehen. Einer Array-Variablen können auch nacheinander verschiedene Arrays zugewiesen werden. Die Zuweisung eines neuen Arrays bedeutet, dass der bisherige Variablenwert, d.h. das bisherige Array, verloren geht (von später erläuterten Ausnahmen abgesehen) und die Array-Variable nun auf das neue Array verweist. Dies entspricht dem bereits bekannten Überschreiben des alten Werts bei Zuweisung eines neuen Werts an eine Variable eines primitiven Datentyps (z.B. int).

Die Erzeugung eines Arrays mit new legt die Elementanzahl fest. Sie kann nachträglich nicht mehr verändert werden. Es gibt keine „Gummi-Arrays", die man vergrößern kann, wenn zusätzliche Elemente aufzunehmen sind. Sehr wohl können einer Array-Variablen aber nacheinander verschieden große Arrays zugewiesen werden, die jeweils mittels new und unterschiedlichen Elementanzahlen generiert worden sind. Die Elementwerte der jeweiligen Vorgänger-Arrays werden dabei jedoch nicht automatisch übernommen. Sie müssen ggf. in einer Schleife einzeln in ein neues Array kopiert werden. Prog. 2–33 zeigt dazu ein Beispiel, das zwei Array-Variablen benutzt: Der Array-Variablen a soll zunächst ein kleineres, danach ein größeres Array zugewiesen werden. b wird als Hilfsvariable für das Kopieren benutzt. Dazu verweist b zunächst auf das neue, größere Array. Nach dem Kopieren wird dieses a zugewiesen.

```
int [] a, b;
a = new int [10];                          Zuweisungen an a und Berechnungen
...   ◄─────────────────────────────────── mit den 10 Elementen von a
b = new int [20];
for (int i = 0; i < 10; i++)  b [i] = a [i];
a = b;                                     Zuweisungen an a und Berechnungen
...   ◄─────────────────────────────────── mit den jetzt 20 Elementen von a
```

Prog. 2–33 *Kopieren der Inhalte eines kürzeren Arrays in ein längeres*

Bei der Erzeugung eines Arrays werden die Elemente mit Standardwerten initialisiert, beispielsweise mit 0 im Falle eines int-Arrays. Um Array-Elemente mit anderen Anfangswerten zu belegen, muss man diese einzeln zuweisen. Beispielsweise kann eine Schleife alle Elemente nacheinander mit einer Laufvariablen indizieren und sie mit dem Anfangswert 1 initialisieren:

```
int [] Vektor = new int [100];
for (int Lauf = 0; Lauf < 100; Lauf++)  Vektor [Lauf] = 1;
```

Man beachte, dass wegen Lauf < 100 die Laufvariable alle Werte von 0 bis 99 durchläuft, den Wert 100 also nicht annimmt.

Zur Erzeugung und Initialisierung eines Arrays mittels new gibt es noch eine zweite Alternative: Man kann die Werte des neu zu bildenden Arrays durch Konstanten explizit angeben. Dazu schreibt man eine durch Kommata getrennte Liste der Werte und schließt sie in geschweifte Klammern ein. Beispielsweise erzeugt

```
int [] m = {31, 28, 31, 30, 31, 30, 31, 31, 30, 31, 30, 31};
```

ein int-Array m, dessen Elemente die Tagesanzahl der Monate angibt. Mit dieser Methode der Array-Erzeugung erübrigen sich Initialisierungszuweisungen, weil sie Anfangswerte, Elementanzahl und Dimensionenanzahl bereits festlegt (eindimensional im genannten Beispiel). Für kurze Arrays eignet sich die Erzeugung

```
int [] m = {31, 28, 31, 30, 31, 30, 31, 31, 30, 31, 30, 31};
int Mai = 5;
int Tagesanzahl = m [Mai];
```

Prog. 2–34 *Erzeugung eines Arrays durch eine Liste von Konstanten*

mittels Konstanten sehr gut. Für große Arrays (etwa ein Vektor aus 1000 Gleitkommazahlen) empfiehlt sie sich wegen des Schreibaufwands kaum. Array-Konstanten sind nur in initialisierenden Vereinbarungen von Array-Variablen zulässig, nicht jedoch an anderen Programmstellen wie z.B. Zuweisungen.

Man könnte vermuten, dass in Prog. 2–34 die Variable `Tagesanzahl` den Wert 31 erhält, eben die Anzahl der Tage im Mai. Dies trifft jedoch nicht zu, weil in Arrays die Indizierung nicht mit 1, sondern mit 0 beginnt. Januar hat demnach den Index 0, Mai den Index 4. Somit wird in Zeile 2 der Variablen `Mai` der falsche Index zugewiesen. Mit diesem Beispiel sei nochmals auf die sich leicht einschleichenden Flüchtigkeitsfehler bei der Indizierung von Arrays hingewiesen.

Auch mehrdimensionale Arrays lassen sich durch Konstanten erzeugen. Dazu schreibt man eine Liste entsprechend der ersten Indizierung, wobei Elemente dieser Liste wiederum Listen entsprechend der zweiten Indizierung sind. Je nach Dimensionenanzahl können diese Listen wiederum Listen enthalten, bis schließlich die Listen gemäß der letzten Indizierung die Konstanten für die Elementwerte enthalten. Für zweidimensionale Arrays bedeutet dies, dass die in Prog. 2–35 aufgeführten Arrays a und b gleich sind.

```
int [] [] a = {{ 0,  1}, {11, 12}, {21, 22}},
            b = new int [3] [2];
b [0] [0] =  0;   b [0] [1] =  1;
b [1] [0] = 11;   b [1] [1] = 12;
b [2] [0] = 21;   b [2] [1] = 22;
```

Prog. 2–35 *Erzeugung eines 2-dimens. Arrays durch verschachtelte Listen von Konstanten*

Die Elementanzahl eines Arrays ist nicht an jeder Programmstelle aus den Zuweisungen an die Array-Variable ersichtlich. Da solche Zuweisungen in Schleifen und bedingten Anweisungen stehen können, mag nicht vorhersagbar sein, welche Zuweisung als letzte ausgeführt wurde. Ebenso kann die Elementanzahl von der Eingabe abhängen. In all diesen Fällen kann es schwierig sein, eine Schleife zu programmieren, die alle Elemente indiziert, weil die Obergrenze für die Laufvariable unbekannt ist. Java liefert mit `x.length` die Elementanzahl der ersten Dimension eines Arrays x, d.h. die (ausschließliche !) Obergrenze für den ersten Index. Dadurch wird sichergestellt, dass ein Array an jeder Programmstelle bis zum letzten Element vollständig durchlaufen werden kann, wodurch das genannte Problem gelöst ist. Die Obergrenzen für die weiteren Indizes erhält man durch   `x [0].length`,   `x [0] [0].length`   usw.

```
int Anzahl = Eingabe ();
int Anfangswert = 0;
int [] [] Matrix = new int [Anzahl] [Anzahl + 12];
for (int i = 0; i < Matrix.length; i++)
  for (int j = 0; j < Matrix [0].length; j++)
    Matrix [i] [j] = Anfangswert;
```

Prog. 2–36 *Elementanzahl eines Arrays bildet Obergrenze für Laufvariablen*

Man beachte, dass indizierende Variablen stets kleiner als die ausschließlichen Obergrenzen sein müssen, wie Prog. 2–36 zeigt.

Die problemlose Verwendung von Array-Elementen in Ausdrücken haben die Programmbeispiele bereits deutlich gezeigt. Man benutzt sie ebenso wie Variablen eines primitiven Datentyps. Array-Elemente unterscheiden sich nur durch die Indexangabe, z.B. a [i]. Ansonsten können sie beliebige Indexausdrücke enthalten und beliebig in Ausdrücken auftreten, wie die folgende Zuweisung zeigt: a [i] = 12 * (a [i] + 4 * a [2 * i - 1]);

Bei Zuweisungen an eine Array-Variable sind zwei Fälle deutlich voneinander zu unterscheiden:

❑ Zuweisung an ein Element wie in dem Beispiel a [i] = 3;:
  Dieser häufig vorkommende Fall besagt, dass der berechnete Wert des Ausdrucks rechts vom Zuweisungszeichen = dem Element mit Index i zugewiesen sind. Folglich müssen die Datentypen von Element und Ausdruck kompatibel, d.h. gleich sein oder durch implizite Datentyp-Anpassung oder explizite Datentyp-Umwandlung angeglichen werden.

❑ Zuweisung an eine Array-Variable wie in dem Beispiel a = b;:
  Die Array-Variable wird hier ohne Index geschrieben, weil nicht ein einzelnes Element Ziel der Zuweisung ist, sondern vielmehr die Array-Variable auf ein neues Array verweisen soll. Daher muss rechts vom Zuweisungszeichen = ein Ausdruck stehen, der ein gesamtes Array liefert. Beispiele dafür sind die Zuweisungen in Prog. 2–37. Dimensionenanzahl und Datentyp der Elemente müssen bei der Array-Variable und dem Ausdruck übereinstimmen. Unzulässig wäre etwa die Zuweisung a = b;, wenn a zuvor als zweidimensionales und b als eindimensionales int-Array vereinbart worden ist.

```
int [] [] Mat, Tabelle;
Mat     = new int [12] [15];
Tabelle = new int [19] [24];
Mat     = Tabelle;
int [] [] Tabelle2 = {{52, 14, 15, 19}, {23, 61, 22, 29}};
Tabelle = new int [2] [Eingabe ()];
```

Prog. 2–37 *Zuweisung von Arrays an Array-Variablen*

Für den Umgang mit Arrays ist die bereits mehrfach erwähnte Tatsache wichtig, dass Array-Variablen nicht eine Menge von Elementen als Wert enthalten, sondern vielmehr einen Verweis auf ein Array, das aus Elementen besteht. Um den Unterschied zu verdeutlichen und die Wirkung von Array-Variablenvereinbarung sowie Array-Erzeugung und -Verwendung zu veranschaulichen, soll eine grafische Illustration eingeführt werden.

Darin werden Variablen durch ein Rechteck repräsentiert, das zweizeilig beschriftet ist: Oben steht der Variablenname, unten der momentane Inhalt, d.h. der zugewiesene Wert (siehe Abb. 2–18 links). Im Falle von Array-Variablen ist der Wert ein Verweis auf ein Array, der durch einen Pfeil auf das Array symbolisiert wird (Abb. 2–18 Mitte). Wenn einer Array-Variablen noch kein Array zugewiesen ist, also auf nichts verwiesen wird, dann wird als Wert ein Punkt • anstatt eines Pfeils eingetragen. Array-Elemente werden schließlich durch ein zweizeilig beschriftetes Rechteck dargestellt. Oben steht der Index in eckigen Klammern, unten der momentane Inhalt (Abb. 2–18 rechts).

Abb. 2–18 *Links:* int*-Variable, Mitte: Array-Variable, die auf drei Array-Elemente zeigt*

Die bei Ausführung eines einfachen Beispielprogramms hervorgerufenen Veränderungen von Variablen und Arrays werden in Abb. 2–19 Schritt für Schritt gezeigt. Auf jede Programmzeile folgt eine grafische Illustration, die den erreichten Zustand repräsentiert.

Man beachte insbesondere, dass ein Array nicht mehr benutzbar ist, sobald keine Array-Variable mehr darauf verweist. Die „Beseitigung" nicht mehr verwendbarer Objekte durch den so genannten Garbage Collector wird in Abschnitt 3.4 behandelt. Durch Zuweisung kann auch der Fall eintreten, dass mehrere Array-Variablen auf das gleiche Array verweisen. Eine Änderung von Elementwerten über die eine Variable wirkt sich dann auch auf weitere Zugriffe aus, die über eine andere Array-Variable auf dasselbe Array erfolgen. Dies kann zur Verwirrung führen, da man bei der Zuweisung A [1] = 6; oft nicht daran denkt, dass sich damit auch B [1] ändert. Am besten vermeidet man nach Möglichkeit eine derart unübersichtliche Programmierung.

Wenn mehrere Array-Variablen auf dasselbe Array verweisen und eine dieser Variablen mit einem Verweis auf ein anderes Array belegt wird, bleiben noch Variablen übrig, die auf das ursprüngliche Array zeigen. Daher ist es über diese Variablen weiterhin verwendbar.

Auch wenn Abb. 2–19 einige „exotische" Sonderfälle zeigt, so ist diese Darstellung doch gut geeignet, die Manipulation von Verweisen auf Arrays zu veranschaulichen. Daher wird sowohl Einsteigern in die Programmierung als auch Umsteigern von einer anderen Programmiersprache auf Java eine sorgfältige

Analyse der gezeigten Schritte empfohlen. Manche andere Programmiersprache unterscheidet sich nämlich im Array-Konzept von Java.

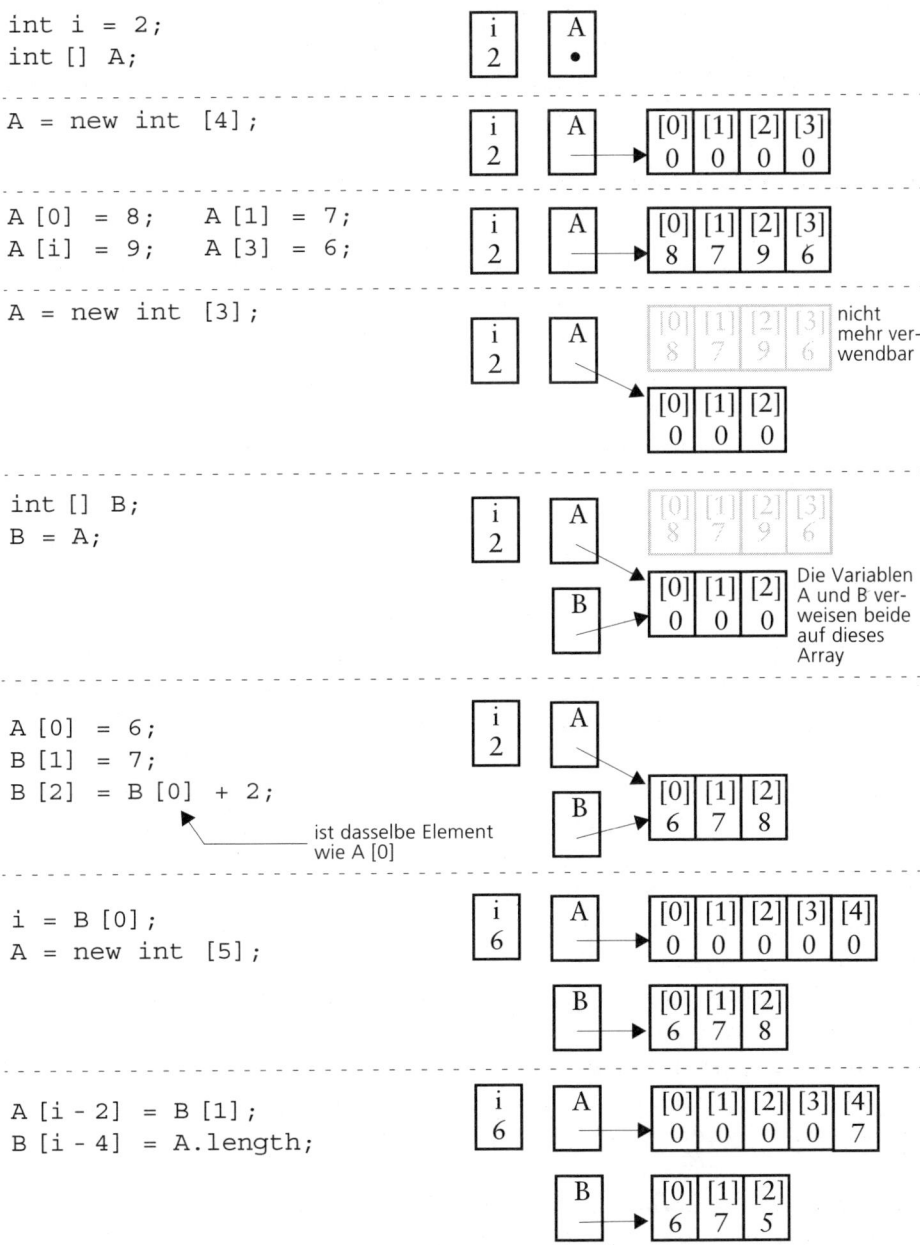

Abb. 2–19 *Verweise auf Arrays bei Ausführung eines Beispielprogramms*

Durch Verwendung von Arrays und Schleifen lassen sich sehr viele Programmier-
aufgaben gut lösen. Einige einfachere Programmiersprachen gehen sogar über
diese Mittel gar nicht hinaus. Wenn man in speziellen Fällen umständliche Programmierung in Kauf nimmt, kann man fast alle Probleme damit lösen. Aus der
Vielzahl der sinnvollen Problemlösungen mittels Array und Schleife sollen nun einige Beispiele aufgeführt werden, um die praktische Verwendung von Arrays und
ihren Nutzen zu veranschaulichen.

Sortieren von Array-Elementen

Eine der grundlegenden Aufgabenstellungen der Programmierung liegt in der
Sortierung von Objekten gemäß einer Eigenschaft, die eine Totalordnung erlaubt.
Von praktischer Bedeutung sind insbesondere die aufsteigende Sortierung von
Zahlen und die alphabetische Sortierung von Wörtern bzw. Texten. Es sind viele
Sortieralgorithmen bekannt, die sich in ihrem Programmier-, Speicher- und Lauf-
zeitaufwand deutlich unterscheiden.

Im Folgenden wird ein einfach zu programmierendes Sortierverfahren mit
hoher Laufzeit, aber geringem Speicherbedarf vorgestellt. Es handelt sich um eine
der so genannten internen Sortierungen, die (neben einer geringen und konstanten Anzahl temporärer Variablen) nur so viel Speicherplatz benötigt wie die zu
sortierenden Elemente. Dies ist der Minimalbedarf, da jedes Sortierverfahren
mindestens die gesamte Eingabe speichern muss, bevor eine Ausgabe möglich ist.
Die letzte Eingabe könnte das kleinste Element sein, das (bei aufsteigender Sortierreihenfolge) als erstes auszugeben ist. Also müssen vor dem Sortieren alle Eingaben gespeichert werden. Interne Sortieralgorithmen arbeiten in der Weise, dass
sie die gespeicherten Elemente auf den von der Eingabe bereits belegten Speicher-
plätzen so lange durch Vertauschungen umspeichern, bis sie vollständig sortiert
sind. Externe Sortieralgorithmen würden dagegen in einem Speicherbereich alle
Elemente unsortiert aufnehmen und in einem anderen Speicherbereich Kopien
der Elemente in sortierter Reihenfolge ablegen.

Als Speicherbereiche für die Sortierung eignen sich Arrays. Wie wir später sehen werden, kommen aber auch andere Datenstrukturen in Betracht.

Das Programm 2-38 realisiert eine einfache Variante der internen Sortierung.
Zunächst werden n Zahlen in ein Array a eingelesen, wobei zu Beginn die Elementanzahl n selbst eingelesen wird, so dass beliebig viele Elemente sortiert werden können. Die eingelesenen Elemente werden zunächst unsortiert ausgegeben.
Danach wird das Sortierverfahren durchgeführt und schließlich das aufsteigend
sortierte Array ausgegeben.

In dem Sortieralgorithmus durchläuft die Laufvariable i der äußeren Schleife
alle Array-Elemente mit Ausnahme des letzten. Für jedes Element a[i] werden
dann in der inneren Schleife alle Nachfolger-Elemente geprüft, ob sie evtl. kleiner
sind und damit die Sortierreihenfolge verletzen. Dazu durchläuft die Laufvariable
j in der inneren Schleife alle Nachfolger von i, also den Indexbereich von i + 1

```
public class Sortierung
{ public static void main (String [] unbenutzt)
  { int i, j, z, n = Eingabe ();
    int [] a = new int [n];

    // Lies Elemente ein und gib sie dabei sofort wieder aus:
    System.out.println ("Die eingegebenen Elemente:");
    for (i = 0; i < n; i++)
    {  a [i] = Eingabe ();
       System.out.print (a [i] + "  ");
    }
    System.out.println ("\n");   // Zeilenvorschub.

    // Sortiere Elemente:
    for (i = 0; i < n - 1; i++)
      // Prüfe, ob a [i] Nachfolger hat, die kleiner
      // als a [i] sind:
      for (j = i + 1; j < n; j++)
        if (a [i] > a [j])   // Ist Nachfolger a [j]
                             // kleiner als a [i] ?
        { // Vertausche a [i] mit a [j]:
          z = a [i];   a [i] = a [j];   a [j] = z;
        }

    // Gib sortierte Elemente aus:
    System.out.println ("Sortierte Elemente:");
    for (i = 0; i < n; i++)
      System.out.print (a [i] + "  ");
    System.out.println ("\n");   // Zeilenvorschub.
  }
}
```

Prog. 2–38 *Einfacher interner Sortieralgorithmus (die Implementierung der Methode* `Eingabe ()` *ist in Prog. 2–3 angegeben, siehe Seite 25)*

bis zum letzten Array-Index n - 1. Damit ist klar, wieso i das letzte Array-Element auslässt: Es besitzt keinen Nachfolger.

Die innere Schleife prüft für jeden Nachfolger a [j] von a [i], ob er kleiner als a [i] ist. Wenn dies zutrifft, beispielsweise für a [i] = 81 und a [j] = 32, darf a [j] nicht nach a [i] stehen, sondern muss vielmehr auf den Platz von a [i] vorrücken. Da aber a [i] nicht einfach überschrieben werden darf, da es sonst verloren ginge, muss a [i] woanders abgelegt werden. Dazu bietet sich der freigewordene ursprüngliche Platz von a [j] an. Entsprechend der geforderten Sortierreihenfolge liegt er ja nach dem neuen Platz des vorgezogenen Elements. Letztlich sind also a [i] und a [j] zu vertauschen. Bezogen auf die angegebenen Beispielzahlen vertauschen 81 und 32 die Plätze.

Die nacheinander ausgeführten Iterationen der inneren Schleife bewirken, dass a[i] mit allen vorhandenen kleineren Nachfolgern vertauscht wird. Also ist a[i] nach Terminierung der inneren Schleife das Minimum aller Elemente von a[i] bis zum letzten Element a[n - 1].

Mit jeder Iteration der äußeren Schleife wird die innere Schleife vollständig durchlaufen, so dass die genannte Minimum-Aussage nacheinander für i = 0, i = 1, i = 2 usw. gilt. Folglich ist das Array nach Terminierung der äußeren Schleife vollständig sortiert.

Alle nacheinander vorgenommenen Belegungen der Laufvariablen i und j sowie des Arrays a = {81, 95, 32, 60}, das n = 4 Elemente enthält, sind in Abb. 2–20 dargestellt. Die jeweils miteinander verglichenen Elemente sind durch Doppelpfeil gekennzeichnet.

i	j	a[0]	a[1]	a[2]	a[3]
0	1	81 ←→	95	32	60
0	2	81 ←	95 →	32	60
			vertausche		
		32	95	81	60
0	3	32 ←	95	81	→ 60
1	2	32	95 ←→	81	60
			vertausche		
		32	81	95	60
1	3	32	81 ←	95	→ 60
				vertausche	
		32	60	95	81
2	3	32	60	95 ←→	81
				vertausche	
		32	60	81	95

Abb. 2–20 *Variablenbelegung bei Ausführung des Sortieralgorithmus*

Noch ein Hinweis zur Vertauschung von Elementen: Die beiden Zuweisungen a[i] = a[j]; a[j] = a[i]; würden nicht zur Vertauschung der Inhalte von a[i] und a[j], sondern zur Verdoppelung des Inhalts von a[j] führen. Bereits in der ersten Zuweisung wird der Inhalt von a[i] überschrieben und ist damit unwiederbringlich verloren. Korrekt ist dagegen die in Prog. 2–38 dargestellte Vertauschung, die a[i] zuerst in eine Zwischenspeicherungsvariable z rettet (wie auch in Abb. 2–21 dargestellt).

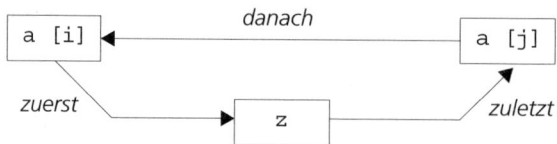

Abb. 2–21 *Vertauschung der Inhalte von* a[i] *und* a[j]

Platzierung von Mannschaften bei Sportwettkämpfen

Die Überschrift könnte auch „Erstellung der Bundesliga-Tabelle" lauten, wobei jeder an seine Lieblingssportart denken kann. Es muss ja nicht unbedingt Fußball sein.

Über Feinheiten der Ergebnisbewertung einzelner Sportarten wollen wir uns großzügig hinwegsetzen und nur ein vereinfachtes Szenario betrachten. Von n Mannschaften bestreitet jede gegen jede genau ein Spiel. Also finden insgesamt $n \cdot (n - 1)/2$ Spiele statt. Die bei einem Spiel zwischen den Mannschaften i und j erzielten Tore (bzw. je nach Sportart Körbe, ...) tragen wir folgendermaßen in ein zweidimensionales Array Tore ein: Angenommen i erreicht 7, aber j nur 4 Tore, dann ergibt sich Tore [i][j] = 7 und Tore [j][i] = 4.

Ein fußballerisch belegtes Array Tore für ein Turnier der Mannschaften Dortmund, Schalke, Duisburg und Leverkusen zeigt Abb. 2–22. Dabei wird von folgenden Spielresultaten ausgegangen:

Dortmund – Schalke	3 : 2	Schalke – Duisburg	0 : 5
Dortmund – Duisburg	7 : 4	Schalke – Leverkusen	1 : 1
Dortmund – Leverkusen	1 : 0	Duisburg – Leverkusen	2 : 3

	Dortmund	Schalke	Duisburg	Leverkusen
Dortmund	Tore [0][0] -1	Tore [0][1] 3	Tore [0][2] 7	Tore [0][3] 1
Schalke	Tore [1][0] 2	Tore [1][1] -1	Tore [1][2] 0	Tore [1][3] 1
Duisburg	Tore [2][0] 4	Tore [2][1] 5	Tore [2][2] -1	Tore [2][3] 2
Leverkusen	Tore [3][0] 0	Tore [3][1] 1	Tore [3][2] 3	Tore [3][3] -1

Abb. 2–22 *Belegung des Arrays* Tore *mit Spielergebnissen*

Die Elemente der Hauptdiagonale besitzen natürlich keine Bedeutung, weil eine Mannschaft nicht gegen sich selbst antritt. Die Hauptdiagonale ist daher mit -1 belegt, um einen nicht relevanten Wert zu symbolisieren.

Ein Programm soll nun die in den Spielen erzielten Tore einlesen und im Array Tore ablegen. Danach werden aus den Spielresultaten Punkte der Mannschaften errechnet und in einem eindimensionalen Array Punkte abgelegt. Schließlich sind die Mannschaften gemäß ihrer Punkt-Rangfolge zu sortieren und sortiert auszugeben – die Gewinnermannschaft natürlich zuerst. Folglich muss nicht aufsteigend, sondern absteigend nach Punkten sortiert werden.

Da man in der Ein- und Ausgabe die Mannschaften ungern mit einem Index benennt, werden die Mannschaftsnamen in einem eindimensionalen Array Mannschaft als String abgelegt. Wir nehmen an, dass analog zu der Methode

`Eingabe ()` aus Prog. 2–3 (Seite 25) eine Methode `EingabeString ()` existiert, die einen String einliest. Der String muss in einer eigenen Eingabezeile stehen, die durch Drücken der Return-Taste abzuschließen ist. Wird auf diese Weise
ein Mannschaftsname eingelesen, kann er später durch eine Schleife im Array
`Mannschaft` gesucht werden, um den betreffenden Index zu erhalten.

Abb. 2–23 zeigt die Eingabesyntax. Zunächst sind alle Mannschaften einzugeben. Auf die letzte Mannschaft folgt die Eingabe des Schlüsselworts `Ende`. Sodann kann man beliebig oft Spielresultate eingeben (jeweils durch Nennung der
ersten Mannschaft, ihrer Toranzahl, der zweiten Mannschaft sowie deren Toranzahl) oder durch Eingabe von `Tabelle` zur Erstellung einer Tabelle auffordern,
in der alle Mannschaften gemäß den zuvor eingegebenen Spielresultaten platziert
werden. Die erneute Eingabe von `Ende` terminiert die Programmausführung.
Man beachte, dass jedes in Abb. 2–23 angegebene Eingabe-Element in einer eigenen Zeile stehen muss. Folglich ist nach jedem Mannschaftsnamen, nach jeder
Toranzahl und nach jedem Schlüsselwort die Return-Taste zu drücken.

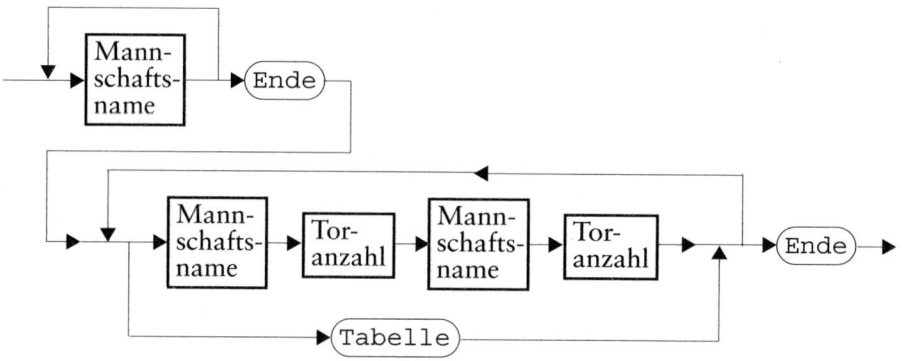

Abb. 2–23 *Syntax zur Eingabe von Mannschaften und Spielresultaten*

Prog. 2–39 realisiert den Hauptteil des Programms zur Platzierung der Mannschaften. Darin werden einige Hilfsmethoden, wie z.B. `EingabeString ()`
benutzt. Deren Implementierung ist im Programmrest 2–40 dargelegt. Vorerst
wollen wir diese Hilfsmethoden jedoch nur im Hauptteil benutzen, ohne auf die
Implementierung einzugehen, da sie String-spezifische Operationen enthalten, die
erst in Abschnitt 5.1 behandelt werden.

```
public class Platzierung
{ public static void main (String [] unbenutzt)
  { int     i, j, z, n = 0, m = 40;    String zz;
    String M1, M2;              // Mannschaften eines Spiels.
    int     i1, i2;            // Indizes von M1 bzw. M2.
    int     t1, t2;            // Anzahl der von M1 bzw. M2 erzielten Tore.

    // Schritt 1:  Erzeuge Arrays und initialisiere Tore mit -1:
    String [] Mannschaft = new String [m],  M = new String [m];
    int [][]  Tore       = new int [m][m];
    int []    Punkte     = new int [m];
    for (i = 0; i < m; i++)  for (j = 0; j < m; j++)  Tore [i][j] = -1;

    // Schritt 2:  Lies Mannschaftsnamen ein:
    M1 = EingabeString ();
    while ( ! gleich (M1, "Ende"))  // nicht "Ende" eingegeben ?
      { Mannschaft [n++] = M1;  M1 = EingabeString ();
      }

    // Schritt 3:  Bearbeite Eingabe von Spielen:
    M1 = EingabeString ();
    while ( ! gleich (M1, "Ende"))  // nicht "Ende" eingegeben ?
    { if (gleich (M1, "Tabelle"))   // Tabellen-Erstellung verlangt ?
      {
        // Schritt 5.1:  Berechne Punkte aller Mannschaften:
        for (i = 0; i < n; i++)        // Anfänglich hat jede
          Punkte [i] = 0;              // Mannschaft 0 Punkte.
        for (i = 0; i < n - 1; i++)          // Verschachtelte Schleifen
          for (j = i + 1; j < n; j++)        // über alle Spiele.
          { t1 = Tore [i][j];  t2 = Tore [j][i];
            if      (0 <= t1 && t1 < t2)  Punkte [j] += 3;
            else if (0 <= t2 && t2 < t1)  Punkte [i] += 3;
            else if (0 <= t1 && t1 == t2)  { Punkte [i]++;  Punkte [j]++;
                                           }
          }

        // Schritt 5.2:  Sortiere absteigend nach Punkten:
        for (i = 0; i < n; i++)        // Kopiere Array Mannschaft
          M [i] = Mannschaft [i];      // in Array Punkte.
        for (i = 0; i < n - 1; i++)
          for (j = i + 1; j < n; j++)        // Sortiere Arrays Punkte und M:
            if (Punkte [i] < Punkte [j])
            { z = Punkte [i];  Punkte [i] = Punkte [j];  Punkte [j] = z;
              zz = M [i];      M [i] = M [j];             M [j] = zz;
            }

        // Schritt 5.3:  Gib Arrays M und Punkte aus:
        for (i = 0; i < n; i++)
          System.out.println (rechts (Punkte [i]) + "   " + M [i]);
      }
      else  // Schritt 4.1:  Lies Eingabe eines Spielresultats:
      { t1 = Eingabe ();  M2 = EingabeString ();  t2 = Eingabe ();

        // Schritt 4.2:  Bestimme Indizes i1 und i2 und trage Tore ein.:
        for (i = 0, i1 = -1; i < n && i1 == -1; i++)  // Schleife sucht M1
          if (Mannschaft [i].equals (M1))  i1 = i;    // und bestimmt i1.
        if (i1 < 0)  System.out.println ("Keine Mannschaft: " + M1);
        for (i = 0, i2 = -1; i < n && i2 == -1; i++)  // Schleife sucht M2
          if (Mannschaft [i].equals (M2))  i2 = i;    // und bestimmt i2.
        if (i2 < 0)  System.out.println ("Keine Mannschaft: " + M2);
        if (i1 >= 0 && i2 >= 0 && t1 >= 0 && t2 >= 0)  // Gültige Eingabe ?
        { Tore [i1][i2] = t1;  Tore [i2][i1] = t2;  // Trage Tore ein.
        }
        else                                       // Ungültige Eing.:
          System.out.println ("Ungültige Eingabe.");  // Melde Fehler.
      }
      M1 = EingabeString ();  // Lies nächste Eingabe.
    }
  }
}
```

Prog. 2–39 *Berechnung der Platzierung von Mannschaften (Hauptteil des Programms)*

Der Hauptteil des Programms umfasst folgende Schritte (deren Nummern auch als Kommentar an den entsprechenden Stellen in Prog. 2–39 genannt sind):

1. Erzeugung der Arrays für 40 Mannschaften. Davon werden jeweils nur $n \leq 40$ Elemente benutzt. Die Elemente des Arrays Tore werden mit -1 belegt, um auszudrücken, dass sie noch keine Spielergebnisse enthalten.

2. Einlesen der Mannschaftsnamen in das Array Mannschaft. Die Variable n zählt dabei die eingegebenen Mannschaftsnamen. Die Eingabe von Ende beschließt das Einlesen von Mannschaftsnamen.

3. In einer while-Schleife kann beliebig oft ein Spielresultat eingegeben oder zur Erstellung einer Tabelle aufgefordert werden. Die Eingabe von Ende terminiert die Schleife.

4. Bei entsprechender Verzweigung innerhalb der while-Schleife wird ein Spielresultat eingelesen (Teilschritt 4.1) und in das Array Tore eingetragen (Teilschritt 4.2). Dabei wird in je einer for-Schleife der zu den eingegebenen Mannschaften gehörende Index i1 bzw. i2 bestimmt, um mit diesen Indizes auf die Elemente Tore [i1] [i2] und Tore [i2] [i1] zugreifen zu können. Diese Elemente sind die Ablageorte der beiden eingegebenen Toranzahlen.

5. Bei entsprechender Verzweigung innerhalb der while-Schleife wird eine Tabelle erstellt. In Teilschritt 5.1 durchlaufen zwei verschachtelte for-Schleifen alle Spiele und vergeben für die jeweils beteiligten Mannschaften Punkte wie folgt: Die Siegermannschaft erhält 3 Punkte, die Verlierermannschaft keinen. Bei unentschiedenen Spielen (gleiche Toranzahl) erhält jede Mannschaft einen Punkt. Für jede Mannschaft werden die Punkte in einem Element des Arrays Punkte aufaddiert. Dabei ist die Indizierung der Mannschaften die gleiche wie im Array Mannschaft. Teilschritt 5.2 kopiert zunächst das Array Mannschaft in das Array M, damit M unabhängig von Mannschaft entsprechend den erreichten Punkten sortiert werden kann (würde man Mannschaft umsortieren, so würde ja die Zuordnung der Indizes zu Mannschaften verändert werden). Das Array Punkte wird nun mit der aus Prog. 2–38 bekannten Methode sortiert, jedoch nicht in aufsteigender, sondern absteigender Reihenfolge. Da die Ausgabe nicht nur die Angabe der Punkte, sondern natürlich auch der betreffenden Mannschaftsnamen verlangt, wird auch M entsprechend sortiert. Dies bedeutet, dass jede Vertauschung, die beim Sortieren von Punkte vorgenommen wird, auch im Array M zu vollziehen ist. Schließlich gibt Teilschritt 5.3 die sortierten Arrays Punkte und M aus.

Fügt man die Programme 2–39 und 2–40 aneinander, so erhält man ein lauffähiges Programm. Es enthält Hilfsmethoden, deren Funktionen aus den Kommentaren hervorgehen.

```
static int Eingabe ()                // Eingabe einer ganzen Zahl.
{ String s = "";
  try { s = new java.io.DataInputStream (System.in).readLine (); }
  catch (java.io.IOException e) {}
  return java.lang.Integer.parseInt (s);
}

static String EingabeString ()       // Eingabe eines Strings.
{ String s = "";
  try { s = new java.io.DataInputStream (System.in).readLine (); }
  catch (java.io.IOException e) {}
  return s.trim ();
}

static boolean gleich (String s1, String s2)  // Abfrage, ob die Strings
{ return s1.equals (s2);                       // s1 und s2 den gleichen
}                                              // Inhalt besitzen.

static String rechts (int x)          // Ganze Zahl mit 10 Zeichen
{ String r = "          " + x;        // rechtsbündig schreiben.
  return r.substring (r.length () - 10, r.length ());
}
}
```

Prog. 2–40 Berechnung der Platzierung von Mannschaften (Rest des Programms)

Der „sportliche" Einsatz von Prog. 2–39 mag Spaß machen, die Verwendung des Programms selbst aber wohl eher weniger, weil die Eingabe vergleichsweise umständlich ist. Heutzutage ist man Besseres gewohnt: In einem editierbaren Bildschirmfenster sollte man Mannschaftsnamen eintippen können. Einmal geschrieben, sollte man Mannschaften per Mausklick wählen können, um in einfacher Weise die Gegner eines Spiels zu benennen. Schließlich sollte jede Fehleingabe sinnvoll gemeldet und durch Korrektureingaben behoben werden können.

Hinter diesen Selbstverständlichkeiten für den Benutzer steckt jedoch ein beträchtlicher Programmieraufwand, der die Fähigkeiten eines Einsteigers deutlich überschreiten dürfte. Daher begnügen wir uns vorerst mit dieser primitiven Eingabetechnik.

Das Programmbeispiel zur Platzierung von Mannschaften wurde gewählt, um zu zeigen, dass schon bei einfachen Aufgaben meist mehrere Arrays mit einer größeren Anzahl aufeinanderfolgender und verschachtelter Schleifen zu bearbeiten sind. Wer nach sorgfältiger Durchsicht von Prog. 2–40 die einzelnen Programmschritte und ihr Zusammenwirken zur Problemlösung verstanden hat, dürfte nach einiger Programmierübung auch in der Lage sein, viele ähnliche Probleme zu lösen – etwa finanzielle Berechnungen, Verarbeitung von Messdatenreihen, Vektor- und Matrizenrechnungen, Erstellung von Arbeits- und Terminplänen oder bestimmte Simulationen.

3 Objekte und Klassen

3.1 Grundzüge der Objektorientierung

Programme, die gegebene Probleme lösen sollen, müssen die Gegenstände des Problemgebiets modellieren, z.B. Kontostände, geometrische Figuren, Spielresultate oder Verkehrsnetze. Handelt es sich um eine große Anzahl von Objekten, so können wir sie in einem Array darstellen. Das hat mehrere Vorteile: Zum einen ist durch die dimensionsweise lineare Elementanordnung klar, wie die Elemente zueinander in Beziehung stehen. Durch die Indizierung werden sie in jeder Dimension durchnummeriert. Zum anderen kann bei Programmausführung durch die Indizierung sehr schnell auf Elemente zugegriffen werden. Viele Programmiersprachen, vornehmlich ältere, kennen kein anderes Mittel als Arrays, um eine beliebig große Anzahl von Gegenständen zu modellieren. Arrays weisen aber auch Nachteile auf, die ihre Eignung für manche Modellierungsaufgaben mindern:

❑ Die Welt besteht nicht nur aus dimensionsbehafteten Räumen, die sich durchnummerieren lassen. Kompliziertere Geflechte, wie etwa Verkehrsnetze, sollte man an jeder Stelle beliebig fein verästeln können. Von einem S-Bahnhof mögen zwei, von einem anderen fünf Strecken wegführen. Ein Array kann aber nicht an einer Stelle zwei- und an einer anderen Stelle fünfdimensional sein.

❑ Arrays fassen stets gleichartige Elemente zusammen. Wie das S-Bahn-Beispiel zeigt, wäre die Realität manchmal einfacher modellierbar, wenn verschiedenartige Objekte direkt zueinander in Beziehung gesetzt werden könnten: Bahnhöfe zu Strecken, Strecken zu Zugbezeichnungen, Züge und Bahnhöfe zu Abfahrtszeiten.

❑ Mit der Erzeugung eines Arrays steht seine Elementanzahl endgültig fest. Dynamisch wachsende und schrumpfende Gebilde können daher allenfalls eingeschränkt dargestellt werden. Eine Lagerverwaltung muss beispielsweise die Bezeichnungen der eingelagerten Artikelarten speichern. Je mehr verschiedenartige Artikel eingelagert werden, desto stärker wächst die Anzahl der Artikelarten.

❑   Arrays vermögen nur eine Eigenschaft eines modellierten Gegenstands auszudrücken. Wenn etwa Länge, Breite (jeweils als `float`-Zahl) und Strichstärke (als `int`-Zahl) von 40 gezeichneten Rechtecken darzustellen sind, so benötigt man drei Arrays mit je 40 Elementen. Die Daten jedes Rechtecks sind dabei auf drei Arrays verteilt. Die Zugehörigkeit von drei Elementen zum gleichen Rechteck drückt sich durch den gleichen Index für die drei Arrays aus. Es kann aber keine Rechteck-Variablen `R1` und `R2` geben, die beispielsweise eine Zuweisung `R1 = R2;` erlauben. Für derartige Zwecke wäre es wünschenswert, alle Daten eines Objekts (d.h. im Beispiel: eines Rechtecks) in einer einzigen Datenstruktur zusammenzufassen. An die Stelle der eigenschaftsorientierten Unterteilung bei Arrays sollte eine objektorientierte treten.

❑   Arrays sind reine Datenstrukturen. Die spezifischen Programmstücke zur Bearbeitung der Array-Elemente stehen außerhalb des Arrays. Manchmal ist ein Programm jedoch besser zu verstehen, wenn Daten und ihre Verarbeitungsvorschriften an einem Ort zusammengefasst sind. So könnte man die Ablage-Methode eines Spielresultats zum Bestandteil einer Datenstruktur `Tore` machen (vgl. Prog. 2–39).

❑   Die Idee, Daten und die sie bearbeitenden Programme zusammenzufassen, führt zu einem weiteren, wichtigen Vorteil. Wenn ein Unterprogramm `ResultatEintrag` als Bestandteil von `Tore` realisiert ist, wird man dieses Programmstück für jedes Spielresultat benutzen. An den Speicherort der Elemente im Array `Tore` braucht man dann nicht mehr zu denken. Die Indexberechnung ist in `ResultatEintrag` verborgen. Dies ergibt eine klare gedankliche Trennung zwischen „innen" und „außen", die das Programmieren erleichtert. Die Programmteile in der Datenstruktur `Tore` befassen sich mit der geeigneten Speicherung von Resultaten. Beim Entwurf der Programmteile außerhalb bleibt der Kopf von solchen Implementierungsdetails der Datenstruktur frei. Man kann sich auf das eigentlich zu lösende Problem konzentrieren und muss dabei nur `ResultatEintrag` in diesem Sinne verwenden.

Um den genannten Anforderungen zu entsprechen, wurden in einigen Programmiersprachen, so auch in Java, *Objekte* als eine besondere Daten- und Programmstruktur eingeführt. Die betreffenden Sprachen heißen *objektorientiert*. Die Semantik eines Objekts ist in diesen Sprachen nicht völlig gleich, jedoch besteht Übereinstimmung in den folgenden Grundzügen:

❑   Ein Objekt soll ein gedanklich abgegrenztes Gebilde mit all seinen Eigenschaften in einem Programm modellieren. Beispielsweise kann ein Objekt ein Konto, eine geometrische Figur, einen Bahnhof, eine Bahnstrecke, einen Zug, ein Materiallager oder einen darin gelagerten Artikel repräsentieren.

❑ Ein Objekt umfasst beliebig viele Variablen beliebigen Typs – etwa Länge, Breite und Strichstärke eines gezeichneten Rechtecks.

❑ Ein Objekt selbst muss nicht unbedingt seine Stellung gegenüber anderen Objekten durch Indizierung oder Ähnliches zum Ausdruck bringen. Vielmehr können in einem Objekt besondere Variablen definiert werden, die auf ein anderes Objekt verweisen. Von dem Zielobjekt, auf das ein Verweis zeigt, können wiederum Variablen auf andere Objekte verweisen. Mit frei strukturierbaren Verweisketten und -geflechten lassen sich beliebige Beziehungen zwischen Objekten ausdrücken. Dieser Ansatz ist weit flexibler als der von Arrays. Andererseits kann der Objektzugriff deutlich langsamer sein als der Zugriff auf ein Array-Element. Um auf ein bestimmtes Objekt zugreifen zu können, muss evtl. erst einer längeren Verweiskette, Objekt für Objekt, gefolgt werden.

❑ Ein Programm kann an jeder Stelle die Erzeugung und (direkt oder implizit, je nach Programmiersprache) die Löschung eines Objekts vorsehen. Damit lassen sich beliebig dynamische Datenstrukturen gestalten. Durch neue Objekte und eine entsprechende Verlängerung einer zugehörigen Verweiskette können z.B. Listen jederzeit um zusätzliche Objekte ergänzt werden.

❑ Ein Objekt kann auch Unterprogramme, so genannte *Methoden*, enthalten. Sie sollen Operatoren auf dem Objekt und seinen Variablen ausdrücken. Methoden können von außerhalb des Objekts aufgerufen werden, um ein Objekt problembezogen zu verarbeiten. Die Repräsentation der Daten innerhalb des Objekts muss beim Aufruf von außerhalb nicht beachtet werden. Die Variablen des Objekts sind dann gegenüber der Objektumgebung gekapselt. Die Methoden bilden die Schnittstelle zwischen einem Objekt und seiner Umgebung.

❑ Tatsächlich erlauben alle objektorientierten Programmiersprachen zusätzliche Freiheiten, die es gestatten, die Kapselung zu durchbrechen. Das Programm außerhalb eines Objekts kann auch direkt auf die objektinternen Variablen zugreifen. Ebenso können die Methoden eines Objekts auf manche Variablen außerhalb zugreifen. Dieses Vorgehen ist nicht immer ratsam, da sich schwer zu entdeckende Programmierfehler einschleichen können.

Um ein Objekt zu programmieren, müssen seine Variablen vereinbart und seine Methoden als Unterprogramme erstellt werden. Die Ausführung eines Programms kann tausende Objekte erzeugen, so dass es nicht zumutbar ist, jedes einzelne Objekt eigens programmieren zu müssen. Vielmehr fasst man gleichartige Objekte zu *Klassen* zusammen und programmiert nur diese. Eine Klasse ist durch die Vereinbarung von Objektvariablen und -methoden charakterisiert. Zusätzlich erhält jede Klasse einen *Klassennamen*, um sie benennen zu können. In einem Programm können dann beliebig viele Objekte einer Klasse dynamisch erzeugt werden. Man könnte sagen, dass eine Klasse den „Bauplan" für Objekte darstellt. Bei jeder Objekterzeugung (mittels des Operators new, analog zur Array-Erzeugung) werden Variablen und Methoden gemäß Bauplan von der Klassenbeschreibung in das neu generierte Objekt übernommen. Selbstverständlich bedeutet dies nicht, dass alle Objekte gleiche Daten beinhalten müssen. Vielmehr besitzen Objekte einer Klasse die gleichen Variablen, die aber in jedem Objekt mit unterschiedlichen Werten belegt sein können.

Eine Klassenvereinbarung wird durch das Wortsymbol class eingeleitet, auf das der Klassenname und das in geschweifte Klammern eingeschlossene Programmstück der Klasse folgen. Abb. 3–1 zeigt die Syntax. Das Programmstück einer Klasse enthält beliebig viele Vereinbarungen von Variablen und Methoden. Selbst Array-Variablen können in einer Klasse vereinbart werden. Für jede Variable sind auch initialisierende Anweisungen wie z.B. int x = 20; zulässig, um die Variablen mit einem Anfangswert zu belegen.

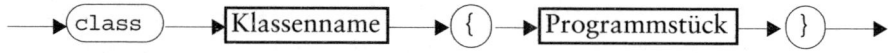

Abb. 3–1 *Syntax zur Vereinbarung einer Klasse*

Um ein Objekt einer Klasse zu erzeugen, schreibt man das Wortsymbol new, gefolgt von dem Klassennamen sowie einer öffnenden und einer schließenden runden Klammer (keine eckigen Klammern wie bei Arrays). Ein solcher durch new eingeleiteter Ausdruck liefert einen Verweis auf das neu erzeugte Objekt.

Dieser Verweis kann einer entsprechenden Variablen zugewiesen werden, d.h. einer so genannten *Verweisvariablen* (auch *Instanzvariable* genannt, weil sie auf ein Objekt zeigt, das als eine *Instanz* einer Klasse aufgefasst werden kann).

Eine Verweisvariable wird vereinbart, indem man den Klassennamen als Datentyp verwendet. Analog zur Vereinbarung int x; für eine int-Variable schreibt man zuerst den Klassennamen, gefolgt von dem Variablennamen, um eine Verweisvariable zu erhalten. Eine Klasse kann folglich als ein Datentyp aufgefasst werden, der vom Programmierer definiert wird. Der Inhalt einer Verweisvariablen vom Typ X ist ein Verweis auf ein Objekt der Klasse X (oder der leere Verweis null, siehe Abschnitt 3.2).

Prog. 3–1 zeigt ein Beispiel zur Darstellung von Rechtecken, die mit verschiedener Strichstärke gezeichnet werden. Zum Vergleich zeigt Prog. 3–2 die gleichen Rechtecke bei ausschließlicher Verwendung von Arrays.

Wenn entsprechend Prog. 3–1 und 3–2 die Rechtecke aus Abb. 3–2 dargestellt werden, entstehen Datenstrukturen, wie sie Abb. 3–3 für die Objekt- und die Array-Implementierung einander gegenübergestellt. Man erkennt, dass bei der Array-Repräsentation die Daten jedes Rechtecks über drei Arrays verstreut sind. Folglich ist die Zuweisung „Erstes Rechteck wird zu einer Kopie des zweiten Rechtecks" im Falle von Arrays durch drei Zuweisungen zu realisieren (je eine für jedes Array), während bei Objekten der Klasse Rechteck eine einzelne Zuweisung genügt.

```
class Rechteck
{ float Laenge, Breite;    int Strichstaerke;
  float Flaeche ()
  { return Laenge * Breite;
  }
}

public class Hauptprogramm
{ public static void main (String [] unbenutzt)
  { Rechteck R, S, T, U;    float f;
    R = new Rechteck ();
    S = new Rechteck ();
    T = new Rechteck ();
    U = new Rechteck ();
    ...
    R = S;
    ...
    f = R.Flaeche ();
    ...
  }
}
```

Prog. 3–1 *Darstellung von vier Rechtecken durch Objekte der Klasse* Rechteck

```
public class Hauptprogramm
{ public static void main (String [] unbenutzt)
  { int n = 4;    float f;
    float [] Laenge = new float [n];
    float [] Breite = new float [n];
    int [] Strichstaerke = new int [n];
    ...
    Laenge [0] = Laenge [1];
    Breite [0] = Breite [1];
    Strichstaerke [0] = Strichstaerke [1];
    ...
    f = Laenge [0] * Breite [0];
    ...
  }
}
```

Prog. 3–2 *Darstellung von vier Rechtecken durch Arrays*

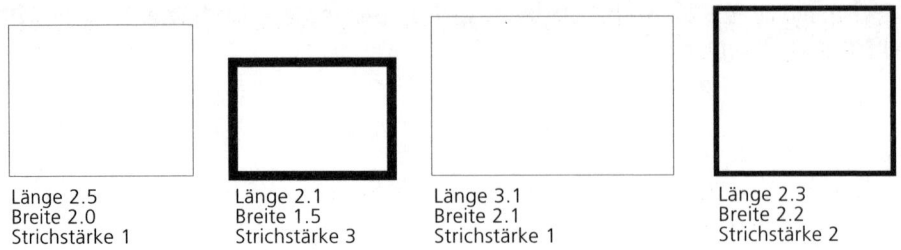

Länge 2.5
Breite 2.0
Strichstärke 1

Länge 2.1
Breite 1.5
Strichstärke 3

Länge 3.1
Breite 2.1
Strichstärke 1

Länge 2.3
Breite 2.2
Strichstärke 2

Abb. 3–2   *Vier Rechtecke, die in einem Programm darzustellen sind*

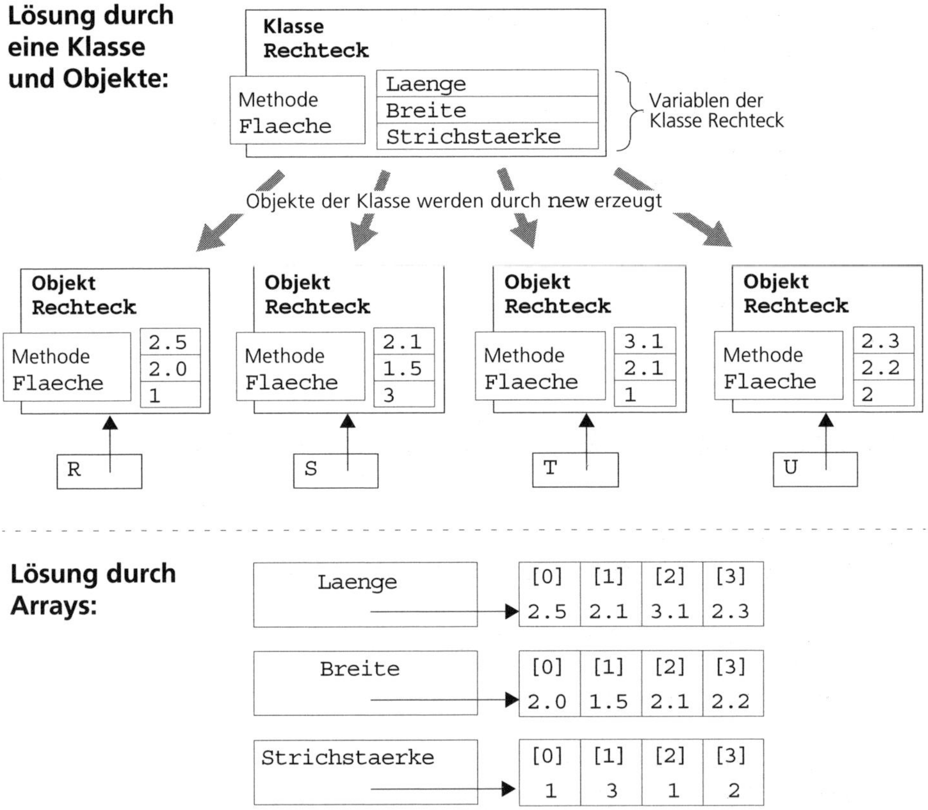

Lösung durch eine Klasse und Objekte:

Klasse Rechteck

Methode Flaeche	Laenge
	Breite
	Strichstaerke

Variablen der Klasse Rechteck

Objekte der Klasse werden durch new erzeugt

Objekt Rechteck

Methode Flaeche	2.5
	2.0
	1

R

Objekt Rechteck

Methode Flaeche	2.1
	1.5
	3

S

Objekt Rechteck

Methode Flaeche	3.1
	2.1
	1

T

Objekt Rechteck

Methode Flaeche	2.3
	2.2
	2

U

Lösung durch Arrays:

Laenge

[0]	[1]	[2]	[3]
2.5	2.1	3.1	2.3

Breite

[0]	[1]	[2]	[3]
2.0	1.5	2.1	2.2

Strichstaerke

[0]	[1]	[2]	[3]
1	3	1	2

Abb. 3–3   *Klassen und Objekte im Vergleich zu Arrays*
(in den Objekten sind die Namen der Variablen Laenge, Breite *und* Strichstaerke *nicht eingetragen, um die Skizze nicht zu überladen)*

Ein weiterer Unterschied zwischen Prog. 3–1 und 3–2 fällt auf: Zur Berechnung der Fläche des ersten Rechtecks wird bei Array-Repräsentation eine Anweisung benutzt, die außerhalb der Arrays steht. Bei Objekt-Repräsentation steht die Anweisung dagegen in der Methode `Flaeche`, die zum Objekt gehört. Sie ist in der Klasse vereinbart, die den „Bauplan" aller Rechtecke liefert. Auf Einzelheiten der Methodenvereinbarung und des Methodenaufrufs werden wir noch eingehen.

Objekte fassen zusammen, was zusammen gehört. Sowohl die Daten als auch die Funktionen eines Gegenstands, der in einem Programm darzustellen ist, sind Bestandteil eines Objekts. Dies trägt zu einer klaren, gut verständlichen Programmstruktur bei und vereinfacht viele Manipulationen von Objekten.

3.2 Verweisvariablen und Zugriffe auf Objekte

Ein Objekt kann nicht im strengen Sinne Inhalt einer Variablen sein. Jedoch können besondere Variablen, die bereits erwähnten Verweisvariablen, auf ein erzeugtes Objekt verweisen. Wie aus Abb. 3–3 ersichtlich, stellt man sich diesen Verweis als einen Pfeil vor, der auf das betreffende Objekt zeigt. Der Inhalt der Verweisvariablen ist sozusagen der Pfeilanfang.

Es besteht auch die Möglichkeit, dass eine Verweisvariable auf kein Objekt zeigt, d.h. einen leeren Verweis enthält. Dies symbolisiert man üblicherweise durch einen Punkt anstatt eines Pfeils, siehe Abb. 3–4. In einem Programm wird der leere Verweis durch `null` ausgedrückt. Mit `x = null;` kann er beispielsweise der Verweisvariablen `x` zugewiesen werden.

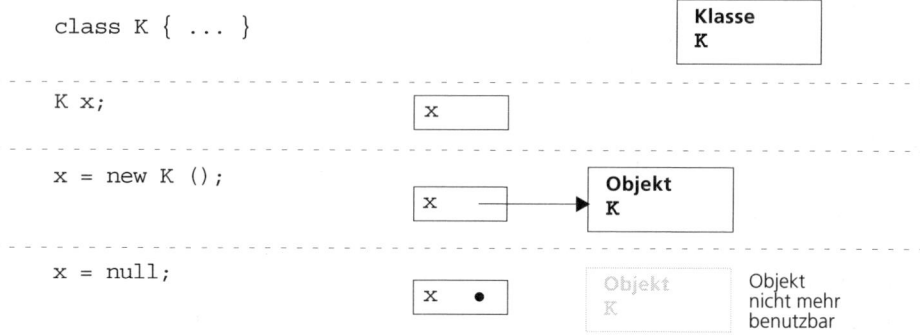

Abb. 3–4 *Verweisvariable* x

Verweisvariablen können nicht auf Objekte beliebiger Klassen, d.h. Objekte beliebiger innerer Struktur, zeigen. Vielmehr muss für jede Verweisvariable bei ihrer Vereinbarung genau eine Klasse festgelegt werden, auf deren (und nur auf deren) Objekte der Variableninhalt verweisen kann. Für die Verweisvariable ist damit die betreffende Klasse ihr Datentyp. Folglich ist dieser bei der Vereinbarung der Verweisvariablen zu nennen, beispielsweise in der Vereinbarung `K x;` aus Abb. 3–4. Man muss sich beim Lesen von Java-Programmen daran gewöhnen, dass

Vereinbarungen nicht nur durch standardisierte Datentypen wie int, float usw. eingeleitet werden, sondern auch durch Namen von Klassen. Verweisvariablen können vor oder nach der betreffenden Klasse vereinbart werden. Der leere Verweis wird nicht nach Klassen unterschieden. Er lautet für beliebige Verweisvariablen stets null.

Mit der Vereinbarung sind Verweisvariablen noch nicht initialisiert. Um ihnen einen Anfangswert zuzuweisen, kann man sie mit null oder einem Verweis auf ein mittels new erzeugtes Objekt belegen.

Möchte man auf Variablen oder Methoden eines Objekts zugreifen, so muss man eine Variable benennen, die auf das betreffende Objekt zeigt, und dem Verweispfeil folgen. Dieses „Folge dem Pfeil" wird im Programm durch das Schreiben eines Punktes symbolisiert. Man gelangt damit in das Innere eines Objekts und kann dort nach Belieben eine Variable oder eine Methode benennen. Bezogen auf Prog. 3–1 würde etwa R.Laenge die Variable Laenge des Objekts benennen, auf das R zeigt. Dies gilt sowohl für den lesenden als auch den schreibenden Zugriff, also etwa rechts und links vom Symbol „=" einer Zuweisung.

Abb. 3–5 zeigt Beispiele dazu, jeweils mit grafischer Darstellung der nach jedem Schritt bestehenden Objektstruktur. Die Zuweisung X.Breite = 5.3f; trägt den float-Wert 5.3 in die Variable Breite des Objekts ein, auf das X zeigt. In der nachfolgenden Zuweisung wird diese Breite gelesen, um daraus die Länge zu bestimmen, die schließlich ebenfalls in das Objekt eingetragen wird. Die Zuweisung Y = X; bezieht sich dagegen nicht auf Variablen des Objekts, sondern überträgt den Inhalt von X an Y. Die Variable X ist mit einem Verweis auf ein Objekt der Klasse Rechteck belegt. Folglich wird Y ebenfalls mit einem Verweis auf genau dieses Objekt belegt. Das Objekt selbst wurde durch Y = X; nicht dupliziert, nur der Verweis wurde von X nach Y kopiert. Sodann ist es möglich, das Objekt und seine Variablen über zwei Verweisvariablen zu erreichen. In diesem Fall ist X.Laenge dieselbe Variable wie Y.Laenge. Setzt man nun Y.Laenge = 7.0f, so besitzt auch X.Laenge diesen Wert. Die letzte Zuweisung in Abb. 3–5 übernimmt die 7.0 in die Variable a.

Die beschriebene Auswirkung des Schreibzugriffs über eine Verweisvariable X auf ein Objekt, das über eine andere Verweisvariable Y erreichbar ist, wird *Seiteneffekt* genannt. Die Verständlichkeit eines Programms kann leicht unter Seiteneffekten leiden. Da man die in Abb. 3–5 angegebenen Skizzen üblicherweise nicht für jede Anweisung anfertigt, wird man beim Lesen der Zuweisung Y.Laenge = 7.0f; nicht sofort annehmen, dass sich damit auch X.Laenge ändert. Seiteneffekte sollte man nach Möglichkeit vermeiden. Wie wir später sehen werden, ist es aber in vielen Fällen zweckmäßig, ja sogar fast unvermeidbar (etwa bei der Manipulation von Listen), dass zumindest temporär mehrere Verweisvariablen auf ein und dasselbe Objekt zeigen. Beispielsweise muss beim Umsortieren ein Objekt von einer Verweisvariablen an eine andere übergeben werden. Daher

Die Klasse Rechteck *sei wie in Prog. 3–1 vereinbart*

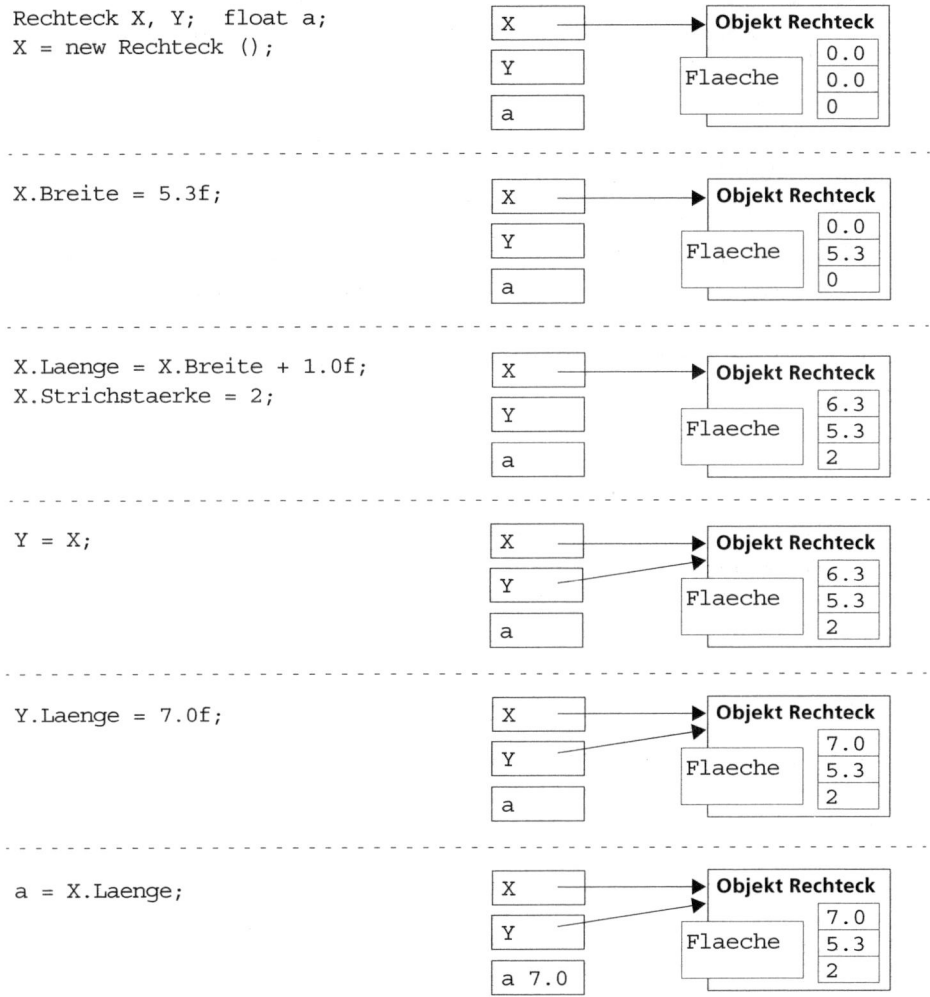

Abb. 3–5 *Objektstrukturen, die von den Anweisungen nacheinander erzeugt werden*

ist es wichtig, das Auftreten von Seiteneffekten zu erkennen und zu verstehen, dass dabei „versteckte" Änderungen von Objektvariablen möglich sind.

Zur Modellierung von Gegenständen, mit denen sich ein Programm befassen soll, können Arrays und Objekte in vielfältiger Weise problemlos kombiniert werden:

❑ Arrays und Objekte lassen sich unabhängig voneinander im gleichen Programm verwenden, um verschiedene Strukturen in der jeweils bestmögli-

chen Weise zu repräsentieren – je nachdem, ob Indizierung sinnvoll ist, ob
sich die Objektanzahl dynamisch verändert usw.

❏ Variablen in einem Objekt können auch Array-Variablen sein. Um etwa
anstatt eines Rechtecks ein beliebiges Viereck darzustellen, kann ein Array mit vier Elementen angelegt werden, um die vier Seitenlängen auszudrücken (siehe Prog. 3–3 und Abb. 3–6).

❏ Verweisvariablen können in einem Array angeordnet werden. Dies ermöglicht beispielsweise einen indizierten Zugriff auf zehn darzustellende
Rechtecke (siehe Prog. 3–4 und Abb. 3–7).

In den beiden letztgenannten Fällen ist jeweils die Reihenfolge der Initialisierung
zu beachten. Wenn Array-Variablen in einem Objekt auftreten, ist zuerst das Objekt zu erzeugen, dann das Array zu erzeugen und schließlich das Array mit Anfangswerten zu belegen. Wenn dagegen ein Array aus Verweisvariablen auftritt,
ist zuerst das Array zu erzeugen und danach für jedes Array-Element das zugehö-

```
class Viereck
{ float [] Seite;    int Strichstaerke;
  float Umfang ()
  { return Seite [0] + Seite [1] + Seite [2] + Seite [3];
  }
}


public class Hauptprogramm
{ public static void main (String [] unbenutzt)
  { Viereck V = new Viereck ();
    V.Seite = new float [4];
      for (int i = 0; i < 4; i++)    // Alle vier Seiten werden
        V.Seite [i] = 1.0f;          // anfänglich auf die
    ...                              // Länge 1.0 gesetzt.
  }
}
```

Prog. 3–3 *Array als Objektvariable*

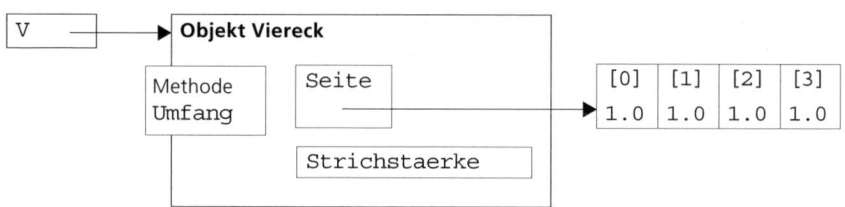

Abb. 3–6 *Array als Objektvariable*

```
class Rechteck
{ float Laenge, Breite;    int Strichstaerke;
} // hier ohne Methode Flaeche vereinbart.

public class Hauptprogramm
{ public static void main (String [] unbenutzt)
  { int i;
    Rechteck [] R = new Rechteck [10];
    for (i = 0; i < R.length; i++)
    { R [i] = new Rechteck ();
      R [i].Laenge = 1.0f;
      R [i].Breite = 1.0f;
      R [i].Strichstaerke = 1;
    }
    ...
  }
}
```

Prog. 3–4 *Array von Verweisvariablen*

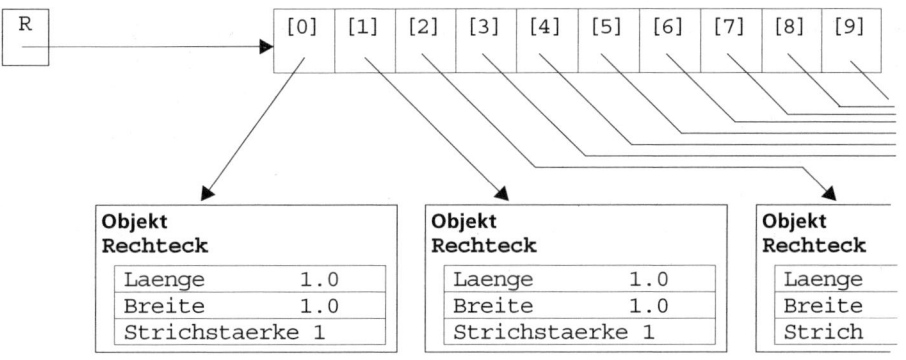

Abb. 3–7   *Array von Verweisvariablen*

rige Objekt. Erst dann können Anfangswerte in die Objektvariablen eingetragen werden.

Die Syntax des Variablenzugriffs weist bei der Kombination von Arrays und Objekten keine Besonderheit auf. Wenn Array-Variablen in einem Objekt auftreten, wird über eine Verweisvariable, gefolgt von einem Punkt, auf die Objektvariable zugegriffen. Da es sich um ein Array handelt, folgt der Index in eckigen Klammern. Wenn dagegen ein Array aus Verweisvariablen besteht, ist der Index schon vor dem Punkt zu schreiben, weil er zur Verweisvariablen, nicht aber zur Objektvariablen gehört. Aus den Programmstücken 3–3 und 3–4 ist dies jeweils ersichtlich.

Die Nutzung von Objekten zum Aufbau einer dynamischen Datenstruktur wird nun am Beispiel einer Liste erläutert. Jedes Objekt der Liste soll einen Artikel bezeichnen, der in einem Lager abgelegt ist. Dazu muss die Klasse `Artikel` folgende Variablen aufweisen: eine `int`-Variable `Nr` zur Darstellung der Artikelnummer, eine `String`-Variable `Bez` zur Artikelbezeichnung sowie eine Verweisvariable `Nf`, die auf den Nachfolger-Artikel in der Liste zeigt. Wenn die Verweisvariable jedes Objekts auf das jeweilige Nachfolger-Objekt zeigt und die Verweisvariable des letzten Objekts den leeren Verweis `null` enthält, entsteht die in Abb. 3–8 gezeigte Listenstruktur. Die Liste lässt sich beliebig um zusätzliche Objekte erweitern (soweit im Rechner Speicher zur Verfügung steht).

Wenn ein Artikel verpackt ist, benötigt er zusätzliche Angaben über die Verpackungsart. Dazu werden Objekte einer Klasse `Verpackung` erzeugt, die folgende Variablen enthält: eine `String`-Variable `Art` zur Darstellung der Verpackungsart, zwei `boolean`-Variablen `Code` und `dicht`, die angeben, ob die Verpackung einen Barcode enthält und ob sie wasserdicht ist. Die Objekte der Artikelliste, die verpackte Artikel repräsentieren, müssen nun mit einer zusätzlichen Verweisvariablen `Verp` auf ein Objekt zeigen, das ihre Verpackung beschreibt. Für die unverpackten Artikel kann diese Variable nicht entfallen, weil die Variablen in der Klasse `Artikel` für alle `Artikel`-Objekte gemeinsam festgelegt werden. Deshalb ist `Verp` im Falle unverpackter Artikel mit `null` zu belegen.

Die in Abb. 3–8 dargestellte Datenstruktur wird von Prog. 3–5 aufgebaut. Eine Verweisvariable `Kopf` zeigt stets auf das erste Listenelement, eine Verweisvariable `Fuss` auf das letzte. Nur über `Kopf` kann man, den `Nf`-Verweisen folgend, überhaupt auf die in der Liste vorhandenen `Artikel`-Objekte zugreifen. `Fuss` zeigt auf das Listenende, um dort neue Elemente anfügen zu können, ohne jedes Mal die gesamte Liste vom Kopf her durchlaufen zu müssen.

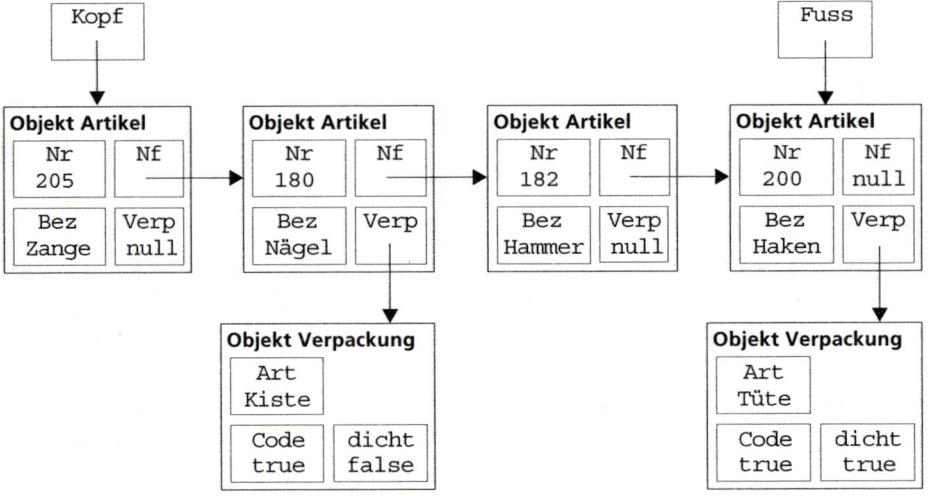

Abb. 3–8 *Die Liste repräsentiert eingelagerte Artikel und ggf. ihre Verpackung*

```
class Artikel                                              Zeile 1
{ int Nr;    String Bez;    Verpackung Verp;    Artikel Nf;       2
}                                                                 3

class Verpackung                                                  4
{ String Art;    boolean Code, dicht;                             5
}                                                                 6

public class Lager                                               7
{ public static void main (String [] unbenutzt)                  8
  { Artikel Kopf = null, Fuss = null, x;    String s;            9
    int NrEin, CodeEin, dichtEin;    String BezEin, VerpEin;     10
    NrEin = Eingabe ();                                          11
    while (NrEin >= 0)                                           12
    { BezEin = EingabeString ();   VerpEin = EingabeString ();   13
      if (Kopf == null)                                          14
        Kopf = Fuss = new Artikel ();                            15
      else                                                       16
      { Fuss.Nf = new Artikel ();    Fuss = Fuss.Nf;             17
      }                                                          18
      Fuss.Nr = NrEin;  Fuss.Bez = BezEin;  Fuss.Nf = null;      19
      if (VerpEin.equals (""))                                   20
        Fuss.Verp = null;                                        21
      else                                                       22
      { CodeEin = Eingabe ();    dichtEin = Eingabe ();          23
        Fuss.Verp = new Verpackung ();                           24
        Fuss.Verp.Art   = VerpEin;                               25
        Fuss.Verp.Code  = CodeEin  > 0;                          26
        Fuss.Verp.dicht = dichtEin > 0;                          27
      }                                                          28
      NrEin = Eingabe ();                                        29
    }                                                            30
    System.out.println ("Gelagerte Artikel:");                  31
    for (x = Kopf; x != null; x = x.Nf)                          32
    { if (x.Verp != null)                                        33
      { s = x.Verp.Art;                                          34
        if (x.Verp.Code)   s = s + " codiert";                  35
        if (x.Verp.dicht)  s = s + " wasserdicht";              36
      }                                                          37
      else                                                       38
        s = "";                                                  39
      System.out.println (x.Nr + " " + x.Bez + " " + s);         40
    }                                                            41
  }                                                              42
  int Eingabe () ...          // wie in Prog. 2-40 angegeben.
  String EingabeString () ...   // wie in Prog. 2-40 angegeben.
}
```

Prog. 3–5 *Aufbau und Ausgabe einer Liste zur Speicherung eingelagerter Artikel*

Prog. 3–5 vereinbart in den Zeilen 1 bis 3 die Klasse `Artikel`, in den Zeilen 4 bis 6 die Klasse `Verpackung`. Ab Zeile 9 werden die Verweisvariablen `Kopf` und `Fuss` sowie zwei Hilfsvariablen `x` und `s` für die Ausgabe und fünf Hilfsvariablen `NrEin`, ... , `VerpEin` für die Eingabe vereinbart. Da die Liste der Artikel anfangs noch leer ist, werden `Kopf` und `Fuss` zunächst auf den leeren Verweis `null` gesetzt.

In Zeile 12 beginnt eine `while`-Schleife, die mit jeder Iteration einen Artikel einliest und an die Liste anfügt. Wenn anfänglich in Zeile 11 bzw. später in Zeile 29 eine negative Zahl anstatt einer Artikelnummer eingelesen wird, terminiert die `while`-Schleife.

Zu Beginn des Schleifenkörpers werden in Zeile 13 die noch fehlenden Eingaben zur Bezeichnung und zur Verpackungsart jeweils als String eingelesen. Man beachte, dass `Eingabe()` und `EingabeString()` jede Eingabe in einer eigenen Eingabezeile verlangen. Sodann wird in Zeile 14 unterschieden, ob die Liste noch leer ist oder ob sie schon Artikel enthält. Im letztgenannten Fall zeigen die Verweisvariablen `Kopf` und `Fuss` nicht mehr auf `null`, sondern auf Objekte, die Artikel repräsentieren. Wenn die Liste noch leer ist, wird in Zeile 15 ein neues Objekt erzeugt und `Kopf` sowie `Fuss` verweisen auf dieses. Damit ist eine 1-elementige Liste entstanden, wie in Abb. 3–9 dargestellt.

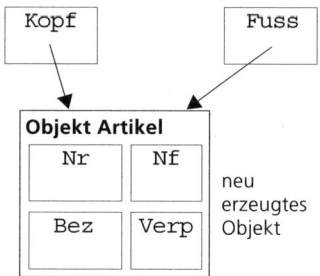

Abb. 3–9 *Liste, die aus nur einem Element besteht*

Wenn sich dagegen schon Elemente in der Liste befinden (`else`-Zweig ab Zeile 16) und ein neues hinzuzufügen ist, soll die Verweisvariable `Nf` des bislang letzten Elements auf das neu erzeugte Objekt zeigen (erste Zuweisung in Zeile 17). Damit verlängert sich die Liste um ein Element. Allerdings zeigt `Fuss` noch unverändert auf ein Element, welches jetzt das vorletzte ist (siehe Abb. 3–10).

Die zweite Zuweisung in Zeile 17 setzt `Fuss` nun auf das neue letzte Element der Liste. Die rechte Seite dieser Zuweisung bildet mit `Fuss.Nf` einen Verweis auf das neue letzte Element. Dieser Verweis wird der linken Seite der Zuweisung, also der Variablen `Fuss`, zugewiesen. Damit ist der Inhalt von `Fuss` um ein Listenelement weitergesetzt worden.

Das neu erzeugte Objekt, das sich nun am Ende der Liste befindet und auf das `Fuss` zeigt, enthält die Variablen `Nr`, `Bez` und `Nf`, die in Zeile 19 mit je einem

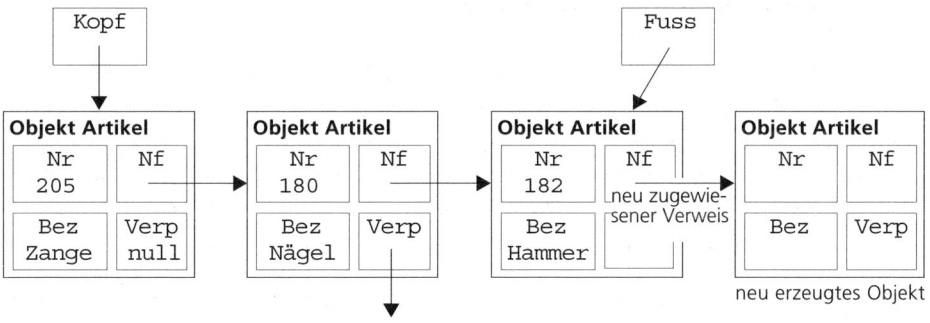

Abb. 3–10 *Die Liste repräsentiert eingelagerte Artikel und ggf. ihre Verpackung*

Wert belegt werden. Da das letzte Listenelement keinen Nachfolger besitzt, muss Nf den leeren Verweis null erhalten.

Danach wird in Zeile 20 unterschieden, ob eine Verpackungsart angegeben worden ist. Wenn nicht (d.h. als Verpackungsart wurde der leere String " " verwendet), wird die Variable Verp des neu erzeugten Objekts in Zeile 21 auf null gesetzt. Andernfalls wird in Zeile 24 ein neues Objekt Verpackung erzeugt. Anschließend werden seine Variablen Art, Code und dicht mit Werten belegt. Hierbei ist zu beachten, dass in Zuweisungen wie

```
Fuss.Verp.Art = VerpEin;
```

zweimal dem Zeiger einer Verweisvariablen gefolgt werden muss, wie aus den Punkten nach Fuss und Verp ersichtlich ist. Fuss enthält einen Verweis auf das zuletzt erzeugte Artikel-Objekt am Ende der Liste. Darin befindet sich die Verweivariable Verp, die auf das neu erzeugte Verpackung-Objekt zeigt. Also muss auch diesem Verweis gefolgt werden, um dann am Ziel dieser beiden aufeinanderfolgenden Pfeile zur Objektvariablen Art zu gelangen.

Die eingegebenen Artikel werden in der Schleife ab Zeile 32 wieder ausgegeben. Es handelt sich um eine for-Schleife, deren Laufvariable x nicht vom Datentyp int, sondern vom Datentyp Artikel ist. Die Verweisvariable x zeigt wegen x = Kopf zuerst auf den Listenanfang und wird durch x = x.Nf nach jeder Iteration um ein Element weitergesetzt, solange das Listenende noch nicht überschritten, d.h. solange x != null erfüllt ist.

Falls eine Verpackung angegeben ist (Verp != null in Zeile 33), nimmt der String s deren Variableninhalte in den Zeilen 34 bis 36 auf. Andernfalls wird s in Zeile 39 der leere String " " zugewiesen.

3.3   Methoden und ihre Parameter

Die zu Objekten gehörenden Unterprogramme, die *Methoden*, wurden in den angegebenen Programmbeispielen kaum benutzt, damit sich der Leser zunächst auf
den Umgang mit Objektvariablen konzentrieren kann. Durch ihre Methoden
werden Objekte aber erst zu einem abgeschlossenen Ganzen, das sowohl Daten
als auch datenverarbeitende Programmstücke enthält, um alle Eigenschaften eines Gegenstands vollständig zu modellieren. Eine Methode besteht aus

- ❑ einem Methodennamen, der (analog zur Variablenbenennung) ein beliebig wählbarer Bezeichner ist,
- ❑ einem in geschweifte Klammern einzuschließenden beliebigen Programmstück,
- ❑ der in runde Klammern einzuschließenden Parameterliste, die Daten von
  der Aufrufstelle in die Methode hinein transportiert, und
- ❑ dem Rückgabedatentyp, der für einen Ergebniswert gilt, den die Methode
  nach getaner Arbeit an die Aufrufstelle zurückliefert.

Bei der Vereinbarung einer Methode lautet die Reihenfolge gemäß dem Syntaxdiagramm in Abb. 3–11: Rückgabedatentyp, Methodenname, Parameterliste und
schließlich das Programmstück, das auch *Rumpf* genannt wird.

    In der Parameterliste sind die einzelnen Parameter durch Kommata zu tren-
nen. Bei parameterlosen Methoden entfallen zwar alle Parameter, die runden
Klammern sind aber trotzdem zu schreiben, damit eine Methodenvereinbarung
als solche eindeutig zu erkennen ist. Für jeden Parameter ist sein Datentyp anzugeben. Auch wenn mehrere aufeinanderfolgende Paramter den gleichen Datentyp
aufweisen, muss er bei jedem Parameter eigens geschrieben werden. Dies dient
der Verdeutlichung für den Programmierer, weil der Datentyp von Parametern
eine wichtige Rolle spielt.

    Parameter sind letztlich Variablen der Methode, die beliebige Datentypen
aufweisen können – primitive Datentypen wie int oder float, Array- oder Ver-
weisdatentypen. Im Rumpf können die Parameter wie jede andere Variable auch
verwendet werden. Zusätzlich wird ihnen beim Aufruf der Methode, also vor

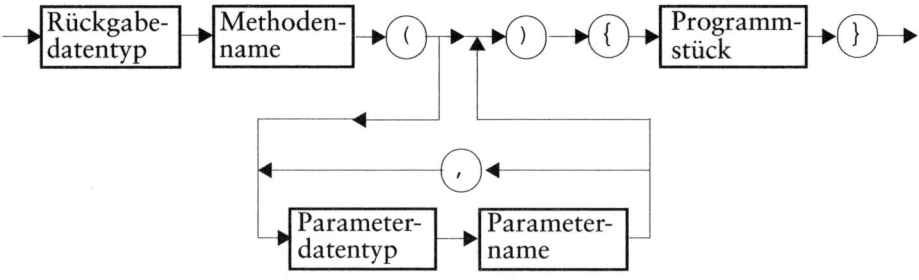

Abb. 3–11 *Syntax zur Vereinbarung einer Methode in einer Klasse*

Ausführung des Rumpfes, ein Wert zugewiesen, der von Ausdrücken an der Aufrufstelle stammt. Auf diese Weise kann die Aufrufstelle die Anfangsbelegung der Parameter bestimmen.

Eine Methode kann von fast beliebigen Programmstellen außerhalb und innerhalb des Objekts, zu dem die Methode gehört, aufgerufen werden. Wie wir später noch erläutern, können die möglichen Aufrufstellen durch Angabe spezieller Schlüsselwörter wie z.B. `private` auch eingeschränkt werden.

Um eine Methode aufzurufen, ist einfach ihr Name zu scheiben, gefolgt von einer in runde Klammern eingeschlossenen Liste von Ausdücken. Der erste Ausdruck wird dem ersten Parameter zugewiesen, der zweite dem zweiten usw. Natürlich müssen Anzahl und Datentypen der Ausdücke mit der Anzahl und den Datentypen der Parameter übereinstimmen. Andernfalls wäre eine Zuweisung der berechneten Werte der Ausdrücke an die Parameter nicht möglich. Der Ausdruck `7.0f + 4` würde beispielsweise dem Parameter `int x` nicht entsprechen. Stattdessen ist eine explizite Datentyp-Umwandlung nötig: `(int) (7.0f + 4)`.

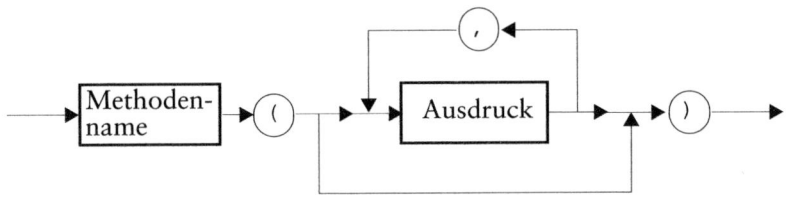

Abb. 3–12 *Syntax eines Methodenaufrufs*

Abb. 3–12 zeigt die Syntax eines Methodenaufrufs. Die in runde Klammern eingeschlossenen Ausdrücke für die Parameter werden *aktuelle Parameter* genannt. Die in der Methodenvereinbarung angegebenen Parameter heißen zur besseren begrifflichen Abgrenzung auch *formale Parameter*. Beim Aufruf werden die Werte der aktuellen Parameter den entsprechenden formalen Parametern zugewiesen, wie aus Abb. 3–13 ersichtlich ist. Die Zuweisung der Parameterwerte wird auch als *Parameterübergabe* bezeichnet.

Wenn in einem Programmstück eine Methode aufgerufen wird, führt dies zu folgendem Ablauf:

❑ Die Ausdrücke, welche die aktuellen Parameter bilden, werden (in der geschriebenen Reihenfolge) berechnet (beispielsweise `Betrag1 + Betrag2` in Abb. 3–13).

❑ Es erfolgt die Parameterübergabe: Die berechneten Werte werden den formalen Parametern zugewiesen (siehe Abb. 3–13 unten). Diese Zuweisung muss nicht eigens programmiert werden, sondern erfolgt „automatisch" mit dem Aufruf.

❏ Der Rumpf der aufgerufenen Methode wird ausgeführt. Das aufgerufene Programmstück wird quasi in den Programmfluss an die Aufrufstelle eingeschoben.

❏ Die Ausführung des Methodenrumpfs liefert einen Ergebniswert zurück, der dem Rückgabedatentyp entspricht. Dieser Wert kann an der Aufrufstelle in einem Ausdruck verwendet werden, um mit dem Ergebnis der aufgerufenen Methode weiterrechnen zu können (in Abb. 3–13 wird zum berechneten Zins der Betrag3 hinzuaddiert).

Eine Methode veranlasst die Rückgabe eines Ergebniswerts durch eine return-Anweisung. Sie besteht aus dem Wortsymbol return, gefolgt von einem Ausdruck, dessen Auswertung den Ergebniswert liefert. Die return-Anweisung wird durch ein Semikolon abgeschlossen. Der Ergebnisausdruck muss dem Rückgabedatentyp entsprechen, wobei hier ggf. eine implizite Datentyp-Anpassung erfolgt.

Die Ausführung einer return-Anweisung bewirkt nicht nur die Berechnung des Ergebniswerts, sondern auch die sofortige Terminierung der Methode. Es wird unmittelbar an die Aufrufstelle zurückgekehrt.

Vereinbarte Methode mit drei formalen Parametern:

```
float Zins (float Kapital, float Zinssatz, int Jahre)
  // berechnet Zins und und Zinseszins.
{ float k = Kapital;
  for (int i = 1; i <= Jahre; i++)
    k = k + k * Zinssatz / 100;
  return k - Kapital;
}
```

Programmstück, das die Methode mit drei aktuellen Parametern aufruft:

```
float Betrag1 = 1000.0f,  Betrag2 = 570.22f,
      Betrag3 =  120.0f,  Gewinn;
Gewinn = Zins (Betrag1 + Betrag2, 3.5f, 4) + Betrag3;
```

Aufruf der Methode Zins

Beim Aufruf „automatisch" durchgeführte Parameterübergabe:

```
Kapital = Betrag1 + Betrag2;
Zinssatz = 3.5f;
Jahre = 4;
```

Abb. 3–13 *Parameterübergabe beim Aufruf einer Methode*

Wenn nur die Ausführung des Methodenrumpfes interessiert und der Ergebniswert nicht benötigt wird, kann eine Methode auf die Rückgabe eines Ergebnisses verzichten. Als Rückgabedatentyp wird in diesem Fall void angegeben, was so viel heißt wie „kein gültiger Rückgabedatentyp". Die return-Anweisung kann dann entfallen.

Der Aufruf einer Methode, die kein Ergebnis liefert, kann natürlich nicht Teil eines Ausdrucks sein, da in einem Ausdruck jeder Term einen Wert besitzen muss. Der Aufruf einer solchen Methode ist vielmehr eine eigenständige Anweisung (die mit Semikolon abzuschließen ist).

Welchen Sinn macht wohl eine Methode, die gar kein Ergebnis liefert? Ein Rechensystem braucht ja wohl keine Beschäftigungstherapie durch nutzlose Programmteile. Überflüssig sind void-Methoden jedoch meist nicht. Vielmehr kann ihre Ausführung einen Effekt hervorrufen, von dem man keine Rückmeldung benötigt. Ein Beispiel hierfür ist das Drucken einer Ausgabezeile, die in einer Methode auf eine bestimmte Art formatiert wird (siehe Prog. 3–6).

```
void Groesse (String Bez, int Wert, String Einheit)
    // Drucke eine Groesse mit Bezeichnung (40 Zeichen
    // linksbündig), Wert (10 Zeichen rechtsbündig) und
    // Einheit (linksbündig):
  { String leer = "                                    ";
    String b = (Bez + leer + leer).substring (0, 40);
    String w = leer + Wert;
    w = w.substring (w.length () - 10, w.length ());
    System.out.println (b + " " + w + " " + Einheit);
  }
```

Prog. 3–6 *Methode, die kein Ergebnis zurückliefert*

Eine weitere sinnvolle Verwendung von void-Methoden liegt in ihrer Möglichkeit, Variablen außerhalb der Methode verändern zu können, d.h. *Seiteneffekte* zu erzielen. So könnte man einer Methode sortiere (int [] a) ein int-Array als Parameter übergeben und in der Methode eine aufsteigende Sortierung der Array-Elemente realisieren. Nach dem Aufruf der Methode ist das Array sortiert. Das sortierte Array lässt sich dann in dem Programmstück nach der Aufrufstelle verwenden. Um diese indirekte Ergebnisrückgabe über eine Array-Variable verstehen zu können, ist jedoch die Wirkung der Parameterübergabe genau zu beachten.

Eine Parameterübergabe besitzt die gleiche Semantik wie eine gewöhnliche Zuweisung. Wenn ein formaler Parameter von einem primitiven Datentyp ist (etwa int, char, float, ...), bedeutet eine Zuweisung an ihn, den Wert des aktuellen Parameters (z.B. die Zahl 3) in ihn zu kopieren. Da formale Parameter Variablen der Methode sind, kann ihnen zwar im Innern der Methode auch ein anderer Wert zugewiesen werden. Dieser ist aber für das aufrufende Programm nicht gültig. Insbesondere ändert sich keinesfalls der Wert des aktuellen Parameters, wenn in einer Methode der formale Parameter einen anderen Wert erhält. In Prog. 3–7 wird der Wert 2, nicht jedoch 7 an y zugewiesen. Parameter eines primitiven Datentyps sind für einen wie auch immer gearteten Rückfluss von Ergebnissen an die aufrufende Programmstelle keinesfalls geeignet.

Vereinbarte Methode:

```
void f (int x)
{           System.out.print ("   x = " + x);
   x = 7;   System.out.print ("   x = " + x);
}
```

Aufruf der Methode:

```
int x = 2, y;
f (x);
y = x;   System.out.println ("   y = " + y);
```

Ausgabe des Programms:

```
    x = 2    x = 7    y = 2
```

Prog. 3–7 *Zuweisung an die Parametervariable im Unterprogramm*

Anders verhält es sich mit Parametern, die Array-Variablen oder Verweisvariablen sind. Eine Zuweisung an eine solche Variable bedeutet nicht, dass eine Kopie eines Arrays oder Objekts angefertigt wird. Nur der Zeiger auf das Array bzw. Objekt wird kopiert. Folglich enthalten nach der Parameterübergabe der aktuelle und der formale Parameter den gleichen Zeiger – und zwar auf ein und dasselbe Array bzw. Objekt. Wenn dann die Methode Veränderungen von Array-Elementen oder Objektvariablen vornimmt, kann sie das aufrufende Programm sehr wohl über seinen Zeiger lesen. Auf diese Weise steht ihm beispielsweise ein sortiertes Array zur Verfügung, das durch eine aufgerufene Methode sortiert worden ist. Der indirekte Ergebnisrückfluss über Seiteneffekte auf Variablen, auf die ein Parameter verweist, eignet sich besonders dann, wenn eine Methode mehrere Ergebnisse liefert, die nicht Inhalt einer einzigen Variablen sein können (etwa weil sie unterschiedlichen Datentyps sind).

Prog. 3–8 zeigt die Übergabe eines Zeigers auf ein Array an den formalen Parameter einer Methode. Nach der Parameterübergabe besteht die in Abb. 3–14 dargestellte Struktur. Da auch das aufrufende Programm über die Array-Variable a Zugriff auf das Array hat, kann das sortierte Array nach Terminierung der Methode sortiere verwendet werden.

Vereinbarte Methode:

```
void sortiere (int [] x)
{ for (int i = 0; i < x.length - 1; i++)
    for (int j = i + 1; j < x.length; j++)
      if (x [i] > x [j])
      { int z = x [i];  x [i] = x [j];  x [j] = z;
      }
}
```

Aufruf der Methode:

```
int [] a = new int [4];
a [0] = 5;  a [1] = 2;  a [2] = 7;  a [3] = 4;
sortiere (a);
...  ◄─────────────── Hier kann mit dem sortierten Array a gearbeitet werden
```

Prog. 3–8 *Parameterübergabe, wenn der formale Parameter eine Array-Variable ist*

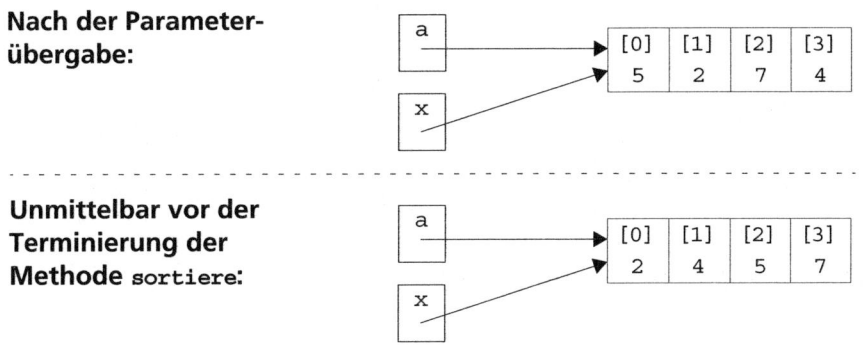

Nach der Parameterübergabe:

Unmittelbar vor der Terminierung der Methode sortiere:

Abb. 3–14 *Array von Verweisvariablen*

Ein Beispiel zur Parameterübergabe von Verweisvariablen zeigt Prog. 3–9. Die Methode Quadrat besitzt zwei Parameter gross und klein, die jeweils auf Rechteck-Objekte verweisen (Klasse Rechteck wie in Prog. 3–1 vereinbart, siehe Seite 87). Die Strichstärke beider Rechtecke wird von der Methode Quadrat auf 1 gesetzt. Zusätzlich liefert diese Methode mittels einer return-Anweisung als Ergebnis einen Verweis auf ein Rechteck zurück, wie an dem Rückgabedatentyp Rechteck zu erkennen ist. Wenn das Rechteck klein nicht im Rechteck gross enthalten ist (ohne es zu drehen), dann soll das Ergebnis der leere Verweis null sein. Andernfalls wird als Ergebnis ein Verweis auf ein neu erzeugtes spezielles

Vereinbarte Methode:

```
Rechteck Quadrat (Rechteck gross, Rechteck klein)
{ int dL = gross.Laenge - klein.Laenge,
      dB = gross.Breite - klein.Breite,  SeiteQ;
  Rechteck Q;
  gross.Strichstaerke = 1;
  klein.Strichstaerke = 1;
  if (dL > 0 && dB > 0)
  // Kleines Rechteck im großen enthalten:
  { if        (gross.Laenge <= dB)  SeiteQ = gross.Laenge;
    else if (gross.Breite <= dL)  SeiteQ = gross.Breite;
    else if (dB <= dL)            SeiteQ = dL;
    else                          SeiteQ = dB;
    Q = new Rechteck ();
    Q.Laenge = SeiteQ;  Q.Breite = SeiteQ;
    Q.Strichstaerke = 3;
    return Q;
  }
  else
    return null;
}
```

Aufruf der Methode:

```
Rechteck R1, R2, R3;
R1 = new Rechteck ();  ...          ◄──────── Hier nicht dargestellt:
R2 = new Rechteck ();  ...                     Zuweisung von Werten
R3 = Quadrat (R1, R2);              ◄────────  an die Objektvariablen
```

Prog. 3–9 *Parameterübergabe, wenn die formalen Parameter Verweisvariablen sind*

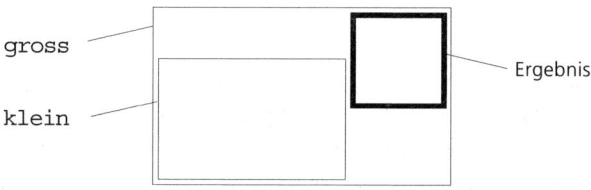

gross

klein

Ergebnis

Abb. 3–15 *Rechtecke zu Prog. 3–9*

Rechteck geliefert, nämlich ein Quadrat, das zusätzlich zum Rechteck klein im Rechteck gross enthalten ist. Ein Beispiel ist in Abb. 3–15 skizziert.

Möchte man auf eine Methode eines Objekts von einer Programmstelle außerhalb des Objekts zugreifen, so muss man eine Variable benennen, die auf das betreffende Objekt zeigt, und von dort dem Verweispfeil folgen. Analog zur

Benennung von Objektvariablen wird das „Folge dem Pfeil" durch einen Punkt symbolisiert. In Prog. 3–1 (Seite 87) wird beispielsweise die Methode `Flaeche` eines Objekts, auf das die Verweisvariable `R` zeigt, durch `R.Flaeche()` aufgerufen.

Zu einem Objekt sollen alle Methoden gehören, die eine Eigenschaft des Objekts ausdrücken, sei es durch lesenden oder schreibenden Zugriff auf die Objektvariablen. Im Prinzip drückt sogar jeder einfache Zugriff auf eine Objektvariable, z.B. durch die Zuweisung `Rechteck.Laenge = 11.2f;`, eine Objekt-Eigenschaft aus – etwa die, dass ein Rechteck seine Länge verändern kann. Wenn dieser Gesichtspunkt in den Vordergrund gestellt wird, bietet es sich an, die Längenangabe nicht durch eine Zuweisung von außerhalb des Objekts vorzunehmen, sondern dafür im Objekt eine Methode zu realisieren, welche die Länge zuweist. Die sehr einfach zu implementierende Methode könnte lauten:

```
void setzeLaenge (float L)
{ Laenge = L;
}
```

Die folgende Methode liest die Länge des Rechtecks und bildet somit das „Gegenstück" zu `setzeLaenge`:

```
float liesLaenge ()
{ return Laenge;
}
```

In einem Programmstück, das Rechtecke manipuliert, ist dann anstatt

```
Rechteck R1, R2; ...
R1.Laenge = R2.Laenge + 5.0f;
```

unter Verwendung der oben eingeführten Methoden zu schreiben:

```
Rechteck R1, R2; ...
R1.setzeLaenge (R2.liesLaenge () + 5.0f);
```

So könnte man jede Objektvariable durch eigene Methoden zugänglich machen. Natürlich sind auch Methoden möglich, die mehrere Objektvariablen zugleich manipulieren. Soll etwa ein Rechteck dadurch vergrößert werden, dass es mit einem Streifen der Breite `b` umrandet wird, so dient dazu die Methode

```
void umrande (float b)
{ Laenge += 2 * b;   Breite += 2 * b;
}
```

Prog. 3–10 zeigt die um entsprechende Zugriffsmethoden erweiterte Klasse `Rechteck`. Ein direkter Zugriff „von außen" auf Objektvariablen ist nun nicht mehr nötig. Jede Operation kann unter ausschließlicher Verwendung der Methoden realisiert werden. Die Objektvariablen sind durch die Methoden *gekapselt*

```
class Rechteck
{ float Laenge, Breite;    int Strichstaerke;

  void setzeLaenge (float L)
  { Laenge = L;
  }

  float liesLaenge ()
  { return Laenge;
  }

  void setzeBreite (float B)
  { Breite = B;
  }

  float liesBreite ()
  { return Breite;
  }

  void setzeStrich (int s)
  { Strichstaerke = s;
  }

  float liesStrich ()
  { return Strichstaerke;
  }

  void umrande (float b)
  { Laenge += 2 * b;    Breite += 2 * b;
  }

  float Flaeche ()
  { return Laenge * Breite;
  }
}
```

Prog. 3–10 *Kapselung der Objektvariablen durch Zugriffsmethoden*

und werden zur rein objektinternen Angelegenheit. Welche Vor- und Nachteile verbinden sich mit diesem Ansatz?

❑ Aus Prog. 3–10 ist deutlich der längere Programmtext zu erkennen. Dies erhöht den Schreibaufwand und kann Programme unübersichtlicher machen. Wegen dieses Nachteils zieht man in vielen Fällen den direkten Objektzugriff vor – zumindest wenn die objektinterne Datenstruktur einfach zu verstehen ist.

❑ Ein Vorteil der *Kapselung* von Objektvariablen durch Zugriffsmethoden liegt in der Unabhängigkeit der objektinternen Implementierung von den Methoden, welche die Schnittstelle zur Umgebung des Objekts bilden. Dadurch kann ein Objekt durch Methodenaufrufe benutzt werden, ohne dass die objektinterne Datenstruktur verstanden werden muss. Dies ermöglicht eine gedankliche Trennung, die das Programmieren besonders dann erleichtert, wenn objektintern eine komplizierte Datenstruktur besteht. Außerdem steigt die Flexibiltät der Programmierung: Erweist sich eine Datenstruktur als ungeeignet oder ihre Bearbeitung durch Methoden als ineffizient, kann die Implementierung objektintern geändert werden, ohne dass sich die Schnittstelle zur Umgebung ändert. Die Methodenaufrufe bleiben mit ihrer Parametrisierung unverändert bestehen.

Beispielsweise könnte ein Rechteck anstatt durch Länge und Breite auch durch die Angabe seiner Länge und seiner Fläche eindeutig repräsentiert werden. Dann können z.B. die Methoden `setzeBreite(float B)` und `liesBreite()` weiterhin benutzt werden, wenn sich ihre Implementierung wie folgt ändert:

```
void setzeBreite (float B)
{ Flaeche = Laenge * B;
}

void liesBreite ()
{ return Flaeche / Laenge;
}
```

Zugegeben, die Bearbeitung eines Rechtecks wird kaum günstiger, wenn man seine Fläche anstatt seiner Breite darstellt. Bei komplizierteren Objekten kann sich jedoch die Verständlichkeit eines Programms durch die Unabhängigkeit von der Implementierung eines Objekts stark verbessern. Man denke etwa an ein Objekt, das ein Fahrzeug in Kurvenfahrt simuliert. Zugriffsmethoden wie

```
void lenke (float Lenkradeinschlag)

void bremse (float Bremskraft)     usw.
```

kann man auch dann leicht verstehen, wenn die Berechnungsmethoden von Kurvenradius, Querbeschleunigung, Fahrzeugneigung, Reifenschlupf nebst den dazu benutzten Datenstrukturen unbekannt sind.

Die durch Methoden erzielbare Abstraktion kann wesentlich zu einer modularen Gliederung von Programmen beitragen, bei der einzelne Programmteile auch ohne Kenntnis des Gesamtprogramms verständlich sind.

3.4 Konstruktoren

Der Zustand eines Objekts ist durch den Inhalt seiner Objektvariablen definiert. Durch Methoden und direkte Zugriffe auf Objektvariablen lässt sich der Zustand verändern. Auf die gleiche Art und Weise kann unmittelbar nach der Erzeugung eines Objekts der Anfangszustand zugewiesen werden. Im Sinne einer klaren Programmstrukturierung ist es zweckmäßig, die Anweisungen zur Bildung des Anfangszustands in einer eigenen Methode zusammenzufassen. Wie manche andere Programmiersprache bietet auch Java die Möglichkeit, hierfür eine spezielle Methode, den so genannte *Konstruktor*, zu benutzen, der schon im Zuge der Objekt-Erzeugung ausgeführt wird. In anderen Worten: Mittels new wird nicht nur ein Objekt erzeugt, sondern auch sein Konstruktor ausgeführt. Daraus ergeben sich folgende Möglichkeiten:

- ❏ Man kann dafür sorgen, dass der Zustand eines Objekts von Anfang an durch bestimmte Werte der Objektvariablen festgelegt wird.
- ❏ Durch die Parametrisierung von Konstruktoren kann eine von mehreren möglichen Anfangsbelegungen gewählt werden. Beispielsweise könnte ein Rechteck-Objekt initial mit beliebig wählbarer Länge, Breite und Strichstärke belegt werden. Die entsprechenden Angaben sind dann dem Konstruktor als Parameter zu übergeben.
- ❏ Neben der Zuweisung von Anfangswerten an die Objektvariablen können im Konstruktor noch beliebige weitere Anweisungen ausgeführt werden. Beispielsweise können die Belegungen mancher Objektvariablen vom Inhalt anderer Objektvariablen abhängen. Besäße ein Rechteck-Objekt zusätzlich die Variable Flaeche, so könnte der Konstruktor zuweisen: Flaeche = Laeche * Breite;. Aber auch kompliziertere anfängliche Berechnungen sind denkbar. Der Konstruktor eines Objekts zur Fahrzeugsimulation könnte verschiedene Fahreigenschaften aus Fahrzeug-Kenngrößen wie Gewicht, Motorleistung, Bereifung usw. ableiten.
- ❏ Durch die Implementierung verschiedener Konstruktoren kann der Anfangszustand wahlweise durch einen von mehreren Algorithmen bestimmt werden. Beim Aufruf von new ist dann anzugeben, welcher Konstruktor ausgeführt werden soll. Ein Konstruktor für Rechtecke könnte als Parameter beliebige Längen und Breiten zulassen, ein anderer Konstruktor ohne Parameter dagegen stets ein Quadrat mit Kantenlänge 1 erzeugen.
- ❏ Die Wirkung von Konstruktoren muss nicht auf das neu erzeugte Objekt beschränkt bleiben. Auch in anderen (bereits existierenden) Objekten können Variablen verändert werden. Es ist sogar möglich, dass ein Konstruktor mittels new weitere Objekte erzeugt und damit auch weitere Konstruktoren aufruft. So könnte in Prog. 3–5 ein Konstruktor für Artikel die außerhalb des Objekts befindliche Variable Fuss auf das soeben neu erzeugte Artikel-Objekt zeigen lassen. Außerdem könnte er, wenn ein ihm übergebener Parameter eine Verpackungsart angibt, sofort ein Verpackung-Objekt erzeugen.

Die genannten Möglichkeiten zeigen, dass sich in Konstruktoren die gesamte Anfangsarbeit nach einer Objekt-Erzeugung sinnvoll zusammenfassen lässt.

Konstruktoren werden ebenso wie andere Methoden in der Klasse der betreffenden Objekte vereinbart. Dabei unterscheiden folgende Besonderheiten den Konstruktor von einer gewöhnlichen Methode:

- ❏ Ein Konstruktor muss den gleichen Namen besitzen wie die Klasse, zu der er gehört.
- ❏ Ein Konstruktor liefert als Ergebnis stets einen Verweis auf das neu erzeugte Objekt an die Aufrufstelle. Da der Rückgabedatentyp nicht frei wählbar ist, wird er nicht geschrieben.
- ❏ Wenn eine Klasse mehrere Konstruktoren enthält, ist es nicht erlaubt, dass zwei Konstruktoren in der Anzahl und den Datentypen ihrer Parameter übereinstimmen. Diese Regel ist notwendig, da die Konstruktoren wegen der erstgenannten Regel alle den gleichen Namen besitzen und sich daher nur durch ihre formalen Parameter unterscheiden können.

Konstruktoren werden mittels new aufgerufen, wobei auf new der Klassenname (der zugleich auch Konstruktorname ist) und die in runde Klammern eingeschlossenen Parameter folgen müssen. Bei parameterlosen Konstruktoren sind leere runde Klammern zu schreiben, wie dies auch für andere parameterlose Methoden der Fall ist.

Wenn ein parameterloser Konstruktor implementiert ist, wird dieser ausgeführt, wenn auf new und Klassenname leere runde Klammern folgen. Ist dagegen kein parameterloser Konstruktor vorhanden, bedeutet new mit Klassenname und leeren runden Klammern, dass ein Objekt ohne Ausführung eines speziellen Konstruktors erzeugt wird. Den letztgenannten Fall kann man sich so vorstellen, dass implizit in jeder Klasse ein leerer Konstruktor ohne Anweisungen vorhanden ist, der ausgeführt wird, wenn es sonst keinen Konstruktor gibt.

Vier verschiedene Konstruktoren der Klasse Rechteck sind in Prog. 3–11 realisiert. Der erste erzeugt ein Quadrat mit Kantenlänge 1. Der zweite ermöglicht ein Quadrat, der dritte ein Rechteck mit beliebigen Kantenlängen zu erzeugen. Der vierte Konstruktor erzeugt wiederum ein Quadrat mit Kantenlänge 1, jedoch mit wählbarer Strichstärke. Obwohl der zweite und der vierte Konstruktor genau einen Parameter besitzen, können sie beim Aufruf durch den Datentyp des aktuellen Parameters unterschieden werden. Dies zeigt die Wichtigkeit der Datentyp-Angaben bei formalen Parametern. Die Objekt-Erzeugungen mittels new in Prog. 3–11 generieren die Rechtecke, die in Abb. 3–16 dargestellt sind.

Die Programmierung von Methoden kann erleichtert werden, wenn ihnen ein *Selbstverweis* zur Verfügung steht, d.h. ein Verweis auf das Objekt, zu dem die betreffende Methode gehört. Ein solcher Verweis wird beispielsweise benötigt, wenn eine Verweisvariable auf das eigene Objekt zeigen soll. Prinzipiell könnte ein solcher Verweis als zusätzlicher Parameter an die Methode übergeben werden. Dies verkompliziert ein Programm aber unnötigerweise. Bei Konstruktoren ist es sogar völlig ausgeschlossen, einen solchen Verweis als Parameter zu überge-

Vereinbarung der Klasse Rechteck:

```
class Rechteck
{ float Laenge, Breite;    int Strichstaerke;

  Rechteck ()
  { Laenge = Breite = 1.0f;    Strichstaerke = 1;
  }

  Rechteck (float Kantenlaenge)
  { Laenge = Breite = Kantenlaenge;    Strichstaerke = 1;
  }

  Rechteck (float L, float B)
  { Laenge = L;    Breite = B;    Strichstaerke = 1;
  }

  Rechteck (int s)
  { Laenge = Breite = 1.0f;    Strichstaerke = s;
  }
}
```

Aufrufe zur Erzeugung von Objekten der Klasse Rechteck:

```
Rechteck R1, R2, R3, R4;
R1 = new Rechteck ();
R2 = new Rechteck (3.0f);
R3 = new Rechteck (1.8f, 0.8f);
R4 = new Rechteck (3);
```

Prog. 3–11 *Konstruktoren der Klasse* Rechteck

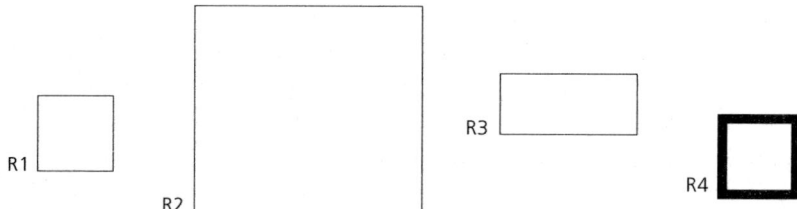

Abb. 3–16 *Von Prog. 3–11 erzeugte Rechtecke*

ben, weil das Objekt, welches Verweisziel sein soll, beim Aufruf des Konstruktors
erst erzeugt wird.

Aus diesen Gründen stellt Java (wie auch viele andere Programmiersprachen)
jedem Objekt den Selbstverweis this zur Verfügung. Soll etwa eine Verweisvariable v in einem Objekt auf das eigene Objekt zeigen, so wird dies durch die Zuweisung v = this; erreicht.

Eine weitere sinnvolle Verwendung von `this` ist die Möglichkeit, Parameter von Konstruktoren mit dem gleichen Namen zu benennen wie eine Objektvariable, an die der Parameterwert übertragen werden soll. Prog. 3–12 zeigt dies für die Klasse `Rechteck`. Wird in einem Konstruktor beispielsweise nur `Laenge` geschrieben, so ist damit sein Parameter `Laenge` gemeint. Dagegen bezeichnet `this.Laenge` die Variable `Laenge` des eigenen Objekts – man folgt dem Verweis `this` und greift am Verweisziel auf die Variable `Laenge` zu.

```
class Rechteck
{ float Laenge, Breite;    int Strichstaerke;

  Rechteck ()
  { Laenge = Breite = 1.0f;    Strichstaerke = 1;
  }

  Rechteck (float Laenge)
  { this.Laenge = this.Breite = Laenge;
    Strichstaerke = 1;
  }

  Rechteck (float Laenge, float Breite)
  { this.Laenge = Laenge;   this.Breite = Breite;
    Strichstaerke = 1;
  }

  Rechteck (int Strichstaerke)
  { Laenge = Breite = 1.0f;
    this.Strichstaerke = Strichstaerke;
  }
}
```

Prog. 3–12 *Konstruktoren, die den Selbstverweis* `this` *benutzen*

Eine typische „Anfangsarbeit", die der Konstruktor von Objekten, die Listenelement sind, erledigen kann, ist das Anhängen des neu erzeugten Objekts an das Ende der Liste. Prog. 3–13 zeigt dies für Objekte der Klasse `Artikel` (siehe Abb. 3–8 und Prog. 3–5, hier ohne Berücksichtigung der `Verpackung`-Objekte). In Zeile 4 werden die Anfangswerte an `this.Nr` und `this.Bez` zugewiesen. Vor `Nf` muss allerdings kein `this` stehen, weil es keinen Parameter `Nf` gibt. Daher bezeichnet `Nf` die Objektvariable. Angenommen die Variablen `Kopf` und `Fuss` seien (abweichend von Prog. 3–5) Objektvariablen in der Klasse `Lager` und ein Verweis auf ein solches Objekt werde als Parameter `L` übergeben, dann können `Fuss` und ggf. `Kopf` im Konstruktor so belegt werden, dass die Liste nach Terminierung des Konstruktors konsistent ist. Falls die Liste noch leer ist, d.h. `L.Kopf == null`, sollen `L.Kopf` und `L.Fuss` auf das soeben erzeugte `Artikel`-Objekt, also auf `this`, zeigen. Andernfalls soll der Nachfolger-Verweis des bisherigen Listenendes auf `this` zeigen und `Fuss` entsprechend weitergesetzt werden, wie dies in Zeile 8 angegeben ist.

```
class Artikel                                              Zeile 1
{ int Nr;    String Bez;    Artikel Nf;                          2

  Artikel (int Nr, String Bez, Lager L)                         3
  { this.Nr = Nr;    this.Bez = Bez;    Nf = null;              4
    if (L.Kopf == null)                                         5
      L.Kopf = L.Fuss = this;                                   6
    else                                                        7
    { L.Fuss.Nf = this;    L.Fuss = this;                       8
    }                                                           9
  }                                                            10

}                                                              11
```

Prog. 3–13 *Konstruktor fügt neues Objekt an eine Liste an*

Nicht selten soll ein neu erzeugtes Objekt eine Kopie eines bereits existierenden sein. Die Kopieroperation ist sinnvollerweise im Konstruktor der Objektkopie zu implementieren, wie Prog. 3–14 am Beispiel von Rechteck-Objekten zeigt. Dem Konstruktor wird eine Verweisvariable als Parameter übergeben, deren Inhalt auf das Originalobjekt zeigt.

Wenn ein Objekt nicht mehr benötigt wird, soll es gelöscht werden, damit der von ihm belegte Speicherplatz freigegeben werden kann. In manchen Programmiersprachen erfordert dies den expliziten Aufruf eines Löschoperators. Wenn an ihn die Ausführung einer speziellen Methode, eines *Destruktors*, geknüpft ist, können dort abschließende Anweisungen ausgeführt werden, beispielsweise die Bereitstellung von Daten für eine Statistik über die letzten Variableninhalte von Objekten.

Es hat sich gezeigt, dass die Programmierung von Funktionen der Speicherverwaltung (Anforderung und Freigabe von Speicherbereichen) recht fehleranfällig ist. Erschwerend kommt hinzu, dass sich diesbezügliche Entwurfsfehler im Programm durch Tests nicht immer aufdecken lassen. In einem Rechensystem

```
class Rechteck
{ float Laenge, Breite;    int Strichstaerke;

  Rechteck (Rechteck Original)
  { if (Original != null)
    { Laenge = Original.Laenge; Breite = Original.Breite;
      Strichstaerke = Original.Strichstaerke;
    }
    else  // kein Original vorhanden:
    { Laenge = Breite = 1.0f;    Strichstaerke = 1;
    }
  }
}
```

Prog. 3–14 *Neues Objekt soll Kopie eines Originalobjekts sein*

kann nämlich beim Start eines Programms der Speicher durch andere Programme auf viele verschiedene Arten belegt sein. Bei einer der möglichen Belegungen mag ein Programmierfehler erkennbar sein, bei einer anderen nicht. Wegen dieses Indeterminismus können manche Fehler lange unerkannt bleiben.

In Java erfolgt daher die Speicherverwaltung vollkommen automatisch. Löschoperatoren für Objekte gibt es nicht. Der Programmierer muss sich um die Freigabe des Speicherplatzes ausgedienter Objekte nicht kümmern. Stattdessen enthält das Java-Laufzeitsystem einen so genannte *Garbage Collector*, einen „Müllsammler", der von Zeit zu Zeit den gesamten Speicher nach unbenutzten Objekten durchforstet und deren Speicherplatz freigibt. Ein Objekt gilt als unbenutzt, wenn im Programm keine Verweisvariablen verfügbar sind, die auf das Objekt zeigen.

Wenn beispielsweise v die einzige Verweisvariable ist, die auf ein bestimmtes Objekt zeigt, dann genügt die Zuweisung v = null; um das Objekt als unbenutzt zu kennzeichnen und letztlich seinen Speicherplatz mittels automatisch durchgeführter Garbage Collection freizugeben. Bei der in Abb. 3–8 (Seite 94) dargestellten Struktur würde Kopf = null; dazu führen, dass alle Objekte freigegeben werden, mit Ausnahme des Artikel-Objekts für „Haken" und des zugehörigen Verpackung-Objekts, weil die beiden letztgenannten Objekte noch über die Variable Fuss zugänglich sind. Die Verweise der Objektvariablen Nf auf „Nägel" und „Hammer" sind aber im Programm nicht mehr verfügbar, wenn der Einstieg in die Liste über Kopf durch Kopf = null; verwehrt ist. Die Freigabe der Objekte für „Zange", „Nägel" und „Hammer" nebst ihrer Verpackung würde man auch durch Kopf = Fuss; oder durch die Zuweisung eines Zeigers auf ein Objekt außerhalb der Liste an Kopf erreichen.

Die periodisch durchgeführte Garbage Collection benötigt eine nicht zu vernachlässigende Rechenzeit, da ein beträchtlicher Arbeitsaufwand zu bewältigen ist. Zum einen müssen alle Verweisvariablen nicht nur auf direkte, sondern auch auf indirekte Verweise auf Objekte (z.B. Nf-Verweisketten bei Listen) überprüft werden. Zum anderen werden die im Speicher verbleibenden Objekte teilweise in die freigewordenen Speicherlücken verschoben, damit an anderer Stelle möglichst ein zusammenhängendes freies Speicherstück entsteht, das später für verschieden große Objekte genutzt werden kann. Andernfalls käme es zu Speicherverschnitt, weil z.B. drei kleine Lücken, die durch freigegebene Objekte entstanden sind, nicht für ein größeres Objekt (mit mehr Objektvariablen) verwendet werden können. Jedes Objekt benötigt nämlich einen zusammenhängenden Speicherbereich. Das Verschieben von Objekten durch den Garbage Collector bedeutet auch, dass er alle Verweisvariablen, die auf verschobene Objekte zeigen, mit einer neuen Zieladresse belegen muss. Aus der Sicht des Programms ändert sich dadurch nichts: Die Verweisvariable zeigt nach wie vor auf das gleiche Objekt. Generell gilt, dass sich der Programmierer mit den Vorgängen der Garbage Collection nicht befassen muss.

3.5   Gültigkeitsbereich von Bezeichnern

Programme, die umfangreiche Aufgaben lösen, sind in der Regel nicht nur groß, sondern auch stark hierarchisch strukturiert. Sie können aus einer Vielzahl von Klassen bestehen, die jeweils mehrere Methoden enthalten, die wiederum aus einer Vielzahl von Schleifen und Verzweigungen aufgebaut sind. Innerhalb von Klassen können sogar wiederum Klassen vereinbart sein, so dass die Hierarchie aus beliebig vielen Ebenen bestehen kann.

Auf jeder Hierarchie-Ebene werden *Bezeichner* benötigt: Klassennamen, Methodennamen, Parameternamen, Variablennamen und Anweisungsnamen. Jeder Bezeichner wird an genau einer Programmstelle vereinbart und an beliebig vielen anderen Stellen benutzt. Die Vereinbarung führt neben dem Bezeichner auch das betreffende Programmelement ein (eine Klasse, Methode, Variable oder Anweisung) und definiert es. An anderen Programmstellen wird das Programmelement benutzt, indem man seinen Bezeichner angibt. So können Objekte einer Klasse erzeugt, Methoden aufgerufen, Variablen gelesen sowie beschrieben und Anweisungen mittels `continue` oder `break` wiederholt bzw. verlassen werden.

Bezeichner müssen eindeutig sein. Andernfalls bleibt unklar, welches Programmelement gemeint ist. Eindeutigkeit lässt sich am einfachsten erreichen, indem man alle Bezeichner verschieden wählt. Dann besitzen beispielsweise keine zwei Variablen den gleichen Namen.

Sollen aber wirklich programmweit alle Bezeichner verschieden sein? Es würde besondere Sorgfalt erfordern, beim Programmentwurf dafür zu sorgen, dass z.B. in einem großen Programm zweitausend Bezeichner verschieden voneinander sind. Man könnte versucht sein, den Namen `Laenge` für eine Seite eines Rechtecks, aber auch für den Längengrad geografischer Koordinaten zu benutzen.

Schlimmer noch: Die Forderung, alle Bezeichner verschieden wählen zu müssen, würde die Modularität von Programmen stark stören. An mehreren Stellen des vorangehenden Textes wurde die Wichtigkeit betont, eine Programmiersprache so zu definieren, dass verschiedene Programmteile gedanklich möglichst unabhängig voneinander entworfen werden können. Dies erleichtert die Programmierung und hilft Entwurfsfehler zu vermeiden. Wenn beispielsweise die Wir-kung einer Methode eindeutig definiert und ihr Name sowie ihre Parameter festgelegt sind, dann kann man die Methode sinnvoll aufrufen, ohne ihre Implementierung zu kennen.

Die Forderung, alle Namen paarweise verschieden wählen zu müssen, würde den unabhängigen Entwurf der Programmteile einschränken. Für jedes Programmelement stünden nur die Bezeichner zur Verfügung, die nicht schon anderswo in Gebrauch sind. Diese Regel ist mehr als nur eine Zusatzarbeit bei der Wahl von Bezeichnern. Sie kann die Übernahme von Programmteilen in ein anderes Programm unmöglich machen. So könnte eine Klasse `Rechteck` mit all ihren

Methoden in zahlreiche Programme übernommen werden. Bei der Verwendung in einem Programm, das an irgendeiner Stelle mit geografischen Koordinaten (und damit mit der Variable `Laenge`) rechnet, würde der Compiler aber plötzlich einen Fehler melden.

Praktisch alle modernen Programmiersprachen lösen dieses Problem dadurch, dass sie den Gültigkeitsbereich von Variablen einschränken. Die fast überall geltende Grundregel lautet: Wenn ein Bezeichner in einem Programmbereich vereinbart worden ist, dann gilt er nur dort, aber nicht außerhalb des Programmbereichs. Vereinbarte Klassen `Rechteck` und `GeografischePosition` besitzen dann überschneidungsfreie Namensräume für ihre internen Bezeichner.

Programmbereiche wie Klassen oder Methoden, die üblicherweise verschachtelt angeordnet sind, werden als *Block* bezeichnet. In Java bilden das gesamte Programm, jede Klasse und jede Methode je einen Block. Nehmen wir Prog. 3–5 (Seite 95) als Beispiel. Das gesamte Programm bildet den äußersten Block, der drei innere Blöcke enthält, um je eine Klasse zu vereinbaren:

```
class Artikel { ... }            (Zeilen 1 bis 3)
class Verpackung { ... }         (Zeilen 4 bis 6)
public class Lager { ... }       (Zeile 7 bis zur letzten Zeile)
```

Der Block der Klasse `Lager` umfasst wiederum drei innere Blöcke, in denen je eine Methode vereinbart wird:

```
public static void main ( ... ) { ... }    (Zeilen 8 bis 42)
int Eingabe () { ... }                      (vorletzte Zeile)
String EingabeString () { ... }             (letzte Zeile)
```

Die Festlegung von Gültigkeitsbereichen von Namen entspricht dem menschlichen Begriffsverständnis, das fast problemlos mit Mehrfachverwendungen von Bezeichnungen für verschiedene Dinge zurechtkommt. Aus dem Kontext wird einem Menschen, der das Wort „Länge" liest, sofort klar, ob von einer Rechtecklänge oder von einer geografischen Länge die Rede ist. Selbst ein so genannter Teekessel, d.h. die Verwendung eines Worts für völlig unterschiedliche Dinge, bereitet praktisch nie Probleme. Aus dem inhaltlichen Sinnzusammenhang weiß man sofort, ob mit „Anschlag" ein terroristischer Akt, eine Anlegeleiste für Werkstücke, ein zum Lesen ausgehängtes Schriftstück, eine veranschlagte Zahl, das Tippen eines Zeichens oder eine Begrenzung des Bewegungsfreiraumes eines Gegenstands (z.B. einer Tür) gemeint ist.

In einem Programm ist der Kontext viel einfacher auf formale Art festzustellen. Man orientiert sich rein syntaktisch an den Blöcken. Der Gültigkeitsbereich von Namen lässt sich auf dieser Grundlage in klare Regeln fassen, die für den Menschen gut verständlich und für den Compiler in eindeutiger Weise anwendbar sind:

❑ *Alle Bezeichner müssen vereinbart werden.* Syntax und Semantik von Vereinbarungen sind aus den vorangehenden Abschnitten bekannt, wie die folgenden Beispiele zeigen:

Vereinbarung des Klassenbezeichners Rechteck:

```
class Rechteck { ... }
```

Vereinbarung des Methodenbezeichners Flaeche:

```
float Flaeche () { ... }
```

Vereinbarung des Parameterbezeichners Original:

```
... (Rechteck Original) { ... }
```

Vereinbarung des float-Variablenbezeichners Breite:

```
float Breite;
```

Vereinbarung des Bezeichners Schleife einer Wiederholungsanweisung:

```
Schleife: while ( ... )  { ... }
```

Jede Vereinbarung wird dem Block zugeordnet, in der sie geschrieben ist. Bestehen an der Vereinbarungs-Stelle mehrere ineinander verschachtelte Blöcke, so gehört die Vereinbarung zum innersten dieser Blöcke.

❑ *Vereinbarung vor Benutzung*: Ein Bezeichner kann in einem Programm erst nach seiner Vereinbarung verwendet werden. Eine Ausnahme zu dieser Regel gilt für Klassen und Methoden. Sie sind im gesamten Block verwendbar. Ebenso können die Bezeichner der Objektvariablen und Methoden, die in einer Klasse vereinbart sind, im gesamten Block benutzt werden. In dem korrekten Prog. 3–5 (Seite 95) wird beispielsweise der Klassen-Bezeichner Verpackung in Zeile 4 vereinbart, aber schon in Zeile 2 benutzt.

❑ *Gültigkeit bis an das Ende des Blocks, welcher die Vereinbarung enthält*: Ein Bezeichner gilt nur bis zu der schließenden geschweiften Klammer, welche den Block beendet, zu dem die Vereinbarung des betreffenden Bezeichners gehört.

❑ *Namensgleiche Bezeichner in einem inneren Block überdecken die aus einem äußeren Block.* Gemäß der vorgenannten Regel könnten an einer Programmstelle zwei Bezeichner gleichen Namens gelten, wenn einer davon in einem äußeren, der andere dagegen in einem inneren Block vereinbart worden ist. Um eine solche Mehrdeutigkeit zu vermeiden, wird hier als Ausnahmeregel formuliert, dass in diesem Fall nur der Bezeichner gilt, der im inneren Block deklariert worden ist. Der im äußeren Block vereinbarte Bezeichner gleichen Namens kann an dieser Programmstelle nicht benutzt werden.

❑ *In einem Block müssen alle Bezeichner verschieden sein*: Die in einem Block vereinbarten Bezeichner müssen verschiedene Namen aufweisen, damit man sie unterscheiden kann. Beispielsweise dürfen die Vereinbarungen int x; und float x; nicht im gleichen Block stehen. Wenn sich aber Programmelemente durch ihre Verschiedenartigkeit ohnehin eindeutig unterschieden, dann gelten die folgenden Ausnahmen:

❑ *Verschiedenartige Programmelemente können gleich benannt sein.* Als verschiedenartig gelten hier Klassen, Methoden, sonstige Variablen und Anweisungen. Folglich darf eine Klasse sowohl eine Methode namens f als auch eine Variable namens f enthalten. Ebenso kann die Methode namens f einen Parameter namens f besitzen. Die Syntax von Java stellt sicher, dass diese Programmelemente stets eindeutig unterschieden werden können: Bei der Objekterzeugung steht vor dem Klassenbezeichner new. Ein Methodenaufruf ist an den runden Klammern für die Parameterliste zu erkennen. Sonstige Variablen bzw. Parameter werden dagegen ohne new und ohne runde Klammern verwendet.

❑ *Methoden mit verschiedener Parameterliste können gleich benannt sein:* Parameterlisten gelten als verschieden, wenn sich die Parameter in ihrer Anzahl oder ihren Datentypen unterscheiden. Abweichende Parameterbezeichner allein reichen nicht aus. Folglich handelt es sich bei f(int x) und f(float x) und f(int x, int y) um zulässige Bezeichnungen für drei verschiedene Methoden. Eine weitere Methode f(int y) würde jedoch mit der erstgenannten kollidieren und darf daher nicht im gleichen Block vereinbart werden.

Zwei Programmbeispiele sollen die genannten Regeln illustrieren. Das erste zeigt die Blöcke und die Gültigkeitsbereiche von Bezeichnern in einem sinnvollen Programm. Das zweite stellt die extreme Verwendung von Namensgleichheiten dar, die zwar korrekt, jedoch äußerst verwirrend ist, so dass von ihr dringend abgeraten werden muss.

In Prog. 3–15 besitzen die Variablen folgende Gültigkeitsbereiche: x und y, vereinbart in Haupt, gelten in Block 1.1 ab der Vereinbarungsstelle. Der Parameter x der Methode main gilt im gesamten Block 1.1.1. Man beachte, dass die Variable x, die in Haupt vereinbart worden ist, durch den Parameter x der Methode main überdeckt wird. Es handelt sich jeweils um Variablenbezeichnungen, die somit nicht als verschiedenartig gelten.

Die Variablen x, y und z, vereinbart in Dreieck, gelten in Block 1.2 ab der Vereinbarungsstelle mit folgenden Ausnahmen: Sie gelten nicht in Block 1.2.1, da sie dort von den Parametern x, y und z des Konstruktors überdeckt werden. Die Variable y gilt außerdem nicht in dem grau umrandeten Bereich, weil sie dort von der Variablen y des inneren Blocks 1.2.2 überdeckt wird.

Die Parameter x, y und z des Konstruktors gelten im gesamten Block 1.2.1. Jedoch bezeichnen this.x, this.y und this.z die Variablen der Klasse Dreieck (wie in Abschnitt 3.4 erläutert).

Die Variablen p und y, vereinbart in Flaeche, gelten in Block 1.2.2 ab ihrer Vereinbarungsstelle, wobei y die Variable y des äußeren Blocks 1.2 wie bereits erwähnt überdeckt. Die Variablen x und y, vereinbart in Rechteck, gelten in Block

1.3 ab ihrer Vereinbarungsstelle. Es folgen allerdings keine Anweisungen auf die Vereinbarungsstelle. Trotzdem stehen diese Variablen als Objektvariablen zur Verfügung. In der Methode main könnte man beispielsweise schreiben:

```
y = new Rechteck ();    y.y = 3.5;
```

Dabei bezeichnet y in der ersten Anweisung die Verweisvariable von Typ Rechteck aus der Klasse Haupt. In der zweiten Anweisung steht y.y mit der folgenden Bedeutung: Das erste y ist wiederum die Verweisvariable von Typ Rechteck aus der Klasse Haupt. Das zweite y bezeichnet die Objektvariable y aus Block 1.3, also aus einem Rechteck-Objekt. Mit anderen Worten: Das erste y verweist auf ein neu erzeugtes Rechteck-Objekt. Das zweite y ist eine Variable in diesem Objekt.

```
                                              Block 1: gesamtes Programm
                                              Block 1.1: Klasse Haupt
public class Haupt
{ static Dreieck x;   static Rechteck y;

                                    Block 1.1.1: Methode main
  public static void main (String [] x)
  { ... // Anweisungen hier nicht dargestellt.
  }
}

                                              Block 1.2: Klasse Dreieck
class Dreieck
{ double x, y, z;

                                    Block 1.2.1: Konstruktor
  Dreieck (double x, double y, double z)
  { this.x = x;  this.y = y;  this.z = z;
    if (x > y + z || y > x + z || z > x + y)
      System.out.println
        ("Dreiecksungleichung verletzt");
  }

                                    Block 1.2.2: Methode Flaeche
  double Flaeche ()
  { double p = (x*x - y*y + z*z) / (2*x);
    double y = Math.sqrt (z*z - p*p);        inneres y
    return x*y/2;                            überdeckt
  }                                          äußeres y
}

                                              Block 1.3: Klasse Rechteck
class Rechteck
{ double x, y;
}
```

Prog. 3–15 Geschachtelte Struktur eines Programms

Das nun folgende Programm soll zeigen, wie weit eine übertriebene Mehrfachverwendung von Namen gehen kann, auch wenn es sich um ein besonders abschreckendes Beispiel handelt. Der Leser des Programms wird durch die Namensgleichheiten leicht in die Irre geführt, der Compiler hingegen nicht: Das Programm 3–16 ist korrekt.

```
class R          ◄─────────────── Hier ist R die Bezeichnung einer Klasse.
{ float x, y;
}


public class Katastrophe
{                         ─────────── Hier wird eine Methode namens R vereinbart.
  R R (float x, float y)              Die Methode liefert ein Objekt der Klasse R.
  { R r = new R ();  r.x = x;  r.y = y;
    return r;                          ──────
  }                                    Verweisvariable r zeigt auf
                                       neues Objekt der Klasse R.

  public static void main (String [] unbenutzt)
  { R[] r = new R[2];    ◄──────────── Array von Objekten der Klasse R.
    for (int R = 0; R < 2; R++)         Integer-Variable R vereinbart.
    { r[R] = new R ();  r [R].x = R;  r[R].y = R;
    }
    System.out.println (r[0].x + ", " + r[0].y);
    System.out.println (r[1].x + ", " + r[1].y);
  }
}
```

Ausgabe:

0, 0
1, 1

Prog. 3–16 *Korrekt, aber irreführend: sinnlose Mehrfachverwendung des Namens R*

Schon die einfachen Beispiele aus diesem Kapitel zeigen, dass mit Klassen und Objekten vielfältig verflochtene Strukturen aufgebaut werden können, die komplizierte Sachverhalte abzubilden vermögen. Damit erhält man ein mächtiges Mittel, um die Elemente des zu lösenden Problems und die Abhängigkeiten zwischen ihnen auf die Elemente des Programms zu übertragen. Dadurch kann sich die Lösung eines Problems entscheidend vereinfachen. Andererseits erhält man dadurch eine vielschichtige Programmstruktur, die vom Programmierer verlangt, alles zu unternehmen, damit er die Übersicht behält und die programmierten Funktionen möglichst gut versteht. Die Namensgebung für Bezeichner ist ein Beitrag dazu.

Alle Namen sollten möglichst so gewählt werden, dass sie die zu benennenden Programmelemente im Hinblick auf die Problemlösung möglichst treffend bezeichnen. Dabei können sich die Namen an Begriffen der Fachsprache, der Alltagssprache, der Mathematik oder einer Modellwelt orientieren. Wichtig ist auch ein guter Kompromiss hinsichtlich der Namenslänge. Zu kurze Bezeichnungen sind oft nichtssagend, zu lange machen das Programm unübersichtlich. Eine Ausnahme bilden die in der Mathematik üblichen Benennungen, etwa h für die Höhe eines Dreiecks, die oft nur aus einem einzigen Buchstaben bestehen und in ein Programmstück übernommen werden können, das auf einem mathematischen Formalismus beruht.

Wichtig ist auch eine konsistente Bezeichnungsweise. Wer die Höhe h nennt, sollte die Breite nicht mit Quermass bezeichnen. Ebenfalls ungünstig wäre es, von Lagerdauer und Bearbeitungszeit zu sprechen, wenn es sich in beiden Fällen um Zeitdifferenzen zwischen End- und Anfangszeitpunkt handelt. Um Analoges nicht verschieden zu bezeichnen, sollte man in beiden Fällen -dauer verwenden.

Zur Einheitlichkeit von Bezeichnungen tragen auch nach einem gemeinsamen Schema zusammengesetzte Wörter bei, etwa: ArtikelAnz, ContAnz, GesamtAnz, ArtikelPreis, ContPreis, GesamtPreis, womit die Artikelanzahl in einem Container, die Anzahl der Container, die Gesamtanzahl der Artikel in allen Containern, der Preis eines Artikels, der Preis aller Artikel eines Containers sowie der Gesamtpreis aller Artikel aller Container gemeint sind. Für die Regelung eines technischen Prozesses kann man sich Variablenbezeichnungen wie SollDruck, IstDruck, StellDruck, SollTemp, IstTemp, StellTemp vorstellen, um Sollwert, Istwert und Stellgröße für Druck und Temperatur zu bezeichnen.

Die Gestalter von Java haben bestimmte Konventionen zur Schreibweise von Bezeichnern benutzt, die aber nicht generell empfohlen werden können. In den Bibliotheken, welche die Programmiersprache Java ergänzen, beginnen Klassenbezeichnungen stets mit einem Großbuchstaben, auf den Kleinbuchstaben folgen (z.B. String). Wenn ein Bezeichner mehrere Wörter umfasst, so sind ab dem zweiten Wort die Anfangsbuchstaben jeweils groß geschrieben (z.B. bei der String-Methode copyValueOf). Konstanten, die ihren Wert niemals ändern, bestehen ausschließlich aus Großbuchstaben (z.B. PI für die Kreiszahl π). In allen übrigen Fällen werden Kleinbuchstaben verwendet.

Wichtig für die Wahl von Bezeichnern ist auch die Sprache. Ist absehbar, dass die Weiterentwicklung und die Pflege eines Programms den deutschsprachigen Raum nicht verlassen wird, so kann man deutsche Bezeichnungen wählen. Aber wie kann man sicher sein, dass sich nicht doch Italiener oder Franzosen an der Programmwartung beteiligen? Bei größeren Programmierprojekten sollte man daher der englischen Sprache den Vorzug geben. Dies gilt auch für die Programmdokumentation.

4 Rekursion

4.1 Beschreibungen mit Selbstbezug

Wie stellt man aus einer vier Meter langen Holzlatte möglichst viele Stücke von je 19 cm Länge her? Ein geeigneter „Algorithmus" lautet: Miss die Dicke d des Sägeblatts und berechne die Anzahl n der Stücke durch

$$n = \left\lfloor \frac{400\,\text{cm} + d}{19\,\text{cm} + d} \right\rfloor$$

Für jedes $i \in \{1, \dots, n\}$ berechne man $p(i) = i \cdot 19\,\text{cm} + (i-1) \cdot d$ und markiere jeweils die Latte im Abstand $p(i)$ vom linken Ende. Sodann säge man die Latte an jeder markierten Stelle durch, wobei jeweils die linke Kante des Sägeblatts an die Markierung anzusetzen ist.

Meist neigen Menschen jedoch zu einer anderen Vorgehensweise: Markiere die Latte im Abstand 19 cm vom linken Ende und säge sie dort durch, wobei die linke Kante des Sägeblatts an die Markierung anzusetzen ist. Solange das rechte Reststück länger als 19 cm ist, verfahre man mit diesem ebenso.

Beide Methoden sind geeignet, aber die letztgenannte ist einfacher. Man spart sich das Messen der Sägeblattdicke d und braucht sich beim Markieren über die Breite d des Sägeschnitts keine Gedanken zu machen. Die erstgenannte Methode verführt dagegen ungeübte Heimwerker zu einem „Entwurfsfehler": Sie markieren die Latte in Abständen von genau 19 cm. Folglich wird nur das erste Stück 19 cm lang sein, die übrigen jedoch um die Breite d des Sägeschnitts kürzer, also nur etwa 18,8 cm lang.

Die gedankliche Einfachheit der zweiten Methode ist darin zu sehen, dass jeweils nur die Arbeitsschritte für ein Stück zu betrachen sind (Messen, Markieren, Sägen), nicht für die Gesamtheit aller Stücke.

Da das Programmieren in der Regel anspruchsvoller als die Unterteilung von Latten ist und das Finden von entwurfsfehlerfreien Lösungswegen sehr schwierig sein kann, ist jeder Ansatz zur gedanklichen Vereinfachung willkommen. In Analogie zu den Holzstücken sollte es möglich sein, aus einer Menge von zu bearbeitenden Gegenständen einen herauszugreifen, nur diesen zu bearbeiten und die Restmenge wiederum als eine Menge von zu bearbeitenden Gegenständen zu betrachten. Die Bearbeitung einer Gegenstandsmenge wird dabei auf die Bearbei-

tung einer gleich strukturierten, aber um ein Element verringerten Gegenstandsmenge bezogen.

Als einfaches Beispiel nehmen wir die Aufgabe, alle Zahlen aus einer Zahlenmenge M zu addieren. Die <u>Bearbeitung der Menge M</u> lässt sich wie folgt beschreiben:

> *Falls M nicht leer ist, nimm eine Zahl x ∈ M und addiere x zu dem Resultat,*
> *das sich aus der <u>Bearbeitung der Menge M – {x}</u> ergibt.*
> *Falls M leer ist, liefert die Bearbeitung den Wert 0.*

Man beachte, dass die Zahlen nicht in einer bestimmten Reihenfolge in einem
Array abgelegt sein müssen. Die Bearbeitung der Zahlenmenge formuliert keine
Schleife, sondern eine ineinander verschachtelte Ausführung von Bearbeitungs-
schritten. Für M = {5, 3, 8} ergibt sich beispielsweise:

Bearbeitung ({5, 3, 8}) =
5 + Bearbeitung ({3, 8}) =
5 + (3 + Bearbeitung ({8})) =
5 + (3 + (8 + Bearbeitung (∅)) =
5 + (3 + (8 + 0)) =
16

Die obige Beschreibung der Bearbeitungsvorschrift (kursiv geschrieben, Benennung doppelt unterstrichen) greift auf die Beschreibung der Bearbeitung (einfach
unterstrichen), also auf sich selbst zurück. Selbstbezügliche Beschreibungen
nennt man *rekursiv*.

Beim Selbstbezug können sich Parameter der Beschreibung ändern. Im obigen Beispiel bezieht sich die Bearbeitung von M auf die Bearbeitung von M – {x},
also auf die „Restmenge", die entsteht, wenn aus M das Element x entnommen
wird. Die Beschreibung mit Parameter M wird hier auf eine Beschreibung mit Parameter M – {x} bezogen.

Es ist sogar notwendig, dass sich beim Selbstbezug Parameter ändern, da eine
rekursive Beschreibung sonst nicht terminiert und damit nicht sinnvoll ist. Eine
Beschreibung

<u>Bearbeitung (M)</u> =   *0 + <u>Bearbeitung (M)</u>*

ist nichtssagend und letztlich kein Algorithmus, weil sie nicht terminiert. Selbst
bei Veränderung von Parametern kann die Terminierung ausbleiben, wie aus dem
folgenden Beispiel ersichtlich ist:

$$\underline{\text{Bearbeitung (M)}} = \begin{cases} x + \underline{\textit{Bearbeitung ((M–\{x\}) ∪ \{(x+1) \% 2\})}} & \textit{für } x \in M, \\ 0 & \textit{falls } M = \emptyset \end{cases}$$

Bei diesem unsinnigen Selbstbezug wird zwar x aus der Menge M entnommen, aber diese sodann mit dem Divisionsrest $\{(x+1)\,\%\,2\}$ vereinigt, wodurch sie niemals leer wird.

Wir wollen unendliche Beschreibungen ausschließen und verlangen daher stets die *Terminierung* einer Rekursion. Dies bedeutet, dass eine rekursive Beschreibung mindestens eine Fallunterscheidung enthalten muss. Ein Zweig enthält den Selbstbezug; der andere Zweig ist frei von Selbstbezügen und terminiert. In dem Beispiel

$$\underline{\text{Bearbeitung (M)}} = \begin{cases} x + \underline{\textit{Bearbeitung (M} - \{x\})} & \text{für } x \in M, \\ 0 \quad \textit{sonst} \end{cases}$$

führt der Fall $x \in M$ für eine nicht leere Menge M zum Selbstbezug, der Fall *sonst*, d.h. $M = \varnothing$, dagegen zur Terminierung. Selbstverständlich können rekursive Beschreibungen auch komplizierter aufgebaut sein und mehrere Selbstbezüge und/oder Terminierungszweige enthalten. Ein Selbstbezug kann auch indirekt auftreten: Es ist möglich, dass eine Beschreibung A sich nicht direkt auf A bezieht, sondern eine Beschreibung B enthält, die sich auf A bezieht. Auch dies wird als Rekursion bezeichnet. Ein Beispiel dazu erhält man, wenn in der oben genannten Rekursion die Bildung der Mengendifferenz in eine separate Beschreibung namens *Ausgliederung* verlagert wird:

$$\underline{\text{Bearbeitung (M)}} = \begin{cases} x + \underline{\textit{Ausgliederung (M, x)}} & \text{für } x \in M, \\ 0 \quad \textit{sonst} \end{cases}$$

$$\underline{\text{Ausgliederung (M, x)}} = \underline{\textit{Bearbeitung (M} - \{x\})}$$

Rekursion hat sich als übliches Beschreibungsmittel in verschiedenen Bereichen etabliert. Die Fakultät $n! = 1 \cdot 2 \cdot 3 \cdot \ldots \cdot n$ einer nicht negativen ganzen Zahl n wird häufig durch einen Selbstbezug auf die Fakultätsfunktion beschrieben, die durch ein Ausrufezeichen symbolisiert wird:

$$n! = \begin{cases} n \cdot (n-1)! & \text{für } n > 1, \\ 1 & \text{sonst} \end{cases}$$

Syntaxbeschreibungen in EBNF sind typischerweise rekursiv. In Abschnitt 1.4 steht ein Beispiel, das hier verkürzt wiedergegeben wird:

$$\textit{Ausdruck} = \textit{Summand} \;[\; (\texttt{"+"} \;|\; \texttt{"-"}) \; \textit{Ausdruck} \;]$$
$$\textit{Summand} = \textit{Faktor} \;[\; \texttt{"*"} \; \textit{Faktor} \;]$$
$$\textit{Faktor} = (\; \textit{Zahl} \;|\; \texttt{"ggT ("} \; \textit{Ausdruck} \; \texttt{","} \; \textit{Ausdruck} \; \texttt{")"} \;)$$

Hier liegt sogar eine dreifache Rekursion vor, da die Beschreibungen von *Ausdruck*, *Summand* und *Faktor* jeweils rekursiv sind: *Ausdruck* bezieht sich auf *Summand*; *Summand* bezieht sich auf *Faktor*; *Faktor* bezieht sich wiederum auf

Ausdruck. Terminierung wird erreicht, wenn in *Faktor* die Alternative *Zahl* gewählt wird.

Auch „alltägliche" Datenstrukturen und ihre Bearbeitung lassen sich rekursiv beschreiben. Die Gesamtfläche, die sich aus einer Liste von Einzelflächen ergibt, die jeweils durch Länge und Breite gegeben sind, ist die erste Fläche aus der Liste plus die Gesamtfläche der Restliste:

$$\text{Fläche (Liste)} = \begin{cases} \text{ersteLänge} \cdot \text{ersteBreite} + \text{Fläche (Restliste)} \\ \qquad\qquad\qquad\qquad\qquad\qquad \text{falls Liste nicht leer,} \\ 0 \qquad\qquad\qquad\qquad\qquad\quad \text{sonst} \end{cases}$$

Weshalb Rekursion? Die bislang aufgeführten Beispiele haben nur illustriert, was unter Rekursion zu verstehen ist, jedoch nicht, in welcher Weise sich Rekursion günstig anwenden lässt. Nun sollen ihre Vor- und Nachteile diskutiert werden. Dabei beschränken wir uns nicht auf Programme, sondern betrachten beliebige Beschreibungen mit Selbstbezug. Rekursion weist drei wichtige Vorteile auf:

❏ Sie vermag sowohl Probleme als auch Lösungen zu beschreiben. Häufig ist eine Lösungsbeschreibung sogar völlig analog zur Problembeschreibung aufgebaut. Dies bedeutet, dass ein rekursiv beschriebenes Problem in diesen Fällen fast ohne Aufwand als Programm realisiert werden kann. Als Beispiel betrachten wir die Aufgabe, die Fakultätsfunktion zu implementieren. Dieses Problem wurde durch die oben angegebene rekursive Beschreibung von n! definiert. Die Lösung besteht darin, diese Beschreibung, so wie sie ist, einfach als eine Lösungsbeschreibung aufzufassen und in einer Programmiersprache zu notieren, beispielsweise durch die folgende Methode:

```
double Fakultaet (double n)
{ if (n > 1)     return n * Fakultaet (n - 1);
  else           return 1;
}
```

❏ Vorteilhaft wirkt sich auch die Beschränkung der Betrachtung auf nur einen von mehreren Gegenständen aus. Anstatt alle Lattenstücke zu berechnen, ist jeweils nur eines zu markieren. Anstatt aller Multiplikationen der Fakultätsberechnung ist jeweils nur eine zu realisieren. Anstatt aller Elemente einer Liste ist jeweils nur das erste zu verarbeiten. Dies kann die Programmierung beträchtlich vereinfachen, weil sich die gedankliche Arbeit zum Auffinden des Lösungswegs quasi auf einen Punkt einengen lässt.

❏ Ein weiterer Vorteil der Rekursion liegt darin, dass ein Selbstbezug algorithmische Arbeit einsparen kann. Dazu muss es nur gelingen, ein Problem zu unterteilen, und zwar in einen Gegenstand, der sofort in einfacher Weise verarbeitet werden kann, und in einen Rest, der mittels

Selbstbezug in gleicher Weise verarbeitet wird. So wird etwa die Restlatte nach dem Absägen des ersten Stücks wiederum als eine Latte betrachtet, von der es Stücke abzusägen gilt. Oftmals umgeht man dadurch viele Probleme, die nicht schon beim ersten Gegenstand, sondern erst zwischen verschiedenen Gegenständen auftreten. Im Beispiel der Holzlatte war dies das Problem, die Breite des Sägeschnitts zu berücksichtigen. Die rekursive Lösung braucht darauf nicht einzugehen, was algorithmische Arbeit einspart. Entsprechend kann evtl. ein rekursiver Algorithmus zur Verarbeitung einer Liste vereinfachend davon ausgehen, dass nur das erste Element zu verarbeiten ist. Von der listeninternen Verkettung von Elementen über Verweisvariablen kann dagegen abstrahiert werden. Ein Element im Innern der Liste wird ja bei einem der rekursiven Aufrufe als erstes Element der dann noch verbleibenden Restliste in gleicher Weise bearbeitet. Durch Rekursion erledigen sich also manche Probleme von selbst.

Die genannten Vorteile erwecken den Eindruck, der rekursive Ansatz sei ideal, weil sich korrekte Programme ohne großen gedanklichen Aufwand fast von allein ergeben. Dies trifft zwar für manche Beispiele zu, jedoch bei weitem nicht für alle. Tatsächlich kann Rekursion auch zusätzliche Schwierigkeiten schaffen, so dass stets sorgfältig zwischen dem *rekursiven* und dem *iterativen* (d.h. durch Schleifen realisierten) Ansatz abzuwägen ist. Durch Rekursion können sich insbesondere die folgenden Nachteile ergeben:

❑ Die Unterteilung eines Problems in einen herauszugreifenden einzelnen Gegenstand und einen durch Selbstbezug in analoger Weise zu bearbeitenden Rest kann scheitern oder – schlimmer noch – ein schwer erkennbares zusätzliches Problem beinhalten. Im letztgenannten Fall kann der Programmierer zu einer falschen rekursiven Lösung verführt werden, die das Zusatzproblem ignoriert. Dazu ein Beispiel: Die Anzahl der Kombinationen, wie k gleiche Kugeln in n Schalen (wobei $0 \leq k \leq n$) gelegt werden können, beträgt

$$\binom{n}{k} = \frac{n!}{k! \cdot (n-k)!} = \frac{n}{k} \cdot \frac{n-1}{k-1} \cdot \frac{n-2}{k-2} \cdot \ldots \cdot \frac{n-k+1}{1}.$$

Aus dem Ausdruck rechts des rechten Gleichheitszeichens lässt sich eine korrekte rekursive Darstellung gewinnen:

$$\text{Komb}(n, k) = \begin{cases} n/k \cdot \text{Komb}(n-1, k-1) & \text{falls } k \geq 1, \\ 1 & \text{sonst.} \end{cases}$$

Die völlig analog aufgebaute rekursive Methode

```
int Komb (int n, int k)
{ if (k >= 1)  return n / k * Komb (n - 1, k - 1);
  else         return 1;
}
```

ist jedoch falsch, was auf den ersten Blick kaum auffällt. Sehen Sie den Fehler? Es wurde nicht bedacht, dass die Anzahl der Kombinationen zwar stets ganzzahlig ist; der Quotient n / k ist es jedoch nicht unbedingt. Greift man ihn als Gegenstand heraus, der in einem Schritt der Rekursion zu bearbeiten ist, so hat man sich als Zusatzproblem rationale Zahlen eingehandelt – was aber dem Programmierer, der die ganzzahlige Division n / k geschrieben hat, offenbar entgangen ist. Korrekt wäre die Methode hingegen, wenn in ihrer zweiten Zeile der Ausdruck

```
n * Komb (n - 1, k - 1) / k
```

stünde, weil `Komb (n - 1, k - 1)` stets ganzzahlig ist. Also ist auch das Produkt `n * Komb (n - 1, k - 1)` ganzzahlig. Da der gesamte Ausdruck `n * Komb (n - 1, k - 1) / k` die Anzahl von Kombinationen bestimmt, also ebenfalls ganzzahlig sein muss, geht die Division durch k stets ohne Rest auf. Dieses Beispiel zeigt eine Tücke des rekursiven Ansatzes, die leicht übersehen werden kann. Einmal erkannt, ist sie jedoch problemlos zu beheben, ohne dass man auf Rekursion verzichten muss.

❏ Weit häufiger als solche Zusatzprobleme tritt bei Rekursion die folgende Schwierigkeit auf: Bei Ausführung eines rekursiven Programms (bzw. bei entsprechender „Entfaltung" einer rekursiven Beschreibung) muss evtl. einer sehr großen Anzahl von Selbstbezügen gefolgt werden. Selbst einfache rekursive Methoden können sich millionenfach aufrufen, bevor der terminierende Zweig erreicht wird. Dadurch entsteht eine lange *Aufrufkette*. Enthält jeder Schritt gar mehrere Selbstbezüge, so entsteht eine verzweigte Struktur, ein so genannter *Aufrufbaum*. Da die Kette bzw. der Baum zudem von den Werten der Parameter abhängt, ist die Ausführung eines rekursiven Programms manchmal schwer zu überschauen. Es kann recht schwierig sein sicherzustellen, dass jeder Zweig terminiert, der bei beliebigen zulässigen Parameterwerten entstehen kann. Nicht endende Rekursionen sind keine seltenen Programmierfehler.

In Abhängigkeit von dem rekursiv zu beschreibenden Sachverhalt wiegen die genannten Vor- und Nachteile verschieden schwer. Rekursion kann empfohlen werden, wenn sich ein Problem und/oder seine Lösung in einfacher Weise, fast möchte man sagen „auf natürliche Art", rekursiv beschreiben lässt. Dann profitiert man von den Vorteilen der auf einen herausgegriffenen Gegenstand fokusierten Betrachtung. Dies trägt zur Klarheit bei, was auch die Überlegungen zur Sicherstellung der Terminierung vereinfacht.

4.2 Rekursive Algorithmen

Methoden, die Methodenaufrufe mit Selbstbezug enthalten, sind rekursive Algorithmen. Das folgende Beispiel zeigt sehr deutlich die Vorteile des rekursiven Ansatzes. Wir bezeichnen das Beispiel als Kansas-City-Problem:

In Kansas City verlaufen die Straßen, wie in jeder anderen amerikanischen Stadt auch, über große Gebiete hinweg rechtwinklig und nahezu äquidistant zueinander. Abb. 4–1 zeigt einen Ausschnitt aus dem Stadtplan. Die Kreuzungen benennen wir mit zweidimensionalen Koordinaten. Angenommen man befindet sich an der Kreuzung (0, 0) und möchte zur Kreuzung (n, m) fahren. Wie viele kürzeste Wege stehen zur Auswahl?

Von (0, 0) gibt es beispielsweise drei kürzeste Wege nach (1, 2), nämlich

Weg 1: (0, 0) — (0, 1) — (0, 2) — (1, 2),

Weg 2: (0, 0) — (0, 1) — (1, 1) — (1, 2) (Weg 2 ist in Abb. 4–1 dargestellt),

Weg 3: (0, 0) — (1, 0) — (1, 1) — (1, 2).

Alle anderen Wege, z.B.   (0, 0) — (1, 0) — (1, 1) — (2, 1) — (2, 2) — (1, 2), sind mehr oder weniger lange Umwege.

Wer sich in Kombinatorik auskennt, dürfte keine Schwierigkeiten mit dem Kansas-City-Problem haben. Für alle anderen sind hier zwei Lösungen skizziert, eine nicht rekursive und eine rekursive. Aus dem Vergleich geht deutlich hervor, dass der rekursive Ansatz gedanklich viel einfacher ist.

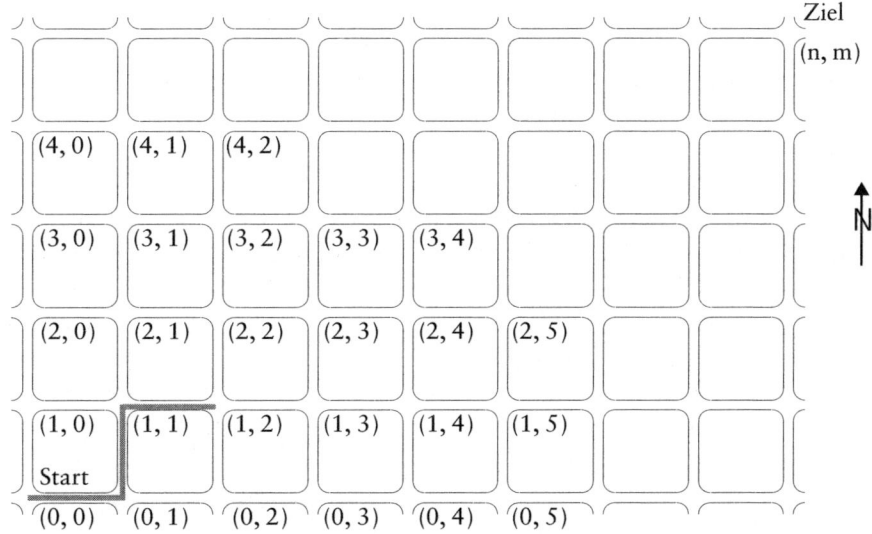

Abb. 4–1 *Kansas-City-Problem: Weg 2 ist durch eine graue Linie markiert*

❑ Nicht rekursive Lösung: Um auf kürzestem Weg an das Ziel zu gelangen, müssen genau n Strecken nach Norden und genau m Strecken nach Osten zurückgelegt werden. Die insgesamt n + m Strecken können beliebig kombiniert werden. Folglich kann ein Weg durch n + m nebeneinander gelegte Karten beschrieben werden, wobei auf n Karten „Nord" und auf m Karten „Ost" steht. Es gibt (n + m)! viele Möglichkeiten, die Karten nebeneinander in eine Reihe zu legen, d.h. (n + m)! Permutationen, wobei das Ausrufezeichen die Fakultät bezeichnet (wie in Abschnitt 4.1 definiert). Wenn bei einer bestimmten Kartenreihenfolge die „Nord"-Karten untereinander ausgetauscht werden, ändert sich der Weg dadurch nicht. Für den Austausch der „Nord"-Karten untereinander gibt es n! Permutationen. Ebenso ändert sich der Weg nicht, wenn die „Ost"-Karten untereinander ausgetauscht werden, wofür es m! viele Permutationen gibt. Also beträgt die Anzahl der kürzesten Wege $\frac{(n+m)!}{n! \cdot m!}$.

❑ Rekursive Lösung: An Kreuzung (i, j) habe ich folgende Möglichkeiten, auf kürzestem Weg weiterzufahren: Wenn ich schon so nördlich bin wie das Ziel, d.h. i = n, muss ich nach Osten fahren (1 Möglichkeit). Wenn ich schon so östlich bin wie das Ziel, d.h. j = m, muss ich nach Norden fahren (1 Möglichkeit). Andernfalls kann ich wahlweise nach Norden oder nach Osten fahren; in diesem Fall ist die Anzahl der Möglichkeiten die Summe aus den möglichen Wegen ab der nördlich liegenden Kreuzung (i + 1, j) und den möglichen Wegen ab der östlich liegenden Kreuzung (i, j + 1). Diese Überlegung lässt sich als rekursive Formel notieren:

$$\text{Wege } (i, j) = \begin{cases} 1 & \text{falls } i = n \text{ oder } j = m, \\ \text{Wege } (i + 1, j) + \text{Wege } (i, j + 1) & \text{sonst.} \end{cases}$$

Auch ohne Kombinatorik-Kenntnisse ist die rekursive Formel gut verständlich. Die Überführung in einen rekursiven Algorithmus ist trivial. Prog. 4–1 zeigt das vollständige Programm, das die rekursive Methode Wege enthält.

Jeder Aufruf von Wege (i, j) berechnet die Anzahl der kürzesten Wege, die von der Kreuzung (i, j) zum Ziel (n, m) führen. In main steht der Aufruf von Wege (0, 0), der die gesuchte Anzahl kürzester Wege von der Start-Kreuzung (0, 0) zum Ziel liefert. Die Ziel-Kreuzung wird durch zwei globale Variablen n und m angegeben, die in der Klasse Hauptprogramm statisch vereinbart sein müssen, damit man sie auch verwenden kann, wenn keine Objekte der Klasse Hauptprogramm erzeugt werden.

Für die Eingabe n = 1 und m = 2 wollen wir die Ausführung der rekursiven Methode Wege verfolgen. Wir wissen, dass in diesem Fall die drei Wege möglich sind, die oben explizit angegeben worden sind, u.a. der in Abb. 4–1 skizzierte Weg 2. Im Hauptprogramm main wird Wege zunächst mit den Parametern i = 0 und j = 0 aufgerufen, also Wege (0, 0). Bei Ausführung dieser Methode wird festgestellt, dass weder i == n noch j == m erfüllt ist. Folglich wird zum zwei-

```
public class Hauptprogramm
{ static int n, m;

  public static void main (String [] unbenutzt)
  { n = Eingabe ();   m = Eingabe ();
    int w = Wege (0, 0);
    System.out.println (w + " kürzeste Wege");
  }

  static int Wege (int i, int j)
  { if (i == n || j == m)   return  1;
    else   return  Wege (i + 1, j) + Wege (i, j + 1);
  }
}
```

Prog. 4–1 *Rekursive Lösung des Kansas-City-Problems*

ten Zweig übergegangen, wo sowohl Wege (1, 0) als auch Wege (0, 1) aufgerufen wird, und zwar in dieser Reihenfolge.

Für die Ausführung von Wege (1, 0) wird ein eigener Speicherbereich bereitgestellt, der von dem Speicherbereich für Wege (0, 0) völlig unabhängig ist. Die aufrufende und die aufgerufene Methode besitzen jeweils eigene Variablen. Beispielsweise existieren i und j in Wege (0, 0) und zusätzlich davon unabhängige Variablen i und j in Wege (1, 0). Damit gibt es zwischen den verschiedenen Ausführungen einer rekursiven Methode keine versteckten Wechselwirkungen. Jede Ausführung hat „ihr eigenes Leben" und kann mit ihren eigenen Variablen unabhängig von den anderen Ausführungen umgehen. Die gleiche Unabhängigkeit besteht auch zwischen den Ausführungen, welche durch die nacheinander erfolgten Aufrufe Wege (1, 0) und Wege (0, 1) hervorgerufen werden. Generell verfügen verschiedene Ausführungen einer rekursiven Methode über jeweils einen eigenen Satz ihrer lokalen Variablen.

In Wege (1, 0) wird festgestellt, dass i == n erfüllt ist. Also liefert diese Ausführung den Ergebniswert 1 zurück.

In Wege (0, 1) gilt dagegen weder i == n noch j == m, so dass dort Wege (1, 1) und Wege (0, 2) aufgerufen wird. Der erstgenannte Aufruf bewirkt eine Ausführung, die i == n feststellt, der zweitgenannte eine Ausführung, die j == m feststellt. Folglich liefern beide Ausführungen jeweils den Ergebniswert 1 zurück und verzichten auf weitere rekursive Aufrufe. Nachdem Wege (1, 1) und Wege (0, 2) ausgeführt worden sind und jeweils den Ergebniswert 1 geliefert haben, werden diese Werte in Wege (0, 1) addiert. Die Summe 2 wird als Ergebniswert von Wege (0, 2) an Wege (0, 0) geliefert. Dort werden in gleicher Weise das Ergebnis 1 von Wege (1, 0) und das Ergebnis 2 von Wege (0, 1) addiert, um schließlich die Summe 3 an das Hauptprogramm main zu liefern.

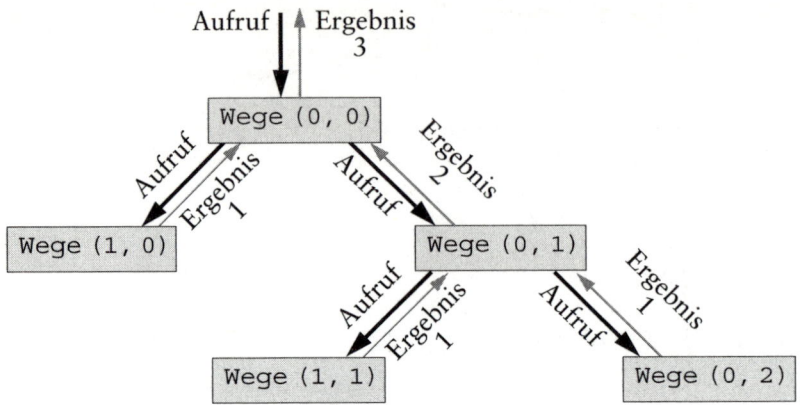

Abb. 4–2 *Ausführungen von* Wege *bei n = 1 und m = 2*

Abb. 4–2 zeigt eine Übersicht über die genannten Ausführungen der rekursiven Methode Wege. In dieser Darstellung entspricht jeder Aufruf-Kantenzug, der in main beginnt und in einer der terminierenden Ausführungen endet, einem kürzesten Weg des Kansas-City-Problems. Für die Eingabe n = 2 und m = 3 gibt es schon bedeutend mehr Ausführungen, wie aus Abb. 4–3 hervorgeht.

Eine genauere Darstellung der Abläufe muss auch die Reihenfolge der Ausführungen präzise ausdrücken. Betrachten wir nämlich eine einzelne Ausführung, die mehrere Aufrufe tätigt, wie etwa Wege (0, 0), so erfolgen diese nicht gleichzeitig, sondern nacheinander.

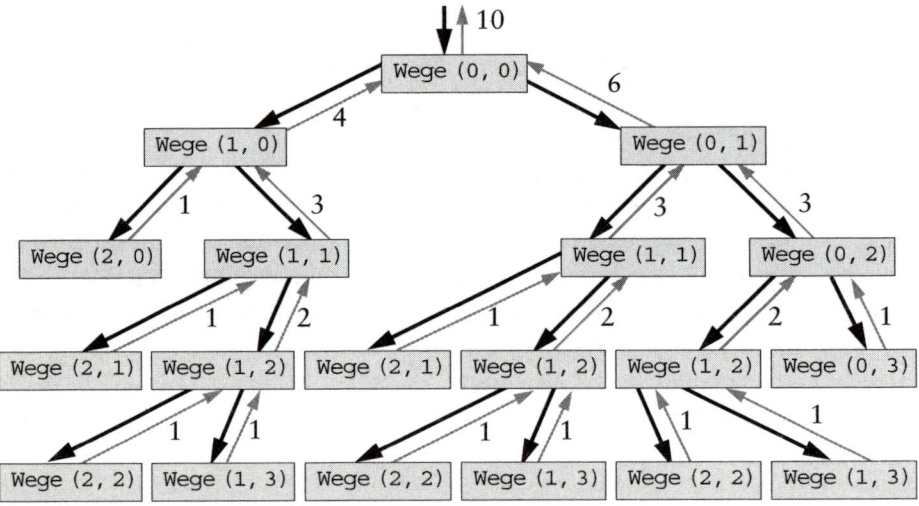

Abb. 4–3 *Ausführungen von* Wege *bei n = 2 und m = 3*

Also wird die Ausführung in drei Zeitabschnitte unterteilt:

❑ Ausführungsabschnitt vor dem ersten Aufruf: Darin wird geprüft, ob i == n || j == m.
❑ Ausführungsabschnitt nach dem ersten und vor dem zweiten Aufruf: Darin wird nur der Ergebniswert des ersten Aufrufs als Summand gespeichert.
❑ Ausführungsabschnitt nach dem zweiten Aufruf: Darin wird die Summe der beiden Ergebniswerte gebildet.

Die zeitliche Reihenfolge der Ausführungen und ihrer jeweiligen Abschnitte wird in Abb. 4–4 gezeigt. Eine solche Darstellung empfiehlt sich, wenn es gilt, eine Rekursion in ihren Details zu verstehen. Allerdings ist jede grafische Veranschaulichung einer Rekursion nur dann mit vertretbarem Aufwand zu erstellen und für eine bessere Übersicht dienlich, wenn die Anzahl der Ausführungen einer rekursiven Methode auf Grund der gewählten Parameter sehr klein ist. Schon bei n = m = 10 gibt es 184 756 Wege und sogar 369 511 Aufrufe, was wohl jedes Papierformat sprengt.

Abb. 4–4 zeigt auch deutlich die unabhängigen „Leben" der insgesamt fünf Ausführungen der Methode Wege. Jede Ausführung lebt länger als alle von ihr aufgerufenen anderen Ausführungen. Wie bereits erwähnt gehört zu jeder Ausführung ein eigener Speicherbereich für die jeweils lokalen Variablen, inklusive der Aufrufparameter und zurückgegebener Ergebniswerte.

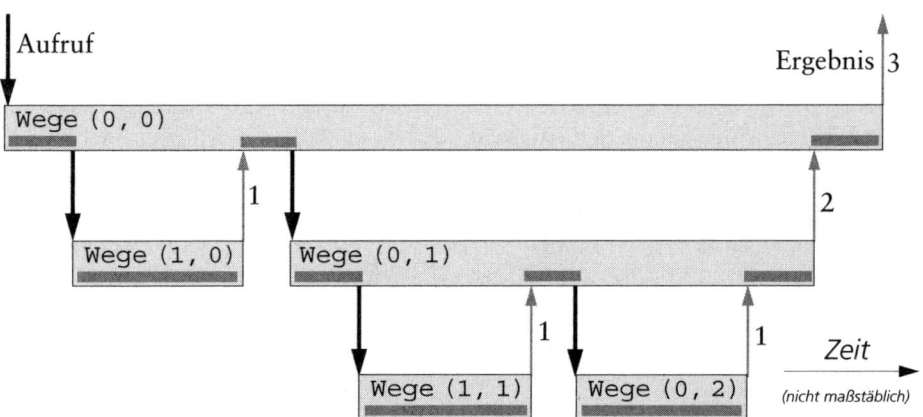

Abb. 4–4 Reihenfolge der Ausführungen von Wege bei n = 1 und m = 2
(Ausführungsabschnitte sind durch dunkelgraue Balken markiert)

Wie nah die Vor- und Nachteile der Rekursion beieinander liegen, zeigt eine Variante des Kansas-City-Problems. Nennen wir sie Chicago-Problem:

In Chicago verlaufen die Straßen über große Gebiete hinweg rechtwinklig und nahezu äquidistant zueinander. Die Kreuzungen benennen wir mit zweidimensionalen Koordinaten. Angenommen man befindet sich an der Kreuzung (0, 0) und möchte zu irgendeiner Kreuzung im „Umkreis" d fahren (siehe Abb. 4–5). Wie viele Wege über voneinander verschiedene Kreuzungen stehen zur Auswahl?

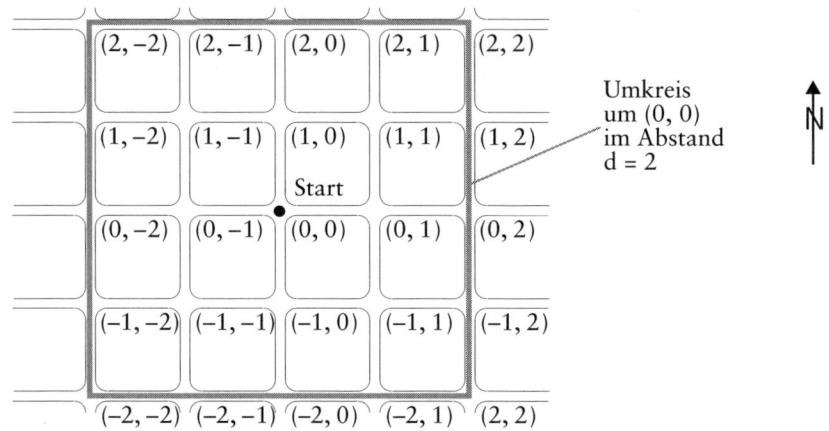

Abb. 4–5 *Chicago-Problem für d = 2*

Analog zu Prog. 4–1 können wir sofort eine rekursive Lösung entwickeln. Man kann jetzt in eine beliebige Himmelsrichtung weiterfahren, bis man eine Kreuzung auf dem Umkreis erreicht. Also ist die Anzahl der Wege ab einer Kreuzung (i, j) gleich der Summe aus den Anzahlen der Wege ab der nördlichen, der westlichen, der südlichen und der östlichen Kreuzung, wenn i und j beide zwischen –d und d, d.h. innerhalb des Umkreises, liegen. Ist der Betrag von i oder der Betrag von j dagegen d, so hat man einen Weg gefunden und liefert 1 als Ergebniswert für die Kreuzung (i, j), die dann auf dem Umkreis liegt.

Prog. 4–2 zeigt die rekursive Methode Wege zur „Lösung" des Chicago-Problems. Leider ist sie fehlerhaft! Für d ≥ 2 terminiert die Methode nicht, weil sie

```
static int Wege (int i, int j)
{ if (i == -d || i == d || j == -d || j == d)
    return  1;
  else
    return    Wege (i + 1, j) + Wege (i - 1, j)
            + Wege (i, j + 1) + Wege (i, j - 1);
}
```

Prog. 4–2 *Keine Lösung des Chicago-Problems !*

die Möglichkeiten einschließt, innerhalb des Umkreises beliebig oft hin und her zu fahren oder die Start-Kreuzung zu umrunden. Es wurde vergessen, die Wege auszuschließen, die mehrfach über die gleiche Kreuzung führen. Dies unterstreicht die Wichtigkeit, Vorteile und eventuelle Nachteile der Rekursion zu berücksichtigen: So einfach die rekursive Lösung des Kansas-City-Problems war, so leicht ist man bei einer ähnlichen Aufgabe auf den Holzweg geraten.

Zwei weniger spezielle Beispiele rekursiver Algorithmen sollen nun die sinnvolle Anwendbarkeit der Rekursion zur Lösung praktischer Programmierprobleme zeigen.

Der *größte gemeinsame Teiler* (mit *ggT* bezeichnet) von zwei natürlichen Zahlen x und y kann auf rekursive Art besonders einfach berechnet werden. Sind beide Zahlen gleich, so sind sie auch gleich ihrem *ggT*. Sind sie dagegen verschieden, so ändert sich ihr *ggT* nicht, wenn man die größere Zahl durch die Differenz aus größerer und kleinerer Zahl ersetzt. Der *ggT* von 15 und 20 ist gleich dem *ggT* von 15 und 5. Dieser ist wiederum gleich dem *ggT* von 10 und 5 sowie dem *ggT* von 5 und 5, was schließlich 5 ergibt. Mit der Zerlegung von x und y in Primfaktoren muss man sich bei diesem Ansatz nicht befassen. Prog. 4–3 zeigt eine rekursive Methode zur Berechnung des *ggT*.

```
int ggT (int x, int y)
{ if (x == y)          return x;
  else if (x < y)      return ggT (x, y - x);
  else                 return ggT (x - y, y);
}
```

Prog. 4–3 *Rekursive Berechnung des größten gemeinsamen Teilers von x und y*

Viele Näherungslösungen lassen sich durch *Intervallschachtelung* bestimmen. Beispielsweise kann $\sqrt{x}$ für eine Gleitkommazahl x > 0 durch Intervallschachtelung angenähert werden. Man beginnt mit dem Intervall [a, b] = [0, x + 1], von dem man sicher weiß, dass es $\sqrt{x}$ enthält. Die Intervallgröße lässt sich nun halbieren, indem man prüft, ob die Mitte $m = \frac{a+b}{2}$ des Intervalls unter oder über $\sqrt{x}$ liegt, d.h. $m^2 \le x$ oder $m^2 > x$. Im erstgenannten Fall lässt sich das Intervall, in dem die gesuchte Wurzel liegt, auf [m, b], im zweitgenannten Fall auf [a, m] verkleinern. In gleicher Weise wird nun das Intervall fortgesetzt halbiert, bis die gewünschte Genauigkeit ε erreicht ist. Da die Halbierungsschritte jedes Mal gleich ablaufen, können sie durch Ausführungen einer rekursiven Methode (siehe Prog. 4–4) realisiert werden. Die von ihr erbrachte Funktion ist die gleiche wie die des nicht rekursiven, sondern iterativen Prog. 2–26 (Seite 56), wo mit einer do-while-Schleife gearbeitet wird.

```
float Wurzel (float a, float b, float x)
{ float   m = (a + b)/2,   epsilon = 0.001f;
  if      (b - a < epsilon)  return m;
  else if (m * m < x)             return Wurzel (m, b, x);
  else                           return Wurzel (a, m, x);
}
```

Beispiel eines Aufrufs der Methode Wurzel:

```
float   q = 5.0f,  w = Wurzel (0.0f, q + 1.0f, q);
System.out.println ("Wurzel " + q + " beträgt " + w);
```

Prog. 4–4 *Berechnung von $\sqrt{x}$ durch rekursiv implementierte Intervallschachtelung*

4.3   Rekursive Datenstrukturen

Selbstbezüge sind nicht auf Algorithmen beschränkt. Für die Informatik sind auch rekursiv beschriebene Grammatiken und Datenstrukturen interessant. In Abschnitt 4.1 wurde bereits angedeutet, dass sich eine Liste als ein erstes Element, gefolgt von einer Restliste auffassen lässt. Nimmt man den Fall hinzu, dass eine Liste leer sein kann, so haben wir bereits eine rekursive Beschreibung der Datenstruktur Liste erhalten, die wir in EBNF wie folgt beschreiben:
`Liste = Element Liste | leer`
wobei `leer` eine Liste ohne Element ausdrücken soll.

Wir wollen in diesem Abschnitt bestimmte Datenstrukturen betrachten, die sich rekursiv beschreiben lassen, nämlich lineare Listen und Binärbäume.

Liste

Übliche Listen bestehen aus einer eindimensionalen Verkettung von Elementen und werden daher lineare Listen genannt. Die eingangs durch
`Liste = Element Liste | leer`
definierte Datenstruktur ist eine solche lineare Liste. Oft spricht man abkürzend nur von einer Liste.

In Programmen gibt es unzählige Verwendungszwecke von Listen. Eine Liste kann zu verwaltende Waren, Werte einer aufgezeichneten Messreihe, Wörter aus einer Eingabe und vieles andere darstellen. Dabei drückt eine Liste stets eine bestimmte Reihenfolge der Elemente aus. Das erste Element wird meist als *Kopf*, das letzte als *Fuß* bezeichnet. Die einzelnen Elemente können intern je nach Verwendungszweck verschieden aufgebaut sein. Beispielsweise können sie einen String enthalten, dem ein Eingabewort zugewiesen wird. Die Elemente einer anderen Liste könnten je drei float-Variablen enthalten, um eine gemessene Temperatur, einen gemessenen Druck und den Zeitpunkt der Messung anzugeben.

In einem Programm kann eine Liste auf verschiedene Arten realisiert werden. Zunächst mag man an ein Array denken. Dies gestattet jedoch nicht, die rekursive Natur einer Liste zu berücksichtigen, weil die Anzahl der Elemente bereits bei der Array-Erzeugung durch new endgültig festgelegt werden muss. Besser geeignet ist dagegen die Implementierung durch Objekte, die je ein Listenelement repräsentieren. Dabei enthält jedes Objekt eine Verweisvariable Nf, die auf das nachfolgende Element zeigt, wie dies in Abb. 4–6 dargestellt ist (siehe auch Abb. 3–8 in Abschnitt 3.2). Im Gegensatz zur Array-Implementierung lässt sich hier die Elementanzahl in den Grenzen des verfügbaren Speichers beliebig erhöhen. Eine bereits bestehende Liste kann um zusätzliche Elemente ergänzt werden, die sich an beliebiger Stelle einfügen lassen. Man muss dazu nur die Inhalte der betreffenden Verweisvariablen entsprechend ändern. Ebenso lassen sich jederzeit beliebige Elemente aus der Liste entfernen.

In einer gemäß Abb. 4–6 rekursiv aufgebauten Liste ist der Selbstbezug anhand der folgenden Eigenschaft zu erkennen: Die Verweisvariable Nf im Kopfelement der Liste zeigt auf das Nachfolger-Element, das als Kopfelement der Restliste aufgefasst werden kann, die vom zweiten Element bis zum Fußelement reicht. Die Restliste ist genau so strukturiert wie die gesamte Liste, nämlich als lineare Verkettung von Elementen. Nur enthält die Restliste ein Element weniger als die gesamte Liste. Damit erhalten wir den bekannten rekursiven Aufbau einer Liste. Sie setzt sich entweder aus einem ersten Element und einer Restliste zusammen oder sie ist leer.

Die Verwendung einer Liste macht natürlich nur dann einen Sinn, wenn die Elemente neben dem Verweis Nf noch weitere Objektvariablen enthalten, die Nutzdaten aufnehmen. Abb. 4–6 zeigt den wohl einfachsten Fall: Jedes Element enthält eine int-Variable Zahl, so dass insgesamt eine Liste aus ganzen Zahlen entsteht, die eine Zahlenmenge oder einen Vektor repräsentieren kann. Der Programmausschnitt Prog. 4–5 zeigt die zugehörige Klassenvereinbarung. Der Konstruktor belegt die Zahl-Variable und den Nf-Verweis mit den Werten der gleichnamigen Parameter. An anderer Stelle im Programm müssen die Verweis-

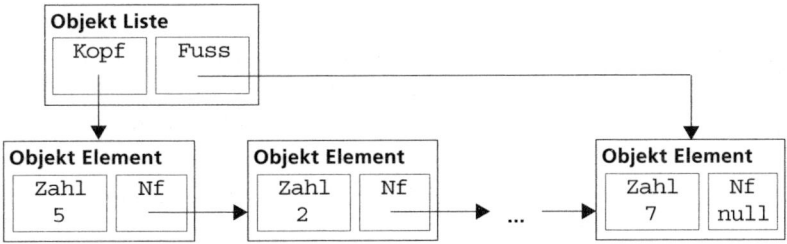

Abb. 4–6   *Durch Verweisvariablen rekursiv realisierte Liste*

variablen `Kopf` und `Fuss` vereinbart sein, die notwendig sind, um überhaupt auf erzeugte Listenelemente zugreifen zu können. Ein Element im Innern der Liste kann nur erreicht werden, indem man ausgehend vom `Kopf`-Verweis so lange den `Nf`-Verweisen folgt, bis man einen Verweis auf das gewünschte Element erhalten hat.

```
class Element
{ int Zahl;    Element Nf;

  Element (int Zahl, Element Nf)
  { this.Zahl = Zahl;    this.Nf = Nf;
  }
}
```

Prog. 4–5 *Objekte der Klasse* `Element` *repräsentieren je ein Listenelement*

Im Folgenden wollen wir zeigen, dass sich rekursive Algorithmen gut eignen, um rekursive Datenstrukturen zu bearbeiten. Dazu implementieren wir die wichtigsten „Elementaroperationen" von Listen durch rekursive Methoden. Ihr Selbstbezug entspricht genau dem Selbstbezug der Datenstruktur der Liste. Das erste Element wird zur Bearbeitung herausgegriffen; die Bearbeitung der Restliste erfolgt durch rekursiven Aufruf der Bearbeitungsmethode.

Die Methoden für Operationen auf Listen werden sinnvollerweise in einer Klasse `Liste` zusammengefasst, die auch die Verweisvariablen `Kopf` und `Fuss` enthält. Diese Klasse ist in Prog. 4–6 und 4–6 dargestellt, wobei Prog. 4–6 alle Methoden umfasst, die eine bestehende Liste unverändert lassen (Suche von bestimmten Elementen und Durchlauf durch die gesamte Liste). Prog. 4–7 enthält hingegen Methoden zur Veränderung der Liste durch Einfügen und Entfernen von Elementen. Prog. 4–8 zeigt dann ein Hauptprogramm, welches die Methoden aufruft.

Wenn eine neue Liste benötigt wird, erzeugt man zunächst ein Objekt der Klasse `Liste`. Der Konstruktor `Liste` initialisiert die Variablen `Kopf` und `Fuss` jeweils mit `null`, was einer noch leeren Liste entspricht. Fügt man dann Elemente ein, so wird eine Verweisstruktur entsprechend Abb. 4–6 aufgebaut. Der Name des Objekts `Liste` darf dabei nicht missverstanden werden: Dieses Objekt enthält nicht die eigentliche Liste, die aus verketteten Elementen besteht. Es ist vielmehr eine Art Verwaltungsobjekt der Liste, das Verweise auf den Anfang und das Ende der Liste sowie alle Methoden zur Verarbeitung der Liste enthält. Man hätte auf die Klasse `Liste` verzichten können, wenn `Kopf`, `Fuss` und die Methoden an einer anderen geeigneten Programmstelle vereinbart worden wären. Die hier gewählte Zusammenfassung in der Klasse `Liste` dient ausschließlich der besseren Übersicht und klareren Strukturierung des Programms.

```
class Liste
{ Element Kopf, Fuss;

  Liste ()
  { Kopf = Fuss = null;
  }

  Element suche (int Zahl)
  { return suche (Zahl, Kopf);
  }

  Element suche (int Zahl, Element e)
  { if      (e == null)        return null;
    else if (e.Zahl == Zahl)   return e;
    else                       return suche (Zahl, e.Nf);
  }

  void durchlaufe ()
  { System.out.print ("Liste ( ");   durchlaufe (Kopf);
    System.out.println (")");
  }

  void durchlaufe (Element e)
  { if (e != null)   { System.out.print (e.Zahl + " ");
                       durchlaufe (e.Nf);
                     }
  }

  void durchlaufe_rueckwaerts ()
  { System.out.print ("Liste rückwärts ( ");
    durchlaufe_rueckwaerts (Kopf);   System.out.println (")");
  }

  void durchlaufe_rueckwaerts (Element e)
  { if (e != null)   { durchlaufe_rueckwaerts (e.Nf);
                       System.out.print (e.Zahl + " ");
                     }
  }
}
```

Prog. 4–6 *Klasse* Liste, *Teil 1*

Die Methode

    suche (int Zahl)

liefert einen Verweis auf das erste Element in der Liste, dessen Zahl mit der als
Parameter angegebenen Zahl übereinstimmt, bzw. null, falls die Zahl in der
Liste nicht vorkommt. Die suche-Methode unternimmt nichts anderes, als die
rekursive Methode suche (int Zahl, Element e) aufzurufen. Der zweite
Parameter e gibt die Stelle an, ab der gesucht wird. Da die gesamte Liste von
Anfang an zu durchsuchen ist, wird für e der aktuelle Parameter Kopf angege-
ben. Hätte man die erstgenannte Methode suche, die nur einen Parameter auf-

weist, nicht implementiert, so müsste z.B. bei einer Suche der Zahl 15 über ein Listen-Objekt L geschrieben werden: L.suche (15, L.Kopf). Die eigentlich unnötige, weil ohnehin zwingend erforderliche Angabe von L.Kopf kann man sich bei der hier gewählten Aufspaltung der Suche in zwei Methoden sparen. Mit L.suche (15) ruft man die erstgenannte suche-Methode auf, die dann ihrerseits die zweitgenannte suche-Methode mit suche (15, Kopf) aufruft. Es sei angemerkt, dass beide suche-Methoden trotz Namensgleichheit eindeutig unterscheidbar sind, weil ihre Parameterlisten verschieden sind (siehe letzte Regel in Abschnitt 3.5).

Die zweitgenannte suche-Methode arbeitet rekursiv. Die erste Ausführung bearbeitet das erste Element der Liste, die zweite Ausführung das zweite usw., wie in Abb. 4–7 skizziert. Wenn eine Ausführung auf Grund von e == null erkennt, dass das Listenende überschritten worden ist, terminiert sie ohne weitere rekursive Aufrufe und gibt null zurück, weil die gesuchte Zahl bis hin zum Listenende nirgends gefunden wurde. Wird festgestellt, dass das bearbeitete Element die zu suchende Zahl aufweist, d.h. e.Zahl == Zahl, terminiert die Ausführung ebenfalls ohne weitere rekursive Aufrufe und gibt den Verweis e zurück, weil dieses Element die gewünschte Zahl enthält. In allen übrigen Fällen wird durch den rekursiven Aufruf suche (Zahl, e.Nf) die Suche in der Restliste ab dem nachfolgenden Element e.Nf fortgesetzt.

Man beachte, dass e == null vor e.Zahl == Zahl abgefragt werden muss, da andernfalls e.Zahl zu einem Fehler führt, wenn e den leeren Verweis null enthält. Der leere Verweis zeigt auf kein Objekt. Also gibt es dort auch keine Objektvariable Zahl. Nur in einem Programmzweig, in dem e == null nicht zutrifft, darf e.Zahl == Zahl abgefragt werden.

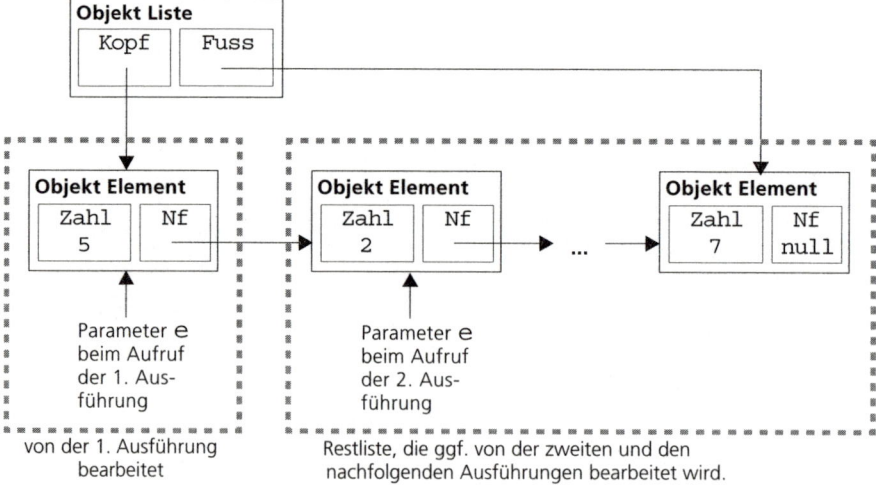

Abb. 4–7   *Rekursive Suche eines Elements*

Bei der rekursiven suche-Methode wurde ein Prinzip angewandt, das praktisch immer gilt, wenn eine rekursive Datenstruktur durch einen rekursiven Algorithmus bearbeitet wird: Jede Ausführung der rekursiven Methode bearbeitet genau ein Element der rekursiven Datenstruktur. Der Selbstbezug im Algorithmus (auf einen Aufruf derselben Methode) entspricht dem Selbstbezug in der Datenstruktur (auf die jeweils vorhandene Restmenge der noch unbearbeiteten Elemente).

Die Methode

    durchlaufe ()

arbeitet ähnlich wie die Suche. Nur wird die Liste in jedem Fall ganz durchlaufen und dabei die Zahl von jedem passierten Element ausgegeben. Wiederum wurde eine Zweiteilung vorgenommen: durchlaufe () ruft die rekursive Methode durchlaufe (Element e) auf. Jede Ausführung der rekursiven Methode entscheidet sich für den else-Zweig, solange e == null nicht gilt, d.h. solange das Listenende noch nicht erreicht ist. Im else-Zweig wird die Zahl des bearbeiteten Elements ausgegeben und durch rekursiven Aufruf die Ausgabe aller Zahlen in der Restliste bewirkt.

Interessant ist eine Variante der durchlaufe-Methode, die es gestattet, die Zahlen der Elemente in umgekehrter Reihenfolge auszugeben, obwohl die Ausführungen der rekursiven Methoden die Elemente wie üblich vom Kopf zum Fuss der Liste durchlaufen. Die Erklärung dafür ist einfach: Für die Ausführungen der

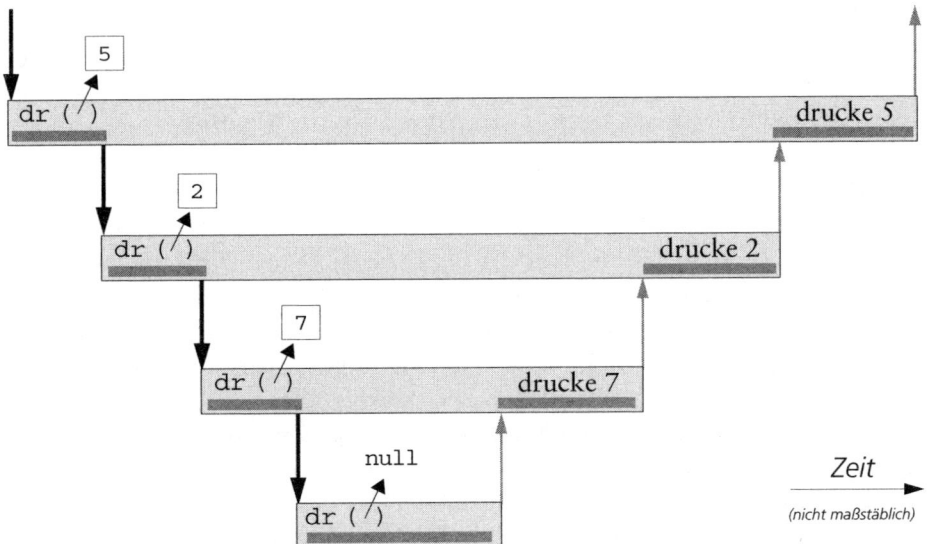

Abb. 4–8 *Ausführung der rekursiven Methode* durchlaufe_rueckwaerts, *hier mit* dr *abgekürzt*

rekursiven Methoden gibt es auch ein Leben nach dem selbstbezüglichen Aufruf. Wenn die Ausgabe-Anweisung nach dem Aufruf angeordnet wird, wie dies in der `durchlaufe_rueckwaerts`-Methode der Fall ist, dann wird die Zahl des bearbeiteten Elements erst ausgegeben, *nachdem* die Restliste durch alle nachfolgenden Ausführungen bereits bearbeitet worden ist, d.h. nachdem die Zahlen der nachfolgenden Elemente bereits ausgegeben worden sind.

Abb. 4–8 veranschaulicht dies für eine Liste, die genau drei Elemente mit den Zahlen 5, 2 und 7 enthält. Insgesamt gibt es vier Ausführungen, wobei die letzte mit dem Parameter `null` aufgerufen wird und nichts ausgibt. Die drei vorangehenden Ausführungen werden jeweils mit einem Parameter aufgerufen, der auf ein Listenelement zeigt. In Abb. 4–8 ist dies durch einen Pfeil in der runden Parameterklammer symbolisiert, der auf das betreffende Objekt zeigt. Dabei ist jedes Objekt durch Angabe seiner `Zahl` gekennzeichnet. Man erkennt die Aufrufreihenfolge 5, 2, 7 und die Druckreihenfolge 7, 2, 5 entsprechend der nach rechts gerichteten Zeitachse.

Prog. 4–7 enthält vier Methoden zur Erzeugung neuer Listenelemente, für die der Wert der Objektvariablen `Zahl` jeweils als Parameter angegeben wird. Die Methode

    erzeuge_Kopf (int Zahl)

fügt das neue Element am Anfang,

    erzeuge_Fuss (int Zahl)

am Ende der Liste und

    erzeuge_Nf (int Zahl_in_Liste, int Zahl)

an beliebiger Stelle in die Liste ein, und zwar als Nachfolger des ersten Listenelements, dessen Zahl gleich der `Zahl_in_Liste` ist. Die Methode

    sortiere_ein (int Zahl)

fügt das neu erzeugte Element entsprechend einer aufsteigenden Sortierung der Zahlen der Listenelemente ein. Nur das Einsortieren ist rekursiv – und außerdem analog zu `suche` und `durchlaufe` in zwei Methoden aufgeteilt.

Das Einfügen am Anfang der Liste durch `erzeuge_Kopf` muss unterscheiden, ob die Liste leer ist (`Kopf == null`) oder schon Elemente enthält (`else`-Zweig). Im erstgenannten Fall ist eine 1-elementige Liste zu bilden, die nur aus dem neu erzeugten Element besteht. `Kopf` und `Fuss` müssen auf dieses Element zeigen. Dem Konstruktor zur Element-Erzeugung werden die gewünschte Zahl und der Wert `null` für den Verweis `Nf` übergeben, weil es in einer 1-elementigen Liste kein Nachfolger-Element gibt. Im zweitgenannten Fall wird mit `new Element (Zahl, Kopf)` ein neues Element erzeugt, das dem bisherigen Kopfelement voranzustellen ist. Also soll der Verweis `Nf` des neuen Elements auf das bisherige Kopfelement zeigen. Dem Konstruktor wird folglich der Verweis

```
void erzeuge_Kopf (int Zahl)
{ if (Kopf == null)  Kopf = Fuss = new Element (Zahl, null);
  else               Kopf = new Element (Zahl, Kopf);
}

void erzeuge_Fuss (int Zahl)
{ if (Kopf == null)  Kopf = Fuss = new Element (Zahl, null);
  else               Fuss = Fuss.Nf = new Element (Zahl, null);
}

void erzeuge_Nf (int Zahl_in_Liste, int Zahl)
{ Element e = suche (Zahl_in_Liste);
  if (e != null)
  { e.Nf = new Element (Zahl, e.Nf);   if (e == Fuss)  Fuss = e.Nf;
  }
}

void sortiere_ein (int Zahl)
{ Kopf = sortiere_ein (Zahl, Kopf);
}

Element sortiere_ein (int Zahl, Element e)
{ if (e == null)
    return Fuss = new Element (Zahl, null);
  else if (Zahl < e.Zahl)
    return new Element (Zahl, e);
  else
  { e.Nf = sortiere_ein (Zahl, e.Nf);   return e;
  }
}

void entferne (int Zahl)
{ Kopf = entferne (Zahl, Kopf);
}

Element entferne (int Zahl, Element e)
{ if (e != null)
    if (e.Zahl == Zahl)
      return e.Nf;
    else
    { e.Nf = entferne (Zahl, e.Nf);   return e;
    }
  else return null;
}

void entferne_alle ()
{ Kopf = Fuss = null;
}
}
```

Prog. 4–7 *Klasse* Liste, *Teil 2*

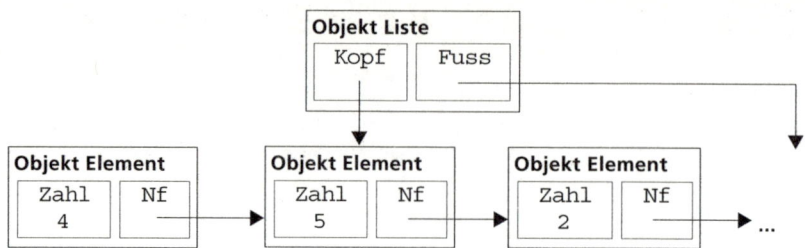

Abb. 4–9   *Zwischenzustand beim Einfügen eines neuen Elements am Anfang der Liste*

`Kopf` als Wert für `Nf` übergeben. Das bisherige Kopfelement wird damit zum Nachfolger des neuen Elements. Der nun erreichte Zustand ist in Abb. 4–9 zu erkennen, wobei hier das neue Element den Zahlenwert 4 aufweist.

Aus Abb. 4–9 ist ersichtlich, dass die Elemente bereits in der gewünschten Reihenfolge über die Verweise `Nf` verkettet sind. Jedoch zeigt die Variable `Kopf` noch auf das bisherige Kopfelement. Die Zuweisung des neu erzeugten Elements an die Variable `Kopf` beseitigt diese Inkonsistenz. Also ist insgesamt die Zuweisung `Kopf = new Element (Zahl, Kopf);` auszuführen.

Wie bei jeder Zuweisung ist auch hier zu beachten, dass zuerst der Ausdruck rechts von Zuweisungssymbol „=“ erarbeitet und danach dessen Wert an die Variable links davon zugewiesen wird. Mit anderen Worten: Auf der rechten Seite wird der alte Wert von `Kopf` verwendet; auf der linken Seite erhält dann `Kopf` einen neuen Wert, nämlich einen Verweis auf das neue Element (in Abb. 4–9 mit der Zahl 4), das jetzt am Anfang steht. In Abb. 4–9 müsste dazu der in `Kopf` eingetragene Pfeil ausradiert und ein neuer Pfeil eingetragen werden, der von `Kopf` auf das ganz links dargestellte Objekt `Element` zeigt.

Das Einfügen am Ende der Liste durch `erzeuge_Fuss` erfolgt im Falle einer noch leeren Liste genau so wie `erzeuge_Kopf`. Sind bereits Elemente in der Liste vorhanden, wird mit `Fuss.Nf = new Element (Zahl, null);` ein neues Element erzeugt und die Objektvariable `Nf` im bisherigen Fußelement mit einem Verweis darauf belegt. Im neuen Element erhält `Nf` den Wert `null`, weil das neue Element an das Listenende angefügt wird und keinen Nachfolger besitzt. Der nun erreichte Zustand ist in Abb. 4–10 zu erkennen, wobei das neue Element wiederum den Zahlenwert 4 aufweist.

Aus Abb. 4–10 ist ersichtlich, dass die Elemente bereits in der gewünschten Reihenfolge verkettet sind. Jedoch verweist `Fuss` noch auf das bisherige Fußelement. Da `Fuss.Nf` auf das neue letzte Element zeigt, aktualisiert die Zuweisung `Fuss = Fuss.Nf` die Variable `Fuss`, so dass die Liste insgesamt wieder konsistent ist.

Die beiden genannten Zuweisungen können sogar zusammengefasst werden zu `Fuss = Fuss.Nf = new Element (Zahl, null);` Man beachte auch hier

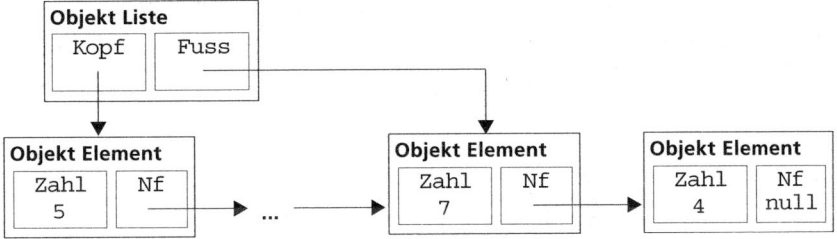

Abb. 4–10 *Zwischenzustand beim Einfügen eines neuen Elements am Ende der Liste*

die Ausführungsreihenfolge von rechts nach links. Zuerst wird der Ausdruck new Element (Zahl, null) erarbeitet, dann an Fuss.Nf und danach an Fuss zugewiesen. In Fuss.Nf wird also noch der bisherige Wert von Fuss verwendet. In der letzten, links stehenden Zuweisung erhält Fuss dann einen neuen Wert.

Die Methode

```
erzeuge_Nf (int Zahl_in_Liste, int Zahl)
```

erzeugt ein neues Element, das als Nachfolger des bereits vorhandenen Elements Zahl_in_Liste in die Liste eingefügt wird. Lauten die Zahlen einer bestehenden Liste 5, 2, 7, dann ergibt erzeuge_Nf (2, 4) die Liste 5, 2, 4, 7. Die Einfügeposition wird durch Aufruf der Methode suche gefunden und der Variablen e zugewiesen. Wenn die angegebene Zahl_in_Liste in der Liste gar nicht vorkam, besitzt e den Wert null. In diesem Fall endet die Ausführung der Methode sofort. Andernfalls wird durch new Element (Zahl, e.Nf) ein neues Element erzeugt, dessen Objektvariable Nf auf das gleiche Element wie e.Nf zeigt, damit der Rest der Liste unverändert übernommen wird. Jetzt ist bezüglich des genannten Zahlenbeispiels der in Abb. 4–11 gezeigte Zustand erreicht. Nun gilt

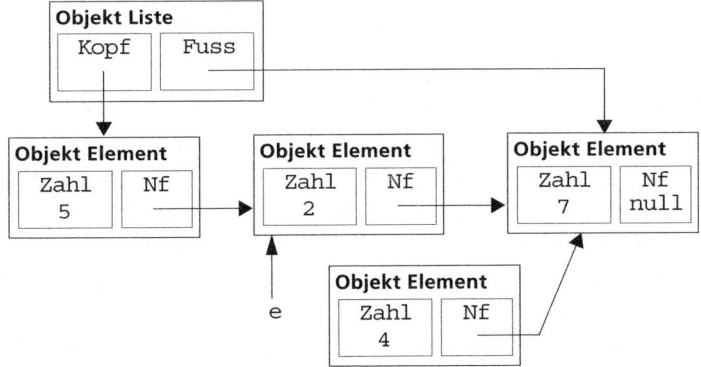

Abb. 4–11 *Zwischenzustand beim Einfügen eines neuen Elements nach dem Element e*

es, die Kette zwischen e und e.Nf zu unterbrechen und über das neue Element zu lenken, d.h. e.Nf mit einem Verweis auf das neue Element zu belegen. Daher ist insgesamt folgende Zuweisung auszuführen:

```
e.Nf = new Element (Zahl, e.Nf);
```

Abb. 4–12 zeigt den erreichten Endzustand. Falls das neue Element das letzte in der Liste ist, wird noch die Variable Fuss entsprechend angepasst.

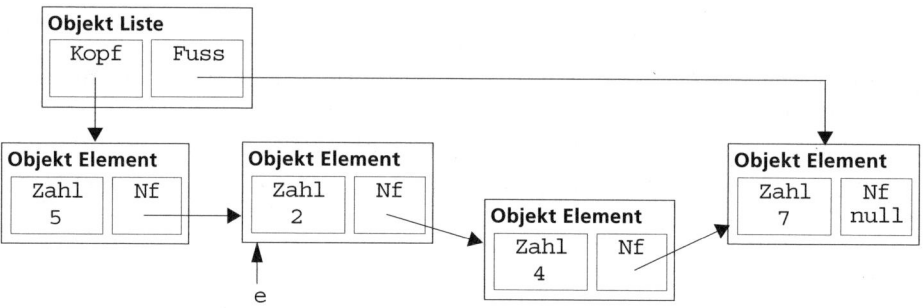

Abb. 4–12 *Endzustand beim Einfügen eines neuen Elements nach dem Element e*

Für viele Anwendungszwecke sollten die Elemente einer Liste gemäß ihren Inhalten in aufsteigender Reihenfolge sortiert sein. So erhält man nach Namen, Nummern oder anderen Kriterien sortierte Listen. Eine Sortierung könnte man dadurch erreichen, dass man Elemente zunächst in beliebiger Reihenfolge in die Liste einfügt und danach einen Sortieralgorithmus ausführt. Es ist jedoch meist günstiger, die Liste von Anfang an sortiert zu halten. Jedes neue Element ist dann in die schon bestehende Liste, deren Elemente in aufsteigender Reihenfolge angeordnet sind, an die richtige Stelle einzusortieren. Dies leistet die Methode

```
sortiere_ein (int Zahl),
```

welche die rekursive Methode sortiere_ein (int Zahl, Element e) aufruft (siehe Prog. 4–7). Wie üblich bezeichnet der Parameter e das zur Bearbeitung herausgegriffene Listenelement. Es sind nun drei Fälle zu unterscheiden:

❑ Wenn e den Wert null besitzt, wurde bereits die gesamte Liste durch rekursive Aufrufe durchlaufen, ohne dass eine Einfügeposition gefunden wurde. Die Zahl des neuen Elements ist offenbar größer als alle in der Liste vorhandenen Elemente. Folglich ist das neue Element an das Ende der Liste anzufügen. Dem Konstruktor wird null als Wert für die Objektvariable Nf übergeben, weil das neue Element keinen Nachfolger hat. Fuss muss auf das neue Element verweisen.

❑ Wenn e auf ein Listenelement zeigt, dessen Zahl größer ist als die des neuen Elements, dann muss das neue Element vor e eingefügt werden.

Um die Verweiskette der Liste zu schließen, wird dem Konstruktor e als Wert für die Objektvariable Nf übergeben, da e Nachfolger des neuen Elements wird.

❑ Andernfalls ist das neue Element nicht vor e, sondern irgendwo in der Restliste einzusortieren. Folglich wird sortiere_ein (Zahl, e.Nf) aufgerufen, um gemäß dem Prinzip der Rekursion die mit e.Nf beginnende Restliste nach einer Einfügeposition zu durchsuchen und das neue Element dort einzufügen.

Die obige Beschreibung des Einsortierens lässt noch eine Frage offen. Sie stellt zwar klar, dass vom neuen Element aus auf den richtigen Nachfolger e bzw. auf null verwiesen wird. Ein konsistentes Einfügen erfordert aber auch, dass der Vorgänger auf das neue Element verweist. Dazu dient hier der Ergebniswert, den die rekursive Methode sortiere_ein zurückliefert. Es ist ein Verweis auf den von ihr bearbeiteten Teil der Liste, in den das neue Element eingefügt wurde. Die ersten beiden der drei oben genannten Fälle liefern einen Verweis auf das neue Element, wobei im ersten Fall auch die Variable Fuss entsprechend gesetzt wird. Der letzte Fall liefert hingegen einen Verweis auf e, weil dies der Anfang der bearbeiteten Liste ist und das neue Element weiter hinten einsortiert wird. Die entscheidende Zuweisung e.Nf = sortiere_ein (Zahl, e.Nf); im dritten Fall sorgt nun dafür, dass der Nachfolger-Verweis Nf jeweils auf den Anfang der Restliste zeigt, ob diese nun durch Einfügen verändert wurden oder nicht.

Ein Beispiel möge das Einsortieren illustrieren. Wir gehen von einer bereits sortierten Liste mit den Zahlen 3, 6, 8 aus und sortieren ein neues Element mit der Zahl 7 ein. Abb. 4–13 zeigt sowohl die Ausführungen der rekursiven Methode sortiere_ein als auch die jeweils bestehende Datenstruktur. Bei sonst analoger Darstellung wurden aus Platzgründen gegenüber den zuvor gezeigten Abbildungen einige grafische Vereinfachungen vorgenommen. Bei jedem Aufruf ist der Wert des Parameters e als Pfeil in die Datenstruktur eingetragen, um anzugeben, auf welches Element e verweist. Bei jeder Beendigung einer Ausführung ist der zurückgegebene Ergebniswert durch einen mit Rückgabe beschrifteten Pfeil symbolisiert. Man beachte, dass die ganz unten dargestellte dritte Ausführung die Liste unverändert lässt, jedoch das neue Element mit der Zahl 7 erzeugt und einen Verweis darauf zurückgibt. Die in der Mitte dargestellte zweite Ausführung setzt nun bezüglich des für sie geltenden Parameters e den Verweis e.Nf auf den zurückgegebenen Verweis, also auf das neue Element. Damit ist die Liste bereits im beabsichtigten Sinne vollständig geändert worden. Die zweite Ausführung gibt einen Verweis auf das Element mit der Zahl 6 an die erste (oben dargestellte) Ausführung zurück. Diese setzt völlig analog e.Nf auf diesen Verweis, was aber der gleiche Verweis wie der ursprüngliche ist. Die Liste wird dadurch nicht mehr verändert.

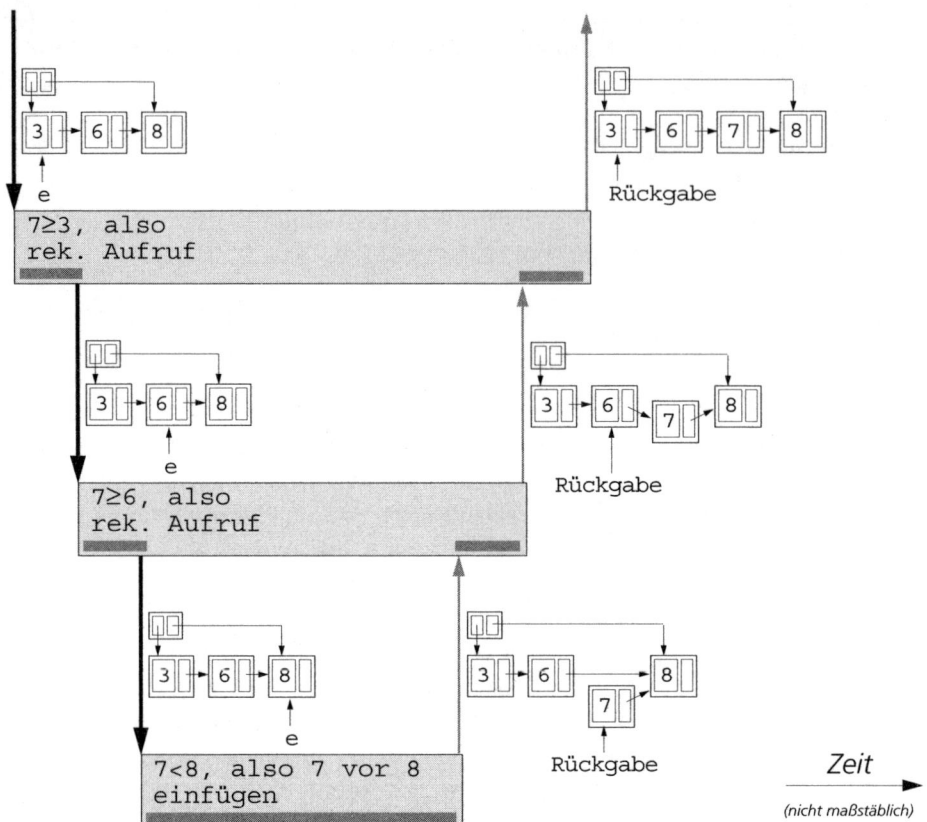

Abb. 4–13   *Einsortieren eines neuen Elements mit dem Zahlenwert 7*

Die zum Einfügen komplementäre Operation ist das Entfernen von Listenelementen. Beim Ausgliedern eines Elements e aus einer Liste muss dieses durch einen Nf-Verweis überbrückt werden, der vom Vorgänger von e auf den Nachfolger von e zeigt. Dabei besteht die Schwierigkeit, dass man von e aus nicht zum Vorgänger gelangt, weil die Liste nur vom Kopf zum Fuß hin verkettet ist. In Gegenrichtung der Verweise kann man nicht voranschreiten.

Die rekursive Methode

```
    entferne (int Zahl, Element e)
```

geht daher anders vor. Analog zum Einsortieren liefert jede Ausführung als Ergebnis einen Verweis zurück, der auf den bearbeiteten Teil der Liste zeigt. Im zweiten Zweig, der mit return e; endet, ist dies die unveränderte Teilliste. Im ersten Zweig, der mit return e.Nf; endet, wird dagegen das erste Element der Teilliste übersprungen, weil es zu entfernen ist.

Durch die Zuweisung

```
e.Nf = entferne (Zahl, e.Nf);
```

übernimmt der Nf-Verweis eines Elements e den Verweis, der bei der Bearbeitung der Restliste zurückgegeben wird. Diese Methode zur Gewährleistung einer stets konsistenten Verkettung wurde bereits beim Einsortieren in gleicher Weise benutzt.

Sehr einfach ist das Entfernen aller Elemente einer Liste. Die Methode entferne_alle setzt dazu Kopf und Fuss auf null. Dadurch kann über die Verweisvariablen Kopf und Fuss auf kein Elemente mehr zugegriffen werden. Die Liste ist damit leer.

Prog. 4–8 zeigt ein Hauptprogramm, das eine Liste erzeugt und die Methoden aus den Programmen 4–6 und 4–7 aufruft.

```
public class Haupt
{ public static void main (String [] unbenutzt)
  { Liste L = new Liste ();
    L.erzeuge_Fuss (25);   L.erzeuge_Kopf (28);   L.erzeuge_Fuss (14);
    L.durchlaufe ();       L.durchlaufe_rueckwaerts ();
    L.entferne_alle ();    L.durchlaufe ();
    L.sortiere_ein (15);   L.sortiere_ein (25);   L.sortiere_ein (10);
    L.durchlaufe ();       L.erzeuge_Nf (15, 17); L.durchlaufe ();
    Element e = L.suche (15);
    System.out.println ("gefunden: " + e.Zahl);
    L.entferne (25);       L.durchlaufe ();
  }
}
```

Prog. 4–8 *Hauptprogramm, das Methoden der Klasse* Liste *aufruft*

Binärbaum

Äste verzweigen sich nicht nur bei Laub- und Nadelbäumen, sondern auch bei Fallunterscheidung, Hierarchie-Diagrammen, Darstellungen möglicher Spielzüge und vielen anderen grafischen Repräsentationen von Untergliederungen. Datenstrukturen, die derartige Sachverhalte ausdrücken, nennt man Bäume. Wenn jede Verzweigungsstelle in höchstens zwei Äste mündet, spricht man von einem *Binärbaum*. Die Objekte, aus denen ein solcher zusammengesetzt ist, heißen *Knoten* (nicht „Elemente" wie bei Listen). Ein Binärbaum lässt sich rekursiv in EBNF definieren:

```
Baum = Knoten Baum Baum | leer
```

In Worten: Ein Baum besteht entweder aus einem Knoten und zwei (Unter-) Bäumen oder er ist leer. Die Unterbäume werden meist entsprechend der üblichen

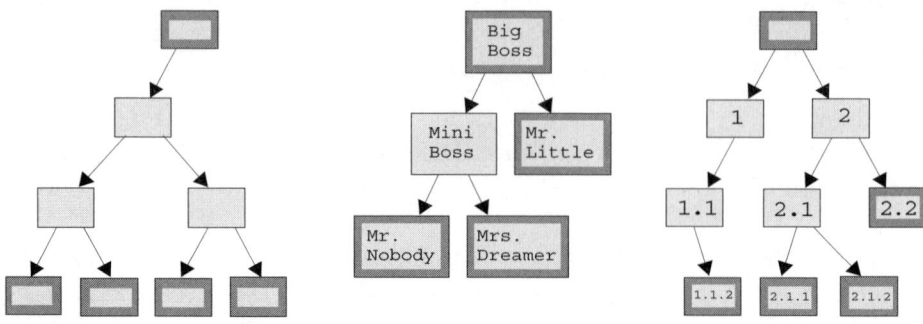

Abb. 4–14   *Drei Binärbäume*

grafischen Darstellung als *linker Unterbaum* und *rechter Unterbaum* bezeichnet. In jedem nicht leeren Baum gibt es genau einen „ersten" Knoten, der zu keinem Unterbaum gehört. Er wird *Wurzel* genannt. In einem Baum kann es beliebig viele Knoten geben, deren Unterbäume leer sind. Sie nennt man *Blätter*. Wenn ein Knoten einen nicht leeren Unterbaum besitzt, dann ist er *Vorgänger* der Wurzel des Unterbaums. Entsprechend ist letztere *Nachfolger* des Knotens. In einem Binärbaum hat die Wurzel keinen Vorgänger; jeder andere Knoten besitzt genau einen Vorgänger. Jeder Knoten eines Binärbaums hat höchstens zwei Nachfolger. Abb. 4–14 zeigt drei verschiedene Binärbäume. Die Wurzel ist jeweils dunkel, die Blätter sind schraffiert umrandet. Da in Hierarchien die „Wurzel" meist oben dargestellt wird, zeichnet man die Wurzel von Binärbäumen generell entgegen dem natürlichen Vorbild oben. Vielleicht liegt es auch daran, dass Informatiker die Welt aus einer Perspektive betrachten, wie sie Abb. 4–15 zeigt.

Die Implementierung einer Binärbaums ist kaum aufwendiger als die einer Liste. In einer Klasse `Knoten` werden neben dem anwendungsbezogenen Inhalt zwei Nachfolger-Verweise `links` und `rechts` vereinbart, die auf den linken bzw. rechten Unterbaum zeigen. In den hier gewählten Beispielen wird der Ein-

Abb. 4–15   *Ein Baum und ein Informatiker*

```
class Knoten
{ int Zahl;   Knoten links, rechts;

  Knoten (int Zahl)
  { this.Zahl = Zahl;  links = rechts = null;
  }
}
```

Prog. 4–9 *Objekte der Klasse* Knoten *repräsentieren je einen Knoten des Binärbaums*

fachheit halber eine ganze Zahl als anwendungsbezogener Inhalt eines Knotens festgelegt. In Prog. 4–9 ist die Vereinbarung der Klasse Knoten angegeben. Abb. 4–16 zeigt die Realisierung eines Binärbaums.

Zur Bearbeitung von Binärbäumen eignen sich rekursive Methoden. Die grundlegenden Methoden zum Einfügen und Suchen von Knoten sowie zum Durchlaufen des Baumes sind in einer Klasse Baum vereinbart (siehe Prog. 4–10). Weitere Methoden, die auf spezielle Anwendungszwecke von Bäumen zugeschnitten sind, werden in Kapitel 5 vorgestellt.

Die Suche eines Knotens in einem Baum muss von jedem Knoten aus ggf. in beide Unterbäume verzweigen, weil nicht von vornherein bekannt ist, in welchem Unterbaum sich das gesuchte Element befindet. Die rekursive Methode

suche (int Zahl, Knoten k)

geht daher wie folgt vor: Für einen leeren Unterbaum wird null als Ergebnis geliefert. Wenn der betrachtete Knoten die gesuchte Zahl enthält, wird ein Verweis auf diesen Knoten zurückgegeben. Andernfalls wird durch rekursiven Aufruf zunächst im linken Unterbaum und, falls die Zahl dort nicht vorkommt, anschließend im rechten Unterbaum gesucht. In Kapitel 5 wird noch eine zielgerichtetere

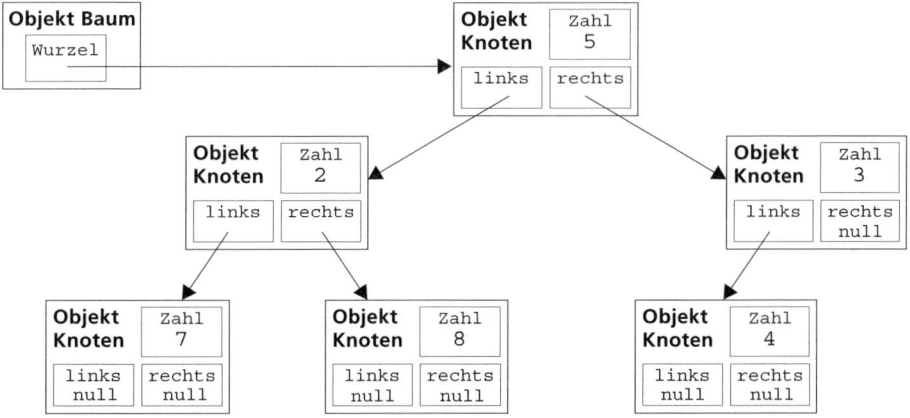

Abb. 4–16 *Realisierung eines Binärbaums durch Objekte der Klasse* Knoten

Suchmethode präsentiert, die aber eine bestimmte Sortierung der Knoten im
Baum voraussetzt.

```
class Baum
{ Knoten Wurzel;

  Baum ()
  { Wurzel = null;
  }

  Knoten suche (int Zahl)
  { return suche (Zahl, Wurzel);
  }

  Knoten suche (int Zahl, Knoten k)
  { if      (k == null)        return null;
    else if (k.Zahl == Zahl)   return k;
    else { Knoten s = suche (Zahl, k.links);
           if (s != null)      return s;
           else                return suche (Zahl, k.rechts);
         }
  }

  void erzeuge_Blatt (int Zahl)
  { Wurzel = erzeuge_Blatt (Zahl, Wurzel);
  }

  Knoten erzeuge_Blatt (int Zahl, Knoten k)
  { if (k == null)
       return new Knoten (Zahl);
    else if (Zahl < k.Zahl)
    { k.links = erzeuge_Blatt (Zahl, k.links);  return k;
    }
    else
    { k.rechts = erzeuge_Blatt (Zahl, k.rechts);  return k;
    }
  }

  void durchlaufe ()
  { System.out.println ("Baum:");  durchlaufe (Wurzel, 0);
  }

  void durchlaufe (Knoten k, int Einrueckung)
  { if (k != null)
    { durchlaufe (k.links, Einrueckung + 2);
      for (int i = 1; i <= Einrueckung; i++)
        System.out.print (" ");
      System.out.println (k.Zahl);
      durchlaufe (k.rechts, Einrueckung + 2);
    }
  }
}
```

Prog. 4–10 *Klasse* Baum

Beim Einfügen eines Knotens als neues Blatt eines Baums besteht eine große Auswahl. Man kann von jedem bestehenden Knoten aus beliebig zu einem von zwei Unterbäumen übergehen, um an eine Stelle zu gelangen, wo ein Blatt eingefügt werden kann. Die rekursive Methode

```
erzeuge_Blatt (int Zahl, Knoten k)
```

legt dabei folgendes Kriterium zugrunde: Wenn die neue Zahl kleiner ist als die des betrachteten Knotens, wird sie links von diesem ansonsten rechts von diesem eingefügt. Damit entsteht eine Sortierung der Baumknoten, die von links nach rechts aufsteigt. Beim Einfügen werden die Verweisvariablen in ähnlicher Weise wie beim Einsortieren von Elementen in eine Liste bearbeitet. Jede Ausführung der rekursiven Methode `erzeuge_Blatt` liefert als Ergebniswert einen Verweis auf den bearbeiteten Teilbaum, in den der gesuchte Knoten einsortiert wurde. Im Falle eines leeren Teilbaums (`k == null`) ist dies ein Verweis auf den neu erzeugten Knoten. Andernfalls wird ein Verweis auf den bearbeiteten Knoten `k` geliefert, in dessen linken oder rechten Unterbaum ein neuer Knoten eingefügt wurde. Mit der Zuweisung

```
k.links = erzeuge_Blatt (Zahl, k.links); bzw.
k.rechts = erzeuge_Blatt (Zahl, k.rechts);
```

zeigt der entsprechende Nachfolger-Verweis von `k` auf den betreffenden Unterbaum.

Auch beim Durchlaufen eines Baums besteht eine große Auswahl, weil jeder Knoten bis zu zwei Nachfolger hat, die man in beliebiger Reihenfolge ansteuern kann. Die rekursive Methode

```
durchlaufe (Knoten k, int Einrueckung)
```

geht zuerst zum linken Unterbaum von `k`, dann zu `k` selbst (und gibt dessen Zahl aus) und schließlich zum rechten Unterbaum von `k`, wobei die Unterbäume jeweils durch rekursive Aufrufe von `durchlaufe` bearbeitet werden. Mit dieser Reihenfolge kann die Baumstruktur grob sichtbar gemacht werden, da alle Zahlen in untereinander liegenden Zeilen ausgegeben werden und bei jedem Einstieg in einen Unterbaum um zwei Leerzeichen eingerückt wird. Der Baum erscheint dann gekippt: Der am weitesten links stehende Knoten wird oben, der am weitesten rechts stehende Knoten unten, die Wurzel ohne Einrückung links platziert. Prog. 4–11 zeigt einige Programmzeilen, welche die genannten Methoden aufrufen, sowie die erzeugte Ausgabe – ergänzt um Linien, welche die Nachfolger-Verweise andeuten.

```
public static void main (String [] unbenutzt)
{ Baum B = new Baum ();
  B.erzeuge_Blatt (6);
  B.erzeuge_Blatt (2);
  B.erzeuge_Blatt (5);
  B.erzeuge_Blatt (8);
  B.erzeuge_Blatt (7);
  B.erzeuge_Blatt (1);
  B.erzeuge_Blatt (3);
  B.erzeuge_Blatt (9);
  B.erzeuge_Blatt (4);
  B.erzeuge_Blatt (5);
  B.durchlaufe ();
  Knoten k = B.suche (3);
  if (k != null)
    System.out.println ("gefunden:" + k.Zahl);
  else
    System.out.println ("nicht gefunden: 3");
}
```

Prog. 4–11 *Aufbau eines Binärbaums und erzeugte Ausgabe*

In Abhängigkeit von den Daten, die ein Baum repräsentieren soll, wird man ihn in verschiedener Weise durchlaufen wollen. Die folgenden Durchlauf-Arten sind die gebräuchlichsten (Abb. 4–17 zeigt eine Übersicht):

❏ Ausgehend von einem Knoten k folgt ein *Tiefendurchlauf* einem Unterbaum von k vollständig bis zu allen seinen Blättern, bevor er zum anderen Unterbaum von k übergeht. Je nachdem, ob der Knoten k selbst vor, zwischen oder nach seinen Unterbäumen ausgegeben wird, spricht man von *Pre-Order-*, *In-Order-* bzw. *Post-Order-Tiefendurchlauf.* Die Methode durchlaufe in Prog. 4–10 realisiert folglich einen In-Order-Tiefendurchlauf. Alle drei Arten des Tiefendurchlaufs sind in Prog. 4–12 einander gegenübergestellt (ohne Einrückung der Druckspalte). Die drei Methoden unterscheiden sich nur durch die Reihenfolge der rekursiven Aufrufe.

❏ Ein *Breitendurchlauf* bearbeitet einen Baum hingegen „zeilenweise": Zuerst wird die Wurzel ausgegeben, dann die Nachfolger der Wurzel, dann die Nachfolger der Nachfolger der Wurzel usw. Ein Breitendurchlauf kann im Gegensatz zum Tiefendurchlauf nicht einfach dadurch implementiert werden, dass ein rekursiver Algorithmus der rekursiven Datenstruktur des Baums folgt. Vielmehr benötigt man zusätzlich eine Liste, um sich für jeden Zweig des Baumes zu merken, wie weit man darin fortgeschritten ist (siehe Prog. 4–13).

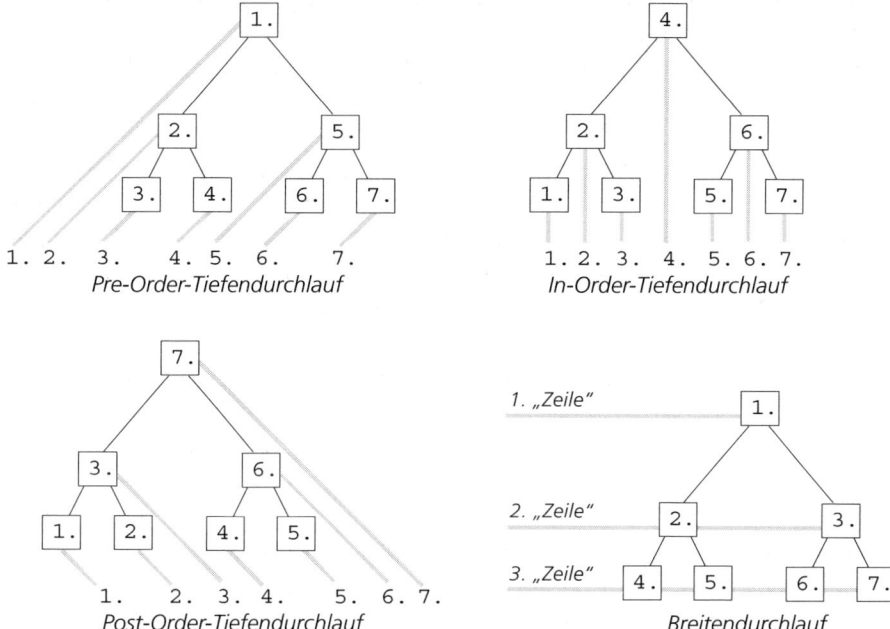

Abb. 4–17   *Arten des Durchlaufs durch einen Binärbaum*

```
void Pre_Order_Tiefendurchlauf (Knoten k)
{ if (k != null)
  { System.out.println (k.Zahl);          // 1. Knoten k
    Pre_Order_Tiefendurchlauf (k.links);  // 2. Linker Unterbaum
    Pre_Order_Tiefendurchlauf (k.rechts); // 3. Rechter Unterbaum
  }
}

void In_Order_Tiefendurchlauf (Knoten k)
{ if (k != null)
  { In_Order_Tiefendurchlauf (k.links);   // 1. Linker Unterbaum
    System.out.println (k.Zahl);          // 2. Knoten k
    In_Order_Tiefendurchlauf (k.rechts);  // 3. Rechter Unterbaum
  }
}

void Post_Order_Tiefendurchlauf (Knoten k)
{ if (k != null)
  { Post_Order_Tiefendurchlauf (k.links);  // 1. Linker Unterbaum
    Post_Order_Tiefendurchlauf (k.rechts); // 2. Rechter Unterbaum
    System.out.println (k.Zahl);           // 3. Knoten k
  }
}
```

Prog. 4–12   *Methoden des Tiefendurchlaufs durch einen Binärbaum*

Beim Tiefendurchlauf ist jede Ausführung der rekursiven Methode allein durch ihren Parameter k charakterisiert, der auf die Wurzel des jeweils zu bearbeitenden Teilbaums verweist. Beim Breitendurchlauf schreitet dagegen die Bearbeitungszone „zeilenweise" von der Wurzel zu den Blättern hin, wobei in jeder Zeile von einem Teilbaum zum nächsten gesprungen werden muss. Daher ist es notwendig, sich in jedem Teilbaum den erzielten Fortschritt zu merken, damit nach dem Übergang zur nächsten Zeile an der richtigen Stelle fortgesetzt werden kann.

Beim Breitendurchlauf ist folglich jeder Schritt durch eine Liste charakterisiert, deren Elemente auf die Knoten verweisen, mit denen der Durchlauf in den einzelnen Teilbäumen fortgesetzt werden muss. In der Liste ist demnach stets eine Zeile des Baums gespeichert, genauer gesagt der jeweils noch nicht bearbeitete Rest der laufenden Zeile sowie ein anfänglicher Teil der Folgezeile. Der als nächster zu bearbeitende Baumknoten k wird jeweils durch das erste Listenelement repräsentiert. Im Zuge seiner Bearbeitung ist das betreffende Element aus der Liste zu löschen und es sind Elemente für die Nachfolger des Knotens k an das Ende der Liste anzufügen. Ein Element der Liste übernimmt dabei nicht den Inhalt eines Baumknotens als Kopie, sondern enthält eine Verweisvariable Kn, die auf einen Knoten des Baums zeigt. Der Durchlauf terminiert, wenn alle Knoten bearbeitet worden sind, d.h., wenn die Liste leer ist.

Abb. 4–18 stellt die aus Baum und Liste aufgebaute gesamte Datenstruktur so dar, wie sie nach Bearbeitung von zwei Knoten besteht, nämlich einem Knoten der ersten und einem Knoten der zweiten Zeile. Das Kopfelement der Liste zeigt auf den Knoten, der als nächstes zu bearbeiten ist, nämlich den Knoten mit der Zahl 24 (kurz: Knoten 24). Außerdem entspricht das Kopfelement dem noch nicht bearbeiteten Rest der laufenden (zweiten) Zeile. Das zweite und dritte Element der Liste entspricht dem anfänglichen Teil der Folgezeile. Diese Elemente sind an die Liste angefügt worden, als der Knoten 10 bearbeitet wurde. Die Knoten 9 und 14 sind nämlich die Nachfolger des Knotens 10.

Wenn der Knoten 24 bearbeitet worden ist, wird das Kopfelement der Liste, das auf 24 zeigt, gelöscht. Dafür wird ein neues Element an die Liste angehängt, das auf den Knoten 18 zeigt, der linker Nachfolger von Knoten 24 ist. Da Knoten 24 keinen rechten Nachfolger besitzt, wird auch kein Element dafür an die Liste angefügt.

Zur Durchführung des Breitendurchlaufs müssen entsprechende Klassen Element und Liste definiert und die Klasse Baum aus Prog. 4–10 (Seite 150) um die Methode Breitendurchlauf erweitert werden. Die Lösung ist in Prog. 4–13 dargestellt – jedoch ohne die Klasse Knoten und die bereits bekannten Methoden der Klasse Baum. Der Breitendurchlauf durch den in Abb. 4–18 gezeigten Binärbaum liefert die neben Prog. 4–13 dargestellte Ausgabe.

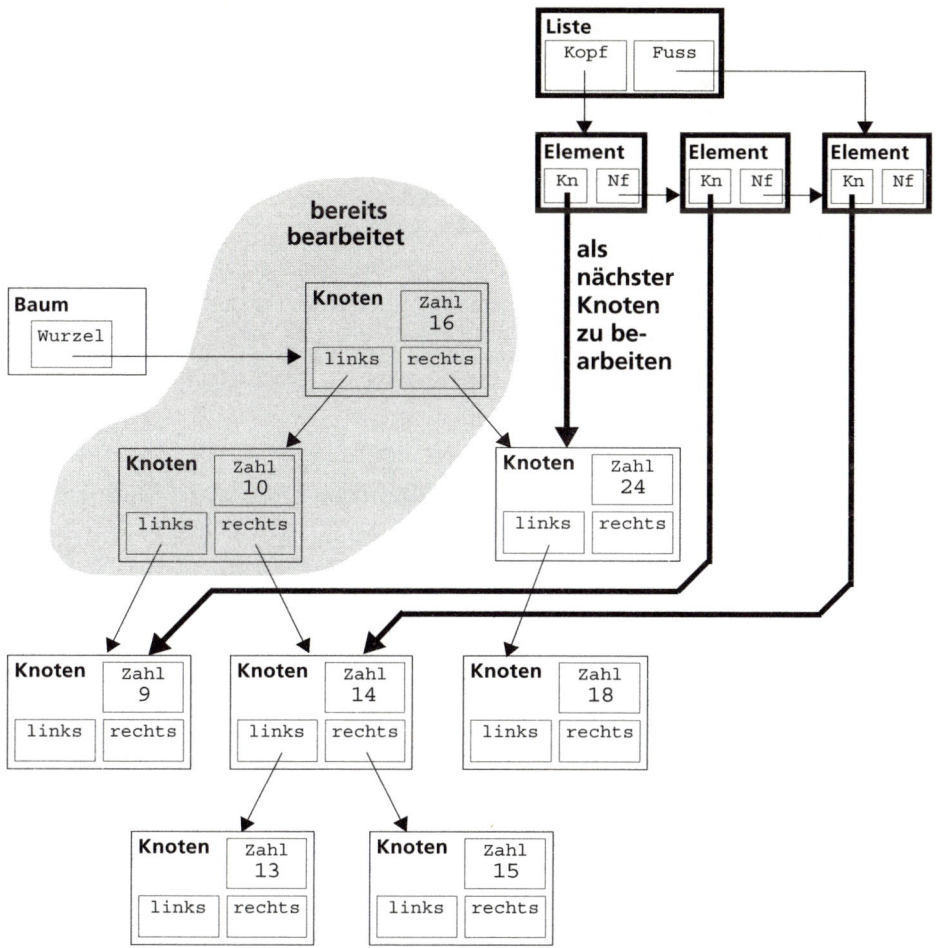

Abb. 4–18   *Breitendurchlauf durch einen Binärbaum*

```
class Element
{ Knoten Kn;  Element Nf;

  Element (Knoten Kn, Element Nf)
  { this.Kn = Kn;  this.Nf = Nf;
  }
}

class Liste
{ Element Kopf, Fuss;

  Liste ()
  { Kopf = Fuss = null;
  }

  void erzeuge_Fuss (Knoten k)
  { if (k != null)
      if (Kopf == null)  Kopf = Fuss = new Element (k, null);
      else               Fuss = Fuss.Nf = new Element (k, null);
  }

  void entferne_Kopf ()
  { if (Kopf != null && Kopf != Fuss)  Kopf = Kopf.Nf;
    else                               Kopf = Fuss = null;
  }
}

class Baum
{ ...

  void Breitendurchlauf ()
  { Liste L = new Liste ();
    L.erzeuge_Fuss (Wurzel);
    while (L.Kopf != null)
    { System.out.println (L.Kopf.Kn.Zahl);
      L.erzeuge_Fuss (L.Kopf.Kn.links);
      L.erzeuge_Fuss (L.Kopf.Kn.rechts);
      L.entferne_Kopf ();
    }
  }
}
```

Ausgabe:
16
10
24
9
14
18
13
15

Prog. 4–13 *Breitendurchlauf durch einen Binärbaum*

Als Abschluss der Betrachtung von Binärbaumen soll der Zusammenhang zwischen der Höhe eines Baums und der Anzahl seiner Knoten untersucht werden. Unter der Höhe eines Baums versteht man, grob gesagt, die Anzahl der Knoten entlang der Knotenkette, die von der Wurzel bis zum entferntesten Blatt reicht.

Die Höhe h (B) eines Baums B lässt sich rekursiv wie folgt exakt definieren:

$$h(B) = \begin{cases} 1 + \max\left(h(B_1), h(B_2)\right) & \text{falls B nicht leer ist und seine Wurzel} \\ & \text{die Unterbäume } B_1 \text{ und } B_2 \text{ besitzt,} \\ 0 & \text{sonst} \end{cases}$$

Die Anzahl a (B) der Knoten eines Baums B lässt sich ebenfalls rekursiv definieren. Zur Wurzel (1 Knoten) kommen die Knoten der beiden Unterbäume hinzu:

$$a(B) = \begin{cases} 1 + a(B_1) + a(B_2) & \text{falls B nicht leer ist und seine Wurzel} \\ & \text{die Unterbäume } B_1 \text{ und } B_2 \text{ besitzt,} \\ 0 & \text{sonst} \end{cases}$$

Abb. 4–19 zeigt drei Binärbäume, deren Höhe und Knotenanzahl jeweils angegeben ist. Zwei dieser Bäume weisen Besonderheiten auf:

❑ In der Mitte ist ein Baum dargestellt, bei dem jeder Knoten höchstens einen Nachfolger besitzt. Bei gegebener Höhe h (B) wird dadurch die Knotenanzahl a (B) minimal, nämlich a (B) = h (B). Wir definieren das Prädikat *Min*, das für alle Binärbäume gelten soll, in denen kein Knoten zwei Nachfolger besitzt. Ein Baum B mit *Min* (B) ist letztlich nichts anderes als eine lineare Liste. Mit anderen Worten: Listen sind Sonderfälle von Bäumen.

❑ Rechts sehen wir einen Baum mit maximaler Knotenanzahl bei gegebener Höhe. Wir definieren dafür das Prädikat *Max*, das für alle Binärbäume gelten soll, in denen für jeden Knoten zutrifft, dass seine beiden Unterbäume die gleiche Höhe aufweisen. Aus *Max* (B) folgt für die Knotenanzahl a (B) = $2^{h(B)} - 1$. Diese Formel lässt sich beweisen, wenn wir die Zeilen „von unten nach oben" durchlaufen. Betrachten wir zunächst ein einzelnes Blatt (a in Abb. 4–19), also 1 Knoten. Gehen wir dann zu seinem Vorgänger b über. Da *Max* (B) gilt, ist der andere Unterbaum von b gleich hoch und umfasst ebenfalls 1 Knoten. Folglich umfassen die beiden Unterbäume von b zusammen 2·1 Knoten. Rechnen wir den Knoten b selbst hinzu, so erhalten wir 2·1 + 1 Knoten. Nun gehen wir wiederum

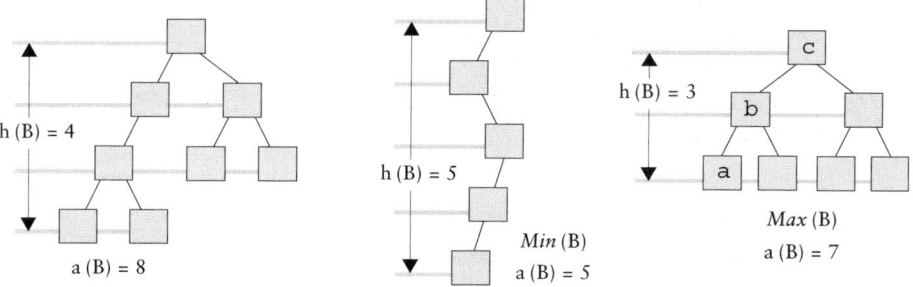

Abb. 4–19 *Höhe und Knotenanzahl von Binärbäumen*

zum Vorgänger über, nämlich Knoten c. Seine Unterbäume sind gleich, umfassen also zusammen $2 \cdot (2 \cdot 1 + 1)$ Knoten. Knoten c selbst hinzugerechnet, erhalten wir $2 \cdot (2 \cdot 1 + 1) + 1$ Knoten. Diese Überlegung lässt sich für eine beliebige Höhe $h(B)$ eines Baums B mit *Max* (B) fortsetzen und führt zu:

$$a(B) = 2 \cdot (\ldots (2 \cdot (2 \cdot 1 + 1) + 1) \ldots) + 1$$
$$= 2^{h(B)-1} + 2^{h(B)-2} + \ldots + 2^2 + 2^1 + 2^0 \qquad (1).$$

Die doppelte Anzahl erhalten wir durch Multiplizieren der Summanden mit 2:

$$2 \cdot a(B) = 2^{h(B)} + 2^{h(B)-1} + \ldots + 2^3 + 2^2 + 2^1 \qquad (2).$$

Bilden wir die Differenz $2 \cdot a(B) - a(B)$, so entfallen alle Summanden, die in den beiden Summenformeln (1) und (2) gleich sind. Es bleibt

$$2 \cdot a(B) - a(B) = 2^{h(B)} - 2^0, \quad \text{also} \quad a(B) = 2^{h(B)} - 1.$$

Für beliebige Binärbäume liegt die Knotenanzahl stets im Intervall

$$\left[h(B),\ 2^{h(B)} - 1 \right].$$

4.4   Arten rekursiver Beschreibungen

Selbstbezüge können unübersichtlich werden, wie bereits in Abschnitt 4.1 festgestellt wurde. Besonders ein stark verzweigter Aufrufbaum kann evtl. die Vorstellungskraft strapazieren. Wir wollen nun die Eigenschaften *linear* und *schlicht* definieren, um damit einfachere Fälle der Rekursion zu charakterisieren. Es sei jedoch betont, dass auch eine nicht lineare Rekursion bestens verständlich und vorteilhaft für die Programmierung sein kann.

> Definition: Eine Rekursion heißt *linear*, wenn jede Ausführung zu höchstens einem Selbstbezug führt.

Für eine linear rekursive Methode bedeutet dies, dass sie in ihrem Programm sehr wohl mehrere rekursive Aufrufe enthalten kann. Jedoch müssen die Bedingungen an den Programmverzweigungen sicherstellen, dass jede Ausführung höchstens einen dieser Aufrufe durchläuft. Statisch darf es also mehrere rekursive Aufrufe geben, dynamisch dagegen nur einen. Dies stellt sicher, dass es nur eine Aufrufkette geben kann, jedoch keinen verzweigten Aufrufbaum.

Die in Kapitel 4 bereits vorgestellten rekursiven Algorithmen lassen sich hinsichtlich Linearität wie folgt beurteilen:

❑ Die folgenden Algorithmen enthalten in ihrem Programm nur einen Selbstbezug und sind damit offensichtlich linear:
  • Absägen der Holzlatte (Abschnitt 4.1)
  • Fakultätsfunktion (Abschnitt 4.1)

- Alle rekursiven Methoden aus Prog. 4–6 und 4–7 zur Listen-bearbeitung
❑ Die folgenden Algorithmen enthalten zwar mehrere rekursive Aufrufe. Diese sind jedoch in alternativ zu durchlaufenden Programmzweigen, so dass höchstens einer von diesen ausgeführt wird. Die Algorithmen sind deshalb linear:
- Methode ggT (Prog. 4–3) zur Berechnung des größten gemeinsamen Teilers
- Methode Wurzel (Prog. 4–4) zur Intervallschachtelung von $\sqrt{x}$
- Rekursive Methode erzeuge_Blatt (Prog. 4–10)
❑ Nicht linear sind die folgenden Algorithmen und Beschreibungen, weil ihre Ausführung zu mehreren Selbstbezügen führt, z.B. zu mehreren rekursiven Aufrufen im gleichen Programmzweig:
- Syntaxbeschreibung in EBNF aus Abschnitt 4.1, weil *Ausdruck* über *Summand* und *Faktor* zu zwei Aufrufen von *Ausdruck* führt
- Methode Wege (Prog. 4–1) zur Lösung des Kansas-City-Problems
- Rekursive Methode suche (Prog. 4–10), weil im linken und ggf. auch im rechten Unterbaum gesucht wird
- Alle Methoden des Tiefendurchlaufs durch einen Baum (Prog. 4–12) Anmerkung: Die Methode Breitendurchlauf (Prog. 4–13) ist nicht rekursiv, sondern durch eine while-Schleife implementiert.

Eine Teilmenge der linearen Rekursionen verarbeitet Daten nur beim rekursiven Aufruf, nicht aber bei der Ergebnisrückgabe. Was die letzte Ausführung einer Aufrufkette errechnet, wird über die gesamte Kette bis zur ersten Ausführung unverändert zurückgereicht und als deren Ergebniswert geliefert, wie dies Abb. 4–20 illustriert. Dieses Verhalten beschreibt die folgende Definition.

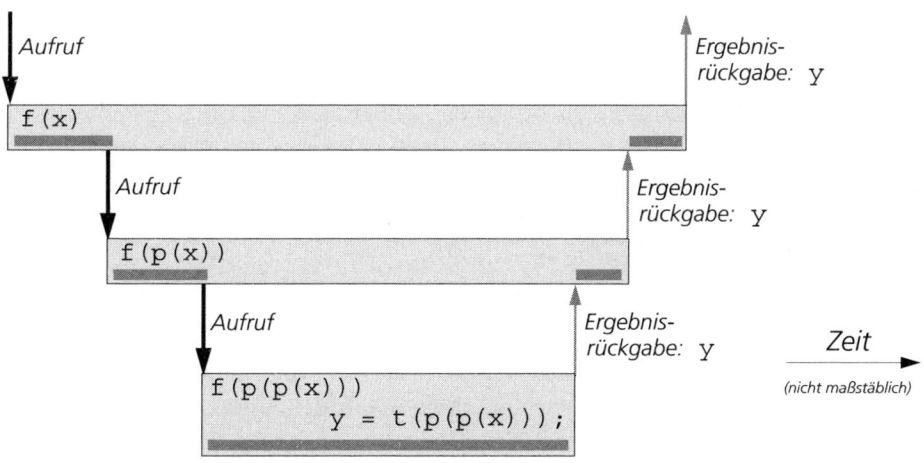

Abb. 4–20   *Schlichte Rekursion*

Definition: Eine Rekursion heißt *schlicht*, wenn sie linear ist und jede Ausführung entweder nicht zu einem Selbstbezug führt oder ihr Ergebniswert gleich dem Ergebniswert des Selbstbezugs ist.

Als Ergebniswert im Sinne obiger Definition ist auch jede Auswirkung auf globale Variablen zu verstehen, die bei einer rekursiven Ausführung auftritt. Daher sind bei schlichten Rekursionen derartige Seiteneffekte ausgeschlossen. Die meisten Methoden ohne Ergebnisrückgabe, d.h. mit Rückgabedatentyp void, verursachen Seiteneffekte (andernfalls hätte ihre Ausführung gar keine Wirkung) und sind deshalb nicht schlicht.

Aus Abb. 4–20 geht das allgemeine Schema einer schlicht rekursiven Methode f hervor. Die erste Ausführung wird mit einem Parameter x aufgerufen. Sie ruft dann die zweite mit einem Parameter p(x) auf, indem sie eine Funktion p auf x anwendet. Die Funktion p wird durch den Programmabschnitt vom Beginn der Ausführung bis zum rekursiven Aufruf implementiert. In gleicher Weise ruft die zweite Ausführung die dritte auf, indem sie auf ihren Parameter p(x) nochmals p anwendet, d.h. den Aufruf mit p(p(x)) parametrisiert. Diese Abfolge setzt sich so lange fort, bis eine Ausführung einen terminierenden Zweig wählt und auf ihren Parameter p(... p(x) ...) eine Funktion t anwendet, was zum Resultat y führt. Dieser Wert y wird über alle Ausführungen unverändert als Ergebniswert zurückgegeben.

Eine schlicht rekursive Methode f könnte man daher als Pseudoprogramm wie folgt notieren. Die Boolesche Bedingung B entscheidet darin, ob weitere rekursive Aufrufe erfolgen.

```
Rückgabedatentyp f (Parameterliste x)
{ if (B (x))    return f (p (x));
  else          return t (x);
}
```

Von den linear rekursiven Methoden aus Kapitel 4 sind die folgenden schlicht: ggT (Prog. 4–3), Wurzel (Prog. 4–4) und suche (Prog. 4–6). Greifen wir als Beispiel ggT heraus. Kennzeichnend für die Schlichtheit sind die Rückgabeanweisungen return ggT (...), in denen der Ergebniswert von ggT unverändert belassen wird. Eine Veränderung wie z.B. eine Multiplikation return 2*ggT (...) würde die Schlichtheit verletzen. Nicht schlicht sind z.B. die folgenden linear rekursiven Methoden:

- ❏ Die Fakultätsfunktion (Abschnitt 4.1), weil die Anweisung
  return n*Fakultaet (n - 1);
  den Wert von Fakultaet (n - 1) durch Multiplikation mit n verändert und dann das Produkt als Ergebniswert der Ausführung liefert.
- ❏ sortiere_ein (Prog. 4–7), weil e.Nf = sortiere_ein (...) als Seiteneffekt den Wert von e.Nf ändert.

Eine *schlicht rekursive* Methode lässt sich besonders einfach in eine semantisch äquivalente *iterative* Methode transformieren, d.h. in eine Methode, die mit einer Schleife anstatt mit Selbstbezügen arbeitet. Wie das angegebene Pseudoprogramm zeigt, bestehen die eigentlichen Verarbeitungsschritte einer schlicht rekursiven Methode darin, die Parameter verändernde Funktion p so lange auszuführen, wie die Bedingung B erfüllt ist. Dann liefert die Funktion t das endgültige Ergebnis. Diese Schritte lassen sich problemlos als iterative Methode formulieren, die wir wiederum als Pseudoprogramm schreiben:

```
Rückgabedatentyp f (Parameterliste x)
{ Variablenvereinbarung y = x, z;
  while (B (y))
  { z = p (y);   y = z;
  }
  return t (y);
}
```

Da im Pseudoprogramm x für mehrere Parameter stehen kann, sind auch für y und z jeweils mehrere Variablen von den gleichen Datentypen wie die Parameter zu vereinbaren. Die Übergabe der Parameterwerte von x an y soll nur vermeiden, dass die Parametervariablen in der Schleife verändert werden. Die Zwischenspeicherung des Funktionswertes p (y) in z stellt sicher, dass y während der Berechnung von p (y) stabil bleibt. Würde man nämlich y = p (y); schreiben, so würde dies im Falle, dass y zwei Variablen y1 und y2 repräsentiert, bedeuten: y1 = p1 (y1, y2); y2 = p2 (y1, y2);. Dann hätte sich y1 bereits vor der Berechnung von p2 verändert.

Das Schema, welches durch das obige Pseudoprogramm beschrieben wird, lässt sich beispielsweise auf die rekursive Methode ggT (Prog. 4–3) anwenden und transformiert sie in die iterative Methode in Prog. 4–14.

Prog. 4–14 *Iterative Berechnung des größten gemeinsamen Teilers*

Gemäß diesem Schema kann auch jede andere schlicht rekursive Methode systematisch in eine iterative Methode umgewandelt werden. Obwohl die Semantik bei dieser Transformation offensichtlich erhalten bleibt, wird nun bewiesen, dass die rekursive Methode stets das gleiche Ergebnis liefert wie die iterative. Damit soll anhand eines einfachen Sachverhalts gezeigt werden, wie sich Beweismethoden auf Programme anwenden lassen, um ihre Eigenschaften zu zeigen. Zwar verbietet hier der hohe Aufwand die Einführung eines formalen Programm-Modells, so dass die Beweisschritte verbal zu beschreiben sind. Dennoch wird der grundsätzliche Weg des formalen Beweises verdeutlicht.

Der Äquivalenzbeweis folgt dem Prinzip der vollständigen Induktion über der Anzahl $n \in \mathbb{N}_0$, die angibt, wie oft die Bedingung B (...) nacheinander erfüllt ist, bevor sie dann nicht mehr zutrifft. Es ist zu zeigen,

❏ dass für n = 0 die rekursive Methode gleich der iterativen ist und
❏ dass, unter der Annahme die rekursive Methode sei für ein beliebiges n gleich der iterativen, dies auch für n + 1 gilt.

Daraus folgt, dass die semantische Gleichheit für alle $n \in \mathbb{N}_0$ gilt. Nun führen wir diese Beweisschritte durch:

Induktionsanfang (n = 0), d.h., B ist von Anfang an nicht erfüllt. Dann lässt sich der Rumpf der rekursiven Methode vereinfacht schreiben, weil bekannt ist, dass nur der else-Zweig ausgeführt wird:

```
return t (x);
```

Die iterative Methode vereinfacht sich für n = 0 zu:

```
Variablenvereinbarung y = x, z;
return t (y);
```

Beide Methoden liefern in diesem Fall das gleiche Ergebnis.

Induktionsannahme (n ≥ 1), d.h., wenn B n-mal nacheinander erfüllt und dann nicht mehr erfüllt ist, dann seien die rekursive Methode und die iterative gleich.

Induktionsschritt (n+1): Unter Verwendung der Induktionsannahme ist die semantische Gleichheit für n + 1 zu beweisen. Der Rumpf der rekursiven Methode lautet:

```
if (B (x)) return f (p (x));
else       return t (x);
```

Da wegen n > 0 die Bedingung B mindestens einmal erfüllt ist und es folglich mindestens einmal zu einem rekursiven Aufruf kommt, kann die rekursive Methode an der Aufrufstelle eingesetzt werden. Da p auf den Parameter x angewandt wird, ist natürlich in dem eingesetzten Rumpf überall p (x) an die Stelle von x zu schreiben.

Die so veränderte rekursive Methode lautet als Pseudoprogramm:

```
if (B (x)) { if (B (p (x))) return f (p (p (x)));
            else          return t (p (x));
          }
```

Wenn B in diesem Programmstück genau n + 1 mal erfüllt ist, dann ist B einmal außerhalb der geschweiften Klammer und n mal innerhalb der geschweiften Klammer erfüllt. Gemäß Induktionsvoraussetzung kann für das rekursive Programmstück in der geschweiften Klammer das entsprechende iterative Programmstück eingesetzt werden. „Entsprechend" bedeutet hier, dass p (x) im obigen Programm dem Parameter x in der iterativen Methode entspricht. Also ist entsprechend zu substituieren und man erhält das semantisch äquivalente Programm:

```
if (B (x)) { Variablenvereinbarung y = p (x), z;
            while (B (y))
            { z = p (y);   y = z;
            }
            return t (y);
          }
```

Die Semantik bleibt unverändert, wenn wir die Variablenvereinbarung an den Anfang stellen:

```
Variablenvereinbarung y, z;
if (B (x)) { y = p (x);
            while (B (y))
            { z = p (y);   y = z;
            }
            return t (y);
          }
```

Ebenso können wir unter Erhaltung der Semantik außerhalb der while-Schleife die Variablen y und z anstatt x benutzen, wenn wir die Werte zuvor und danach entsprechend zuweisen:

```
Variablenvereinbarung y = x, z;
if (B (y)) { z = p (y);   y = z;
            while (B (y))
            { z = p (y);   y = z;
            }
            return t (y);
          }
```

In diesem Programm erkennen wir zweimal die Anweisungen des Schleifenkörpers z = p (y); y = z; jeweils mit vorangestellter Bedingung B (y). Dies kann als ein Herausziehen und Voranstellen der ersten Iteration der Schleife aufgefasst werden. Die Wirkung des Programms ist die gleiche, wenn wir die erste Iteration nicht herausziehen. Der Schleifenkörper wird dann eben einmal mehr durchlaufen. Wir können semantisch äquivalent schreiben:

```
Variablenvereinbarung y = x, z;
while (B (y))
{ z = p (y);   y = z;
}
return t (y);
```

Dies ist nichts anderes als der Rumpf der iterativen Methode. Folglich gilt auch für n + 1, dass die rekursive Methode die gleiche Semantik wie die iterative aufweist, womit der Beweis erbracht ist.

Es ist nicht ratsam, auf Grund der gezeigten Äquivalenz alle schlicht rekursiven Methoden in iterative umzuformen. Der Beweis sollte nur zeigen, dass sich bei vielen Problemen sowohl rekursive als auch iterative Lösungen anbieten – übrigens oft auch bei nicht schlichter, ja sogar nicht linearer Rekursion. So lässt sich etwa das Kansas-City-Problem, wie gezeigt, auch iterativ lösen.

Weder der rekursive noch der iterative Ansatz ist prinzipiell vorzuziehen. Vielmehr gilt es, für jedes Programmierproblem den Lösungsweg nach den (in Abschnitt 4.1 genannten) Kriterien der Verständlichkeit und der Effizienz auszuwählen.

5 Nützliche Datenstrukturen

5.1 Zeichenkette

Jede Problemlösung mit Hilfe eines Rechensystems setzt voraus, dass die Gegenstände des zu lösenden Problems durch eine geeignete Datenstruktur repräsentiert werden – seien es nun geometrische Figuren, Waren, Verkehrsknotenpunkte, Personen, Geldbeträge oder sonstige Objekte. Die gewählte Datenstruktur muss auch in der Lage sein, die Beziehungen zwischen den betreffenden Gegenständen auszudrücken, etwa Reihenfolgen, Zugehörigkeiten oder Abhängigkeiten. Dabei kann auf die elementaren Datenstrukturen, die in den Kapiteln 3 und 4 vorgestellt wurden, zurückgegriffen werden. Arrays, Listen oder Bäume können jeweils als Baustein eines größeren Datengebäudes Verwendung finden. Der Kreativität sind kaum Grenzen gesetzt. Wichtigste Kriterien für den Aufbau einer Datenstruktur sind die beabsichtigten Arten des lesenden und modifizierenden Zugriffs. Die Algorithmen zur Datenverarbeitung sollen möglichst effizient arbeiten. In diesem Abschnitt gehen wir auf grundlegende Datenstrukturen ein, die für verschiedenartige Problemlösungen von Nutzen sind.

Zunächst betrachten wir eine einfache und in Programmen häufig verwendete Datenstruktur: die Zeichenketten. Sie können z.B. Namen, Bezeichnungen, Kommandos oder Texte darstellen. In Abschnitt 2.2 wurde bereits die in Java dafür „vorgefertigte" Klasse `String` kurz beleuchtet. Mit dem genaueren Wissen um Klassen und Objekte werden Strings nun ausführlicher behandelt.

Zeichenketten bestehen aus Zeichen, d.h. aus Werten des primitiven Datentyps `char`, die in einer bestimmten Reihenfolge angeordnet sind. Prinzipiell ließe sich die Reihenfolge entweder durch ein Array oder eine Liste von Zeichen zum Ausdruck bringen. Ersteres erlaubt durch Indizierung einen schnelleren Zugriff auf einzelne Zeichen. Letztere ist flexibler hinsichtlich Veränderungen wie dem Löschen oder Einfügen von Zeichen. Die Entwerfer der Klasse `String` haben sich für die Array-Lösung entschieden, weil in Programmen der lesende Durchlauf durch eine Zeichenkette häufig vorkommt und daher effizient sein soll.

Ein Objekt des Typs `String` enthält eine Array-Variable, auf die allerdings nicht direkt, sondern nur über Methoden der Klasse `String` zugegriffen werden kann. Die Array-Natur einer Zeichenkette gibt sich allerdings in der Parametrisierung zu erkennen. Das erste Zeichen wird mit 0, das zweite mit 1 usw. indiziert.

Einmal erzeugt, kann die Zeichenkette in einem `String`-Objekt nicht mehr verändert werden. Jede verändernde String-Manipulation führt dazu, dass der betreffenden String-Variablen ein neues `String`-Objekt zugewiesen wird. Dies überwindet zwar den Nachteil von Arrays gegenüber Listen, dass nachträglich keine Elemente angefügt werden können, geht aber zu Lasten des Speicherplatzes. Nicht mehr zugreifbare ehemalige Strings belegen ihren Speicher so lange, bis der Garbage Collector (siehe Abschnitt 3.4) aufräumt.

Wie bereits in Abschnitt 2.2 angedeutet, kennt Java einige abkürzende Schreibweisen für Strings, die einen komfortableren Umgang mit Zeichenketten erlauben. In den folgenden Erläuterungen wird angenommen, dass `String`-Variablen s und t, eine `char`-Variable c, `int`-Variablen i und j sowie eine `boolean`-Variable b vereinbart seien:

❑ `"Text"`   steht für   `new String ("Text")`.

❑ `s + t`   erzeugt einen neuen String, der durch die Konkatenation, d.h. durch das Aneinanderfügen, von s und t gebildet wird.

Der Vergleich `s == t` behandelt s und t wie Verweisvariablen (sie können ja auf Objekte des Typs String verweisen). Es wird also geprüft, ob s und t auf dasselbe Objekt zeigen. Möchte man dagegen feststellen, ob die Zeichenketten von s und t gleich sind, was häufiger der Fall sein dürfte, so ist stattdessen die Methode `equals` zu benutzen. Die wichtigsten `String`-Methoden lauten:

❑ `boolean equals (String x)`
liefert genau dann `true`, wenn die Zeichenkette des Strings, dessen Methode `equals` aufgerufen wurde, gleich der Zeichenkette von x ist. Dazu ein Beispiel:
`s = "da"; t = s + "da"; b = t.equals ("da" + s);`
weist b den Wahrheitswert `true` zu, weil die verglichenen Zeichenketten zwar zu verschiedenen Objekten gehören, aber jeweils `"dada"` lauten.
`s = "da"; t = s + "da"; b = t.equals (s);`
ergibt hingegen `false`, weil `"dada"` verschieden von `"da"` ist.

❑ `int compareTo (String x)`
vergleicht die Zeichenkette des Strings, dessen Methode `compareTo` aufgerufen wurde, mit der Zeichenkette von x. Steht erstere gemäß der lexikografischen Ordnung vor der letzteren, ist der Funktionswert negativ. Bei Gleichheit der Zeichenketten ist er 0. Ansonsten ist er positiv. In dem Beispiel
`s = "Dampf"; i = s.compareTo ("Dank");`
wird i ein negativer Wert zugewiesen, weil im Lexikon „Dampf" vor „Dank" steht.

❏ `int length ()`
liefert die Anzahl der Zeichen. Beispielsweise ergibt der Ausdruck
`"dunkel".length ()`
den Wert 6. Ein Zeichen mit dem Index 6 gibt es in `"dunkel"` jedoch
nicht, weil die Indizierung mit 0 beginnt. Der größte Index eines Strings `s`
lautet stets `s.length () - 1`.

❏ `char charAt (int x)`
liefert das Zeichen mit dem Index `x`. Man beachte wiederum, dass die Indizierung der Zeichenkette mit 0 beginnt. Dazu ein Beispiel:
`s = "Dinkel";   c = s.charAt (3);`
ergibt das Zeichen `'k'`.

❏ `String substring (int x, int y)`
liefert ein `String`-Objekt, dessen Zeichenkette aus einem Teil der Zeichenkette des Strings gebildet wird, dessen Methode `substring` aufgerufen wurde. Der Teil beginnt mit dem Index `x` und endet mit dem Index
`y − 1`. Mit anderen Worten: Der Anfangsindex ist einschließlich, der
Endindex ausschließlich zu verstehen. Diese Festlegung mag auf den ersten Blick uneinheitlich erscheinen. Wenn jedoch aus einem String fortgesetzt immer wieder aufeinanderfolgende Teile herauskopiert werden sollen, führt diese Regel zu einem etwas einfacheren Programm. Eine ganze
Zahl `i` kann nämlich den Endindex eines Teils und zugleich den Anfangsindex des nachfolgenden Teils bezeichnen, wobei die Teile nahtlos und
überschneidungsfrei aneinander passen. Nach Ausführung der Anweisungen
`s = "sonnenklar";   t = s.substring (0, 6);`
`s = s.substring (6, s.length ());`
besitzt `s` den Wert `"klar"` und `t` den Wert `"sonnen"`.

❏ `int indexOf (String x)`
liefert die folgende Zahl: Falls der String, dessen Methode `indexOf` aufgerufen wurde, einen Teil enthält, der gleich `x` ist, wird der Anfangsindex
dieses Teils als Ergebniswert zurückgegeben. Andernfalls wird `-1` zurückgegeben. In dem Beispiel
`s = "Fingernagel";   t = "gern";   i = s.indexOf (t);`
erhält `i` den Wert 3.

❏ `String trim ()`
liefert einen String, der die gleiche Zeichenkette aufweist wie der String,
dessen Methode `trim` aufgerufen wurde, jedoch ohne führende und abschließende Leerzeichen. In Eingabezeilen stehen häufig viele unnötige
Leerzeichen vor und nach den relevanten Eingaben, wodurch die Analyse
der Zeile oder das Druckbild beim Ausgeben der Zeile gestört werden

können. Mit `s.trim ()` entfernt man diese Leerzeichen. Innere Leerzeichen, die zwischen anderen Zeichen stehen, bleiben jedoch erhalten. Dazu ein Beispiel:

```
s = " Ergebnis:    100 Punkte   ";  s = s.trim ();
```

ergibt den String `"Ergebnis:    100 Punkte"`.

Es sei noch darauf hingewiesen, dass Prog. 2–40 (Abschnitt 2.4, Seite 81) eine Methode `EingabeString` angibt, die eine Eingabezeile einliest und daraus ein `String`-Objekt generiert.

Abschließend noch ein kleines Beispiel, das die Verwendung der oben genannten Methoden im Zusammenhang zeigt. Die Methode `Wort` in Prog. 5–1 löst ein häufig auftretendes Problem: Ein `String`-Objekt repräsentiert eine (Eingabe-) Zeile, die mehrere Wörter enthält, die jeweils durch ein oder mehrere Leerzeichen getrennt sind. Ein Wort kann dabei auch Zahlen und Sonderzeichen aufweisen. Hier ist ein Wort ausschließlich über seine Begrenzung durch Leerzeichen bzw. Zeilenanfang oder -ende definiert. Folgen zwei Leerzeichen aufeinander, so wird dazwischen kein „leeres Wort" gesehen, was dem üblichen Verständnis eines Worts entspricht. Die Methode `Wort` greift nun aus der `Zeile` ein einzelnes Wort heraus und liefert es als `String`-Ergebniswert. Der Parameter `WortNr` gibt die Nummer des herauszugreifenden Wortes an, wobei das erste Wort die `WortNr` 1 trägt. So liefert beispielsweise

```
Wort ("Eine Zeile, die eingetippt wurde, steht hier", 5);
```

den String `"wurde,"`.

```
String Wort (String Zeile, int WortNr)
{ if (Zeile == null || WortNr < 1)
    return "";
  String Kern = Zeile.trim ();
  int LeerIndex = Kern.indexOf (" ");
  if (LeerIndex < 0)
    if (WortNr == 1)  return Kern;
    else              return "";
  else
    if (WortNr == 1)
      return Kern.substring (0, LeerIndex);
    else
    { String Rest = Kern.substring (LeerIndex, Kern.length ());
      return Wort (Rest, WortNr - 1);
    }
}
```

Prog. 5–1 *Lesen eines Wortes aus einer Zeile*

Die Methode Wort arbeitet rekursiv. Wenn Zeile nur 1 Wort enthält, d.h. LeerIndex < 0, bildet dieses den Ergebniswert, falls WortNr == 1 verlangt wird. Andernfalls wird der leere String " " zurückgegeben (d.h. nicht null, sondern ein String mit leerer Zeichenkette). Wenn dagegen mehrere Wörter in der Zeile vorhanden sind, wird wiederum unterschieden. Bei WortNr == 1 wird das erste Wort abgetrennt und zurückgegeben, andernfalls Wort für den Reststring nach dem ersten Wort rekursiv aufgerufen.

5.2 Puffer und Stapel

Gegenstände der Reihe nach abzulegen und danach wieder aufzugreifen ist nicht nur eine Alltagsangelegenheit, sondern kommt auch häufig in Programmen vor. Dafür gibt es zahlreiche Beispiele, u.a. die folgenden:

❑ Zwischenergebnisse, die nach einer Vorverarbeitung von Daten entstehen, sind für die spätere Weiterverarbeitung in geeigneter Weise abzulegen.

❑ Abzusendende Nachrichten, die vom Rechner schnell erzeugt, aber auf Grund der begrenzten Übertragungsgeschwindigkeit nur langsamer transferiert werden können, sind zunächst zu speichern.

❑ Die Teilstrecken, die einen Fahrweg ausmachen, der von einem Routenplaner errechnet wurde, sind nicht nur auf dem Bildschirm anzuzeigen, sondern auch zu speichern, damit der Benutzer detailliertere Informationen dazu erfragen kann, z.B. die geschätzte Fahrzeit.

❑ Wenn die Bearbeitung einer Aufgabe auf eine Teilaufgabe stößt, die zu erledigen ist, bevor die ursprüngliche Aufgabe weiterbearbeitet werden kann, sind Zustandsdaten dieser Aufgabenbearbeitung während der Bearbeitung der Teilaufgabe zu speichern. Analog zur Rekursion kann auch die Teilaufgabe durch eine andere Teilaufgabe unterbrochen werden, so dass ggf. mehrere Sätze von Zustandsdaten abzulegen sind.

In allen genannten Beispielen hängt die Reihenfolge des Wiederaufgreifens von der Ablagereihenfolge ab. Zwischenergebnisse, Nachrichten und Teilstrecken werden sinnvollerweise in derselben Reihenfolge ausgelesen, wie sie geschrieben worden sind. Bei den Zustandsdaten von verschachtelt abzuarbeitenden Teilaufgaben sind die Schreib- und Lesereihenfolge jedoch einander entgegengesetzt. Insgesamt sind zwei Prinzipien der sequentiellen Ablage zu unterscheiden:

❑ In einem *FIFO-Puffer* werden Objekte gemäß ihrer Einfügereihenfolge geordnet abgelegt und in dieser Reihenfolge später wieder entnommen. Puffer folgen dem *FIFO-Prinzip: first in, first out.* Einen Puffer kann man sich als Röhre vorstellen, in die Objekte von einer Seite hineingeschoben und aus der Objekte von der anderen Seite wieder entnommen werden. Puffer (engl. *buffer*) werden auch als *Schlange* (engl. *queue*) bezeichnet.

❏ In einem *Stapel* (manchmal auch *Keller* genannt, engl. *stack*) werden Objekte gemäß ihrer Einfügereihenfolge geordnet abgelegt und in entgegengesetzter Reihenfolge später wieder entnommen. Stapel folgen dem LIFO-Prinzip: *last in, first out.* Entsprechend seinem Namen kann man sich einen Stapel so vorstellen, dass einzufügende Objekte auf den bereits gespeicherten abgelegt und aufzugreifende Objekte immer von oben entnommen werden.

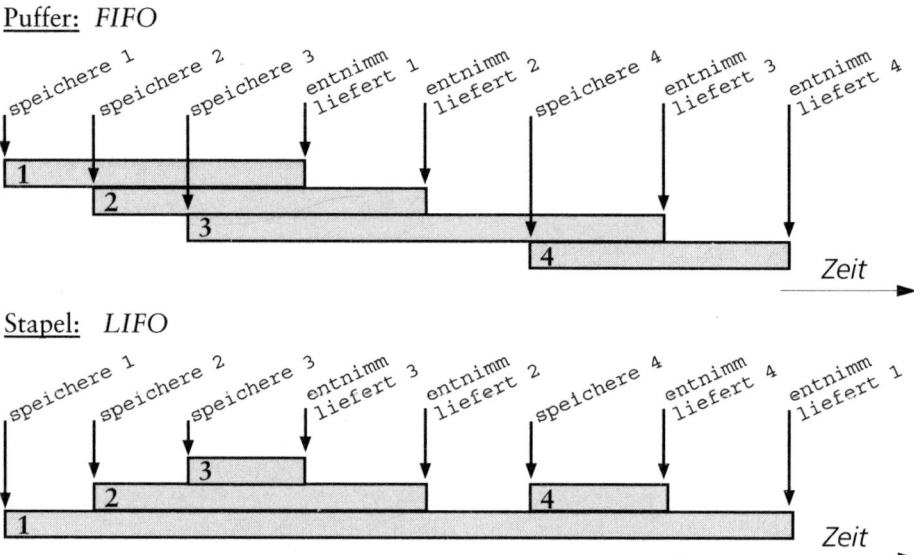

Abb. 5–1　*Puffer und Stapel*

Es sei darauf hingewiesen, dass manchmal der Begriff „Puffer" auch allgemeiner verstanden wird, indem auch von FIFO abweichende Prinzipien eingeschlossen sind. Hier beschränken wir uns jedoch auf FIFO-Puffer. Abb. 5–1 stellt Puffer und Stapel anhand von nummerierten Objekten einander gegenüber.

Um Puffer oder Stapel zu implementieren, bietet sich eine lineare Liste an (siehe Abschnitt 4.3). Im Falle des Stapels können Objekte problemlos an der Kopfseite eingefügt und später wieder entnommen werden. Prog. 4–7 (Seite 141) enthält die dazu notwendige Methode `erzeuge_Kopf`. Die einfache Entnahme-Methode, die in der Klasse `Liste` zu realisieren ist, lautet:

```
Element entnimm ()
{ Element e = Kopf;
  if (Kopf == Fuss)   Kopf = Fuss = null;
  else                Kopf = Kopf.Nf;
  return e;
}
```

Im Falle des Puffers ergibt sich ein kleines Problem, wenn vorn in die Liste eingefügt und am Ende wieder entnommen werden soll. Der Variablen Fuss lässt sich
nämlich nicht ein Verweis auf das vorletzte Element zuweisen, weil den Nf-Zei-
gern nur vom Kopf zum Fuss hin gefolgt werden kann, nicht aber umgekehrt.
Die einfachste Lösung besteht darin, zur Realisierung eines Puffers eine Liste
„rückwärts" zu benutzen. Mit erzeuge_Fuss (siehe Prog. 4–7) werden Objekte am Ende eingefügt und mit der oben genannten Methode entnimm am Anfang wieder herausgenommen.

Die beschriebene Implementierung durch eine Liste (oder durch eine andere
Datenstruktur) soll außerhalb des betreffenden Objekts verborgen bleiben, um
eine klare Trennung zwischen der Realisierung eines Puffers bzw. Stapels und sei-

```
class Puffer
{ Liste L;

  Puffer ()    // Konstruktor.
  { L = new Liste ();
  }

  void speichere (int Zahl)
  { if (Zahl >= 0)  L.erzeuge_Fuss (Zahl);
  }

  int entnimm ()
  { Element e = L.entnimm ();
    if (e != null)  return e.Zahl;
    else            return -1;
  }
}
```

Prog. 5–2 *Puffer*

```
class Stapel
{ Liste L;

  Stapel ()    // Konstruktor.
  { L = new Liste ();
  }

  void speichere (int Zahl)
  { if (Zahl >= 0)  L.erzeuge_Kopf (Zahl);
  }

  int entnimm ()
  { Element e = L.entnimm ();
    if (e != null)  return e.Zahl;
    else            return -1;
  }
}
```

Prog. 5–3 *Stapel*

ner Verwendung zu erzielen. Diesem bereits in Kapitel 3 beschriebenen Konzept der Kapselung eines Objekts wird entsprochen, indem Zugriffe allein über Aufrufe der Methoden `speichere` und `entnimm` erfolgen. Die Programme 5–2 und 5–3 zeigen die zur Speicherung von ganzen Zahlen realisierten Klassen `Puffer` bzw. `Stapel`, die über die Objektvariable `L` jeweils auf ein Objekt der Art `Liste` verweisen, das wiederum über seine Variablen `Kopf` und `Fuss` auf Objekte der Art `Element` verweist. Die Implementierung von `entnimm` setzt voraus, dass keine negativen Zahlen gespeichert werden. Daher kann −1 als Fehleranzeige dienen, wenn keine Elemente mehr vorhanden sind.

Die hier und in Abschnitt 4.3 vorgestellten Listenoperationen arbeiten rekursiv. Selbstverständlich können auch iterative Implementierungen verwendet werden. Besonders bei sehr langen Listen sind letztere aus Effizienzgründen vorzuziehen, da der Aufwand entfällt, für jedes Listenelement die rekursive Methode aufzurufen, jeweils Parameter zu übergeben und ggf. Speicher den lokalen Variablen in der Methode zuzuordnen. Auf die (eher einfacheren) iterativen Lösungen wird hier jedoch nicht näher eingegangen.

5.3 Suchbaum

In Puffern und Stapeln entscheidet allein die Reihenfolge der `speichere`-Operationen über die Reihenfolge der späteren Entnahme. Viele Fälle erfordern jedoch einen inhaltsbezogenen Zugriff auf die gespeicherten Objekte. Man möchte ein Element herausgreifen, dessen Inhalt einen Suchbegriff aufweist. Wenn z.B. Waren durch Objekte repräsentiert werden, in denen eine ganze Zahl die Artikelnummer und ein String die Artikelbezeichnung ausdrückt, dann soll es eine Zugriffsoperation `suche` geben, die etwa beim Aufruf `suche(4712)` die Bezeichnung des Artikels 4712 liefert, falls diese zuvor gespeichert wurde. Im Gegensatz zu Puffern und Stapeln ist hier der Lesezugriff auf Objekte nicht mit deren Entnahme aus der Datenstruktur gleichzusetzen. Es geht nur darum, eine zuvor gespeicherte Information suchen und ggf. wiederfinden zu können.

Ein weiteres Beispiel soll den Anwendungbereich von Suchoperationen umreißen: Ein Programm kann Namen von Sportlern und die von ihnen erreichte Punktzahl einlesen. Ein neuer Name wird zusammen mit seiner Punktzahl gespeichert. Bei einem bereits bekannten Namen, der schon zuvor eingelesen und gespeichert worden ist, soll hingegen die neue Punktzahl zu der bereits gespeicherten Punktzahl addiert werden. Die Entscheidung, ob ein Name neu oder dem Programm altbekannt ist, kann nur über die Speicherung von Namen und die Ausführung von Suchoperationen in der Menge der gespeicherten Namen erfolgen.

Speicherung und Suche sollen natürlich möglichst schnell ausgeführt werden. Die Verwendung von Listen würde die Geschwindigkeit einschränken. Bei unsor-

Anzahl der Einträge	Liste	Suchbaum
7	3,5	3
31	15,5	5
127	63,5	7
1023	511,5	10
16383	8191,5	14

veran-
schaulicht

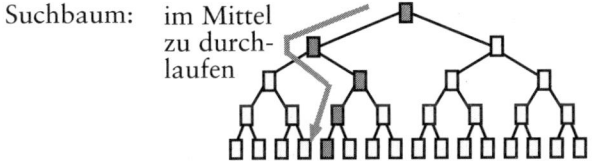

Liste:

im Mittel zu durchlaufen

Suchbaum: im Mittel
zu durch-
laufen

Abb. 5–2 *Suchaufwand in einer Liste und einem Suchbaum*

tierten Listen kann zwar das Einfügen am Listenanfang sehr schnell erfolgen. Für die Suche ist jedoch im Mittel die halbe Liste zu durchlaufen. Sortierte Listen sind eher noch schlechter. Für das Einsortieren und die Suche muss jeweils im Mittel die halbe Liste durchlaufen werden.

Die aus Abschnitt 4.3 bekannte Datenstruktur des Binärbaums verhält sich im Mittel wesentlich günstiger. Einen Knoten in einen Baum einzufügen oder ihn darin zu suchen bedeutet, den Baum von der Wurzel zu einem Blatt zu durchlaufen – vorausgesetzt der Baum ist sortiert. Wir betrachten im Folgenden nur Bäume, die so sortiert sind, dass ein *In-Order*-Tiefendurchlauf die Werte der Knoten in aufsteigender Reihenfolge ausgibt (auch *In-Order*-Sortierung genannt). Wie im Folgenden gezeigt, eignen sich solche Bäume gut für die Suche nach zuvor gespeicherten Einträgen. Wir nennen diese Bäume daher *Suchbäume*.

Die Höhe des Baums gibt an, wie viele Knoten dabei höchstens passiert werden. Wenn ein Baum B nicht ganz oder näherungsweise zu einer linearen Liste entartet, der Baum also nicht sehr verschieden von *Max* (B) ist, enthält er bei einer Höhe von h (B) insgesamt bis zu $2^{h(B)} - 1$ Knoten (siehe Abschnitt 4.3). Optimistisch angenommen, es gelte *Max* (B), dann beträgt h (B) = *ld* (a (B) + 1), wobei *ld* den Logarithmus dualis bezeichnet. Diese Formel verdeutlicht den Aufwandsvorteil von Binärbäumen gegenüber Listen. Bei n gespeicherten Elementen sind in einer Liste im Mittel n/2, beim Baum dagegen nur *ld* (n + 1) Einträge zu durchlaufen. Abb. 5–2 stellt einige Aufwandswerte zum Vergleich einander gegenüber.

Bei rund 1000 gespeicherten Einträgen erfordert eine Liste einen etwa 50-fach höheren Aufwand als ein Baum. Selbst wenn für einen Baum B der Aufwand etwas höher sein sollte, weil *Max* (B) nicht exakt gilt, ist sein Vorteil noch deutlich. Nur die Extremfälle, in denen ein Baum einer Liste nahekommt, gilt es zu vermeiden. Ungünstig wäre z.B. die folgende Eingabe: Aus einem alphabetisch sortierten Telefonbuch werden nacheinander alle Namen in einen Suchbaum eingetragen. Gemäß der lexikografischen Ordnung ist jeder Name Nachfolger von allen vorangegangenen, also im Baum stets als rechter Nachfolger einzusortieren. So entartet der Baum zur linearen Liste. In diesem Fall ist die Verwendung eines Suchbaums nicht empfehlenswert. Sehr günstig ist dagegen die Eingabe in zufälliger Reihenfolge, was annähernd einen Baum B mit *Max* (B) und damit fast minimaler Höhe ergibt. Diese vorteilhafte Situation ist zum Glück häufig gegeben, da mit dem Aufbau des Suchbaums oftmals eine ungeordnete Datenmenge erstmalig sortiert werden soll.

Die Implementierung eines Suchbaums deckt sich weitgehend mit dem in Abschnitt 4.3 eingeführten Binärbaum. Das dort angegebene Prog. 4–10 (Seite 150) enthält die Klasse Baum mit ihren wichtigsten Methoden. Insbesondere leistet die Methode erzeuge_Blatt (int Zahl) bereits das Einsortieren eines neuen Knotens entsprechend der gewünschten *In-Order*-Sortierung. Wenn keine ganzen Zahlen, sondern andere Daten in einem Suchbaum abzuspeichern sind, müssen die Klasse Knoten (Prog. 4–9) und die Parameter der Methoden in Prog. 4–10 natürlich entsprechend abgeändert werden.

Die Methode suche (int Zahl) in der Klasse Baum ist zwar prinzipiell geeignet, jedoch wenig vorteilhaft, da sie nicht von einem sortierten Baum ausgeht und stets beim linken Nachfolger sowie ggf. zusätzlich auch beim rechten Nachfolger eines Knotens nach einem bestimmten Eintrag sucht. Die *In-Order*-Sortierung erlaubt jedoch an jedem durchlaufenen Knoten k eine eindeutige Bestimmung der weiteren Suchrichtung. Wenn das zu suchende Datum kleiner ist als das in k gespeicherte, wird beim linken Nachfolger von k weitergesucht. Wenn es größer ist, beim rechten. Bei Gleichheit ist die Suche mit einem Treffer in Knoten k erfolgreich beendet. Genau diese Fallunterscheidung ist in der rekursiven Suchmethode aus Prog. 5–4 realisiert. Zusammen mit der „Einstiegsmethode" suche (int Zahl) sollte suche (int Zahl, Knoten k) die entsprechenden Methoden in Prog. 4–10 ersetzen, damit die Klasse Baum einen Suchbaum effizient implementiert.

```
Knoten suche (int Zahl)
{ return suche (Zahl, Wurzel);
}

Knoten suche (int Zahl, Knoten k)
{ if      (k == null)       return null;
  else if (Zahl < k.Zahl)   return suche (Zahl, k.links);
  else if (Zahl > k.Zahl)   return suche (Zahl, k.rechts);
  else                      return k;
}
```

Prog. 5–4 *Methoden zur Suche in einem Suchbaum*

In vielen Programmen werden Suchbäume nur mit Hilfe der Methode
`sortiere_ein` aufgebaut und anschließend mittels `suche` verschiedenen Suchoperationen unterzogen. Wenn aus einem Suchbaum aber einzelne Knoten wieder gelöscht werden sollen, kann ein Problem entstehen. Zwar sind Blätter und
Knoten mit nur einem Nachfolger einfach aus einem Baum zu entfernen; andere
Knoten einfach zu löschen, würde jedoch auch deren Unterbäume abtrennen, wie
aus Abb. 5–3 (oberer Teil) hervorgeht. Daher müssen wir aus einem der Unter-

Vor dem Löschen:

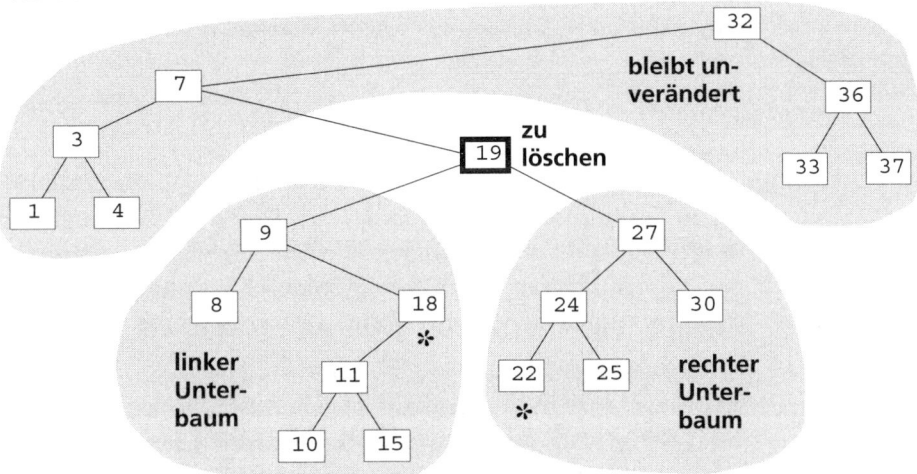

Nach dem Löschen:

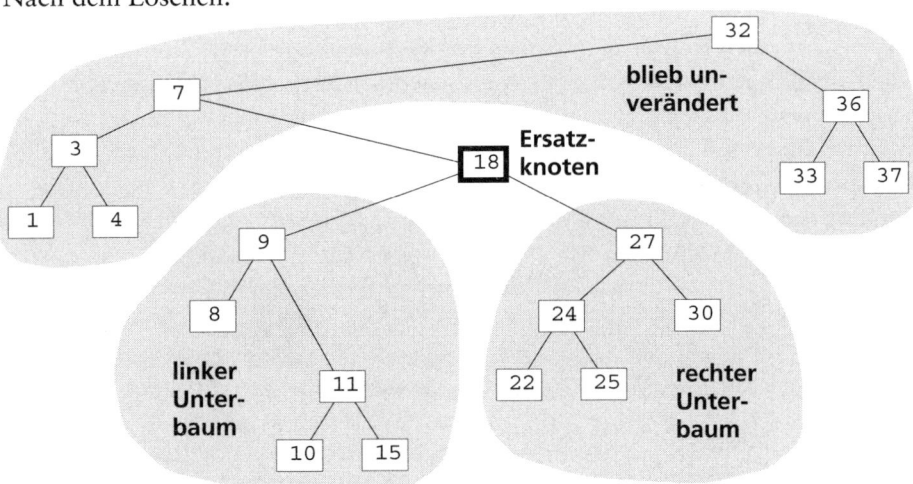

Abb. 5–3 *Vor (oben) und nach (unten) dem Löschen eines Knotens aus einem Suchbaum*
(Die Objektvariablen sind nicht vollständig dargestellt.)

bäume einen geeigneten Knoten herausnehmen, der als *Ersatzknoten* genau an die Stelle des gelöschten tritt und die Unterbäume wieder verbindet (siehe Abb. 5–3, unterer Teil). Durch diese Umstrukturierung darf die *In-Order*-Sortierung nicht verloren gehen. Da der Ersatzknoten, der die Unterbäume verbinden soll, gemäß Sortierreihenfolge zwischen den Unterbäumen stehen muss, kann nur der größte Knoten aus dem linken Unterbaum (genauer gesagt: der Knoten mit dem größten Eintrag) oder der kleinste Knoten aus dem rechten Unterbaum die Rolle des Ersatzknotens übernehmen. Die beiden möglichen Ersatzknoten sind in Abb. 5–3 (oberer Teil) durch einen Stern markiert.

Bei der Entnahme des Ersatzknotens aus einem Unterbaum sind zwei Fälle zu unterscheiden:

❑ Der Ersatzknoten ist ein Blatt. Dann ist er problemlos zu entfernen.

❑ Der Ersatzknoten ist kein Blatt. Da aber der Ersatzknoten größter bzw. kleinster Knoten eines Unterbaums sein muss, steht er entweder im linken Unterbaum am weitesten rechts oder im rechten Unterbaum am weitesten links. In beiden Fällen besitzt er nur genau einen Nachfolger, so dass der Knoten durch einen Verweis überbrückt werden kann, ohne dort Unterbäume zu trennen (siehe linker Unterbaum in Abb. 5–3, unterer Teil).

Die beschriebenen Schritte zum Löschen eines Knotens aus einem Suchbaum werden von der Methode `entferne (int Zahl)` veranlasst, welche die rekursive Methode `entferne (int Zahl, Knoten k)` aufruft (siehe Prog. 5–5). Beide Methoden sind in die Klasse `Baum` (Prog. 4–10) einzufügen.

Die Arbeitsweise der Methode `entferne (int Zahl, Knoten k)` wird nun anhand des Beispiel-Suchbaums aus Abb. 5–3 erläutert, wobei wir einen Knoten, der die Zahl x trägt, vereinfachend als Knoten x bezeichnen. Für einen Verweis auf einen Knoten x schreiben wir vereinfachend → x.

Die ersten Aufrufe von `entferne` dienen der Suche des zu löschenden Knotens. Die ersten Verzweigungen in Prog. 5–5 sind daher analog zu der Suchmethode in Prog. 5–4 aufgebaut. Der einzige Unterschied besteht darin, dass die Verweise auf die Unterbäume neu zugewiesen werden, weil das Löschen eines Knotens den Suchbaum ja an einer Stelle verändern wird. Da die Suche bei der Wurzel beginnt, lauten die ersten Aufrufe von `entferne` folglich:

```
entferne (19,  → 32),
entferne (19,  →  7),
entferne (19,  → 19).
```

Ist der zu löschende Knoten gefunden (der Parameter k zeigt dann auf ihn), so wird gefragt, ob k nur einen Nachfolger hat. Trifft dies zu, so liegt ein unkomplizierter Fall vor. Der Knoten k kann dann durch einen Verweis einfach überbrückt werden. Hat k z.B. keinen linken Nachfolger, so soll sein Vorgänger einfach auf den rechten Nachfolger verweisen. Damit ist k ausgegliedert. Dieses Vorgehen

```
void entferne (int Zahl)
{ Wurzel = entferne (Zahl, Wurzel);
}

Knoten entferne (int Zahl, Knoten k)
{ if (k == null)
    return null;
  else if (Zahl < k.Zahl)
  { k.links = entferne (Zahl, k.links);    return k;
  }
  else if (Zahl > k.Zahl)
  { k.rechts = entferne (Zahl, k.rechts);    return k;
  }
  else if (k.links == null)
    return k.rechts;
  else if (k.rechts == null)
    return k.links;
  else
  { Knoten Ersatz = k.links;
    while (Ersatz.rechts != null)  Ersatz = Ersatz.rechts;
    Ersatz.links = entferne (Ersatz.Zahl, k.links);
    Ersatz.rechts = k.rechts;   k.links = k.rechts = null;
    return Ersatz;
  }
}
```

Suche des zu
löschenden
Knotens

höchstens
1 Nachfolger ?

Prog. 5–5 *Löschen eines Knotens aus einem Suchbaum*

behandelt auch den Fall korrekt, wenn k ein Blatt ist. Da in diesem Fall auch kein rechter Nachfolger existiert, enthält die Objektvariable rechts den Wert null. Auch der Vorgänger wird dann auf null verweisen, womit das Blatt k abgetrennt ist.

Schwieriger ist die verbleibende Alternative, in der k über zwei nicht leere Unterbäume verfügt, wie in Abb. 5–3 dargestellt. Hier muss ein Ersatzknoten gefunden werden. Mittels der Variablen Ersatz wird nach ihm im linken Unterbaum gesucht. Die Entscheidung für den linken Unterbaum ist willkürlich getroffen. Die while-Schleife sorgt dafür, dass in diesem Unterbaum Ersatz so lange nach rechts „wandert", bis ein Knoten keinen rechten Nachfolger mehr besitzt. Dies ist der größte Knoten im linken Unterbaum, also der Ersatzknoten. Der Variablen Ersatz werden somit nacheinander folgende Werte zugewiesen:

$\rightarrow 9, \ \rightarrow 18.$

Nun enthält k den Verweis $\rightarrow 19$ auf den zu löschen Knoten und Ersatz den Verweis $\rightarrow 18$ auf den Ersatzknoten. Der Aufruf

```
entferne (Ersatz.Zahl, k.links)
```

entfernt nun den Ersatzknoten aus dem linken Unterbaum. Das Problem, im Zuge dieser Löschoperation einen Ersatzknoten für den Ersatzknoten finden zu müssen, stellt sich nicht, weil der Ersatzknoten stets der am weitesten rechts liegende Knoten im linken Unterbaum ist, also nur einen Nachfolger hat. Somit kann der Ersatzknoten einfach durch Überbrückung mit einem Verweis aus dem linken Unterbaum entfernt werden (siehe Kasten „höchstens 1 Nachfolger ?" in Prog. 5–5).

Nun gilt es drei neue Verweise einzutragen, um den Ersatzknoten an die richtige Stelle im Suchbaum zu platzieren:

❑ Im Ersatzknoten muss `links` auf den Unterbaum zeigen, aus dem der Ersatzknoten soeben entfernt worden ist, also auf den Knoten 9. Dies wird durch die Zuweisung

```
Ersatz.links = entferne (Ersatz.Zahl, k.links);
```

erreicht, weil `entferne` einen Verweis auf den Teilbaum liefert, aus dem ein Knoten gelöscht wurde.

❑ Im Ersatzknoten muss `rechts` auf den bisherigen rechten Unterbaum des zu löschenden Knotens k zeigen, also auf den Knoten 27. Dies leistet die Zuweisung: `Ersatz.rechts = k.rechts;`.

❑ Schließlich muss der Vorgänger von k auf den Ersatzknoten 18 verweisen, was durch `return Ersatz;` erfolgt. Der auf den Vorgängerknoten 7 bezogene Aufruf der rekursiven Methode `entferne` enthält nämlich die Zuweisung `k.rechts = entferne (Zahl, k.rechts);` die den `rechts`-Verweis in Knoten 7 dann mit → 18 belegt.

Eine einfache Anwendung eines Suchbaums zeigt Prog. 5–6. Jede Eingabezeile wird in ein führendes Steuerzeichen und einen sich anschließenden Text unterteilt. Lautet das Steuerzeichen `'+'`, so wird der Text als `String`-Variable in einem Suchbaum gespeichert. Lautet es jedoch `'-'`, so wird ein gleichlautender Text aus dem Suchbaum gelöscht, sofern dort vorhanden. Das Steuerzeichen `'.'` beendet das Programm. Andere Steuerzeichen bewirken nichts. Wird ein Duplikat eines zuvor abgespeicherten Textes eingegeben, so erfolgt die Meldung `"déjà vu"`. Prog. 5–6 benutzt die Klasse `Baum` aus Prog. 4–10, die um die Methoden `suche` und `entferne` aus Prog. 5–4 bzw. 5–5 ergänzt wurde. Außerdem ist die Objektvariable `Zahl` überall durch eine `String`-Variable `Text` zu ersetzen, wobei auch Zahlvergleiche durch `String`-Vergleiche mittels `compareTo` (siehe Abschnitt 5.1) auszutauschen sind. Zum Einlesen einer Zeile wird die Methode `EingabeString` aus Prog. 2–40 (Seite 81) verwendet.

```
public class Haupt
{
  public static void main (String [] unbenutzt)
  { char Steuerzeichen;  String Eingabe, Text;
    Baum Suchbaum = new Baum ();   Knoten gefunden;
    do { Eingabe = EingabeString ();
         System.out.println ("Eingabe: " + Eingabe);
         if (Eingabe.length () < 2)
           Steuerzeichen = '.';
         else
         { Steuerzeichen = Eingabe.charAt (0);
           Text = Eingabe.substring (1, Eingabe.length ());
           gefunden = Suchbaum.suche (Text);
           if (gefunden != null)
             System.out.println ("déjà vu: " + gefunden.Text);
           if (Steuerzeichen == '+' && gefunden == null)
             Suchbaum.erzeuge_Blatt (Text);
           else if (Steuerzeichen == '-')
             Suchbaum.entferne (Text);
         }
       }
    while (Steuerzeichen != '.');
    System.out.println ("Alle Knoten des Suchbaums:");
    Suchbaum.durchlaufe ();
  }
}
```

Prog. 5–6 *Einfache Anwendung eines Suchbaums*

5.4 Hashtabelle

Wenn man sich überlegt, wie sich die Effizienz eines Suchbaums weiter steigern lässt, kann man auf den Gedanken kommen, von Binärbäumen auf stärker verzweigte Bäume überzugehen. Wenn ein Knoten nicht höchstens 2, sondern z.B. bis zu 200 Nachfolger hat, kann die Höhe eines Baumes B bei gleicher Knotenanzahl $a(B)$ viel geringer sein, nämlich $h(B) \geq \log_{200}(a(B) \cdot (200 - 1) + 1)$. Die Formel ist analog zu der in Abschnitt 4.3 herzuleiten. Ein Suchbaum aus 40201 gespeicherten Knoten wäre im Falle eines Binärbaums in 16 Schritten, bei bis zu 200 Nachfolgern eines Knotens jedoch in nur 3 Schritten von der Wurzel zu einem Blatt zu durchlaufen. Dabei sind jeweils Entartungen zur Liste hin ausgeschlossen.

Allerdings wirft die Verzweigung auf mehr als zwei Nachfolger zwei gravierende Probleme auf:

❑ Wie sind die Wertegrenzen festzulegen, gemäß denen entschieden wird, zu welchem Nachfolger beim Einfügen und bei der Suche fortzuschreiten ist? Die Verzweigung zu 200 Nachfolgern erfordert 199 Wertegrenzen. Gemäß einer Ziffer oder einem Buchstaben könnte man leicht 10 bzw. 26 Nachfolger-Knoten unterscheiden. Kommen einzelne Ziffern oder Buchstaben aber viel häufiger als andere vor, sind die Grenzen unausgewogen und der Baum tendiert zur Entartung. Bei anderen Datentypen oder anderer Verzweigungsanzahl kann es generell schwierig werden, geeignete Grenzen zu finden.

❑ Wie muss bei festgelegten Wertegrenzen geprüft werden, zu welchem Nachfolger-Knoten voranzuschreiten ist? Ein Knoten könnte eine Liste von z.B. 199 Wertegrenzen enthalten, von denen im Mittel die Hälfte mit dem einzutragenden bzw. zu suchenden Wert zu vergleichen ist. Ein solches Vorgehen wäre aufwändiger als das im Binärbaum! Besser wäre der Ansatz, die 199 Wertegrenzen in einem Binärbaum zu speichern und zu vergleichen. Diese merkwürdige Konstruktion „Binärbäume innerhalb von breiter verzweigten Bäumen" wäre insgesamt nicht günstiger als ein Binärbaum.

Eine wirkliche Verbesserung wird erst erzielt, wenn der Nachfolger einfach über eine ganze Zahl ausgewählt wird (und die Grenzen somit jeweils zwischen den ganzen Zahlen liegen). Wählt man einen Zahlenbereich $\{0, 1, \dots, n-1\}$, so kann die ganze Zahl als Index eines Arrays verwendet werden, das Verweise auf die Nachfolger enthält. Die Indizierung bringt einen großen Geschwindigkeitsvorteil, weil die ganze Zahl nicht mit den Wertegrenzen verglichen werden muss. Stattdessen kann in einem Schritt direkt auf das entsprechende Array-Element zugegriffen werden. Abb. 5–4 zeigt einen Knoten, der ein Array mit $n = 6$ Verweisen auf seine Nachfolger enthält. Das Array wird als *Hashtabelle* bezeichnet.

Die ganze Zahl zur Indizierung der Hashtabelle wird *Hashindex* genannt. Dieser muss aus dem betreffenden Eintrag in den Suchbaum abgeleitet werden. Für den gewählten Datentyp der Einträge, sei es eine Zahl, ein String, ein Objekt

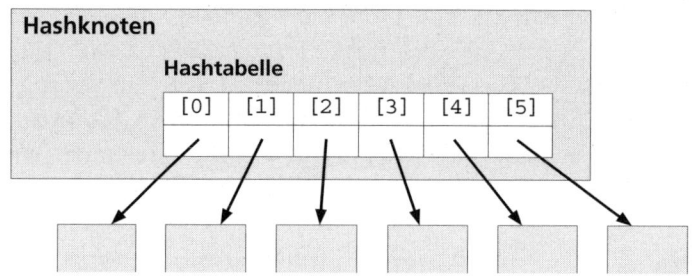

Abb. 5–4   *Hashtabelle in einem Hashknoten*

mit verschiedenartigen Variablen oder sonst ein Datentyp, ist daher eine *Hashfunktion h* zu definieren, die einen Eintragswert x auf einen Hashindex $h(x)$ abbildet. Dann wird beim Einsortieren und beim Suchen der Nachfolger eines Knotens über eine Hashtabelle t durch die Indizierung $t[h(x)]$ bestimmt. Eine Hashfunktion *h* wird gemäß den folgenden Kriterien gebildet:

- ❑ Entsprechend der sonst üblichen Struktur eines Suchbaums müsste eigentlich ein bestimmter Funktionswert von *h* so interpretiert werden, dass ein gesuchter Eintrag nicht in einem Nachfolger, sondern in dem betreffenden Knoten selbst zu finden ist. Zwecks Vereinfachung und Geschwindigkeitssteigerung verzichtet man jedoch meist auf diese Möglichkeit und trägt in einem Knoten, der eine Hashtabelle enthält, keine Daten ein. Diese werden nur in Blättern und evtl. in anderen Knoten angeordnet, wo nicht über Hashtabellen, sondern nach den Regeln des Binärbaums weiter verzweigt wird. Wir unterteilen die Knoten daher in *Hashknoten* und *Datenknoten*. In Hashknoten muss also die Hashfunktion stets einen Index für die Hashtabelle liefern, über die ein Nachfolger-Knoten erreicht wird.

- ❑ Der Wertebereich der Hashfunktion muss genau so mächtig sein, wie die Hashtabelle Elemente besitzt. Für eine Elementanzahl n wählt man sinnvollerweise den Wertebereich $\{0, 1, \ldots, n-1\}$, da dessen Elemente unmittelbar als Array-Index verwendbar sind. Ausgehend von einer beliebigen ganzen Zahl j erreicht man diesen Wertebereich am einfachsten durch Anwendung der Betragsfunktion auf j (um negative Werte in positive umzuwandeln) und die anschließende Bildung des Restes der Division durch n (die Modulo-Funktion bildet auf Werte kleiner als n ab). In Java ausgedrückt: `Math.abs (j) % n`.

- ❑ Die Bearbeitungsdauer für Einfüge- und Suchoperationen sinkt mit abnehmender Höhe der Datenstruktur, sei es ein Suchbaum oder ein Baum mit Hashknoten. Die zu erwartende Höhe ist um so geringer, je mehr sich die Wahrscheinlichkeiten für die Verzweigung zu den verschiedenen Nachfolgern eines Hashknotens angleichen. Daher vermeidet man bestimmte Hashfunktionen, die z.B. Anfangsbuchstaben von Wörtern in eine Zahl umwandeln, weil die Auftritts-Wahrscheinlichkeiten von Anfangsbuchstaben ziemlich ungleich sind. Stattdessen zieht man Funktionen vor, die ähnliche Werte der Einträge auf möglichst unähnliche Hashindex-Werte abbilden, also quasi zufällig streuend in den Wertebereich abbilden. Ein bestimmter Hashindex kann dann (fast unvorhersehbar) von verschiedenen Eintragswerten berechnet sein, die weit auseinanderliegen. Damit wird der Zusammenhang zu der Wahrscheinlichkeitsverteilung der Einträge weitgehend aufgehoben. Der Hashindex ist über den Wertebereich annähernd gleich verteilt, was zu einer geringen Höhe der Datenstruktur führt. Einfache und gut brauchbare Hashfunktionen mit dieser Eigenschaft sind Quersummen und gewichtete Quersummen:

Ziffern, Ziffergruppen, Zahlen, Zeichen, Zeichengruppen usw. lassen sich auf ganze Zahlen abbilden, die dann über alle Elemente eines Eintrags aufsummiert werden. Die in Abschnitt 2.2 zu Recht kritisierte Regelung, dass Zahlenbereichs-Überläufe in Java nicht als Ausnahme gemeldet werden, wirkt sich hier positiv aus: Ohne Rücksicht auf Überläufe darf addiert werden, weil hier nicht der korrekte Summenwert, sondern nur die streuende Eigenschaft der Summenbildung von Interesse ist. Da für die Addition das Kommutativgesetz gilt, ergibt z.B. bei buchstabenweiser Quersummenbildung der String "LAGO" den gleichen Hashindex wie "OLGA", wodurch die Gleichverteilung etwas gestört wird, weil dann Summen häufiger Buchstaben öfter auftreten. Für verschiedene Reihenfolgen gleicher Elemente erhält man dagegen (meistens) unterschiedliche Hashindizes, wenn die Elemente mit verschiedenen Potenzen eines Gewichtungsfaktors f gebildet werden: Für $x_1, x_2, \ldots, x_m$ beträgt die gewichtete Quersumme

$$x_1 \cdot f^0 + x_2 \cdot f^1 + \ldots + x_m \cdot f^{m-1},$$

was sich rekursiv einfach berechnen lässt:

$$\text{gQuersumme } (x_i) = \begin{cases} f \cdot \text{gQuersumme } (x_{i-1}) & \text{falls } i > 1 \\ x_i & \text{falls } i = 1 \end{cases}$$

Prog. 5–8 enthält die Hashfunktion h, die ebenfalls eine gewichtete Quersumme realisiert. Jedoch bearbeitet diese Funktion die Elemente in umgekehrter Reihenfolge, d.h., sie berechnet $x_1 \cdot f^{m-1} + x_2 \cdot f^{m-2} + \ldots + x_m \cdot f^0$, was eine effiziente iterative Implementierung ermöglicht.

Für unterschiedliche Argumente können die Funktionswerte einer Hashfunktion im Wertebereich „wild hin und her springen". Dennoch sind Hashfunktionen keine Zufallsfunktionen, sondern völlig deterministisch. Gleiche Argumente führen immer zu den gleichen Funktionswerten. Andernfalls könnte man abgespeicherte Daten nicht wiederfinden. Die streuende Eigenschaft von Hashfunktionen verletzt aber die Ordnung in folgender Weise: Gilt für zwei Einträge x und y die Beziehung x < y, dann kann $h(x) < h(y)$ oder $h(x) = h(y)$ oder $h(x) > h(y)$ gelten. Deshalb können mittels Hashtabelle auch nur Einträge gefunden werden, die exakt gleich dem gesuchten sind. Allenfalls können die Einträge noch verschiedene zusätzliche Informationen enthalten, die nicht Argumente der Hashfunktion sind.

Im Prinzip könnte man einen Suchbaum mit mehreren Hashknoten aufbauen. Dann müssten aber für jeden Hashknoten, der beim Einsortieren oder bei der Suche passiert wird, verschiedene Hashfunktionen angewendet werden. Diesen Rechenaufwand spart man sich fast immer und bildet in der Regel nur die Wurzel als Hashknoten aus (siehe Abb. 5–5). Wenn dort die Hashtabelle hinreichend groß ist, bestehen viele der Unterbäume aus höchstens einem Blatt, was ei-

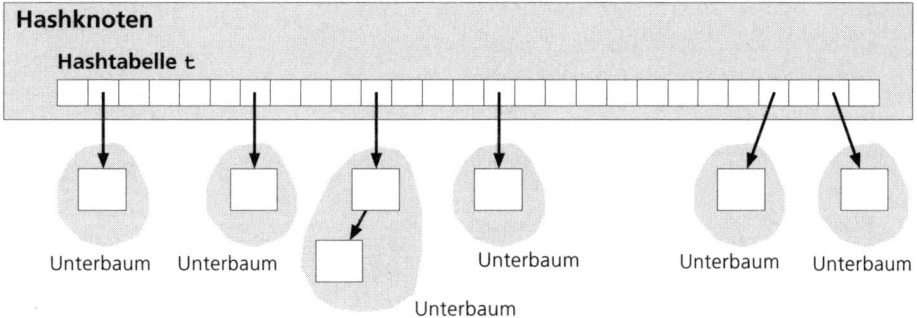

Abb. 5–5 *Große Hashtabelle an der Wurzel, viele Unterbäume sind leer*

nen sehr schnellen Zugriff ermöglicht. Da Hashfunktionen aber nicht injektiv sind, kann nicht ausgeschlossen werden, dass ein Unterbaum mehrere Knoten aufweist – selbst dann nicht, wenn die meisten Unterbäume leer sind. Je größer das Array ist, das die Hashtabelle realisiert, desto unwahrscheinlicher sind große Unterbäume. In den Grenzen des verfügbaren Speichers empfiehlt sich eine großzügige Dimensionierung der Hashtabelle, um ein schnelles Arbeiten zu ermöglichen. Die Anzahl der Array-Elemente braucht jedoch die Anzahl der zu erwartenden Einträge nicht um eine Größenordnung zu übersteigen, da dies kaum noch Geschwindigkeitsvorteile bringt.

Aus den Überlegungen zu Hashtabellen und Hashfunktionen ergibt sich die Implementierung der Klasse Hashknoten. Sie wird im Hinblick auf Unterbäume vorgestellt, deren Knoten String-Einträge beinhalten (nicht Zahl-Einträge wie beim Suchbaum in Abschnitt 5.3). Prog. 5–7 zeigt eine entsprechende Klasse Knoten mit einer String-Variablen Eintrag.

```
class Knoten
{ String Eintrag;  Knoten links, rechts;

  Knoten (String Eintrag)
  { this.Eintrag = Eintrag;  links = rechts = null;
  }
}
```

Prog. 5–7 *Knoten, der einen Text speichert*

Die Realisierung des Hashknotens und seiner Methoden für das Einsortieren und die Suche ist in Prog. 5–8 dargestellt. Der Konstruktor erzeugt eine Hashtabelle t mit n Elementen, die mit null initialisiert werden. Da hier eine Hashfunktion nicht über einen gesamten Eintrag, sondern nur seinen signifikanten Anfang (z.B. die ersten 15 Zeichen des Strings) gebildet werden soll, wird die int-Variable signifikant mit der entsprechenden Zeichenanzahl initialisiert. Die Hash-

```
class Hashknoten
{ Knoten [] t;   int n, signifikant;

  Hashknoten (int n, int signifikant)
  { this.n = n;   this.signifikant = signifikant;
    t = new Knoten [n];
    for (int j = 0; j < n; j++)  t [j] = null;
  }

  int h (String Eintrag)    // Hashfunktion
  { int   i = 0,   f = 503,
          m = Math.min (Eintrag.length (), signifikant);
    for (int j = 0; j < m; j++)  i = f * i + (int) Eintrag.charAt (j);
    return  Math.abs (i) % n;
  }

  void sortiere_ein (String Eintrag)
  { int i = h (Eintrag);
    t [i] = sortiere_ein (Eintrag, t [i]);
  }

  Knoten sortiere_ein (String Eintrag, Knoten k)
  { if (k == null)
       return new Knoten (Eintrag);
    else if (Eintrag.compareTo (k.Eintrag) < 0)
    { k.links = sortiere_ein (Eintrag, k.links);   return k;
    }
    else
    { k.rechts = sortiere_ein (Eintrag, k.rechts);   return k;
    }
  }

  Knoten suche (String Eintrag)
  { return suche (Eintrag, t [h (Eintrag)]);
  }

  Knoten suche (String Eintrag, Knoten k)
  { if (k == null)
       return null;
    else if (Eintrag.equals (k.Eintrag))
       return k;
    else if (Eintrag.compareTo (k.Eintrag) < 0)
       return suche (Eintrag, k.links);
    else
       return suche (Eintrag, k.rechts);
  }
}
```

Prog. 5–8 *Hashknoten mit Methoden zum Einsortieren und zur Suche*

funktion h realisiert eine gewichtete Quersummenbildung über die signifikanten Zeichen eines Eintrags, wobei der Gewichtungsfaktor f den konstanten Wert 503 besitzt.

Das Einsortieren eines Eintrags beginnt mit dem Aufruf der Hashfunktion *h*: i = h (Eintrag); Sodann wird das Array-Element t [i] mit einem Verweis auf den Unterbaum belegt, in den der Eintrag einsortiert wird. Das Einsortieren in den Unterbaum durch die rekursive Methode `sortiere_ein` erfolgt analog zu der entsprechenden Methode für Suchbäume (siehe Abschnitt 5.3).

Die Suche eines Eintrags beginnt ebenfalls mit dem Aufruf der Hashfunktion *h*, die das betreffende Array-Element der Hashtabelle auswählt. Folglich wird die rekursive Methode `suche` mit dem Parameter `t [h (Eintrag)]` aufgerufen. Die Suche im Unterbaum ist wiederum analog zu dem Vorgehen in einem Suchbaum.

Die Inhalte aller nicht leeren Unterbäume können mit den Methoden aus Prog. 5–9 ausgegeben werden. Die Methoden sind in die Klasse `Hashknoten` aus Prog. 5–8 einzufügen.

Das hier vorgestellte Verfahren zur Realisierung einer Hashtabelle erlaubt einen sehr schnellen Zugriff auf zuvor gespeicherte Einträge. Es existieren einige Varianten von Hashmethoden, die sich in ihren Eigenschaften hinsichtlich Speicher- und Zugriffszeitaufwand unterscheiden. Eine sehr schnell ausführbare, aber schwache Hashfunktion bietet die zu Java gehörende Klasse `Object` mit der Methode `hashCode` für alle in Java erzeugten Objekte an. Diese Methode bildet den Hashindex aber bei vielen Objekten nicht über deren Inhalt, sondern nur über deren Identität, was die Verwendungsmöglichkeiten einschränkt.

```
void durchlaufe ()
{ System.out.println ("Hashtabelle:");
  for (int i = 0; i < n; i++)
    if (t [i] != null)
    { System.out.println (i + ":    ");  durchlaufe (t [i]);
    }
}

void durchlaufe (Knoten k)
{ if (k != null)
  { durchlaufe (k.links);
    System.out.println (k.Eintrag);
    durchlaufe (k.rechts);
  }
}
```

Prog. 5–9 *Durchlauf durch eine Hashtabelle*

5.5   Gerichteter Graph

Bäume dienen nicht nur dem effizienten Abspeichern und Wiederfinden von Daten. Wie bereits in Abschnitt 4.3 ausgeführt, sind sie auch in der Lage, eine Beziehung zwischen Objekten auszudrücken, nämlich eine Hierarchie. Viele in einem Programm darzustellende Objektstrukturen weisen jedoch andere, nicht hierarchische Beziehungen auf. In einem Modell eines Bahnverkehrssystems sind etwa

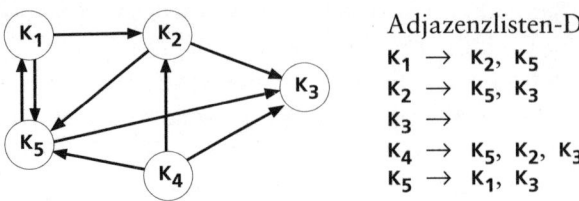

Adjazenzlisten-Darstellung des Graphen:

$K_1 \rightarrow K_2, K_5$
$K_2 \rightarrow K_5, K_3$
$K_3 \rightarrow$
$K_4 \rightarrow K_5, K_2, K_3$
$K_5 \rightarrow K_1, K_3$

Abb. 5–6   *Graph aus fünf Knoten und neun Kanten*

Bahnhöfe und ihre Verbindungen durch Schienen nachzubilden. Ein Programm zur Projektplanung muss Beziehungen zwischen Arbeitsvorgängen und benötigten Ressourcen durch Verweise zwischen entsprechenden Objekten darstellen. In anderem Zusammenhang ist vielleicht ein Syntaxdiagramm durch ein Geflecht von Objekten zu repräsentieren. Die Liste der Beispiele ließe sich beliebig fortsetzen.

Alle Objektbeziehungen der genannten Art lassen sich durch einen *gerichteten Graphen* ausdrücken, der aus *Knoten* besteht, die über *gerichtete Kanten* verbunden sind. Abb. 5–6 zeigt links einen Graphen. Eine gerichtete Kante (im Folgenden kurz *Kante* genannt) wird als Pfeil symbolisiert, der von einem Knoten ausgeht und auf einen anderen Knoten zeigt. Von jedem Knoten können beliebig viele Kanten ausgehen und beliebig viele Kanten können in ihn münden. Jede Kante, die von einem Knoten A zu einem Knoten B führt, bringt zum Ausdruck, dass A und B (in dieser Reihenfolge!) zueinander in Beziehung stehen. Je nach Anwendungskontext des Programms kann die Kante bedeuten: „Eine Bahnstrecke verläuft von A nach B", „Arbeitsvorgang A benötig Ressource B" oder „Auf die Eingabe A kann die Eingabe B folgen". In manchen Graphen können Kanten sowohl von A nach B als auch von B nach A verlaufen, so auch zwischen K_1 und K_5 in dem Graphen aus Abb. 5–6. Es sind sogar Kanten zulässig, die von einem Knoten A zu sich selbst führen. Auch kann ein Knoten ausschließlich Ausgangspunkt (wie K_4 in Abb. 5–6) oder Ziel von Kanten sein (wie K_3 in Abb. 5–6).

Formal wird ein gerichteter Graph G über seine Knotenmenge V und seine Kantenmenge E definiert: $G = (V, E)$, wobei $E \subset V \times V$. Jede Kante $e \in E$ ist also das Tupel der Knoten, das sie verbindet. Der Graph aus Abb. 5–6 lässt sich formal wie folgt notieren:

$$G = \left(\{K_1, K_2, K_3, K_4, K_5\}, \{(K_1, K_2), (K_1, K_5), (K_2, K_5), (K_2, K_3), \\ (K_4, K_5), (K_4, K_2), (K_4, K_3), (K_5, K_1), (K_5, K_3)\} \right)$$

Übersichtlicher ist jedoch die Notation als so genannte *Adjazenzlisten*, wie sie auf der rechten Seite in Abb. 5–6 angegeben sind. Dabei handelt es sich um eine zweistufig hierarchische Liste (also genau genommen um einen Baum): Eine übergeordnete Liste nennt die Knoten (meist vertikal dargestellt). Für jeden Knoten gibt die Adjazenzliste die Zielknoten an, die von ihm über Kanten direkt erreichbar sind (meist horizontal dargestellt).

Für den Menschen ist in der Regel die grafische Darstellung am übersichtlichsten – zumindest bei nicht allzu großen Graphen. Ein Programm kann mit Adjazenzlisten besser umgehen. Adjazenzlisten können sogar als eine Datenstruktur aufgefasst werden, die sich problemlos durch Objekte ausdrücken lässt, die entsprechend aufeinander verweisen.

Bevor wir darauf näher eingehen, soll eine andere „Implementierungsform" diskutiert werden, die naheliegend erscheinen mag, aber für allgemeine Graphen ungeeignet ist. Jedes Knoten-Objekt könnte mit so vielen Verweisvariablen ausgestattet werden, wie Kanten von ihm ausgehen. Dies bedeutet aber, dass für jede Kantenanzahl eine eigene Klasse zu vereinbaren ist! Graphen, deren Struktur beim Programmentwurf noch unbekannt ist, weil sie gemäß den Eingabedaten während der Programmausführung aufgebaut werden, lassen sich so nicht realisieren. Spezielle Graphen, bei denen die Anzahl der von einem Knoten ausgehenden Kanten nicht größer als eine Konstante g oder gar für alle Knoten gleich g ist, können allerdings mit Verweisvariablen in den Knoten-Objekten realisiert werden. Ein Beispiel hierfür ist ein Graph zur Darstellung von Eisenbahn-Gleisplänen. Jedes Schienenstück besitzt normalerweise zwei, im Falle einer Weiche drei Nachbar-Schienenstücke. Folglich besitzt jedes Schienenstück-Objekt drei Verweisvariablen zur Darstellung von Kanten, die auf Nachbar-Schienenstücke zeigen bzw. `null` enthalten.

Zurück zur Implementierung von allgemeinen Graphen mittels Adjazenzlisten. Dazu vereinbaren wir drei Klassen:

❏ Die Klasse `Knoten` (siehe Prog. 5–10) repräsentiert die Knoten des Graphen. Alle erzeugten Knoten-Objekte sind über ihre `Nf`-Verweise als lineare Liste verbunden. Diese Liste hat keine Entsprechung im Graphen, ist aber erforderlich, um alle Knoten erreichen zu können und eine Reihenfolge der Knoten (z.B. für die Ausgabe) festzulegen. Knoten, in die keine Kanten münden (wie K_4 in Abb. 5–6), können nämlich über die Kanten nicht erreicht werden. Jedes Knoten-Objekt besitzt zusätzlich die Variablen `Kopf` und `Fuss`, die auf den Anfang bzw. das Ende der zum Knoten gehörenden Adjazenzliste verweisen.

❏ Die Klasse `Kante` (siehe Prog. 5–10) repräsentiert die Kanten des Graphen. Die von einem Knoten ausgehenden Kanten sind jeweils in einer Adjazenzliste über die `Nf`-Verweise der Kanten-Objekte verbunden. Ein Kanten-Objekt besitzt außerdem eine Verweisvariable `Kante`, die auf den Zielknoten der Kante zeigt. Der „Verweispfeil" entspricht also genau dem entsprechenden „Kantenpfeil" im Graphen. Durch die Bildung einer beliebig erweiterbaren Adjazenzliste für jeden Knoten kann die Anzahl der von einem Knoten ausgehenden Kanten beliebig groß werden.

❏ Die Klasse `Graph` (siehe Programme 5–11 und 5–12) enthält alle Methoden zur Bearbeitung eines Graphen sowie die Verweise `Kopf` und `Fuss` auf den Anfang bzw. das Ende der Knotenliste. Für jeden in einem

Programm darzustellenden Graphen wird genau ein Objekt Graph erzeugt – analog zu den Klassen Liste (Prog. 4–6 und 4–7) und Baum (Prog. 4–10), die ebenfalls alle Bearbeitungsmethoden für eine Liste bzw. einen Baum zusammenfassen.

Die gesamte Datenstruktur zur Repräsentation des Graphen aus Abb. 5–6 ist in Abb. 5–7 dargestellt.

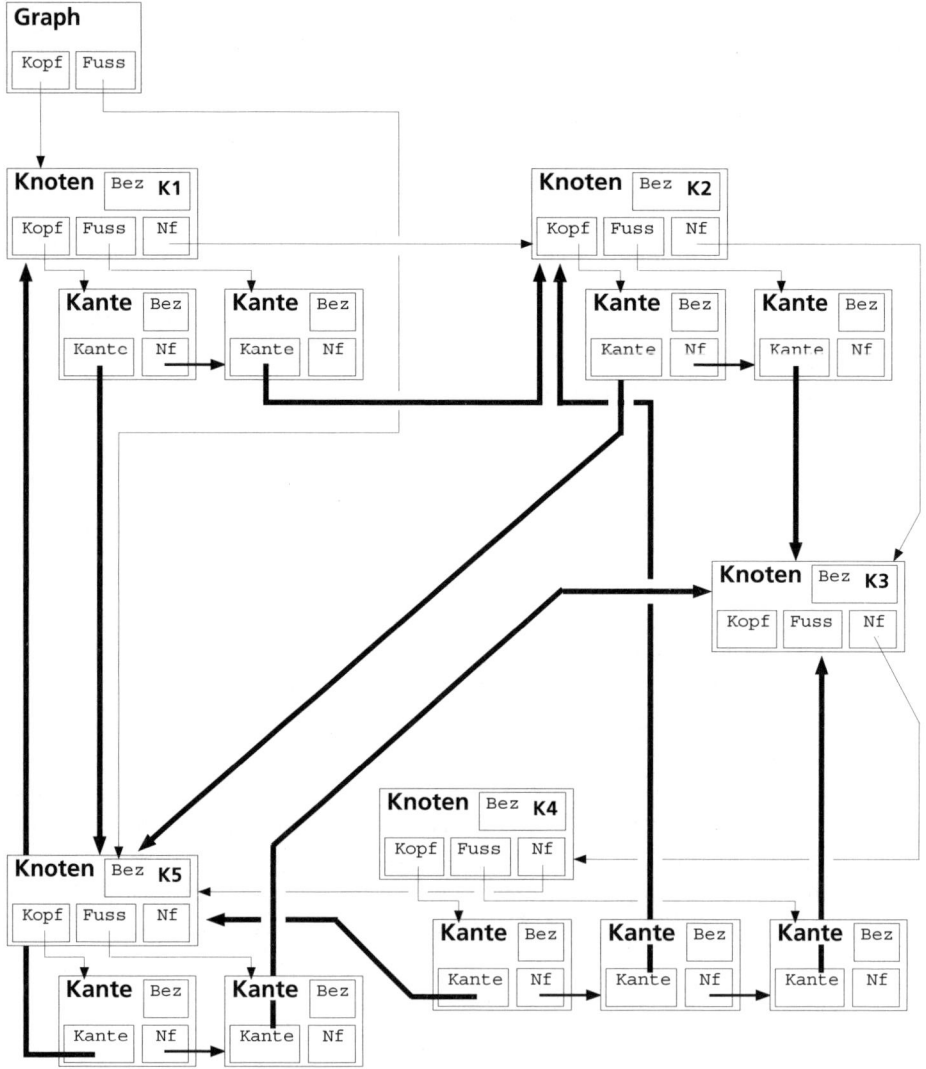

Abb. 5–7 Darstellung eines Graphen durch eine Datenstruktur

```
class Knoten
{ String Bez;    Knoten Nf;    Kante Kopf, Fuss;

  Knoten (String Bez)
  { this.Bez = Bez;    Nf = null;    Kopf = Fuss = null;
  }
}


class Kante
{ String Bez;    Kante Nf;    Knoten Kante;

  Kante (String Bez, Knoten Kante)
  { this.Bez = Bez;    Nf = null;    this.Kante = Kante;
  }
}
```

Prog. 5–10 *Klassen* Knoten *und* Kante

In Graphen können sowohl Knoten als auch Kanten attributiert sein. Entsprechend lassen sich in den Klassen Knoten und Kante Objektvariablen vereinbaren. In den Programmen 5–10 bis 5–12 ist hierfür eine String-Variable Bez vorgesehen, die Knoten bzw. Kanten bezeichnet. Sollen beispielsweise die Kanten unbenannt bleiben (wie bei dem Graphen aus Abb. 5–6), so weist man Bez einfach den leeren Text " " zu.

Wegen ihres Umfangs ist die Klasse Graph in zwei Teilen dargestellt. Alle lesenden Zugriffe auf einen Graphen sind in Prog. 5–11, alle modifizierenden in Prog. 5–12 aufgeführt.

Die Methoden suche_Knoten und suche_Kante (Prog. 5–11) sind hier zur Abwechslung iterativ implementiert, nicht rekursiv wie die Listenoperationen in Abschnitt 4.3. Eine Knoten- bzw. Kantenliste wird dabei mittels einer while-Schleife anstatt durch rekursive Aufrufe durchlaufen. Die Suche nach einer Kante ist mit zwei Bezeichnungen parametrisiert, die den Ausgangs- und den Zielknoten benennen. Wenn beide Knoten existieren und eine Kante zwischen diesen verläuft, liefert suche_Kante einen Verweis auf diese Kante.

Der Durchlauf durch einen Graphen ist als Wanderung durch die Knotenliste realisiert, wobei für jeden Knoten auch die zugehörige Adjazenzliste durchlaufen wird. Dabei wird für jede Kante unterschieden, ob sie eine Bezeichnung trägt oder nicht. Ein Kantenbezeichnung wird ggf. in eckigen Klammern ausgegeben.

Die Modifikation eines Graphen durch die Methoden erzeuge_Knoten, erzeuge_Kante, entferne_Knoten und entferne_Kante in Prog. 5–12 orientiert sich an den entsprechenden Listenoperationen, wie sie in Abschnitt 4.3 eingeführt wurden. Sie sind jedoch bei Bedarf mehrfach anzuwenden. So verlangt beispielsweise das Einfügen einer Kante zunächst die Suche des Anfangs- und des Endknotens.

Die Erzeugung einer Kante ist mit einem String zur Benennung der Kante sowie mit zwei Bezeichnungen parametrisiert, die den Ausgangs- und den Zielkno-

ten benennen. Nur wenn beide Knoten existieren, wird eine Kante in die Adjazenzliste des Ausgangsknotens eingefügt.

```
class Graph
{ Knoten Kopf, Fuss;

  Graph ()
  { Kopf = Fuss = null;
  }

  Knoten suche_Knoten (String Bez)
  { Knoten k = Kopf;
    while (k != null && ! k.Bez.equals (Bez))    k = k.Nf;
    return k;
  }

  Kante suche_Kante (String von, String nach)
  { Knoten vonK = suche_Knoten (von),
           nachK = suche_Knoten (nach);
    if (vonK != null)
    { Kante ka = vonK.Kopf;
      while (ka != null && ka.Kante != nachK)    ka = ka.Nf;
      return ka;
    }
    else
      return null;
  }

  void durchlaufe ()
  { System.out.println ("Graph:");    durchlaufe (Kopf);
  }

  void durchlaufe (Knoten k)
  { if (k != null)
    { System.out.print (k.Bez + " -->");    durchlaufe (k.Kopf);
      System.out.println ();                durchlaufe (k.Nf);
    }
  }

  void durchlaufe (Kante ka)
  { if (ka != null)
    { if (ka.Bez.length () > 0)
        System.out.print (" [" + ka.Bez + "] " + ka.Kante.Bez);
      else
        System.out.print (" " + ka.Kante.Bez);
      durchlaufe (ka.Nf);
    }
  }
```

Prog. 5–11 *Klasse* Graph, *erster Teil*

```
void erzeuge_Knoten (String Bez)
{ if (Kopf == null)   Kopf = Fuss = new Knoten (Bez);
  else                Fuss = Fuss.Nf = new Knoten (Bez);
}
void erzeuge_Kante (String von, String nach, String Bez)
{ Knoten vonK = suche_Knoten (von),
         nachK = suche_Knoten (nach);
  if (vonK != null && nachK != null)
    if (vonK.Kopf == null)
      vonK.Kopf = vonK.Fuss = new Kante (Bez, nachK);
    else
      vonK.Fuss = vonK.Fuss.Nf = new Kante (Bez, nachK);
}
void entferne_Knoten (String Bez)
{ Kopf = entferne_Knoten (Bez, Kopf);
}
Knoten entferne_Knoten (String Bez, Knoten k)
{ if (k != null)
    if (k.Bez.equals (Bez))
    { entferne_hinf (Kopf, k);   return k.Nf;
    }
    else
    { k.Nf = entferne_Knoten (Bez, k.Nf);   return k;
    }
  else return null;
}
void entferne_hinf (Knoten vonK, Knoten nachK)
{ if (vonK != null)
  { vonK.Kopf = entferne_Kante (vonK.Kopf, nachK);
    entferne_hinf (vonK.Nf, nachK);
  }
}
void entferne_Kante (String von, String nach)
{ Knoten vonK = suche_Knoten (von),
         nachK = suche_Knoten (nach);
  if (vonK != null && nachK != null)
    vonK.Kopf = entferne_Kante (vonK.Kopf, nachK);
}
Kante entferne_Kante (Kante ka, Knoten nachK)
{ if (ka != null)
    if (ka.Kante == nachK)
      return ka.Nf;
    else
    { ka.Nf = entferne_Kante (ka.Nf, nachK);   return ka;
    }
  else return null;
}
}
```

Prog. 5–12 *Klasse* Graph, *zweiter Teil*

Beim Entfernen eines Knotens ist eine Besonderheit zu berücksichtigen: Alle mit dem betreffenden Knoten verbundenen Kanten sind ebenfalls zu entfernen. Für die Kanten, die von dem Knoten wegführen, erfolgt dies implizit, da sie nur über den zu löschenden Knoten erreichbar sind. Ist der Knoten aus dem Graphen entnommen, so sind es auch die Kanten. Die hinführenden Kanten müssen jedoch explizit entfernt werden. Dazu dient der Aufruf der rekursiven Methode `entferne_hinf`, die alle Knoten durchläuft und jeweils `entferne_Kante` aufruft, wobei der Parameter `nachK` auf den zu entfernenden Knoten zeigt. Alle Kanten, die zu `nachK` führen, werden somit aus dem Graphen entfernt.

Neben den in Prog. 5–11 und 5–12 aufgeführten Methoden könnte die Klasse `Graph` noch weitere enthalten, die aber hier nicht näher diskutiert werden. Solche Methoden könnten beispielsweise die folgenden Operationen realisieren:

- ❑ Die Suche nach Zyklen, d.h. nach Kantenzügen k → k′ → k″ → ... → k, die von einem Knoten k ausgehen und zu diesem zurückführen
- ❑ Die Suche nach Knoten, in die keine Kanten münden
- ❑ Die Überprüfung, ob von einem Knoten k aus alle anderen Knoten über einen Kantenzug erreichbar sind.

Je nach Anwendung können zahlreiche Methoden hinzukommen. Gerichtete Graphen sind eine sehr allgemein verwendbare Datenstruktur, die durch Objektvariablen in den Knoten und Kanten an viele Aufgabenstellungen angepasst werden können. Die Allgemeinheit von Graphen wird auch dadurch unterstrichen, dass Listen und Bäume als Spezialfälle von Graphen aufgefasst werden können.

6 Erweiterung von Klassen

6.1 Erweiterung einer Klassenimplementierung

Klassen und die Beziehungen zwischen ihnen sollen die Lösung einer Aufgabenstellung widerspiegeln. Das funktioniert natürlich nicht im Detail. Daher spricht man besser von einem Modell für das gestellte Problem. Ein wesentliches Hilfsmittel, Problemstrukturen in die Struktur einer programmierten Lösung zu übertragen, ist die Klassifikation von Eigenschaften, Begriffen usw. Diese sollen sich in Form von speziellen Beziehungen zwischen den Klassen wiederfinden.

An dieser Stelle ist eine kleine Warnung angebracht. So wie ein Modell eines Flugzeuges zwar ein Abbild eines realen Flugzeuges ist, gehorcht es doch auch eigenen Regeln, die für das reale Flugzeug so nicht gelten. Für die Beziehung zwischen einer Aufgabenstellung einerseits und einer dazugehörigen Lösung andererseits gilt Ähnliches. Das Programm realisiert – hoffentlich – die gestellte Aufgabe; es müssen vom Programm aber auch Aufgaben erledigt werden, die in der Aufgabenstellung nicht genannt wurden und „nur" mit der Implementierung in einer gewählten Programmiersprache zu tun haben.

In diesem Kapitel wird das Konzept der Erweiterung von Klassen vorgestellt, mit dem es möglich ist, die gefundenen Klassifikationen einer Aufgabenstellung direkt in Java zu codieren. Die Idee ist hierbei, dass eine Klasse durch zusätzliche Eigenschaften, die in Form einer sogenannten Erweiterung definiert werden, in einem gewissen – vom Modellierer oder Programmierer gewählten – Sinne spezieller wird als die ursprüngliche Ausgangsversion der Klasse.

Zunächst sind diese Erweiterungen statischer Natur. Später werden Möglichkeiten diskutiert, auch Verfahrensvorschriften zu spezialisieren und damit dynamische Erweiterungen bzw. Spezialisierungen zu schaffen.

Es wird nun anhand eines einfachen Beispiels gezeigt, wie eine Aufgabenstellung in ihren Eigenschaften klassifiziert werden kann. Die dazugehörige Umsetzung in Java macht die Spezialisierung dadurch deutlich, dass neue, in der allgemeineren Fassung nicht vorhandene Eigenschaften hinzugenommen werden.

Als beispielhafter Ausschnitt der Realität sollen hier Informationen über Flug- und Bahnreisen dienen. Bei beiden Arten von Reisen gibt es gemeinsame und unterschiedliche Eigenschaften. Betrachten wir zunächst Klassendefinitionen, die sich für die beiden Arten von Reisen mit Hilfe der bisher vorgestellten

```
class Bahnreise                      class Flugreise
{ DatumsTyp  Datum;                  { DatumsTyp  Datum;
  Ort        Start, Ziel;              Ort        Start, Ziel;
  ZugTyp     Zug;                      FlugTyp    Flug;
}                                      FlugKlasse Klasse;
                                     }
```

Prog. 6–1 *Klassendefinition für Objekte vom Typ* Bahnreise *und* Flugreise

Techniken ergeben würden (siehe Prog. 6–1). Wir beschränken uns an dieser Stelle zunächst auf die Modellierung und Abbildung von Eigenschaften, die keine Methoden erfordern, sondern nur Objektvariablen. Des Weiteren werden natürlich für DatumsTyp, Ort usw. entsprechende Klassendefinitionen vorausgesetzt, die hier aus Gründen der Übersichtlichkeit nicht aufgeführt werden.

Die genaue Beobachtung der beiden Klassendefinitionen offenbart, dass gewisse Teile der beiden Definitionen identisch sind. Die Tatsache dieses gemeinsamen Anteils ist nicht zufällig, sondern darin zu suchen, dass es sich bei beiden Klassendefinitionen um Darstellungen wichtiger Informationen über Reisen im Allgemeinen handelt. Die Unterschiede ergeben sich dann aus den speziellen Anforderungen, die Flug- und Bahnreisen mit sich bringen.

Diese Beziehung zwischen allgemeinen und speziellen Eigenschaften von Objekten kann man sich zu Nutze machen, indem man in der Programmstruktur unter Zuhilfenahme einer objektorientierten Programmiersprache zum Ausdruck bringt, dass Informationen über *Flugreisen* und *Bahnreisen* beides Spezialfälle von Informationen über *allgemeine Reisen* sind.

In Java geschieht dies folgendermaßen: Die gemeinsamen Eigenschaften werden in einer eigenen Klassendefinition zusammengefasst und die beiden Spezialisierungen werden als so genannter *Erweiterung* dieser Klassendefinition formuliert.

In Prog. 6–2 wird der gemeinsame Teil in Form der Klassendefinition Reise formuliert. Die Darstellung der Erweiterung dieser allgemeinen Eigenschaften wird in Java im Kopf einer Klassendefinition durch das Schlüsselwort extends und den Namen der zu erweiternden Klassendefinition angezeigt.

In Prog. 6–3 werden die beiden Arten von Reisen (Flug- und Bahnreisen) als Erweiterung der Klasse Reise formuliert. Man beachte, dass gegenüber der Klasse Reise nur die zusätzlichen speziellen Eigenschaften wie z.B. FlugTyp respektive ZugTyp angegeben werden.

```
class Reise
{ DatumsTyp  Datum;
  Ort        Start, Ziel;
}
```

Prog. 6–2 *Definition der gemeinsamen Eigenschaften von Informationen über Reisen*

```
class Bahnreise extends Reise          class Flugreise extends Reise
{ ZugTyp  Zug;                         { FlugTyp     Flug;
}                                        FlugKlasse  Klasse;
                                       }
```

Prog. 6–3 *Die Klassendefinitionen für Flug- und Bahnreisen als Erweiterung der Klasse* `Reise`

Die in dem obigen Reisebeispiel verwendete Vorgehensweise lässt sich gut verallgemeinern. Das bedeutet, dass für ein gegebenes Problem versucht werden muss, Bereiche des Problems zu finden, die sich als Verallgemeinerung mehrerer Teilprobleme darstellen lassen. Findet man in der Problemanalyse solche Zusammenhänge, dann lassen sich diese in der skizzierten Weise direkt auf die Programmstruktur abbilden, indem spezielle Eigenschaften unter Bezugnahme auf die allgemeinen Eigenschaften beschrieben werden. Ein solches Vorgehen erspart einerseits gewisse Schreibarbeit, denn man kann bei der Definition der speziellen Eigenschaften die allgemeinen Eigenschaften in der Regel einfach zitieren, ohne sie noch einmal explizit angeben zu müssen. Andererseits entsteht nicht nur geringerer Schreibaufwand, sondern es wird auch ausdrücklich der Bezug zwischen der speziellen und der allgemeinen Beschreibung der Eigenschaften hergestellt. Ein solcher Bezug ist insbesondere dann wichtig, wenn im Laufe eines Softwareentwicklungs-Prozesses Änderungen in eine Modellierung oder ein Programm eingearbeitet werden müssen. Ein expliziter Bezug lässt sich gut dazu benutzen, all die Stellen der Beschreibung aufzusuchen, die bzgl. des Änderungswunsches geprüft werden müssen.

Bevor wir auf diese Zusammenhänge weiter eingehen, werden einige Sprachregelungen eingeführt, die zum Teil Java-spezifisch sind.

❏ Die Klassendefinitionen `Flugreise` bzw. `Bahnreise` sind die *Erweiterung* der Klassendefinition `Reise`. Vereinfacht gesagt besitzen die Klassendefinitionen `Flugreise` und `Bahnreise` alle Eigenschaften, die durch die Klassendefinition `Reise` gegeben sind, und zusätzlich die in der jeweiligen Erweiterung angegebenen Eigenschaften.

❏ Eine Klasse, die eine andere Klasse erweitert, wird *Unterklasse* oder *Subklasse* genannt. Hier sind `Flugreise` und `Bahnreise` Unterklassen von `Reise`.

❏ Die Klasse, welche die gemeinsamen Eigenschaften definiert (also eine Art Sockel bildet) und durch Spezialisierungen erweitert wird, bezeichnet man als *Superklasse* oder *Oberklasse*. Hier ist `Reise` eine Oberklasse von `Bahnreise` und `Flugreise`.

❏ Gelegentlich wird eine Superklasse definiert, die *nicht* für die Bildung von Objekten benutzt werden soll: Das sind sogenannte *abstrakte Superklassen* (Details dazu später). In Java kann dies durch das Schlüsselwort `abstract` explizit angegeben werden, z.B. `abstract class Reise ...`

❑ Die Menge aller Objekte einer Klasse und ihrer Unterklassen wird als *Extension* der Klasse bezeichnet. Wenn wir die Menge aller aus einer Klasse x erzeugten Objekte $Ob(x)$ nennen, lässt sich die Extension $Ext(K)$ einer Klasse K folgendermaßen formal angeben:

$$Ext(K) = Ob(K) \cup \bigcup_{\text{x ist Unterklasse von K}} Ext(x)$$

Aus dieser rekursiven Definition folgt, dass die Extension einer Unterklasse eine Teilmenge der Extension der Oberklasse ist.

❑ In vielen objektorientierten Programmiersprachen spricht man in diesem Zusammenhang nicht von Erweiterung, sondern von *Vererbung* von Eigenschaften der Oberklasse an die Unterklasse. Hier sollen die beiden Begriffe Vererbung und Erweiterung als synonym gelten. Es sei darauf hingewiesen, dass sich die verschiedenen objektorientierten Programmiersprachen mit jeweils eigenen Vererbungs- bzw. Erweiterungskonzepten in diesem Punkt unterscheiden.

Die Beziehungen zwischen den verschiedenen Klassen, die durch Erweiterung auseinander hervorgegangen sind, lassen sich grafisch veranschaulichen – und zwar durch *Klassendiagramme*. Es sind unterschiedliche Notationen in Gebrauch, die sich aber nur in Details ihrer Darstellungsweise unterscheiden. Der Zusammenhang zwischen Ober- und Unterklasse wird durch einen Pfeil ausgedrückt, der alternativ zwei verschiedene Bedeutungen besitzen kann (mit unterschiedlicher Pfeilrichtung, siehe Abb. 6–1):

❑ Die Beziehung *ist_ein* (engl. *is_a*) drückt die Beziehung zwischen spezialisierter und allgemeiner Klasse aus. Der Pfeil zeigt von der Unter- auf die Oberklasse. `Bahnreise` *ist_ein(e)* Spezialisierung einer `Reise`.

❑ Die umgekehrte Richtung drückt die Erweiterung aus: Eine Oberklasse wurde *erweitert_zu* (engl. *extended_by*) einer Unterklasse. Beispielsweise wurde eine `Reise` zu einer `Bahnreise` erweitert.

Die Mengenbeziehungen zwischen den Extensionen der drei Klassen lassen sich als Venn-Diagramm darstellen. Die darin abgebildeten Mengen (jeweils durch eine Ellipse symbolisiert) sind Extensionen von Klassen. In Abb. 6–2 ist dieser

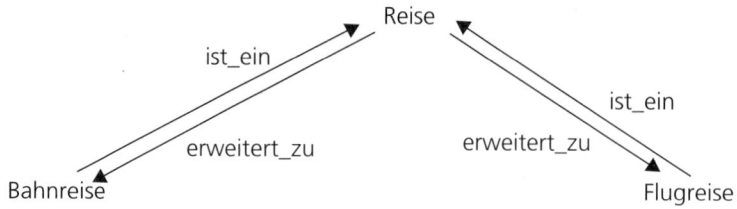

Abb. 6–1 *Grafische Darstellung der Beziehungen zwischen der Oberklasse* `Reise` *und den Unterklassen* `Bahnreise` *sowie* `Flugreise`

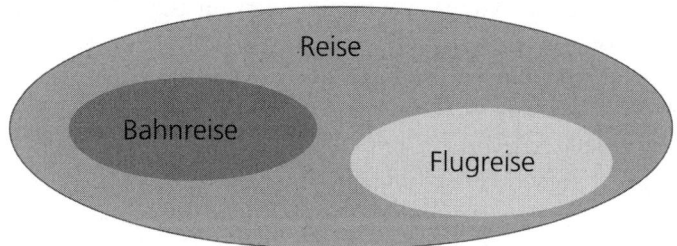

Abb. 6–2 *Venn-Diagramm der Extensionen der Klassendefinitionen des Reisebeispiels*

Zusammenhang für unsere Beispielklassen dargestellt. Eine Bahnreise kann nicht zugleich eine Flugreise sein und umgekehrt. Folglich ist die Schnittmenge der Extensionen der beiden Klassen leer.

Die Beziehung zwischen Objekten einer Oberklasse und den Objekten der Unterklasse hat noch weitere Konsequenzen. In unserem Beispiel kann man sehen, dass eine Bahnreise auch – vom allgemeinen Standpunkt aus betrachtet – eine Reise ist. Diesem Zusammenhang wird in einem Programm dadurch Rechnung getragen, dass ein Objekt einer Unterklasse auch an den Programmstellen verwendet werden kann, wo ein Objekt der Oberklasse verlangt wird. Mit anderen Worten: Es gibt eine implizite Datentyp-Anpassung von der (spezielleren) Unterklasse hin zur (allgemeineren) Oberklasse. Ein Objekt vom Typ Bahnreise wird durch implizite Datentyp-Anpassung zu einem Objekt vom Typ Reise.

Da Objekte über Variablen angesprochen werden, können Variablen sowohl auf Objekte des Typs verweisen, für den sie deklariert wurden, als auch auf Objekte aller Unterklassen der deklarierten Klasse der Variablen. In unserem Reisebeispiel bedeutet dies, dass eine Variable vom Typ Reise auch Objekte vom Typ Bahnreise und Flugreise bezeichnen kann. In Prog. 6–4 ist ein Programmfragment angegeben, das diese Möglichkeiten verdeutlicht. In Ausdrücken und Zuweisungen besitzt die hier vorgestellte implizite Datentyp-Anpassung die gleichen Eigenschaften wie die in Abschnitt 2.2 beschriebene implizite Datentyp-Anpassung von primitiven Datentypen.

Damit ist die Formulierung von Programmen flexibler geworden: Teile einer allgemeinen Problemlösung können unabhängig von den konkreten Ausprägungen in einer Unterklasse formuliert werden. Das könnte in dem Reisebeispiel in

```
Bahnreise B;   B = new Bahnreise ();
Flugreise F;   F = new Flugreise ();
Reise     R;
F.Flug = new FlugTyp();
R = B; // ist erlaubt.
```

Prog. 6–4 *Beispiel für die Verwendung von Variablen der Oberklasse für den Verweis auf Objekte der Unterklasse*

der Weise ausgenutzt werden, dass es möglich ist, ein allgemeines System zur Verwaltung von Reisen zu formlieren, ohne auf die konkreten Belange von Bahn- oder Flugreisen Rücksicht zu nehmen. Natürlich ist ein solches System nicht sinnvoll verwendbar, wenn es nicht spätestens zum Zeitpunkt der ersten Benutzung an eine spezielle Art von Personentransporten angepasst wird.

Eine für die praktische Programmierung in diesem Zusammenhang wichtige Frage lautet: Auf welche *Attribute*, d.h. Variablennamen und Methodennamen, kann in einer Klassendefinition zugegriffen werden, die eine andere Klassendefinition erweitert.

Die Verwendung von Bezeichnern bei Benutzung eines Objektes hängt zum einen von der Vereinbarung der Variablen ab, über die auf das Objekt zugegriffen wird, und zum anderen vom Typ des Objekts, der bei der Objekt-Erzeugung festgelegt wurde. Beide Typen – sowohl der Typ der Variable als auch der des Objekts – müssen bestimmte Bedingungen erfüllen, damit ein Zugriff zulässig ist und vom Java-System nicht als fehlerhaft angezeigt wird.

Die in einer bestimmten Programmsituation benutzbaren Bezeichner hängen damit von den verwendeten Klassendefinitionen und deren Beziehung zueinander ab. Diese Beziehung wird auch *Klassenhierarchie* genannt. In Abb. 6–3 wird grafisch skizziert, wie die verschiedenen Attribute eines Objekts vom Typ `Bahnreise` angeordnet sind. Dies ist ein konzeptionelles Modell, da jedes Java System im Prinzip die Freiheit besitzt, diese Anordnung anders zu implementieren als angedeutet. In dem Programmfragment aus Abb. 6–3 besitzt die Variable B den Typ `Bahnreise`, der eine Erweiterung von `Reise` ist. Eine `Bahnreise` enthält daher stets alle Variablen und Methoden einer Reise. Folglich sind die Zugriffe B.Datum und B.Zug auf Variablen der Oberklasse `Reise` bzw. der Klasse `Bahnreise` erlaubt.

Im Folgenden sollen die verschiedenen Fälle systematisch am obigen Reisebeispiel mit den drei Klassendefinitionen `Reise`, `Bahnreise` und `Flugreise` betrachtet werden (siehe Abb. 6–1 zur Darstellung der Klassenhierarchie). Das Ziel

```
Bahnreise B;
B = new Bahnreise();
B.Zug = …    // erlaubter Zugriff
B.Datum = … // erlaubter Zugriff
```

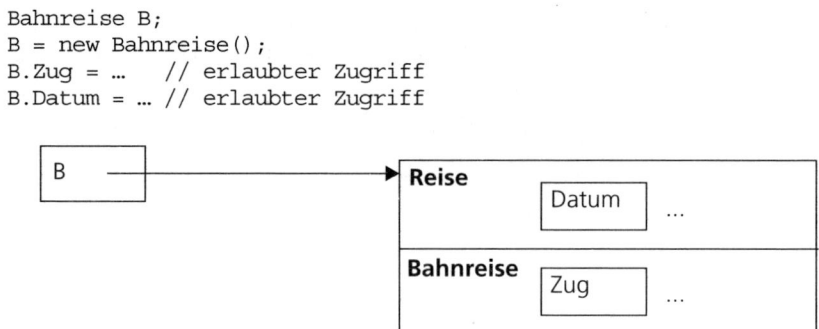

Abb. 6–3 *Konzeptionelles Modell der Anordung der Attribute in einem Objekt der Klasse* `Bahnreise`

der folgenden Betrachtungen besteht darin, die erlaubten und nicht erlaubten Beziehungen zwischen einem Objekt und Variablen darzustellen, die auf dieses Objekt verweisen können. Im Zusammenhang damit werden auch die Regeln des Attributzugriffs eingeführt und erläutert.

Betrachten wir das folgende Programmfragment:

```
Bahnreise B;    B = new Bahnreise();
Flugreise F;    F = new Flugreise();
Reise     R;

① B = F;   // ist verboten.
② R = B;
③ R = F;
```

Die Zuweisung ① ist verboten, da die Variablen B und F jeweils Objekte bezeichnen können, die „unverträglich" sind. Die Objekte, auf die F verweisen kann, sind vom Typ Flugreise oder Erweiterungen davon. Es kann auf Grund der Deklaration von F erwartet werden, dass Objekte, die mit Variable F angesprochen werden, mindestens vom Typ Flugreise sind und Attribute wie Flugtyp Flug besitzen. Objekte, auf die B verweisen kann, sind jedoch mindestens vom Typ Bahnreise, die z.B. das Attribut Zug vom Typ ZugTyp besitzen müssen. Daher ist die Zuweisung ① verboten.

Die beiden nächsten Fälle ② und ③ sind bereits besprochen worden. Die Variable R kann auf Objekte vom Typ Bahnreise (②) bzw. Flugreise (③) verweisen, weil letztere implizit an den Datentypen der Oberklasse angepasst werden. Diese beiden Zuweisungen können als Verallgemeinerung charakterisiert werden: Eine Variable der allgemeineren Klasse verweist auf ein spezielleres Objekt. Mit anderen Worten, das spezielle Objekt wird von der allgemeineren Sicht aus betrachtet. In der Java-Sprachregelung heißt diese implizite Datentyp-Anpassung *Verbreiterung* (engl. *widening*). Allerdings machen die obigen Bemerkungen auch deutlich, dass der Zugriff auf Attribute einer Unterklasse von der Variablen R aus nicht zugelassen werden kann. Da R auf ein Objekt des Typs Flugreise verweisen kann, aber nicht zwangsläufig auf ein solches verweisen muss, kann man an einer bestimmten Programmstelle nicht unbedingt sicher sein, dass ein Attribut Flug existiert. Der folgende Zugriff auf Flug von R aus ist daher sinnvollerweise verboten:

```
... R.Flug ...   // unzulässig.
```

Betrachten wir nun den umgekehrten Vorgang: Ein Objekt der Oberklasse soll einer Variablen der Unterklasse zugewiesen werden. Sicherlich besteht die Notwendigkeit einer solchen Zuweisung. Es sei hier nur auf ein allgemeines Reiseverwaltungssystem verwiesen, das in der Lage sein muss, beliebige Reisen zu verwalten, seien es nun Bahn- oder Flugreisen. In einem solchen Verwaltungssystem wird man Listen, Tabellen oder ähnliche Strukturen programmieren, die mit Variablen vom Typ Reise arbeiten. So kann der Anspruch realisiert werden, von den speziellen Eigenschaften konkreter Reisen zu abstrahieren. Wie jedoch bereits erwähnt wurde, ist es an bestimmten Stellen wichtig, auf konkrete Reisen einzugehen – etwa um die Bestätigung einer bestimmten Flugreise auszudrucken. Der Methode zum Drucken von Flugreise-Belegen muss dazu ein Objekt der Klasse Reise als aktueller Parameter übergeben werden. Die Methode muss dann die speziellen Attribute wie Flug und Klasse kennen. Es ist also der zur Verbreiterung (engl. *widening*) umgekehrte Vorgang, nämlich das so genannte *Verengen* (engl. *narrowing*) notwendig. Implizit oder explizit wird folglich eine Zuweisung der Form

```
F = R;
```

notwendig sein. Hierbei sind allerdings zwei Fälle zu unterscheiden:

- ❑ sinnvoll: R verweist auf ein Objekt vom Typ Flugreise oder einer Unterklasse von Flugreise.
- ❑ nicht sinnvoll: R verweist auf ein Objekt, das von der Klasse Reise oder aber von einer Unterklasse von Reise ist, jedoch *nicht* vom Typ Flugreise oder einer Unterklasse von Flugreise.

Nun könnte die Idee aufkommen, dass durch eine geschickte Analyse des Programms eine eindeutige Entscheidung vor dem Programmstart darüber möglich wäre, ob in diesem Programm unter allen Umständen nur das Narrowing der sinnvollen Art stattfindet. Ein solches automatisches Analyseverfahren existiert leider nicht. Man kann sich diese Tatsache mit der Überlegung plausibel machen, dass die Frage, welche Anweisung tatsächlich in einem Programm ausgeführt wird, an vielen Stellen von den Eingaben für das Programm abhängt. Die Eingaben bestimmt jedoch der Benutzer, dessen Verhalten prinzipiell nicht im Voraus durch eine Analyse des Programmtexts bestimmt werden kann. Daher muss für den Programmablauf angenommen werden, dass alle möglichen Eingaben vorkommen können. Das folgende Programmfragment soll den Sachverhalt verdeutlichen (Prog. 6–5), dass je nach Eingabe für das Programm die Variable R auf Objekte unterschiedlichen Typs verweist. Wenn der Variablen i durch die Eingabe ein Wert kleiner 0 zugewiesen wird, verweist R auf das Flugreise-Objekt, auf das die Variable F zeigt. Andernfalls verweist R auf das Bahnreise-Objekt, auf das die Variable B zeigt.

Zur Laufzeit des Programms, d.h. zum Zeitpunkt der Ausführung der Zuweisungen, kann jedoch bestimmt werden, ob es sich um eine sinnvolle Zuwei-

```
Bahnreise B;    B = new Bahnreise();
Flugreise F;    F = new Flugreise();
Reise      R;

int i = Eingabe();   // aus Datei, aus Textfeld oder von der Tastatur
if (i < 0)  R = F;
else        R = B;
```

Prog. 6–5 *Abhängigkeit der Programmausführung von der Eingabe*

sung im Sinne der obigen Sprachregelung handelt oder nicht. Dazu muss zwischen dem Typ der Verweisvariablen und dem Typ des Objekts unterschieden werden. Um diese Unterscheidung besser treffen zu können, werden die Abbildungen *qual* und *object* eingeführt:

qual :   Menge der Objekte $\cup$ Menge der Variablen $\rightarrow$ Menge der Klassen

object :Menge der Variablen $\rightarrow$ Menge der Objekte

Die Abbildung *qual* liefert den Typ eines Objekts bzw. einer Variablen. Ein Objekttyp ist die Klasse, aus der das betreffende Objekt mit new erzeugt wurde. Ein Variablentyp ist die Klasse, die in der Deklaration der Variablen genannt wird. Das heißt, dass der Wert der Abbildung *qual* für eine Variable vom Compiler geliefert wird, während der Wert von *qual* für ein Objekt zur Laufzeit bestimmt werden muss, weil eine Variable je nach Programmausführung auf verschiedenartige Objekte verweisen kann.

Die Abbildung *object* liefert für eine Variable das Objekt, auf das diese Variable gerade verweist oder den leeren Verweis null. Dies bedeutet für das Fragment

```
Bahnreise B = new Bahnreise ();
Flugreise F = new Flugreise ();
Reise     R;
R = B;
```

dass die folgenden Gleichheitsaussagen gelten:

object (R) = *object* (B),

qual (R) = Reise,

qual (B) = Bahnreise,

qual (*object* (B)) = Bahnreise.

Es gilt insbesondere *nach* der Zuweisung R = B; die Gleichheitsaussage:

qual (*object* (R)) = Bahnreise.

Nach den obigen Überlegungen über sinnvolle und nicht sinnvolle Zuweisungen beim Narrowing muss für eine beliebige Verweisvariable x gelten:

$$Ext\,(qual\,(object\,(\text{x}))) \subseteq Ext\,(qual\,(\text{x}))$$

In dieser Formel bezeichnet *Ext* die Extension einer Klasse, d.h. die Menge aller Objekte der Klasse. Die für das Verengen geforderte Bedingung lässt sich wie folgt in Worte fassen: Der Objekttyp muss die gleiche Klasse sein wie der Variablentyp oder muss zu einer Unterklasse davon gehören.

Das Narrowing wird in Java nicht implizit durchgeführt. Eine verengende Zuweisung erfordert vielmehr eine explizite Datentyp-Umwandlung (*type cast*, siehe auch Abschnitt 2.2). Dazu wird angegeben, zu welchem Typ das Objekt verengt werden soll, bevor es in der Zuweisung benutzt wird. Die problematische Zuweisung von einer Reise-Variablen an eine Bahnreise-Variable lautet folglich:

```
B = (Bahnreise) R;
```

Die Datentyp-Umwandlung wird gemäß der aus Abschnitt 2.2 bekannten Syntax beschrieben: Soll ein Objekt nicht unter seinem eigenen, sondern einem anderen, spezielleren Typ behandelt werden, so wird der speziellere Typname in Klammern dem Ausdruck vorangestellt, der den Verweis auf das betreffende Objekt liefert.

Der Effekt der expliziten Datentyp-Umwandlung ist eine Typüberprüfung[1]. Falls die Überprüfung negativ ausfällt, also eine nicht sinnvolle Zuweisung erfolgen würde, wird vom Java-System eine Ausnahme signalisiert. Die Behandlung von Ausnahmen ist Gegenstand von Abschnitt 8.2. Ohne besondere Gegenmaßnahmen führt eine Ausnahme zum Abbruch der Programmausführung.

Da die Information über den Typ eines Objekts, auf das eine Variable verweist, auf Grund der oben dargelegten Überlegungen zur Laufzeit repräsentiert sein muss, kann diese Typinformation auch vom Programm aus abgefragt werden. Dies geschieht mit dem speziellen Operator instanceof, mit dem überprüft werden kann, ob eine Datentyp-Umwandlung zu einer Ausnahme führt oder nicht. Dies kann z.B. dazu genutzt werden, um sicher die Ausnahmen bei der Typüberprüfung zu vermeiden. In Prog. 6–6 wird ein Programmfragment gezeigt, das auf den Deklarationen aus dem Reisebeispiel aufbaut.

In vielen Fällen ist diese Struktur jedoch ziemlich umständlich. Man kann durch geschickte Wahl der Methoden und geschickte Modellierung in vielen Fällen auf die Verwendung von instanceof verzichten (mehr dazu in Abschnitt 6.3). Die Verwendung von instanceof ist insbesondere immer dann schlecht zu handhaben, wenn die Klassenhierarchie sehr tief ist. Zudem kommt dann das Problem hinzu, dass durch Erweiterungen und Änderungen der Klassenhierarchie alle Stellen der oben skizzierten Art, an denen Narrowing stattfindet, ebenfalls geändert werden müssen. Dies ist besonders unangenehm, wenn diese Stellen in vielen Programmteilen vorkommen. Damit entsteht eine große Fehlerquelle für die Weiterentwicklung von Programmen.

```
if (R instanceof Flugreise)
{ F = (Flugreise) R;   // ... und weitere Anweisungen.
}
else if (R instanceof Bahnreise)
{ B = (Bahnreise) R;   // ... und weitere Anweisungen.
}
else
{ System.out.println ("R verweist auf ein Objekt unbekannten Typs");
}
```

Prog. 6–6 *Typsichere Programmierung unter Verwendung von* instanceof

---

1. Diese Regelung ist wiederum Java-spezifisch. In anderen objektorientierten Sprachen ist der Zeitpunkt der Überprüfung oft anders definiert als in Java. Zum Beispiel wird in vielen Sprachen erst zum Zeitpunkt des Aufrufs einer Methode überprüft, ob das betroffene Objekt diese Methode tatsächlich besitzt.

Zum Abschluss dieser Einführung in die Erweiterung von Klassen in Java soll ein kleines erläuterndes Beispiel diskutiert werden. In diesem Beispiel ist die Klassenhierarchie ein wenig komplexer als in dem Reisebeispiel. Es handelt sich um die Modellierung eines Informationssystems, das über die Ausleihe in einer Bibliothek Auskunft gibt. Zum einen sind Informationen über Bücher zu erfassen und zu speichern. Zum anderen ist die Gruppe der Ausleiher zu verwalten, die sich in diesem Falle in die Teilgruppe der Studenten und die der Angestellten aufteilt. Die unterschiedlichen Informationen haben Gemeinsamkeiten, die gut für die Modellierung ausgenutzt werden können.

Es ist leicht einzusehen, dass man die Menge der Angestellten und die Menge der Studenten gut zu einer Obermenge Personen zusammenfassen kann. Die weitere Modellierung ist dann spezifisch für das vorliegende Problem, nämlich eine rechnergestützte Lösung für das Verwalten großer Informationsmengen zu gestalten. Personen besitzen als typisches Attribut ihren Namen. Allerdings reicht der Name als eindeutiges Unterscheidungsmerkmal nicht aus, da bekanntermaßen unterschiedliche Personen mit identischem Namen existieren. Aus diesem Grund führt man Nummern ein, um sonst nicht unterscheidbare Individuen doch noch eindeutig benennen zu können (Beispiele hierfür: Autonummern, Benutzernummern, Ausweisnummer etc.). Für das Bibliotheksbeispiel werden entsprechend Schlüsselnummern für Personen, d.h. für Angestellte und Studenten, eingeführt. Abb. 6–4 zeigt die Modellierung dieses Teilproblems, wobei die Variable key den Schlüssel bezeichnet. Der Klassenname wird im Kopf eines die Klasse repräsentierenden Kastens fett gedruckt angegeben, während die verschiedenen Attribute einer Klasse jeweils darunter aufgeführt werden. Man beachte, dass Abb. 6–4 die Unterklassen Angestellter und Student vollständig zeigt (mit allen Objektvariablen wie key, Name, Gehalt, Stellung bzw. MatrNr). Wenn in einem Programm eine Unterklasse definiert wird, müssen die Variablen der Oberklasse dort natürlich nicht neu definiert werden. Es genügt key und Name nur in der Oberklasse Person zu vereinbaren. Bei der Definition der Unterklassen wird durch ... extends Person darauf Bezug genommen.

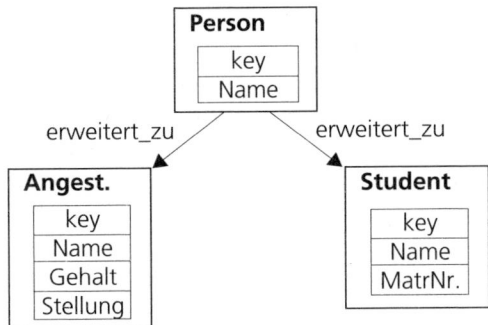

Abb. 6–4 *Klassenhierarchie der Personen*

Bei den Büchern zeigt sich ein ähnliches Problem wie bei den Personen: Es gibt in der Regel in jeder Bibliothek Bücher, von denen mehr als ein Exemplar vorhanden ist. Daher können Bücher nicht immer über Titel und Autor(en) unterschieden werden, sondern benötigen ebenfalls einen Schlüssel, z.B. eine Inventarisierungsnummer, zur eindeutigen Identifikation. Also wird Büchern und Personen ein Schlüssel zugeordnet. Dies wird im Programm durch eine gemeinsame Oberklasse ausgedrückt, die durch_Schluessel_identifizierbares_Objekt heißen könnte, jedoch kurz Schluessel genannt wird. Damit ist Schluessel der gemeinsame Anteil von Büchern und Personen. Abb. 6–5 zeigt die nun vollständige Modellierung.

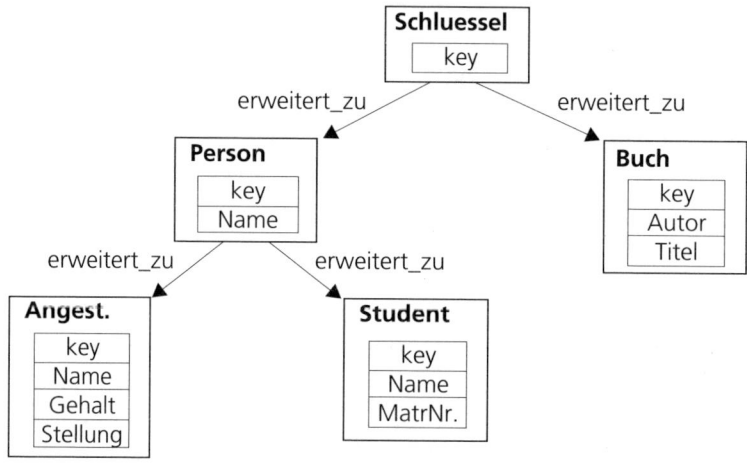

Abb. 6–5 *Klassenhierarchie des Bibliotheksbeispiels*

Für diese Modellstruktur lassen sich entsprechende Java-Klassen formulieren wie in Prog. 6–7 angegeben ist. Hierbei wird für jede Klasse aus dem Diagramm in Abb. 6–5 eine Java-Klasse definiert, wobei jedoch in einer Unterklasse nur die gegenüber der Oberklasse „neuen" Informationen vereinbart werden. Daher stammt auch die Sprechweise von der „Erweiterung einer Klassendefinition".

In Prog. 6–7 wird die Struktur eines Teils der „Nutzinformation" angegeben. Sie muss noch durch weitere Angaben ergänzt werden, insbesondere im Hinblick auf Ausleihvorgänge. Außerdem ist noch anzugeben, wie Objekte der Klassen in Form einer Liste, eines Suchbaums oder eines Arrays verwaltet werden. In den Kapiteln 2, 3 und 5 wurden diese Datenstrukturen definiert. Durch Hinzufügen von Verweisvariablen Nf könnte problemlos eine Liste aufgebaut werden. Ein Programm ist jedoch flexibler, wenn die Struktur der „Nutzinformation" und die Objektverwaltung getrennt beschrieben werden können. In Kapitel 7 wird eine Lösung für dieses Problem vorgestellt.

```
class Schluessel              class Student extends Person
{ int key;                    { Matrikelnummer MatNr;
}                             }

class Person extends Schluessel    class Buch extends Schluessel
{ String Name;                     { Person Autor;
}                                    TitelTyp Titel;
                                   }
class Angestellter extends Person
{ int Gehalt;
  PositionsType Stellung;
}
```

Prog. 6–7 *Fragment einer Java-Implementierung des Bibliotheksbeispiels aus Abb. 6–5. Die in den Definitionen benutzten, aber nicht definierten Namen seien an anderer Stelle entsprechend vereinbart.*

Zunächst müssen aber noch weitere Details zur Erweiterung von Klassen erläutert werden. Dazu soll in Abschnitt 6.2 untersucht werden, wie sich die Erweiterung von Klassen auf die Erzeugung von Objekten auswirkt.

6.2 Erzeugung von Objekten bei erweiterten Klassendefinitionen

Objekte in Java werden mit new erzeugt. Dieser Vorgang wurde bereits in Abschnitt 3.1 betrachtet. Hier soll nun diskutiert werden, wie Konstruktoren im Falle von erweiterten Klassendefinitionen arbeiten. Für die Erzeugung eines Objekts ist neben der Angabe des Schlüsselworts new die Angabe eines Konstruktors obligatorisch. Wie in Abschnitt 3.4 beschrieben wurde, sind Konstruktoren spezielle Methoden, die zum Erzeugungszeitpunkt ausgeführt werden und mit deren Hilfe man neben den automatischen Initialisierungen zusätzliche Aktionen zum Zeitpunkt der Objekt-Erzeugung vornehmen kann.

Der Vollständigkeit halber sei erwähnt, dass in Java und auch in vielen anderen objektorientierten Programmiersprachen alle benutzerdefinierten Klassen Unterklassen der Klasse Object sind. Diese im Java-System festgelegte Klassendefinition beschreibt sämtliche Eigenschaften, die allen Java-Objekten gemeinsam sind. Insbesondere enthält diese Klassendefinition natürlich auch einen Standardkonstruktor (ohne Parameter, wie für Standardkonstruktoren üblich).

Im Falle erweiterter Klassendefinitionen muss geklärt werden, wie die Erzeugung von Objekten einer Unterklasse abläuft und wie die Konstruktoren der Ober- und Unterklasse zueinander stehen – vor allem, in welcher Reihenfolge die verschiedenen Initialisierungsschritte ausgeführt werden.

Natürlich können in Unterklassen Konstruktoren definiert werden wie in einer Klasse, die keine benutzerdefinierte Oberklasse besitzt und daher nur Unterklasse von Object ist.

Zunächst soll an dem Bibiliotheksbeispiel (siehe Prog. 6–7) erläutert werden, welche Möglichkeiten existieren, in Unterklassen Konstruktoren zu definieren. In Prog. 6–8 wird zunächst die Klasse Schluessel eingeführt, die einen Konstruktor enthält. Dieser erlaubt die Variable key direkt bei der Erzeugung eines Objekts vom Typ Schluessel mit einem Wert zu belegen. Etwas Ähnliches wird in der Unterklasse Person mit dem speziellen Konstruktor Person (String DerName) definiert. Hier wird bei der Erzeugung eines Objekts vom Typ Person das Feld Name mit einem Wert belegt.

```
class Schluessel
{ int key;

    // Konstruktor der Oberklasse:
    Schluessel (int k)
    { key = k;
    }
}
```

```
class Person extends Schluessel
{ String Name;

    // einfacher Konstruktor:
    Person(String DerName)
    { Name = DerName;
    }

    // Konstruktor bezieht Ober-
    // klasse mit ein:
    Person (String DerName, int k)
    { super(k); // muss als erstes
                // erfolgen.
      Name = DerName;
    }
}
```

Prog. 6–8 *Bibiliotheksbeispiel (aus Prog. 6–7), angereichert um spezielle Konstruktoren*

Es wäre wünschenswert in bestimmten Fällen auch auf den Konstruktor der Oberklasse zugreifen zu können. Dann könnte in dem genannten Beispiel die Erzeugung und Initialisierung eines Objekts vom Typ Person kompakter formuliert werden, wenn bei der Objekt-Erzeugung neben dem Namen einer Person auch deren Schlüsselnummer zugewiesen werden soll. Dies ist im zweiten Konstruktor der Klasse Person realisiert: Person (String DerName, int k).

Wie in Prog. 6–8 zu sehen ist, wird durch die Angabe super (k) an dieser Stelle der Konstruktor Schluessel (k) der Oberklasse aufgerufen. Damit wird der gewünschte Effekt erzielt, dass das Feld key mit einem Anfangswert belegt wird. Danach werden die speziellen Anweisungen des Unterklassen-Konstruktors ausgeführt. Zur Wahrung der Reihenfolge der internen Abläufe bei der Initialisierung von Objekten muss die Anweisung super (...) immer die erste ausführbare Anweisung des betreffenden Konstruktors sein. Der Java-Compiler erzeugt eine Fehlermeldung, falls dies nicht der Fall ist.

Neben dem Schlüsselwort super (...) gibt es noch das Schlüsselwort this (...), nicht zu verwechseln mit dem Verweis this auf das eigene Objekt (siehe Abschnitt 3.4). Mittels this (...) kann ein Konstruktor einen anderen Konstruktor innerhalb der Klassendefinition aufrufen. Wie üblich wird dabei der aufzurufende Konstruktor anhand der Parameterliste ausgewählt. Auch für this (...) gilt, dass ein solcher Aufruf die erste Anweisung im Rumpf eines Konstruktors sein muss. Folglich können super (...) und this (...) nicht zugleich in einem Konstruktor auftreten. Falls in einem Konstruktor der explizite Aufruf von super (...) fehlt, wird vor der ersten ausführbaren Anweisung des Rumpfs eines Konstruktors implizit super (), der parameterlose Konstruktor der Oberklasse, aufgerufen.

Wenn Konstruktoren als erste ausführbare Anweisung explizite Konstruktoraufrufe enthalten, ist es möglich auf der Basis eines allgemein formulierten Konstruktors verschiedene Spezialfälle abzudecken, die auf dem allgemeinen Konstruktor aufbauen. In Prog. 6–9 werden in den beiden Klassen Punkt2D und Punkt3D eine Reihe von Konstruktoren definiert, die sich jeweils auf allgemeinere Konstruktoren Punkt2D (int x, int y) bzw. Punkt3D (int x, int y, int z) durch entsprechende explizite Aufrufe abstützen. So benutzt beispielsweise der Konstruktor Punkt3D (int x, int y) zum Erzeugen eines 3D-Punktes in der x-y-Ebene den Konstruktor Punkt2D (int x, int y) durch Aufruf von this (x, y, 0). Der Konstruktor Punkt3D (int x, int y, int z) benutzt durch den Aufruf von super (x, y) den entsprechenden Konstruktor der Oberklasse von Punkt2D.

In Prog. 6–9 tritt das Schlüsselwort this mit zwei verschiedenen Bedeutungen auf, die nicht verwechselt werden dürfen. Zum einen bezeichnet this (...) einen Konstruktoraufruf. Zum anderen verweist this innerhalb von Ausdrücken wie this.x und this.y auf das Objekt, zu dem die gerade ausgeführte Methode gehört. Beispielsweise wird durch this.x auf die Variable x des Objekts der

```
class Punkt2D                          class Punkt3D extends Punkt2D
{ int x,y;                             {   int z;

    Punkt2D ()                             Punkt3D ()
    { this (0, 0);                         { this (0, 0, 0);
    }                                      }

    Punkt2D (int x, int y)                 Punkt3D (int x, int y)
    { this.x = x;   this.y=y;              { this (x, y, 0);
    }                                      }
}
                                           Punkt3D (int x, int y, int z)
                                           { super (x, y);
                                             this.z = z;
                                           }
                                       }
```

Prog. 6–9 *Beispiel für explizite Konstruktoraufrufe*

```
class X                              class Y extends X
{ int xWert = 255;                   { int yWert = 128;
  int Wert;

  X ()                                 Y ()
  { Wert = xWert;                      { Wert = Wert + yWert;
  }                                    }
}                                    }
```

Prog. 6–10 *Zur Erklärung der Initialisierungsaktionen im Falle von Unterklassen*

Klasse Punkt2D verwiesen, das beispielsweise durch new Punkt2D (3, 4) erzeugt
wird.

   Im Folgenden werden die Schritte im Detail betrachtet, die new bei der Erzeugung und Initialisierung eines Objekts durchläuft, das in einer Unterklasse abgeleitet wird. Dabei sind sowohl die in der Oberklasse als auch die in der Unterklasse vereinbarten Variablen zu initialisieren. Betrachtet man das Programmfragment aus Prog. 6–10, dann sind im Einzelnen bei der Ausführung von
new Y () die folgenden Aktionen zu unterscheiden:

Schritt	Aktion
1	Speicherplatz für das Objekt vom Typ Y wird bereitge- stellt und allen Objektvariablen werden programm- unabhängige Standardwerte zugewiesen, z.B. der Wert 0 für eine int-Variable.
2	Die aktuellen Parameter des Konstruktoraufrufs von Y (hier die leere Parameterliste) werden ausgewertet und der entsprechende Konstruktor wird aufgerufen.
3	Da im Konstruktor Y () keine expliziten Aufrufe this (...) bzw. super (...) auftreten, wird implizit super () und damit der Konstruktor X () aufgerufen.
4	Da im Konstruktor X () keine expliziten Aufrufe this (...) bzw. super (...) auftreten und die Klasse X nur noch Unterklasse der Klasse Object ist, wird im- plizit super () und damit der Konstruktor Object () aufgerufen. Dieser erledigt für das neue Objekt allge- meine Verwaltungsaufgaben im Java-System.
5	Die explizit angegebenen Initialisierungen der Varia- blen von X (hier: xWert = 255;) werden durchgeführt.
6	Der Rest des Rumpfes des Konstruktors von X wird ausgeführt.

Schritt	Aktion
7	Die explizit angegebenen Initialisierungen der Variablen von Y (hier: `yWert = 128;`) werden ausgeführt.
8	Der Rest des Rumpfes des Konstruktors von Y wird ausgeführt. Die Initialisierung des neuen Objekts vom Typ Y ist damit beendet.

In dieser Tabelle ist zu beachten, dass der Aufruf einer Methode bzw. eines Konstruktors von der Ausführung des entsprechenden Rumpfes zu unterscheiden ist. In Abb. 6–6 wird die Reihenfolge der verschiedenen Schritte grafisch verdeutlicht. Die auf den ersten Blick etwas kompliziert aussehende Reihenfolge sorgt dafür, dass jeweils vor Beginn der Ausführung eines Konstruktorrumpfs bereits alle Konstruktoren der Oberklassen ausgeführt worden sind. Dadurch sind alle Variablen initialisiert worden, auf die im Konstruktorrumpf zugegriffen werden kann.

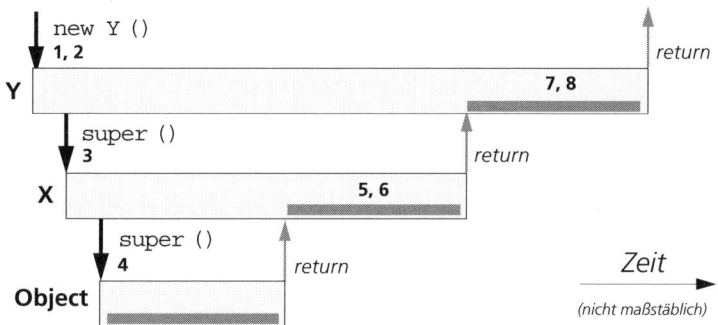

Abb. 6–6 *Darstellung der Ausführungsreihenfolge beim Aufruf des Konstruktors* `new Y ()` *aus Prog. 6–10. Die Zahlen beziehen sich auf die Schritte in der Tabelle.*

Insgesamt bedeutet dies, dass der im Rumpf eines Konstruktors angegebene Algorithmus auf einer „sicheren" Basis ausgeführt werden kann – d.h. , dass alle Variablen einen gültigen Wert haben und alle „Verwaltungsaufgaben" der Oberklassen erledigt sind. Dazu wird zusätzlich vom Java-Compiler überprüft, ob keine zyklischen Aufrufe der Konstruktoren einer Klasse auftreten und als aktuelle Parameter beim Aufruf von Konstruktoren keine Variablen des gerade erzeugten Objekts verwendet werden.

Wie bereits erwähnt, ist jede vom Programmierer definierte Klasse automatisch Unterklasse der im Java-System fest verankerten Klasse `Object`. Zum Abschluss dieser Diskussion über Konstruktoren ist in Abb. 6–7 angegeben, welche wichtigen Eigenschaften in der Klasse `Object` festgehalten sind.

```
class Object
```

`{` `public boolean equal (Object obj)`	dient zum Vergleich von Objekten
`protected Object clone ()`	dient zum Kopieren von Objekten
`public final Class getClass ()`	liefert eine Darstellung der Klasse des Objekts
`protected void finalize ()`	erledigt bestimmte Aufgaben bei der Beseitigung nicht mehr zugreifbarer Objekte
...	
`}`	

Abb. 6–7 *Wichtige Methoden der Klasse* `Object`

Die Methode `equal` dient dazu, Objekte miteinander zu vergleichen. In der Regel ist diese einfache Version des Vergleichs nicht brauchbar und muss durch einen klassenspezifischen Vergleich ersetzt werden. Wie dieses Ersetzen einer Methode erreicht werden kann, wird im nächsten Abschnitt erläutert.

Die beiden letzten Methoden dienen sehr speziellen Zwecken, deren Erklärung über den Rahmen dieses Buches hinausgeht. Es sei nur erwähnt, dass die Methode `getClass` eine Repräsentation der Klassendefinition des Objekts liefert. Diese Repräsentation entspricht der Darstellung einer Klasse, die im Java-System während der Programmausführung intern benutzt wird. Schließlich gestattet `finalize` die Einflussnahme auf ein Objekt, das nicht mehr durch einen Verweis erreichbar ist – und dessen Beseitigung durch den Garbage Collector ansteht. Es sind in `Object` noch weitere Methoden zur generellen Bearbeitung von Objekten definiert, auf die hier nicht weiter eingegangen wird. Für diese Spezialitäten sei auf die entsprechende Java-Literatur verwiesen ([2]).

Insgesamt wurden bisher der einfache Fall der Erweiterung von Klassen um zusätzliche Variablen sowie die entsprechenden Mechanismen in Java behandelt. Dies schloss vor allem die Fragestellung ein, wie die Erzeugung von Objekten realisiert wird.

Der Begriff der Erweiterung von Klassen geht jedoch darüber hinaus. Neben zusätzlichen Variablen können in einer Unterklassen-Definition auch Methoden eingeführt werden.

Die Möglichkeit, in einer Unterklasse weitere Methoden aufzunehmen, verhält sich analog zur Einführung von zusätzlichen Variablen. Als ein einfaches Beispiel wird in Prog. 6–11 eine Klasse um eine Methode erweitert. Es werden zwei Klassen A und B definiert. B erweitert A unter anderem, indem eine neue Methode `DruckeB ()` im Rumpf von B definiert wird. Man beachte, dass im Rumpf der Methode `DruckeB` auch auf die Variablen und Methoden der Oberklasse zugegriffen werden kann, auch modifizierend. Die erste Ausgabezeile bezieht sich auf ein Ob-

```
public class EinfacheErweiterung          class B extends A
{                                         { String z = "String-Variable in "
  public static void main                              + "einem Objekt der "
             (String unbenutzt [])                     + "Klasse B";
  { A a = new A (26);
    B b = new B ();                         void DruckeB ()
    a.DruckeA();   b.DruckeB();             { x = 2*x;
  }                                           System.out.println
}                                               ("z enthaelt >" + z + "<");
                                              DruckeA ();
class A                                      }
{ int x = 25;                             }

  A () { }

  A (int y)
  { x = y;
  }

  void DruckeA ()
  { System.out.println
     ("Die Variable x hat den Wert "
      + x + " in einem Objekt der "
      + "Klasse A");
  }
}
```

```
Ausgabe:
Die Variable x hat den Wert 26 in einem Objekt der Klasse A
z enthaelt >String-Variable in einem Objekt der Klasse B<
Die Variable x hat den Wert 50 in einem Objekt der Klasse A
```

Prog. 6–11 *Ein einfaches Beispiel für die Erweiterung einer Klasse um zusätzliche Methoden*

jekt der Klasse A, das mit new A (26) erzeugt wurde. Dabei wird der zweite Konstruktor von A nach der Anfangswert-Zuweisung int x = 25; ausgeführt, so dass x letztlich den Wert 26 erhält. Die zweite und dritte Ausgabezeile beziehen sich auf ein Objekt der Klasse B, das mit new B () erzeugt wurde. Dabei wird der implizite Konstruktor von B und der erste Konstruktor von A aufgerufen.

Zu Beginn dieses Kapitels wurde die Erweiterung von Klassen in dem Sinne erklärt, dass eine erweiterte Klasse spezieller ist als ihre Oberklasse. Eine Unterklasse, die zu den Attributen der Oberklasse zusätzliche Attribute definiert, soll in diesem Sinne verstanden werden. In dem Reisebeispiel bedeutet das, dass die für alle Reisen anzutreffenden Variablen und Methoden in der Oberklasse zu definieren sind. Die zusätzlichen Variablen und Methoden, die nur für spezielle Reisen einen Sinn ergeben, müssen dieser Idee zu Folge in der entsprechenden Unterklasse definiert werden. In der Unterklasse Bahnreise könnte beispielsweise eine Methode definiert werden, um ein komplettes Abteil eines Zuges zu reservieren.

Ein weiterer interessanter Fall entsteht nun, wenn es Variablen und Methoden gibt, die zwar für die verschiedenen Spezialisierungen unterschiedlich zu behandeln sind, aber unter einen Begriff fallen. Ein Beispiel wäre das Durchführen einer Reisebuchung. Für Bahnreisen und Flugreisen müssten diese Aktionen unterschiedlich ausfallen, aber es ist klar, dass zu einer Reise auf jeden Fall eine Buchung gehört. Das heißt, in der Klasse Reise würde man eine Methode Buchung formulieren. Die beiden Unterklassen könnten entsprechende Spezialversionen der Methode Buchung enthalten. Es müsste dann dafür gesorgt werden, dass für ein gegebenes Objekt vom Typ Bahnreise bzw. Flugreise jeweils die korrekte Spezialversion der Methode Buchung aufgerufen wird.

Dieser Effekt wird durch das so genannte *Überschreiben* von Namen erreicht. Dazu werden die Namen der in einer Unterklasse definierten Variablen und Methoden genau wie die Namen von Variablen bzw. Methoden in der Oberklasse definiert, jedoch mit den jeweiligen Spezialeigenschaften in der Unterklasse. Diese Vorgehensweise erfordert natürlich zusätzliche Regeln, die festlegen, wie die Namen von Methoden und Variablen in den verschiedenen Namensräumen angeordnet sind und welche Definition gültig ist, wenn ein bestimmter Namen benutzt wird. Diese Problematik soll im im nächsten Abschnitt behandelt werden.

6.3   Verdecken von Variablen und Überschreiben von Methoden

Bisher wurden nur Erweiterungen betrachtet, die ausschließlich *zusätzliche* Variablen oder Methoden in einer Unterklasse deklarierten. Die Zugriffsmöglichkeiten sind in diesen Fällen sowohl für die Ober- als auch für die Unterklasse klar geregelt. Attribute können in Objekten benutzt werden, in deren Klasse sie vereinbart wurden oder in Objekten von Unterklassen davon. Der Compiler kann für jeden Zugriff auf eine Variable oder Methode die entsprechende Klasse finden, indem die Klassenhierarchie durchsucht wird.

Es stellt sich nun die Frage, wie der Zugriff geregelt ist, falls für Variablen- bzw. Methodendeklarationen in Ober- und Unterklassen identische Namen benutzt werden. Nach der Behandlung dieses Problems wird darauf eingegangen, wie Namensgleichheit in Ober- und Unterklasse eingesetzt werden kann, um Zusammenhänge zwischen allgemeinen und speziellen Objekten darzustellen.

Zunächst soll die Frage der Namensgleichheit in Ober- und Unterklasse für *Variablen* geklärt werden. Mit namensgleichen *Methoden* befassen wir uns im Anschluss daran.

Wenn der gleiche Name für eine Variable in der Ober- und Unterklasse verwendet wird, so verdeckt die Deklaration in der Unterklasse die entsprechende Deklaration in der Oberklasse. Dem englischen Sprachgebrauch folgend ist die in der Oberklasse vereinbarte namensgleiche Variable „versteckt" (hidden). In der Unterklasse ist die betreffende Variable der Oberklasse nicht zugreifbar. Trotzdem ist die Variable in der Oberklasse vorhanden und kann dort z.B. durch die Methoden der Oberklasse gelesen und manipuliert werden. Grob betrachtet ent-

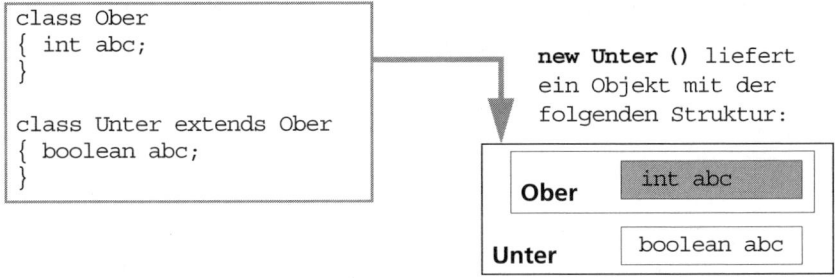

Abb. 6–8 *Gleiche Namen für Variablen in Unter- und Oberklasse*

spricht die hier getroffene Verdeckungsregel der Festlegung von Gültigkeitsbereichen (siehe Abschnitt 3.5), die sich an der Verschachtelung von Programmteilen orientiert.

Der Aufbau eines Objekts einer Unterklasse Unter der Oberklasse Ober ist in Abb. 6–8 skizziert. Innerhalb von Unter ist nur die Variable boolean abc sichtbar. Die Verwendung von abc in einem arithmetischen Ausdruck würde in Unter zu einer Fehlermeldung des Compilers führen. Abb. 6–8 deutet dies dadurch an, dass die von Unter aus nicht zugreifbare Variable int abc (schraffiert dargestellt) im Innern des Rahmens von Ober liegt.

Welche Variable ist nun gemeint, wenn ein Objekt der Klasse Unter erzeugt wurde und ein Zugriff auf abc erfolgt? Für Objekte der Klasse Ober ist die Antwort klar. In Java ist festgelegt worden, dass der Zugriff von der Deklaration der Variablen abhängt, über die auf das betreffende Objekt zugegriffen wird[2]. In den folgenden Programmzeilen, die sich auf Abb. 6–8 beziehen,

```
Unter U = new Unter();
Ober  O = U;
O.abc = 2;
U.abc = true;
```

verweisen die Variablen O und U auf ein und dasselbe Objekt vom Typ Unter. Da O jedoch als Variable deklariert wurde, die auf Objekte vom Typ Ober verweisen kann, sind von dieser Variablen aus nur die Definitionen sichtbar, die in der Klassendefinition von Ober angegeben wurden. Folglich ist die Variable O.abc vom Typ int. Entsprechend ist U.abc vom Typ boolean. Grafisch lässt sich dies wie folgt verdeutlichen (Abb. 6–9): Der Zugriff auf abc mittels U „findet" als erstes von außen die Vereinbarung boolean abc. Falls eine Variablendeklaration auf diese Weise nicht gefunden werden kann, wird in den inneren Gültigkeitsbereichen (Abb. 6-8) danach gesucht – in diesem Falle in der Definition der Klasse Ober. Dieses Durchsuchen geschieht bei Java, während der Compiler ein Programm analysiert und nicht

---

2. Auch hier gilt, dass dieses Problem in den verschiedenen objektorientierten Programmiersprachen unterschiedlich gelöst wurde.

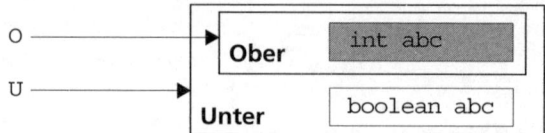

Abb. 6–9 *Zugriff auf die Variablen-Namensräume eines Objektes vom Typ* Unter

erst bei dessen Ausführung. Das bedeutet, dass zur Laufzeit ohne Suchaufwand auf Variablen zugegriffen werden kann. In anderen Programmiersprachen kann es sein, dass solche Zugriffe einen Suchprozess beinhalten und entsprechend Zeit kosten. Allerdings sind die Zugriffsoperationen meist hochgradig optimiert, so dass die Programmausführung dadurch nicht allzu sehr gebremst wird.

Insgesamt soll noch einmal festgehalten werden, dass der Typ der Verweisvariablen, die auf ein Objekt zeigt (O bzw. U in Abb. 6–9), bestimmt, welche Variablen dieses Objekts sichtbar sind.

Eine andere Regelung existiert in Java bezüglich Methoden, die in einer Ober- und Unterklasse einen identischen Namen besitzen – genauer gesagt: Methoden, deren Köpfe identisch sind. Das heißt, dass neben dem Namen selbst auch der Rückgabedatentyp und die Liste der Parameterdatentypen übereinstimmen müssen. In diesem Falle wird in einem Objekt der Unterklasse immer die Methode benutzt, die in der Unterklasse vereinbart ist – unabhängig vom Typ der Verweisvariablen, die auf das Objekt zeigt. Diese Regelung nennt man *Überschreiben* einer Methode. Die Methodendeklaration der Oberklasse wird ersetzt durch die speziellere Deklaration mit identischem Methodenkopf in der Unterklasse. Falls die Methodenköpfe sich in den Parameterlisten unterscheiden, tritt eine andere Regelung in Kraft, die als *Überladen* des Methodennamens bezeichnet wird.

Zunächst soll jedoch das Überschreiben diskutiert werden. Betrachten wir dazu Prog. 6–12, das zwei Klassendefinitionen Ober und Unter enthält, in denen jeweils die Methode int b (boolean x) vereinbart ist. Zu bemerken ist hier, dass die Identität der Parameterlisten sich aus den Typbezeichnungen (hier boolean) und deren Reihenfolge ergibt, nicht aus den Namen der formalen Parameter. Es ist hier also ohne Bedeutung, dass in Ober die Methodendeklaration von b den formalen Parameter x verwendet, während dieser in Unter y heißt. Folglich über-

```
class Ober                          class Unter extends Ober
{ …                                 { …
   int b (boolean x)                   int b (boolean y)
   { if (x) return 5;                  { if (y) return  -27;
     else    return 6;                   else    return -900;
   }                                   }
}                                   }
```

Prog. 6–12 *Überschreiben einer Methodendeklaration in einer Klassenerweiterung*

schreibt b in Unter die Methode b in Ober. Die jeweiligen Methodenrümpfe enthalten unterschiedliche Anweisungen. Nach Ausführung der Vereinbarungen

```
Unter U = new Unter ();
Ober  O = U;
```

liefern die beiden Aufrufe O.b (true) und U.b (true) jeweils das Ergebnis -27, weil stets die überschreibende Methode b aus Unter benutzt wird. Dieser Sachverhalt lässt sich ebenfalls grafisch verdeutlichen (siehe Abb. 6–10). Der fette Pfeil in dieser Grafik soll deutlich machen, dass der Aufruf von O.b (...) auf die Methode der Unterklasse „umgeleitet" wird. Natürlich sind von der Variablen O vom Typ Ober nur die Namen der Klasse Ober erreichbar. Eventuell in der Klasse Unter zusätzlich definierte Methoden, die in der Oberklasse nicht erklärt sind, können dementsprechend nur über eine Verweisvariable vom Typ Unter erreicht werden.

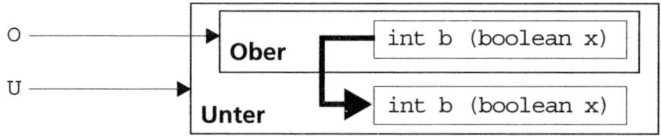

Abb. 6–10 *Zugriff auf die Methoden-Namensräume eines Objekts vom Typ* Unter

Zur Verdeutlichung wird das obige Beispiel (Prog. 6–12 (Seite 214)) um Methodenaufrufe ergänzt und mit der dazugehörigen Ausgabe in Prog. 6–13 angegeben.

Insgesamt gibt es für die Verwendung identischer Namen in Ober- und Unterklassen in Java unterschiedliche Regelungen. Die Entscheidung, ob eine Objektvariable der Oberklasse verdeckt wird, hängt vom Typ der „zugreifenden" Verweisvariablen ab. Die Entscheidung, ob eine Methode überschrieben wird, hängt dagegen nur vom Typ des Objekts ab: Wenn es vom Typ der Unterklasse ist, überscheiben seine Methoden die Methoden mit identischem Kopf in der Oberklasse. Die Regel für Methoden scheint einfacher und effizienter implemen-

```
Unter Un = new Unter();
Ober  Ob = Un;

System.out.println (Ob.b (true));
System.out.println (Un.b (true));
System.out.println ("----------");
Ob = new Ober ();
System.out.println (Ob.b (true));
System.out.println (Un.b (true));
```

Erzeugte Ausgabe:
-27
-27

5
-27

Prog. 6–13 *Erweitertes Beispiel zum Überschreiben von Methoden*

tierbar zu sein. Jedoch ist das Gegenteil der Fall. Über eine Verdeckung kann schon der Compiler entscheiden, weil er die Typen der Verweisvariablen kennt. Zur Ausführungszeit des Programms entsteht diesbezüglich kein Rechenzeitbedarf mehr. Im Falle des Überschreibens von Methoden liegt jedoch eine so genannte *späte Bindung* vor, da erst zum Zeitpunkt des Aufrufs, also spät im Vergleich zum Zeitpunkt der Analyse durch den Compiler, die tatsächlich aufzurufende Methode bestimmt wird. Der Zweck dieses Mechanismus liegt darin, eine unter einem allgemeinen Begriff formulierte Methode in verschiedenen Spezialisierungen je nach Unterklasse zu realisieren. Hier sei auf das Reisebeispiel und die Methode Buchung (siehe Abschnitt 6.2) verwiesen. Die Verwendung dieses Mechanismus wird noch anhand einiger Beispiele diskutiert werden.

Nun soll die versprochene Klärung des Begriffes *Überladung* von Methodennamen erfolgen. Falls der Name und der Rückgabedatentyp von Methoden in Ober- und Unterklasse identisch sind, jedoch ihre Parameterlisten hinsichtlich Typnamen und/oder Reihenfolge voneinander abweichen, werden diese Methoden unterschieden und nicht überschrieben. Auch innerhalb einer Klassendefinition können mehrere solcher Methoden definiert werden, die identischen Namen und Rückgabedatentyp, aber unterschiedliche Parameterlisten haben, wie bereits in Abschnitt 3.5 erläutert wurde. Auch in diesem Fall spricht man vom Überladen des Methodennamens. Der Compiler ist in der Lage, auf Grund der unterschiedlichen Parameterlisten unter den gleichnamigen Methoden die „richtige" auszuwählen, die laut Parameterliste passt. Die verschiedenen Methodendeklarationen, die den gleichen Namen verwenden, müssen aber in jedem Fall den gleichen Rückgabetyp benutzen. Der Compiler meldet sonst einen Fehler und erzeugt keinen ausführbaren Code.

Hierzu ein kleines Beispiel, das auf der Basis der obigen Klasse Ober und Unter formuliert ist (Prog. 6–14). Der Methodenname b ist in der Unterklasse durch die drei Methoden

```
int b (String s) ...
int b (int g) ...
int b (boolean y) ...
```

überladen. Zusätzlich überschreibt die Methode int b (boolean y) die Methode int b (boolean x) der Oberklasse. In Prog. 6–15 werden die beiden Klassendefinitionen Ober und Unter benutzt und es wird die Methode b in den verschiedenen Versionen aufgerufen.

Soweit zu dieser Eigenschaft von Java, verschiedene Methoden unter einem Namen aufrufen zu können. Eine Warnung sei angebracht: Die Verständlichkeit eines Programms ist der Schlüssel zu seiner Wartbarkeit. Das heißt insbesondere in diesem Zusammenhang, dass der Name einer Methode mit Bedacht gewählt sein will und die Aktionen möglichst gut ausdrücken soll, die in dem Methodenrumpf codiert sind. Eine Methode steht für ein bestimmtes Konzept, das dem

```
class Ober                          class Unter extends Ober
{                                   {
  int b (boolean x)                   int b (String s)
  { if (x) return 5;                  { return s.length ();
    else    return 6;                 }
  }
}                                     int b (int g)
                                      { return 2*g;
                                      }

                                      int b (boolean y)
                                      { if (y) return  -27;
                                        else    return -900;
                                      }
                                    }
```

Prog. 6–14 *Überschreiben und Überladen von Methodennamen*

Programmierer u.a. durch den Methodennamen möglichst gut vermittelt werden soll. Wenn ein Name für verschiedene Methoden gilt, sollten sich diese nur in Kleinigkeiten unterscheiden und nicht gänzlich verschiedene Bedeutungen besitzen. Im Folgenden wird an einem Beispiel erläutert, wie das Sprachmittel der Erweiterung bzw. Vererbung eingesetzt werden kann, um für ein zu lösendes Problem eine angemessene Programmstruktur zu entwickeln. Die entstehenden Programmstrukturen werden *Klassenhierarchie* oder auch *Vererbungshierarchie* genannt.

```
Unter Un = new Unter();               ┌─────────────────────────┐
Ober  Ob = Un;                        │  Erzeugte Ausgabe:       │
                                      │                          │
System.out.println (Ob.b (true));     │   -27                    │
System.out.println (Un.b (true));     │   -27                    │
System.out.println (Un.b ("abc"));    │   3                      │
System.out.println (Un.b (5));        │   10                     │
System.out.println ("----------");    │   ----------             │
                                      │                          │
Ob = new Ober();                      │   5                      │
System.out.println (Ob.b (true));     │   -27                    │
System.out.println (Un.b (true));     │                          │
                                      └─────────────────────────┘
```

Prog. 6–15 *Benutzung der Klassen aus Prog. 6–14*

6.4   Vererbungshierarchien

Das folgende Beispiel zur Verwendung von Vererbungshierarchien basiert auf dem Bibliothekssystem, das bereits in Abschnitt 6.1 kurz vorgestellt wurde. Die nun diskutierte Erweiterung betrifft Teile des Mahnsystems, das dafür sorgen soll, dass bei Überschreitung der Leihfirst entsprechende Mahnungen erzeugt werden. Dieses Beispiel ist natürlich hypothetisch und für die Zwecke der Demonstration von Programmstrukturen angepasst. Ähnlichkeiten mit der Wirklichkeit in öffentlichen Bibliotheken sind „rein zufällig".

Nun der Sachverhalt: Beim Überschreiten der Leihfrist eines ausgeliehenen Buchs soll eine Mahnung an den Ausleiher verschickt werden. Die verschiedenen Kreise von Personen sollen unterschiedlich behandelt werden. Dies hat seinen Grund darin, dass für Studenten und Angestellte als Benutzer der Bibliothek verschiedene Fristen bzw. Mahngebühren und Zahlungsmodalitäten gelten. Der „normale" Personenkreis von Benutzern, die weder Studenten noch Angestellte der Universität sind, soll neben der Mahnung einen Gebührenbescheid über die Mahngebühr inklusive Porto erhalten. Bei Angestellten, die die Leihfrist eines Buchs überschritten haben, wird eine Mahnung geschickt und die Mahngebühr vom Gehalt abgebucht. Falls studentische Bibiliotheksbenutzer die Leihfrist überschreiten, wird ihnen neben der Mahnung und dem Gebührenbescheid die Möglichkeit zur Exmatrikulation gesperrt, bis alle ausstehenden Gebühren beglichen sind. Die Leihfristen betragen normalerweise 30 Tage, für Studenten 60 Tage und für Angestellte der Universität 120 Tage. Außerdem richtet sich die Berechnung der Mahngebühr nach der Zeit der Überschreitung und die eventuell anfallenden Portogebühren nach den Bedingungen des verwendeten Zustellers.

Soweit die für reale Zwecke etwas unvollständige, aber hier ausreichende Beschreibung der Situation für die Realisierung des Mahnwesens einer hypothetischen Bibliothek. Da hier nur der beschriebene Ausschnitt aus der realen Welt betrachtet wird, werden auch nur die Informationen und Ereignisse im Modell weiter untersucht, die für das Mahnwesen relevant sind.

Für das Bearbeiten von Mahnungen ist es notwendig zu wissen, ob die Leihfrist eines ausgeliehenen Buchs überschritten ist und gegebenenfalls um wie viele Tage sie überschritten wurde. Um diese Information zu erhalten, müssen die für das Feststellen der Überschreitung wichtigen Ereignisse vom Programm registriert werden, nämlich Ausleih- und Rüchgabevorgänge. Diesbezüglich sind zwei „Objekte" relevant: einerseits die Person, die ausleiht bzw. zurückgibt, und andererseits das betreffende Buch. Von der ausleihenden Person hängen die Details bezüglich der Ausleihfrist und dem evtl. notwendigen Eintreiben der Mahngebühr ab. Anhand der Information, die für Bücher aufgezeichnet wird, kann die Dauer der Fristüberschreitung festgestellt werden, wenn die Ereignisse `BuchAusleihen` und `BuchZurückgeben` registriert werden. Dies geschieht durch Aufruf entsprechender Methoden.

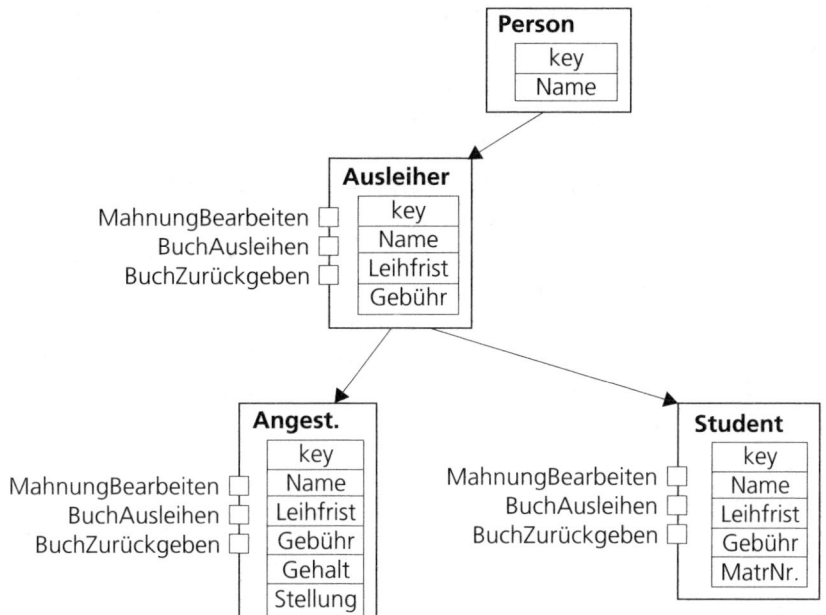

Abb. 6–11 *Erweiterung eines Ausschnitts des Bibliotheksmodells Abb. 6–5 (Seite 204) um Methoden und die Klasse* `Ausleiher`

In Abb. 6–11 werden Methoden durch kleine Quadrate angedeutet. Die Methodennamen werden jeweils links davon notiert. Die Methoden `BuchAusleihen` und `BuchZurückgeben` sollen in Zusammenarbeit mit entsprechenden Methoden für Bücher die eventuell aufgelaufenen Gebühren speichern.

Zusätzlich zu der in Abb. 6–5 (Seite 204) gezeigten Klassenhierarchie wird hier eine Klasse `Ausleiher` als Unterklasse von `Person` definiert, da für die Darstellung von Verfassern von Büchern ebenfalls Objekte der Klasse `Person` verwendet werden. Da aber Verfasser nicht automatisch auch Ausleiher sind, wird diese zusätzliche Klasse `Ausleiher` benötigt. Die Methoden `BuchAusleihen` und `BuchZurückgeben` sind natürlich nur für die Klasse `Ausleiher` und deren Unterklassen definiert.

Die aufgelaufenen Gebühren werden von der Methode `MahnungBearbeiten` erfasst, die entweder von Hand oder durch ein regelmäßig im Bibliothekssystem ablaufendes Programm angestoßen wird, beispielsweise durch täglichen Aufruf von einem Kalenderprogramm aus.

Neben den Methoden enthalten die in Abb. 6–11 gezeigten Klassen noch Variablen, die für die Bearbeitung der genannten Ereignisse wichtig sind. Dies sind z.B. die Leihfristen, welche die verschiedenen Personengruppen in Anspruch nehmen dürfen, und natürlich auch die aufgelaufenen Gebühren. Aus Vereinfachungsgründen sollen hier Zahlungen unberücksichtigt bleiben, die während ei-

ner Fristüberschreitung getätigt werden, ohne das betroffene Buch zurückzuge-
ben. Andernfalls müssten Ausleiherkonten verwaltet werden.

Insgesamt ist mit diesen Überlegungen die Basis für die Bestimmung von
Klassen und deren Erweiterungsbeziehungen gelegt.

Bevor nun die einzelnen Details einer Java-Implementierung für das Bibilio-
thekssystem betrachtet werden, soll die Aufmerksamkeit auf eine Besonderheit
gerichtet werden. Diese erschließt sich bei näherer Betrachtung der Methode
MahnungBearbeiten. Die verschiedenen Personengruppen werden ja bezüglich der
aufgelaufenen Gebühren unterschiedlich behandelt. Zum Beispiel soll für Studenten neben einer postalisch zugesandten Mahnung auch ein Vermerk gesetzt werden, der das Exmatrikulieren verhindert, bevor die aufgelaufenen Gebühren be-
zahlt sind. In den beiden Fragmenten in Prog. 6–16 werden diese Sachverhalte
durch entsprechende Methodenaufrufe innerhalb der jeweiligen speziellen Methode MahnungBearbeiten berücksichtigt.

Bei näherer Betrachtung wird deutlich, welche der oben angegebenen Methoden sowohl für „normale" Ausleiher als auch für Studenten gültig sind und welche die betreffenden Personengruppen speziell behandeln. So ist die Methode
SperreExmatrikulation sicher nur für eingeschriebene Studenten relevant. Die
Methoden BerechneGebühr und DruckeMahnung sind dagegen allgemein formuliert. Die Methode LeihfristÜberschritten soll hier als gegeben angesehen werden. Ihre Aufgabe besteht darin, die von einem Bibliotheksbenutzer ausgeliehenen Bücher zu inspizieren, um Fristüberschreitungen festzustellen.

```
class Ausleiher extends Person
{ ...
  void MahnungBearbeiten()
  { if (LeihfristÜberschritten ())
    { x = BerechneGebühr ();     Gebühr = Gebühr + x;
      DruckeMahnung (Gebühr);
    }
    ...
  }
  ...
}


class Student extends Ausleiher
{ ...
  void MahungBearbeiten()
  { if (LeihfristÜberschritten ())
    { x = BerechneGebühr ();     Gebühr = Gebühr + x;
      DruckeMahnung (Gebühr);    SperreExmatrikulation ();
    }
    ...
  }
  ...
}
```

Prog. 6–16 *Methode* MahnungBearbeiten *in den Klassen* Ausleiher *und* Student

Betrachtet man die beiden speziellen Ausprägungen von `MahnungBearbeiten`, so fällt auf, daß große Teile identisch formuliert sind. Diese Beobachtung setzt sich fort, würde man die speziellen Ausprägungen für die anderen Personenkreise (Angestellte, ...) untersuchen. Die Konstruktion lässt sich in zwei Teile gliedern: einen allgemeinen Teil – hier die Berechung von Gebühren und das Drucken der Mahnung –, gefolgt von einem speziellen Teil, der im Falle von „normalen" Personen leer wäre, bei Studenten und Angestellten jedoch besondere Maßnahmen enthält.

Diese Art der weitgehenden Übereinstimmung kann in Programmen häufig vorkommen. Es wäre angemessen, nur in der Oberklasse die allgemeine Form einer Bearbeitung zu definieren und diese in einer Unterklasse um spezielle Punkte zu ergänzen. Diese Art der Erweiterung kann als *dynamisch* bezeichnet werden, weil die Ergänzung vom aktuellen Objekttyp abhängt. Die bisher diskutierten Formen der Erweiterung bezogen sich ja auf die Deklarationen von Variablen und Methoden, d.h. auf die *statische* Struktur von Klassendefinitionen. In dem hier diskutierten Fall würde man dagegen das dynamische Verhalten erweitern.

Ein besonderes Sprachkonstrukt, um diese Beziehung zwischen der Deklaration einer Methode in der Oberklasse und ihrer Erweiterung in der Unterklasse auszudrücken, gibt es in Java nicht. Prinzipiell könnte eine Programmiersprache zwei Möglichkeiten anbieten, um die Rümpfe von gleichnamigen Methoden in der Oberklasse und der Unterklasse zu verbinden:

❏ Entweder wird im Rumpf der Methode der Oberklasse an einer geeigneten Stelle die erweiternde Methode der Unterklasse aufgerufen, so sie vorhanden ist,

❏ oder im Rumpf der Methode der Unterklasse wird auf die allgemeine Fassung der Methode, die in der Oberklasse deklariert ist, durch ein geeignetes Sprachmittel zugegriffen.

Die erste Variante ist in manchen objektorientierten Programmiersprachen (z.B. Simula 67 oder Beta, nicht aber in Java) in Form des `inner`-Konstruktes vorhanden. Hierbei wird zunächst der Rumpf der Methode der Oberklasse ausgeführt, bis dort die Anweisung `inner` erreicht wird. Sie wirkt wie ein Unterprogramm-Aufruf, der zur Folge hat, dass die gleichnamige Methode aus der Unterklasse ausgeführt wird. Danach werden die nach `inner` stehenden Anweisungen der Methode in der Oberklasse durchlaufen. Man kann dies auch so verstehen, dass die Methode in der Oberklasse an geeigneter Stelle die Bearbeitung an die Methode in der Unterklasse delegiert. Wenn eine Programmiersprache dieses Konzept verwirklicht, muss sie zusätzliche Regeln hinsichtlich Parameterübergabe beim `inner`-Aufruf sowie Trennung bzw. Verbindung der Namensräume der betreffenden Methoden einführen.

Die zweite Variante – Benutzung der Methode in der Oberklasse vom Rumpf der Methode in der Unterklasse aus – kann in Java realisiert werden. Dazu wird ausgenutzt, dass in Java mit Hilfe des Schlüsselworts super auf das „eigene" Objekt this zugegriffen werden kann, jedoch mit der Qualifizierung der Oberklasse. Vom Rumpf einer Methode in der Unterklasse kann also mit Hilfe von super auf die Methoden-Implementierung in der entsprechenden Oberklasse zugegriffen werden, obwohl die Methode in der Unterklasse die in der Oberklasse überschreibt! In der Methode MahnungBearbeiten könnte der Aufruf der allgemeinen Bearbeitung einer Mahnung von einem Student-Objekt aus lauten:

```
super.MahnungBearbeiten (…).
```

Bevor auf diese Verwendung von super für die dynamische Erweiterung eingegangen wird, soll zuerst die Verwendung von super im Allgemeinen betrachtet werden.

Ähnlich wie das Schlüsselwort this ist auch super mit zwei Bedeutungen behaftet. In Abschnitt 6.2 wurde die Bedeutung von this und super im Kontext der Initialisierung von Objekten mit Hilfe von Konstruktoren beschrieben. Damit war es möglich, unterschiedliche Varianten der Konstruktoren zu definieren und diese so zu benutzen, dass bei der Erzeugung eines Objekts mehrere Konstruktoren „in geordneter Weise" durchlaufen werden. Dabei werden this (…) und super (…) wie Methodenaufrufe verwendet.

In der zweiten Bedeutung von this wird dieses Schlüsselwort wie eine Variable benutzt, die einen Verweis auf das Objekt liefert, dessen Methode gerade ausgeführt wird (auch *Selbstverweis* genannt, siehe Abschnitt 3.4). In Prog. 6–9 wird this in beiden Bedeutungen benutzt, als Konstruktoraufruf und als Selbstverweis.

Das Schlüsselwort super kann ebenfalls als Verweis eingesetzt werden – und zwar als *Oberklassenverweis*: Es zeigt wie this auf das gerade aktuelle Objekt, allerdings nicht im Kontext der Unterklasse, sondern der dazugehörigen Oberklasse. Mit anderen Worten: super kann wie eine Verweisvariable vom Typ der Oberklasse benutzt werden, die auf das „eigene" Objekt zeigt. Bei einem Aufruf super.b (…) liegt kein spätes Binden der Methode vor, weil die Methode der Unterklasse die der Oberklasse nicht überschreibt, sondern gezielt die Methode b der Oberklasse aufgerufen wird.

Der Zugriff auf die Oberklasse durch super wird in Abb. 6–12 durch den fetten Pfeil symbolisiert. Die Methode b der Oberklasse Ober wird von einem Objekt der Unterklasse Unter mittels super aufgerufen. Das dazu passende Programmstück ist Prog. 6–17 zu entnehmen. Ein Aufruf

```
Ober O = new Unter ( );
… O.b (false) …
```

liefert das Ergebnis -6.

Gemäß der normalen Regel des Überschreibens wird bei Methoden mit gleichem Kopf in Ober- und Unterklasse stets die Methode der Unterklasse verwendet.

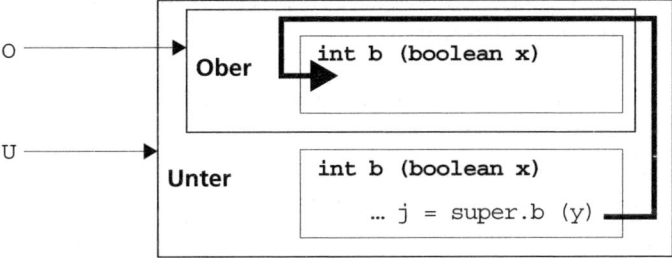

Abb. 6–12 *Zugriff von der Unterklasse auf eine überschriebene Methode der Oberklasse*

```
class Ober
{
  int b (boolean x)
  { if (x) return 5;
    else    return 6;
  }
}
```

```
class Unter extends Ober
{
  int b (boolean y)
  { int j;
    j = super.b (y);
    if (y) return -27;
    else   return -j;
  }
}
```

Prog. 6–17 *Die Verwendung von* super *als Oberklassenverweis*

Durch die Benutzung des Oberklassenverweises super wird diese Regel außer Kraft gesetzt. Ausnahmsweise ist hier der Zugriff auf ansonsten verdeckte bzw. überschriebene Attribute der Oberklasse möglich.

Für alle „normalen" Aufrufe ohne super gilt die späte Bindung. Auch für Methodenaufrufe innerhalb der durch super....(...) aufgerufenen Methode gilt die späte Bindung.

Für die sinnvolle Nutzung der Möglichkeit, in einer Unterklasse gezielt die Deklaration einer Methode in der Oberklasse zu verwenden, muss eine entsprechende Aufteilung in einen allgemeinen und einen speziellen Teil einer zu behandelnden Aufgabe erfolgen. In der Oberklasse wird die allgemeine Lösung formuliert, die dann an geeigneter Stelle mittels super von der Unterklasse aus aufgerufen wird.

Mit diesem Konzept soll im nächsten Abschnitt erläutert werden, wie eine einigermaßen vollständige Implementierung des Bibliotheks-Mahnwesens aussehen kann.

6.5   Verwendung der Erweiterungsmechanismen: Das Bibliotheksbeispiel

Im Folgenden sollen die Besonderheiten der Verwendung von Erweiterungsmechanismen demonstriert werden. Es wird gezeigt, wie die oben skizzierten dynamischen Erweiterungen zu benutzen sind, um zu einem gegebenen allgemeinen Verhalten, das in der Oberklasse definiert ist, ein spezielles Verhalten in einer Unterklasse zu formulieren, wobei – ähnlich wie im statischen Fall – in der Unterklasse möglichst nur die zusätzlichen bzw. abweichenden Verhaltensweisen angegeben werden, ohne das allgemeine Verhalten in der Unterklasse noch einmal beschreiben zu müssen.

Als Beispiel wird die Bearbeitung von Mahnungen herangezogen, die für verschiedene Benutzergruppen unterschiedlich zu handhaben ist. Hier soll das Bibliothekssystem nur in groben Zügen erläutert werden. Das komplette Programm ist in Anhang A aufgeführt und kommentiert.

Die Bibliotheksinformation besteht aus einer Sammlung von Elementen, die jeweils durch Objekte der Unterklassen vom Typ Schluessel gegeben sind: Autoren, Bücher, Ausleiher, Studenten usw. Der Einfachheit halber sollen die Elemente in einer linearen Liste verkettet sein. Diese Liste, die im folgenden auch als *Datenbank* bezeichnet wird, besteht daher aus Element-Objekten, die auf Schluessel-Objekte verweisen. Als Konsequenz sind für die Behandlung von einzelnen Gruppen von Objekten, z.B. Büchern, jeweils spezialisierte Methoden zu verfassen, die aus der Liste der Schluessel-Objekte nur die betreffende Art von Objekten betrachtet. In Abb. 6–13 ist dies verdeutlicht.

In Prog. 6–18 ist die Klasse SchluesselListe angegeben, welche die einfach verkettete Liste implementiert. Der Verweis Fuss auf das Ende der Liste wird nicht benötigt und ist daher weggelassen worden. Die innerhalb von Schluessel-

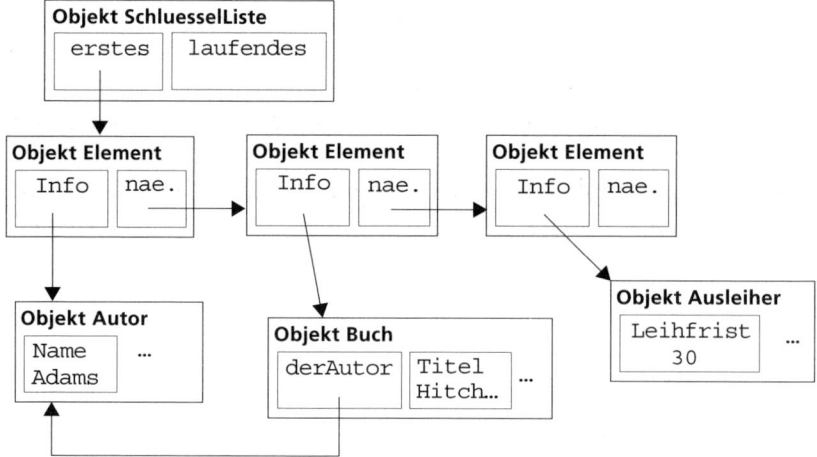

Abb. 6–13 *Beispiel für den Aufbau der Liste, welche die Bibliotheksdatenbank darstellt*

```
class SchluesselListe
{
                                         Schluessel dasErsteElement ()
  class Element                          { … }
  { Schluessel Info;
    Element    naechstes;                Schluessel  dasNaechsteElement ()
                                         { … }
    Element (Schluessel k)
    { Info = k;                          void einfuegen (Schluessel k)
    }                                    { … }
  } // end class Element
                                         void entferne (Schluessel k)
  Element erstes;                        { … }
  Element laufendes;
                                         void DruckeAlle ()
  SchluesselListe (…)                    { … }
  { … }
                                         void DruckeAlleInfos ()
  Schluessel finde (int zufinden)        { … }
  { … }                                } // end class SchluesselListe
```

Prog. 6–18 *Klasse* `SchluesselListe`

Liste definierte Klasse `Element` realisiert die Hilfsstruktur zur Darstellung der Listenelemente.

Die Methoden der Klasse `SchluesselListe` arbeiten auf dieser Struktur. Neben dem Einfügen, Suchen und Löschen von Elementen dienen die beiden Methoden `dasErsteElement` und `dasNaechsteElement` zusammen mit der Variablen `laufendes` dem Durchlauf durch die Liste. Damit kann jedes Element einer Liste wie folgt bearbeitet werden: Zunächst wird mit Hilfe von `dasErsteElement` die Verweisvariable `laufendes` auf das erste Element gesetzt und ein Verweis auf das dort gespeicherte `Schluessel`-Objekt als Ergebniswert der Methode geliefert. Durch anschließende Aufrufe von `dasNaechsteElement` wird sukzessiv auf alle weiteren `Schluessel`-Objekte der Liste verwiesen und als Nebeneffekt der Verweis `laufendes` entsprechend weitergesetzt.

Nun sollen die Klassen `Ausleiher`, `Student` und `Angestellter` erläutert werden, insbesondere im Hinblick auf die oben angesprochene dynamische Erweiterung mit Hilfe von `super.... (...)`. Die zugehörigen Programmteile sind in Progr. 6–19 (Seite 226) bis 6–21 (Seite 230) dargestellt. Die Notation … gibt an, dass an der entsprechenden Stelle Details weggelassen wurden, um die Übersicht zu verbessern und die Betrachtung auf die hier wesentlichen Gesichtspunkte zu konzentrieren. Die Methode `zeigeAus` aus dem `EinAusRahmen` (siehe Anhang B) arbeitet ähnlich wie `System.out.println` und gibt ein String-Objekt aus.

Prog. 6–19 (Seite 226) zeigt die Methoden `BerechneGebuehr` und `Mahnung-Bearbeiten` in der Klasse `Ausleiher`, die Unterklasse von `Person` sowie Oberklasse von `Angestellter` und `Student` ist. Die Klasse `Calendar` stammt aus dem Java-System und dient zur Darstellung von Kalendertagen. Aus der Klasse `SchluesselListe` ist die Klasse `BuecherListe` abgeleitet, die als Elemente nur Objekte vom Typ `Buch` enthalten kann. Die genaue Funktionsweise dieses Ableitungsmechanismus wird später behandelt.

```
import java.util.Calendar;

class Ausleiher extends Person
{
  String Id ()
  { ...
  }

  int Leihfrist;  // Ausleihfrist in Tagen
  int Gebuehr;    // Aufgelaufene Gebuehr in Euro
  BuecherListe dieAusgeliehenenBuecher;

  Ausleiher ( ... )
  { super ( ... );
    Leihfrist = 30;   dieAusgeliehenenBuecher = new BuecherListe (einaus);
  }

  void DruckeMahnung ()
  { ....zeigeAus ("Mahnung: " + Gebuehr + " Euro an Gebuehren" + " aufgelaufen");
  }

  void BerechneGebuehr (Calendar heute)
  { // pro ueberzogenem Tag einen Euro (Ein Jahr wird zu 360 Tagen gerechnet),
    // zusätzlich Porto. Berechne die Anzahl der Tage, die ueberzogen sind.
    int Porto = 1; // hypothetische Standardbriefgebuehr in Euro.
    Buch laufendesb;
    laufendesb = dieAusgeliehenenBuecher.dasErsteElement();

    while (laufendesb != null)
    { if (heute.after (laufendesb.RueckgabeDatum))
      { int jahr1 =  heute.get (Calendar.YEAR);
        int jahr0 = laufendesb.RueckgabeDatum.get (Calendar.YEAR);
        int tag1 = heute.get (Calendar.DAY_OF_YEAR);
        int tag0 = laufendesb.RueckgabeDatum.get (Calendar.DAY_OF_YEAR);
        int diff  = (jahr1-jahr0)*360 + (tag1-tag0);
        ....zeigeAus (  diff + " Tage ueberzogen fuer Ausleiher "
                    + Id () + " und Buch " + laufendesb.Id ()  );
        Gebuehr = Gebuehr + diff; // sehr restriktiv und teuer!
      };
      laufendesb = dieAusgeliehenenBuecher.dasNaechsteElement ();
    }
    // Falls eine Gebuehr festgestellt wurde, noch das Porto addieren:
    if (Gebuehr > 0)  Gebuehr = Gebuehr + Porto;
  }

  void MahnungBearbeiten (Calendar heute)
  { BerechneGebuehr (heute);
    if (Gebuehr > 0)
    { ....zeigeAus ("\nAn " + Name + " , " + Vorname + " Ihre Nummer: " + key);
      DruckeMahnung ();
    }
  }
}
```

Prog. 6–19 *Ausschnitt aus den Details der Klasse* Ausleiher

Die Bearbeitung der Mahnung für einen Ausleiher verlangt, dass die ausgeliehenen Bücher einzeln betrachtet werden, um jeweils zu prüfen, ob die Ausleihfrist
abgelaufen ist. Diese Aktion wird in der Methode BerechneGebühr ausgeführt,
die Methoden der Klasse Calendar aufruft, um die entsprechenden Zeitpunkte zu

bestimmen und zu vergleichen. Bei Überschreitung der Rückgabefrist wird die Anzahl der überzogenen Tage berechnet. Auf der Basis des Gebührenmodells für Ausleiher wird dann die Gebühr berechnet und auf die evtl. schon bestehende Gebühr addiert. Da „normale" Ausleiher auch mit den entstehenden Portokosten belastet werden, wird das Porto ebenfalls addiert. Die Methode BerechneGebuehr wird von der Methode MahnungBearbeiten aufgerufen. Letztere gibt eine entsprechende Meldung aus, wenn Gebühren anfallen – was in der Realität sinnvollerweise eher das Drucken eines entsprechenden Briefes wäre.

Die Methoden der Klasse Ausleiher bilden das Modell ab, wie „normale" Ausleiher bei Fristüberschreitung behandelt werden. Bei Studenten und Angestellten ist nach einem leicht abgewandelten Modell zu verfahren. Eine Variante, diese Spezialfälle zu implementieren, besteht darin, in den entsprechenden Unterklassen die Methoden komplett zu überschreiben und entsprechende Methodenrümpfe zu formulieren. Für die Bearbeitung einer der Mahnungen ist aber in der Oberklasse Ausleiher für Angestellter und Student bereits fast alles korrekt erledigt. Die Unterschiede sind im Wesentlichen, dass für Angestellte kein Porto berechnet und die Gebühr direkt vom Gehalt abgezogen wird. Studenten ist bei Fristüberschreitungen die Möglichkeit zur Exmatrikulation zu sperren.

In Prog. 6–20 (Seite 228) ist der entsprechende Teil der Klasse Angestellter wiedergegeben. Die Methode MahnungBearbeiten kann in dieser Unterklasse sehr knapp formuliert werden, da zu dem allgemeinen Fall der Mahnungsbearbeitung nur das Abziehen der aufgelaufenen Gebühren vom Gehalt erledigt werden muss. Daher wird in dieser Methode die Realisierung von MahnungBearbeiten aus der Oberklasse aufgerufen und anschließend ggfs. die Methode BucheGebuehrab. Das Gebührenmodell für Angestellte wird in der Methode BerechneGebuehr in der Klasse Angestellter realisiert. Hier wird die Gebührenberechnung eigenständig realisiert, da auf Grund der sachlichen Zusammenhänge kein Rückgriff auf die Gebührenberechnung eines allgemeinen Ausleihers geboten ist.

Zur Verdeutlichung sind die Abläufe für den Aufruf von MahnungBearbeiten für ein Objekt der Klasse Angestellter in Abb. 6–14 (Seite 229) dargestellt. Dabei wird angenommen, dass die Berechnung der Gebühren einen Betrag größer als null ergibt. Daher wird DruckeMahnung in der Klasse Ausleiher und BucheGebuehrab in der Klasse Angestellter aufgerufen. Es sei nochmals darauf hingewiesen, dass für den Aufruf der Methode BerechneGebuehr in der Methode MahnungBearbeiten in der Klasse Ausleiher die späte Bindung gilt. Das bedeutet, dass für diesen Aufruf von BerechneGebuehr die entsprechende Methode aus der Klasse Angestellter benutzt wird.

Natürlich sind – je nach Modellierung des Sachverhalts der zu zahlenden Gebühren bei Überziehung der Leihfrist – auch andere Realisierungen denkbar. Im Falle eines gemeinsamen Gebührenmodells für alle Ausleiher ist nur eine Version der Methode BerechneGebuehr in der Klasse Ausleiher notwendig. Dann würde

```
class Angestellter extends Ausleiher
{
  String Id ()
  { …
  }

  int Gehalt;

  Angestellter ( … )
  { … ;   Leihfrist = 120;
  }

  void MahnungBearbeiten (Calendar heute)
  { super.MahnungBearbeiten (heute);
    if (Gebuehr >0)  BucheGebuehrab ();
  }

  void BucheGebuehrab ()
  { ….zeigeAus ("Gebuehr in Hoehe von " + Gebuehr + " Euro wird" "abgebucht\n");
    Gehalt = Gehalt - Gebuehr;  Gebuehr = 0;
  }

  void BerechneGebuehr(Calendar heute)
  { // pro ueberzogenem Tag einen Euro!  Ein Jahr hat 360 Tage ...
    // aber kein Porto!
    // Berechne die Anzahl der Tage, die ueberzogen sind.
    Buch laufendesb;
    laufendesb = dieAusgeliehenenBuecher.dasErsteElement ();

    while (laufendesb != null)
    { if (heute.after (laufendesb.RueckgabeDatum))
      { int jahr1 =  heute.get (Calendar.YEAR);
        int jahr0 = laufendesb.RueckgabeDatum.get (Calendar.YEAR);
        int tag1 = heute.get (Calendar.DAY_OF_YEAR);
        int tag0 = laufendesb.RueckgabeDatum.get (Calendar.DAY_OF_YEAR);
        int diff = (jahr1 - jahr0)*360 + (tag1 - tag0);
        ….zeigeAus (  diff + " Tage ueberzogen fuer Ausleiher "
                    + Id() + " und Buch " + laufendesb.Id ()   );
        Gebuehr = Gebuehr + diff; // sehr restriktiv und teuer!
      }
      laufendesb = dieAusgeliehenenBuecher.dasNaechsteElement ();
    }
  }
}
```

Prog. 6–20 *Ausschnitt aus den Details der Klasse* Angestellter

man die Erweiterungsmechanismen so verwenden, dass immer die allgemeinen Methoden aus der Oberklasse Ausleiher aufgerufen werden.

In Prog. 6–21 wird der entsprechende Teil der Klasse Student abgebildet. Auch hier wird das Gebührenmodell für Studenten separat in Form der Methode BerechneGebuehr realisiert. Die Besonderheit in der Bearbeitung von Mahnungen für Studenten ist, dass die Möglichkeit zur Exmatrikulation gesperrt wird. Dies wird durch den Aufruf der Methode SperreExmatrikulation realisiert, die in der Methode MahnungBearbeiten in Student-Objekten aufgerufen wird. Die Abläufe sind analog zu denen, die bereits für den Aufruf der Methode MahnungBearbeiten betrachtet wurden.

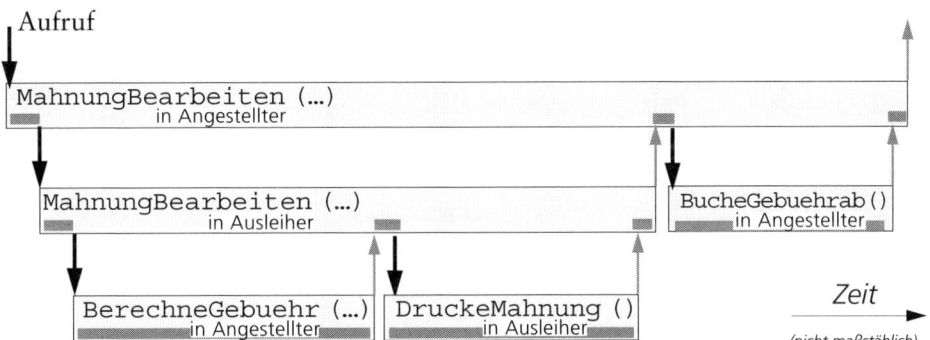

Abb. 6–14 *Abfolge der Methodenaufrufe bei der Abarbeitung der Methode* MahnungBearbeiten *in einem Objekt der Klasse* Angestellter

Zusammenfassend läßt sich Folgendes feststellen. Die Bearbeitung der Mahnung für einen Ausleiher – allgemein, Angestellter oder Student – zerfällt in zwei Abschnitte. Zum einen muss die aufgelaufene Gebühr berechnet werden. Sie richtet sich nach den überschrittenen Ausleihfristen und ggf. nach dem Porto. Zum anderen ist die Gebühr je nach der Gruppenzugehörigkeit des Ausleihers zu bearbeiten.

Die Berechnung der Gebühren für die verschiedenen Ausleiher-Gruppen lässt sich nicht so ohne weiteres aufeinander aufbauen. Das heißt, die Gebührenberechnung für spezielle Ausleiher ist deutlich anders als die für allgemeine Ausleiher. Daher ist an dieser Stelle der Erweiterungsmechanismus in der dynamischen Variante nur schwierig einzusetzen. Eine andere Modellierung könnte Abhilfe schaffen: Es müsste eine spezielle Klasse eingeführt werden, die nur den Zweck hat, die gemeinsamen Bearbeitungsgänge aller Ausleiher aufzunehmen. Eine solche Klasse wäre beispielsweise AbstrakterAusleiher. Die allgemeinen Ausleiher wären dann wie Student und Angestellter Erweiterungen der Oberklasse AbstrakterAusleiher. Eine solche Klasse wäre in gewisser Weise künstlich oder abstrakt, da man in der Regel keine Objekte einer solchen Klasse in dem Bibliothekssystem erzeugen würde.

Die Diskussion der Zweckmäßigkeit eines solchen Vorgehens muss noch weitere Argumente einbeziehen. Ein Argument wäre, dass in Zukunft weitere Gruppen von Personen als Ausleiher berücksichtigt werden sollen. Dies würde dafür sprechen, die zuletzt vorgestellte alternative Modellierung zu bevorzugen. Ein weiteres Argument dafür zeigt sich bei der Betrachtung zahlreicher objektorientierter Programme. Oft ist festzustellen, dass solche künstlichen Klassen eingeführt werden, um teilweise die Implementierung von Methoden in Unterklassen benutzen zu können. Das heißt, dass der Modellierungsaspekt ein wenig in den Hintergrund tritt zu Gunsten einer Ersparnis bei der Implementierung.

```
class Student extends Ausleiher
{
  String Id ()
  { …
  }

  int MatNr;

  Student ( … )
  { … Leihfrist = 60;
  }

  boolean KannExmatrikuliertWerden = true;

  void SperreExmatrikulation ()
  { KannExmatrikuliertWerden = false;
    ….zeigeAus ("Bitte erst die Gebuehren vor der Exmatrikulation begleichen!");
  }

  void MahnungBearbeiten (Calendar heute)
  { super.MahnungBearbeiten (heute);
    if (Gebuehr >0)
    { SperreExmatrikulation ();
      ….zeigeAus (  "Bitte die " + "aufgelaufene " + "Gebuehr von "
                  + Gebuehr + " einzahlen!");
    }
  }

  void BerechneGebuehr (Calendar heute)
  { // pro ueberzogenem Tag einen Euro!ein Jahr hat 360 Tage ...
    // aber kein Porto!
    // Berechne die Anzahl der Tage, die ueberzogen sind
    Buch laufendesb;
    laufendesb = dieAusgeliehenenBuecher.dasErsteElement();

    while (laufendesb != null)
    { if (heute.after (laufendesb.RueckgabeDatum))
      { int jahr1 =  heute.get (Calendar.YEAR);
        int jahr0 = laufendesb.RueckgabeDatum.get (Calendar.YEAR);
        int tag1 = heute.get (Calendar.DAY_OF_YEAR);
        int tag0 = laufendesb.RueckgabeDatum.get (Calendar.DAY_OF_YEAR);
        int diff = (jahr1 - jahr0)*360 + (tag1 - tag0);
        ….zeigeAus (  diff + " Tage ueberzogen fuer Ausleiher "
                    + Id () + " und Buch " + laufendesb.Id () );
          Gebuehr = Gebuehr + diff; // sehr restriktiv und teuer!
      }
      laufendesb = dieAusgeliehenenBuecher.dasNaechsteElement ();
    }
  }
}
```

Prog. 6–21 *Ausschnitt aus den Details der Klasse* Student

An dieser Stelle soll die Diskussion des Bibliothekssystems nicht weiter vertieft werden. Für ausführlichere Informationen wird auf Anhang A verwiesen.

6.6 Anonyme Erweiterungen von Klassen

Der in Abschnitt 6.1 vorgestellte Mechanismus der Erweiterung von Klassen erfordert eine Klassenhierarchie, in der jedes Element der Hierarchie einen eigenen Klassennamen erhalten muss. In manchen Programmen werden Oberklassen definiert, die sinnvolle Abstraktionen für viele verschiedenartige Gegenstände darstellen, die in einem Programm auszudrücken sind. Auch wenn jeder dieser Gegenstände nur an wenigen Programmstellen verwendet wird, muss eine eigene Unterklasse für ihn gebildet werden. Darin werden Methoden der Oberklassen überschrieben, um das spezielle Verhalten des jeweils modellierten Gegenstands auszudrücken. Auf diese Weise kann die Klassenhierarchie groß und unübersichtlich werden. Für jede Methode M_1, ... , M_n, die eine Methode M der Oberklasse überschreiben soll, ist eine eigene Unterklasse zu definieren.

Für solche Fälle gibt es in Java das Sprachkonstrukt der *anonymen Erweiterung* von Klassen. Sie erspart die explizite Definition der Unterklassen, wodurch das Programm übersichtlicher werden kann. Stattdessen gibt man bei der Erzeugung eines Objekts mittels new die für *dieses Objekt* gültigen Erweiterungen direkt an, indem bei new die Methoden aufgeführt werden, welche die Methoden aus der Klassendefinition überschreiben sollen. Mit anderen Worten: new besitzt dann zwei Arten von „Parametern":

❑ die Parameter für den Konstruktor, wie üblich in runde Klammern eingeschlossen, sowie
❑ Methodendefinitionen (die natürlich keine Parameter im eigentlichen Sinne darstellen), die in geschweiften Klammern angegeben werden.

Dadurch wird ein Objekt einer neuen, implizit definierten Unterklasse erzeugt, für die es keinen Klassennamen gibt. Daher bezeichnet man diesen Vorgang als anonyme Erweiterung. Die implizite Unterklasse unterscheidet sich von der Oberklasse durch die angegebenen Methodendefinitionen. Dabei kann es sich um überschreibende oder nicht überschreibende (d.h. zusätzliche) Methoden handeln. Prog. 6–22 zeigt ein einfaches Beispiel. Jeder Aufruf O.TuWas() führt zur Ausgabe der String-Variablen EinText.

```
class Ober
{ String EinText;
  void TuWas()
  { }
}
                                          Überschreiben der Methode TuWas
...

Ober O = new Ober () {  void TuWas ()
                        { System.out.println (EinText);
                        }
                     };
```

Prog. 6–22 *Anonyme Klassenerweiterung*

Die anonyme Erweiterung lässt sich in dem Bibliotheksbeispiel sinnvoll anwenden – und zwar zur Behandlung der eingegebenen Bedienkommandos. Im Allgemeinen besteht eine Kommandozeile aus mehreren Wörtern. Die Interpretation des ersten Wortes löst die Bearbeitung des entsprechenden Befehls aus. Folglich wird eine Zuordnung *Befehlsname → Methode* benötigt. Als Beispiel sei betrachtet, wie neue Angestellte in das Bibliothekssystem eingetragen werden. Das Kommando zum Eintrag von, sagen wir, Tanja Tischler lautet

```
neuerAngestellter Tanja Tischler
```

Das System für die Benutzerschnittstelle sorgt dafür, dass diese Zeile als `String` an das Programm übergeben wird. Die Programmierung der Benutzerschnittstelle wird hier nicht weiter betrachtet. Anhang B zeigt als Beispiel das Programm `EinAusRahmen`, das eine Benutzerschnittstelle realisiert. In diesem Ein-Ausgabe-System stehen eine Reihe von Methoden zur Verfügung, um die einzelnen Wörter des Strings zu identifizieren und ggfs. für die weitere Bearbeitung zu extrahieren. Die wichtigsten dieser Methoden sind:

`int SatzAnz (String K)`	Anzahl der Sätze im String K. Sätze werden durch Komma oder Semikolon getrennt.
`int WortAnz (String K, int s)`	Anzahl der Wörter im Satz s des Strings K. Wörter werden durch Leerzeichen oder Semikolon getrennt.
`String Wort (String K, int s, int w)`	Wort w in Satz s des Strings K.
`int liesInt (String K, int s, int w)`	Ganze Zahl in Wort w in Satz s des Strings K.
`void zeigeAus (String Z)`	Gib String Z im Fenster für Textausgabe aus.
`void Antwort (String E)`	Bearbeite die Eingabezeile E, wobei `Antwort` je nach Anwendung überschrieben werden soll.

Die Bearbeitung einer Kommandozeile besteht aus den folgenden Schritten:

1. Falls die Zeile nicht leer ist, extrahiere das erste Wort aus der Kommandozeile.
2. Durchsuche eine Datenstruktur, in der alle Zuordnungen von Kommandoname und der Kommando bearbeitenden Methode abgespeichert sind, nach dem ersten Wort der Kommandozeile.
3. Falls ein solcher Kommandoname gefunden wird, rufe die entsprechende Methode auf. Falls dazu aktuelle Parameter aus der Kommandozeile extrahiert werden müssen, kann dieser Vorgang zusammen mit einer Überprüfung auf korrekte Anzahl und Typ der Parameter erfolgen. Fehlt etwa die Angabe des Nachnamens in der Kommandozeile, so erfolgt eine Fehlermeldung an Stelle der Bearbeitung des Kommandos.

```
class command                ┌── Kommando-              void go ()  ◄────┐    Kommando-
{ String commandstring;  ◄───    name                   { ... }            methode(n)
                                                         }
                             ┌── Konstruktor
  command (String u)      ◄──                            void go (String dieEingabe)
  { commandstring = u;                                   { ... }
  }                                                      }
}
```

Prog. 6–23 *Klassendefinition der Klasse* command

In Prog. 6–23 wird die Klasse command dargestellt. Jedes command-Objekt vermag dem Kommandonamen die zugehörige Methode zuzuordnen. Um ein konkretes Kommando zu realisieren, ist dafür zu sorgen, dass die Methode go mit einer speziellen Methode überschrieben wird, welche die Methode zur Bearbeitung des Kommandos aufruft. Für das Kommando zur Aufnahme von neuen Angestellten in das Bibliothekssystem muss die spezielle Methode go prüfen, ob mindestens drei Wörter in der Kommandozeile vorhanden sind, um dann die Methode zum Einfügen eines neuen Angestellten aufzurufen. Das erste Wort der Kommandozeile lautet neuerAngestellter, das zweite wird als Parameter Vorname, das dritte als Parameter Nachname an die Kommando bearbeitende Methode übergeben. Ein Programmfragment, das dies bewerkstelligt, ist in Prog. 6–24 angegeben.

```
...                                                   ┌── Prüfung auf Mindestzahl von Parametern
  new command ("neuerAngestellter")         ─────────
  { void go (String e)                                ┌── Anzeigen einer hilfreichen Fehlermeldung,
    { if (WortAnz (e, 1) < 3)  ◄───────────────────────   falls Parameter fehlen
      { zeigeAus ( "Falsche Zahl von Parametern fuer Kommando: "
                  + commandstring +
                  + "\nbenoetigt: neuerAngestellter Vorname Nachname");
      }
      else
      { dieBibliothek.neuerAngestellter (Wort (e, 1, 2), Wort (e, 1, 3));
      }
    }
  }

         Extraktion des 2. und 3. Wortes aus der Kommandozeile

  Aufruf der Methode zum Einfügen der Informationen über einen neuen Angestellten
```

Prog. 6–24 *Eine spezielle Version von* command *für das Einfügen eines neuen Angestellten*

Der Zweck dieser einmaligen speziellen Erweiterung besteht darin, einen Übergang zwischen den Programmteilen der Benutzerschnittstelle und solchen Teilen des Programms zu schaffen, welche die internen Strukturen der Bibliothek aufbauen und verwalten. Von der Benutzerschnittstelle wird eine Kommandozeile in Form einer String-Variablen geliefert, die zunächst vorverarbeitet (Test auf Mindestanzahl von Parametern und Extraktion der beiden Namensteile) und anschließend an die Programmteile zum Erzeugen und Einfügen eines Angestellten-Objekts weitergegeben wird. Solche Übergänge zwischen Programmteilen lassen sich häufig gut mit anonymen Erweiterungen gestalten.

Bleibt an dieser Stelle noch zu betrachten, wie die erweiterten Objekte für die verschiedenen Kommando-Arten zweckmäßigerweise zu verwalten sind. Da erwartet werden kann, dass die Anzahl der Kommandos eher klein ist und nur bei Programmänderungen erhöht wird, ist eine Abspeicherung der command-Objekte in einem Array sinnvoll. Die Abarbeitung einer Kommandozeile würde dann in einem Durchsuchen dieses Arrays nach dem Kommandonamen bestehen. Falls der Kommandoname gefunden wird, ist die zugehörige Methode go aufzurufen, die alles Weitere veranlasst.

Die Implementierung durch ein Array (thecommands) geht aus Prog. 6–25 hervor. Man beachte, dass thecommands initial mit einer Array-Konstante belegt wird, wobei die Elemente Verweise auf Objekte vom Typ command sind. Analog zu Prog. 2–34 in Abschnitt 2.4 werden die Elemente durch Kommata getrennt und die gesamte Array-Konstante in geschweifte Klammern eingefasst. Jedes Array-Element verweist auf ein neues Objekt, das durch anonyme Erweiterung bei der Objekt-Erzeugung mittels new für das betreffende Kommando spezialisiert wird.

```
command [] thecommands =
{
  new command ("Ende")
  { void go (String e) { Ende();}
  },

  new command ("DruckeDB")
  { void go (String e) {dieBibliothek.DruckeAlle ();}
  },

  new command ("NeuerAusleiher")
  { void go (String e)
    { if (WortAnz (e, 1) < 3)
        zeigeAus (  "Falsche Zahl von Parametern fuer Kommando "
                  + commandstring + "\nbenoetigt: "
                  + "NeuerAusleiher Nachname Vorname");
      else
        dieBibliothek.neuerAusleiher (Wort (e, 1, 2), Wort (e, 1, 3));
    }
  },

  new command ("trageNeuesBuchEin")
  { void go (String e)
    { if (WortAnz (e, 1) < 4)
        zeigeAus (  "Falsche Zahl von Parametern fuer Kommando:"
                  + commandstring + "\nbenoetigt: "
                  + "trageNeuesBuchEin Titel Vorname Nachname");
      else
        dieBibliothek.trageNeuesBuchEin
              (Wort (e, 1, 2), Wort (e, 1, 3), Wort (e, 1, 4));
    }
  },

  ...
};
```

Prog. 6–25 *Objekte für die Speicherung von Kommandos*

```
public void Antwort (String Eingabe)
{ int i;  boolean fertig;
  if (SatzAnz (Eingabe) >= 1)
  { if (WortAnz (Eingabe, 1) >= 1)
    { i = 0;  fertig = false;
      while ( ! fertig)
      { if (i >= thecommands.length)
          fertig = true;
        else if (thecommands [i].commandstring.compareTo (Wort (Eingabe, 1, 1)) == 0)
          thecommands [i].go (Eingabe);  fertig = true;
        else
          i++;
      }
      if (i >= thecommands.length)
        zeigeAus ("Kein Kommando: " + Wort (Eingabe, 1, 1));
    }
    else {zeigeAus("Nicht genuegend Eingabezeichen?"+ Eingabe);}
  }
  else  {zeigeAus("Leere Eingabe?"+Eingabe);}
}


public void Hilfe()
{ zeigeAus(" Dies ist das Bibliotheksprogramm .... die Kommandos lauten:");
  for (int i = 0; i < thecommands.length; i++)
    zeigeAus (thecommands [i].commandstring);
}
```

Prog. 6–26 *Methoden* Antwort *und* Hilfe *zur Bearbeitung einer Kommandozeile*

Die Methode Antwort beschreibt die Bearbeitung einer Kommandozeile (siehe Prog. 6–26). Mittels einer while-Schleife wird das Array thecommands nach dem Objekt durchsucht, dessen Kommandoname gleich dem Wort ist, das als erstes in der Kommandozeile eingegeben wurde. Außerdem werden die verschiedenen Fälle einer leeren Kommandozeile behandelt. Die Methode Hilfe wird bei Auswahl des entsprechenden Menü-Punktes vom Ein-Ausgabe-System aufgerufen. Da Fehleingaben ohnehin mit einem erläuternden Text quittiert werden, präsentiert Hilfe der Einfachheit halber nur die Kommandonamen, die in einer Schleife aus den command-Objekten gelesen werden. Diese Methode ist so konzipiert, dass sie für jede Anzahl von Kommandos korrekt arbeitet.

Alle vorgestellten Programmstücke finden sich in der Klasse Bibliothek wieder (siehe Anhang A). Von den anonym erweiterten command-Objekten aus werden die Methoden der Klasse BibliotheksDBsys aufgerufen, welche die eigentliche Arbeit zur Verwaltung von Büchern und Ausleihern leisten. In Abb. 6–15 wird die Verweisstruktur im Bibliothekssystem angedeutet (durchgezogene Pfeile). Davon sind die Aufrufe von Methoden zu unterscheiden (gestrichelte Pfeile). Diese Abbildung verdeutlicht, dass die anonym erweiterten command-Objekte eine „Vermittlungsschicht" bilden. Sie steht zwischen dem Bibliothek-Objekt auf der linken Seite, das die Benutzereingaben mit der Methode Antwort behandelt, und dem BibliotheksDBsys-Objekt auf der rechten Seite, das die zentralen Informationen verwaltet.

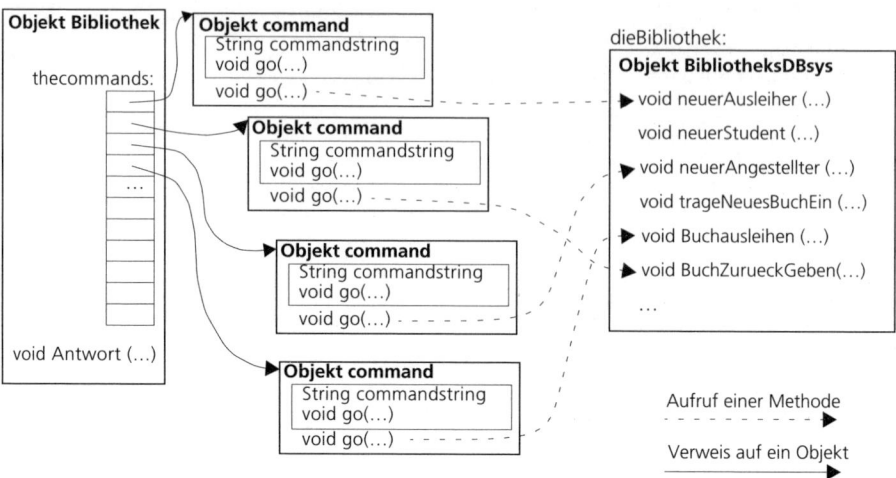

Abb. 6–15 *Verweisstruktur und Methodenaufrufe des Bibliothekssystems*

Bisher wurden die statischen, dynamischen sowie anonymen Erweiterungen von Klassen betrachtet. Außerdem wurde erläutert, wie die verschiedenen Mechanismen arbeiten und wie sie sinnvoll einzusetzen sind. Der folgende Abschnitt stellt die genannten Erweiterungsbeziehungen zwischen Klassen einander gegenüber und diskutiert jeweils ihre Fähigkeit zur Modellierung von Sachverhalten.

6.7   Beziehungen zwischen Klassen

Klassendefinitionen bieten grundsätzlich die Ausdrucksmittel, um Informationsstrukturen und Bearbeitungsvorschriften gemeinsam zu beschreiben. Das bedeutet, dass in einer Klassendefinition die Deklaration der benötigten Variablen und Methoden zusammen an einem Ort aufgeschrieben werden können, wobei – wie später noch genauer erläutert wird – eine Klasse auch eine Art Schutzwall gegen ungewollten Zugriff darstellen kann. In diesem Sinne spricht man auch davon, dass eine Klassendefinition eine Kapsel für Methoden und Variablen bildet. Hier sollen nun die „Verbindungsmöglichkeiten" von solchen Kapseln, d.h. die verschiedenen Arten von Beziehungen zwischen Klassendefinitionen, zusammenfassend behandelt werden.

Um solche Beziehungen zu formulieren, werden teilweise spezielle Konstrukte benutzt, die eine Beziehung explizit ausdrücken, teilweise aber auch allgemeine Konstrukte, die in einer besonderen Weise verwandt werden. Zu den erstgenannten gehört die Erweiterung durch das Schlüsselwort `extends`. Ein allgemein einsetzbares Mittel ist dagegen der Aufruf einer Methode „über Klassengrenzen hinweg", wodurch ebenfalls eine Beziehung zwischen den betreffenden Klassen entsteht. Insgesamt ist festzustellen, dass die Beziehungen zwischen Klassen mehr oder weniger explizit formuliert sein können.

Zu den Beziehungen zwischen Klassen gehören die statische und die dynamische Erweiterung, wobei die statische benannt oder anonym sein kann. Im Weiteren soll zwischen benannter und anonymer Erweiterung nicht unterschieden werden. Eine Verweisvariable v, die in einer Klasse x vereinbart und vom Typ einer anderen Klasse y ist, wird jedoch als Beziehung aufgefasst – und zwar als „X benutzt Y". Ein y-Objekt wird von einem x-Objekt benutzt, indem mittels des Verweises v Methoden des y-Objekts von x aus aufgerufen und Variablen des y-Objekts in Ausdrücken des x-Objekts verwendet werden. Abb. 6–16 verdeutlicht in drei Grafiken die verschiedenen Möglichkeiten der Klassenbeziehungen.

Bei der *statischen Erweiterung* werden durch die Bezeichnungen in der Unterklasse in jedem Fall Erweiterungen geschaffen. Eventuell vorhandene gleichnamige Bezeichnungen in der Oberklasse werden verdeckt bzw. überschrieben. Bei

Statische Erweiterung (benannt oder anonym)

Dynamische Erweiterung

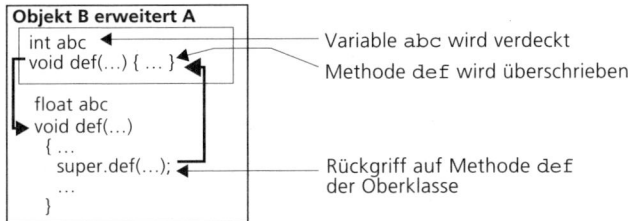

Objekt vom Typ X „benutzt" ein Objekt vom Typ Y

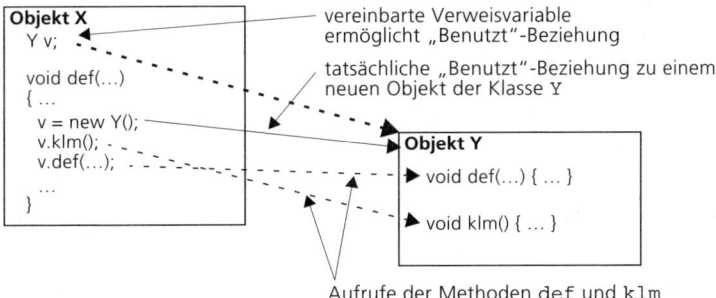

Abb. 6–16 *Die bisher vorgestellten Formen von Beziehungen zwischen Klassen und deren Objekten*

geschickter Modellierung kann so aus einer begrifflichen Hierarchie eine entsprechende Klassenhierarchie gewonnen werden, wie z.B. Abb. 6–4 (Seite 203) zeigt.
Bei der Bildung der Begriffs- und damit der Klassenhierarchie besteht die Kunst
oftmals darin, einen guten Kompromiss zwischen Allgemeinheit und Anwen-
dungsbezogenheit zu wählen. Allgemeinheit erleichtert zukünftige Anpassungen
des Programms an neue Anforderungen und Gegebenheiten. Anwendungsbezo-
genheit kann dagegen effizientere Programme ermöglichen. Die Hierarchie aus
Abb. 6–5 (Seite 204) ist speziell auf ein Bibliothekssystem ausgerichtet, das Ausleihvorgänge verwaltet und ggf. Mahngebühren erhebt. Anders läßt sich nämlich
das gleichzeitige Auftauchen von Büchern und Personen in einer solchen Hierarchie kaum begründen. Trotzdem ist die Struktur flexibel genug, um auch bei der
Bearbeitung anderer Bibliotheksaufgaben Verwendung finden zu können.

Die statische Erweiterung bietet die Möglichkeit, Zusätze zu einer Klasse zu
formulieren, d.h. „echte" Erweiterungen vorzunehmen. Gezielte Änderungen des
Verhaltens sind auf diese Weise nicht möglich. Man kann entweder eine neue
Methode mit einem neuen Namen entwickeln oder durch Überschreiben eine
Methode komplett „auswechseln".

Bei der *dynamischen Erweiterung* kann hingegen eine Methode in einzelnen
Punkten um bestimmte Verhaltensweisen ergänzt werden. In Java ist es allerdings
nicht möglich, zu diesem Zweck in der Unterklasse nur die punktuelle Verfeinerung der Methode anzugeben. Vielmehr ist in der Unterklasse eine neue Methode
zu definieren, die mittels super die allgemeine Methode in der Oberklasse als Unterprogramm aufruft. Dabei kann auf eine überschriebene, aber auch auf jede andere Methode der Oberklasse zurückgegriffen werden. Diese Art der Beziehung
zwischen Ober- und Unterklasse ist in der zweiten Grafik in Abb. 6–16 dargestellt.

Die dritte Grafik in Abb. 6–16 zeigt schließlich die *Benutzt-Beziehung*. Sie
wurde in den bisherigen Betrachtungen schon häufig eingesetzt, ohne sie näher in
diesem Sinne zu erläutern. Als Synonym für den Begriff „benutzt" wird auch
„besitzt" oder „hat ein" verwendet (engl. „has a", im Vergleich zur Erweiterung,
die im Englischen mit „is a" bezeichnet wird).

Mit Hilfe der Benutzt-Beziehung lässt sich ebenfalls ein Erweiterungsziel verfolgen, nämlich die *Erweiterung durch Delegation*: Eine eigene Methode eines
Objekts X ruft die Methode eines anderen Objekts Y auf. Dabei kann es sich um
gleichnamige oder verschieden benannte Methoden handeln. Durch den Aufruf
delegiert X einen Teil seiner Arbeit an Y. Zweckmäßigerweise wird der spezielle
Fall in der eigenen Methode erledigt, während das benutzte Objekt große Teile
der benötigten allgemeinen Funktionalität enthält. Delegation ist sehr flexibel
einsetzbar. Außerdem zeigen die folgenden Beispiele, dass es keineswegs immer
offensichtlich ist, welcher Mechanismus günstiger einzusetzen ist: die beiden erstgenannten Erweiterungsverfahren (mittels extends) oder Delegation.

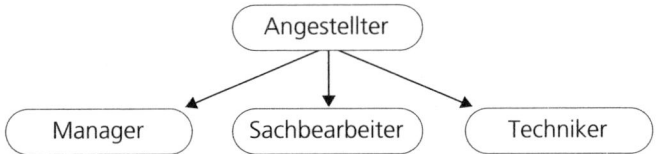

Abb. 6–17 *Begriffliche Hierarchie der Mitarbeiter in einer Firma*

Abb. 6–17 stellt die begriffliche Hierarchie für die Verwaltung von Informationen über Angestellte einer Firma dar. Diese gliedert Ober- und Unterbegriffe, hat aber mit Führungshierarchie in einer Firma nichts zu tun. Man ist versucht, diese Hierarchie direkt in eine Klassenhierarchie umzuwandeln, sobald man die relevanten Attribute für die entsprechenden Spezialfälle eines Angestellten gefunden hat.

Eine nähere Betrachtung zeigt jedoch das folgende Problem. Ein Objekt vom Typ Sachbearbeiter repräsentiert einerseits eine Person und andererseits die Rolle, die ein Sachbearbeiter hinsichtlich seiner Arbeitsvorgänge spielt. Beide Aspekte sind nicht immer untrennbar miteinander verbunden. So könnte es sein, dass ein Sachbearbeiter zeitweise die Rolle eines Managers übernimmt oder ein Techniker Aufgaben eines Sachbearbeiters erledigt.

Das Modellierungsproblem liegt nun darin, dass sich eine Begriffshierarchie auf mehrere Aspekte beziehen kann. Es ist nun sorgfältig zu überlegen, ob die Unterschiede in der Klassenhierarchie ausgedrückt werden sollen oder nicht. Üblicherweise ist in objektorientierten Programmiersprachen der Typ eines Objekts unveränderlich. Möchte man mehrere Aspekte modellieren, so ist folglich die Hierarchie entsprechend zu verfeinern, wodurch sich die Klassenanzahl vergrößert.

Es sollten somit in der Klasse Sachbearbeiter nicht Rollenvarianten vorgesehen werden wie „echter Sachbearbeiter", „Sachbearbeiter, der temporär Manager ist" usw. Vielmehr sollte jede Person durch ein Angestellter-Objekt repräsentiert werden. Die tatsächlich wahrgenommene Rolle wird dann durch Delegation an ein Rolle-Objekt realisiert. Dieses weist Unterklassen für Manager, Sachbearbeiter und Techniker auf, wo Methoden für die jeweilige Verhaltensimplementierung bereitstehen. Die verschiedenen Aspekte der Begriffshierarchie werden somit durch Delegation ausgedrückt. Der Rollenaspekt wird dann durch statische Erweiterung formuliert. Die gemäß den Aspekten aufgespaltene Hierarchie ist in Abb. 6–18 zu sehen, wobei die verschiedenen Beziehungsarten durch verschieden starke Pfeile angedeutet sind.

Ein weiteres Beispiel für den Einsatz von Erweiterung durch Delegation ist die Klasse BibliotheksDBsys. Diese Klasse realisiert die Informationsverwaltung des Bibliothekssystems. Die grundlegende Struktur findet sich in der Klasse SchluesselListe (Prog. 6–18). Das Einfügen von Ausleihern, Büchern, Ange-

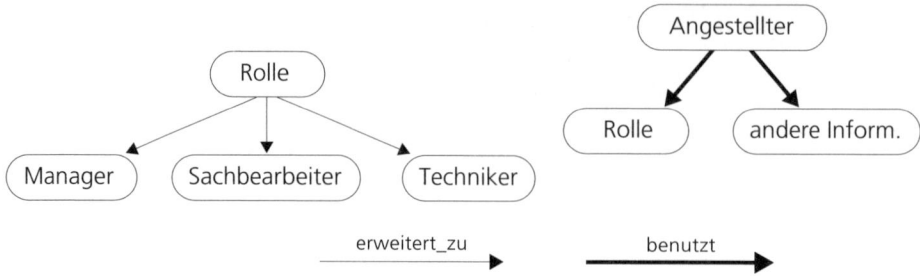

Abb. 6–18 *Ein Beispiel für Erweiterung durch Delegation*

stellten und Studenten wird jeweils auf das Einfügen in die SchluesselListe zurückgeführt. Die Unterschiede zwischen den speziellen Einfügeoperationen müssen von den Methoden der Klasse BibliotheksDBsys berücksichtigt werden, und zwar in der Weise, dass spezielle Methoden in BibliotheksDBsys neu aufzunehmende Ausleiher, Bücher usw. behandeln und dabei das Einfügen an die Klasse SchluesselListe delegieren. Dazu wird die Methode einfuegen aufgerufen, die das „allgemeine" Einfügen von Elementen in eine Liste durchführt.

In Prog. 6–27 wird die Klasse BibliotheksDBsys fragmentarisch dargestellt (vollst. Programm in Anhang A). Der Verweisvariablen dieBibliotheksDB wird ein SchluesselListe-Objekt zugewiesen, an das wesentliche Teile der Arbeit delegiert werden, nämlich alle Listenoperationen:

❑ Einfügen von Elementen wird von neuerAusleiher, neuerAngestellter und neuerStudent verlangt. Die eingefügten Elemente werden in der SchluesselListe gespeichert, um sie später wieder verwenden zu können.

❑ Lesende Zugriffe auf gespeicherte Elemente werden von DruckeAlle, DruckeAlleInfos und DruckeAlleMahnungen verlangt. Die beiden erstgenannten leiten die Aufrufe einfach an dieBibliotheksDB weiter. Zur Behandlung von Mahnungen werden hingegen die einzelnen Elemente der Liste herausgegriffen, jedoch nur bearbeitet (MahnungBearbeiten), wenn sie Objekte der Klasse Ausleiher oder einer Unterklasse davon sind.

Als ein Beispiel für eine komplexere Methode, die nicht alle Arbeit an die SchluesselListe übergeben kann, sei das Einfügen eines neuen Buches diskutiert. In Prog. 6–28 wird die Methode trageNeuesBuchEin als Teil der Klassendefinition von BibliotheksDBsys angegeben. Die Aufgabe dieser Methode besteht darin, sowohl das neue Buch als auch den Autor (als separate Objekte) in das System aufzunehmen. Auch wenn ein Autor mehr als ein Buch verfasst hat, soll er nur einmal als Objekt im System vorhanden sein. Bevor ein Autor eingetragen werden kann, muss folglich nach ihm gesucht werden. Wenn er in der Bibliotheksdatenbank schon als Autor eines anderen Werks vorkommt, ist ihm das

```
class BibliotheksDBsys

{ SchluesselListe dieBibliotheksDB;
// die Liste aller Buecher, Ausleiher und Autoren
…
  BibliotheksDBsys (…)
  { … dieBibliotheksDB = new SchluesselListe (einaus); }

  void neuerAusleiher (String N, String V)
  { // keine Plausibilitaetsueberpruefung ....
    Ausleiher derAusleiher = new Ausleiher (…, N, V);
    dieBibliotheksDB.einfuegen (derAusleiher);
  }

  void neuerAngestellter (String N, String V)
  { // keine Plausibilitaetsueberpruefung ....
    Angestellter derAusleiher = new Angestellter (…, N, V);
    dieBibliotheksDB.einfuegen (derAusleiher);
  }

  void neuerStudent (String N, String V)
  { // keine Plausibilitaetsueberpruefung ....
    Student derAusleiher = new Student (…, N, V);
    dieBibliotheksDB.einfuegen (derAusleiher);
  }

  void DruckeAlle ()
  { dieBibliotheksDB.DruckeAlle ()
  }

  void DruckeAlleInfos()
  { dieBibliotheksDB.DruckeAlleInfos ();
  }

  void DruckeAlleMahnungen ()
  { Schluessel dasElement = dieBibliotheksDB.dasErsteElement ();
    while (dasElement != null)
    { if (dasElement instanceof Ausleiher)
         ((Ausleiher)dasElement).MahnungBearbeiten(heute);
      dasElement = dieBibliotheksDB.dasNaechsteElement();
    }
  }

… dieBibliotheksDB = … ;   // SchluesselListe-Objekt wird zugewiesen.
…
}
```

Prog. 6–27 *Fragmente der Klasse* BibliotheksDBsys

neue Buch lediglich zuzuordnen. Als Besonderheit sei hier vermerkt, dass die Suche nicht an dieBibliotheksDB delegiert werden kann, da das Suchen nach einem speziellen Inhalt nicht Aufgabe der Methode finde der SchluesselListe ist. Daher muss eine separate Realisierung dieser speziellen Suche vorgenommen werden (siehe Prog. 6–28). Nachdem das Objekt vom Typ Autor entweder gefunden oder ggf. neu erzeugt worden ist, können die Informationsstrukturen aufgebaut werden. Ein Objekt der Klasse Buch wird erzeugt und in dieBibliotheksDB eingefügt. Die Bücherliste des Autor-Objekts wird auf den neusten Stand gebracht,

```
void trageNeuesBuchEin (String Titel, String Vorname_, String Nachname_)
{ // suche Autor .... falls nicht vorhanden direkt einfuegen ...
  Schluessel dasElement = dieBibliotheksDB.dasErsteElement ();
  boolean fertig = false;
  Autor derAutor = null;
  Buch   dasBuch;
```

```
while ( ! fertig)                          Suche nach dem Autor. Falls nicht vorhan-
{ if (dasElement == null)                  den, füge ein neues Autor-Objekt ein.
  { fertig = true;      // neuen Autor einfuegen.
    derAutor = new Autor (EA, Nachname_,Vorname_);
    dieBibliotheksDB.einfuegen (derAutor);
  }
  else
  { if (dasElement instanceof Autor)
    { if ( (((Autor)dasElement).Vorname.compareTo (Vorname_)) == 0 &&
           (((Autor)dasElement).Name.compareTo (Nachname_)) == 0)
      { derAutor = (Autor) dasElement;   fertig = true;
      }
      else
        dasElement = dieBibliotheksDB.dasNaechsteElement ();
    }
    else
    { dasElement = dieBibliotheksDB.dasNaechsteElement ();
    }
  }
}
}
```

```
// Nun ist ein Autor gefunden und das Buch kann eingetragen werden
// (hier keine Ueberpruefung, ob das Buch schon in der Liste ist, da mehrere
// Exemplare des Buchs existieren können und getrennt zu verwalten sind).
```

```
dasBuch = new Buch (EA, Titel, derAutor);        Füge das neue Buch ein.
dieBibliotheksDB.einfuegen (dasBuch);
```

```
                                                 Trage das neue Buch in
derAutor.neuesBuch (dasBuch);                    die Bücherliste des Autors ein.
```

```
}
```

Prog. 6–28 *Methode* trageNeuesBuchEin *der Klasse* BibliotheksDBsys

indem die Methode neuesBuch der Klasse Autor einen Verweis auf das neue Buch in die Bücherliste des Autors einfügt.

In diesem Kapitel sind einerseits die wesentlichen Arten von Beziehungen zwischen Klassen eingeführt und andererseits das Bibliotheksbeispiel in seinen Grundzügen besprochen worden. Damit wurde ein besonderes Problem der Softwareentwicklung angegangen, wenn nicht sogar das Hauptproblem: Wie lässt sich ein Programm flexibel gestalten, so dass Änderungen leicht möglich sind, ohne die generellen Grundstrukturen zu verändern?

Bei näherer Betrachtung des Bibliotheksbeispiels fällt noch ein Punkt auf, der in den folgenden Kapiteln aufgegriffen wird: In den Informationsstrukturen spielen eine Reihe von Listen eine wichtige Rolle. Diese Listen sind zum Teil separat implementiert, obwohl im Grunde eine einzige Listendefinition ausreichen würde. Wie lässt sich eine allgemeine Liste definieren, die für die speziellen Zwecke wie z.B. Bücherlisten, Schlüssellisten usw. leicht angepasst werden kann?

7 Flexible Softwarekomponenten: Generische Objektstrukturen

7.1 Verwendung von Programmteilen für ähnliche Aufgaben

Bei der Programmierung größerer Softwaresysteme ergibt sich häufig das Phänomen, dass ein nicht unerheblicher Teil des Softwaresystems aus einer Reihe von Komponenten besteht, die sich in ihrer Struktur sehr stark gleichen, jedoch in einigen Details wesentliche Unterschiede aufweisen. Im Bibliothekssystem aus Kapitel 6 wurden mehrere Listen realisiert, Bücherlisten und Schlüssellisten beispielsweise, für die diese Bemerkung zutrifft. Im Sinne einer effizienten Programmierung sollten die ähnlichen Teile der Software durch eine geeignete Art der Vervielfältigung auseinander hervorgehen, so dass sich der Programmierer möglichst nur noch mit den abweichenden Details befassen muss.

Ein einfacher, aber problematischer Ansatz besteht darin, solche Programmteile, die ein zweites Mal verwendet werden, zu kopieren und die Kopie durch Hinzufügen, Löschen und Verändern von Programmzeilen so anzupassen, dass sie den neuen Anforderungen genügt. Dieser Ansatz ist ungeeignet, weil spätere Änderungen der Software – vor allem bei der unausweichlichen Fehlerbeseitigung – an jeder der Kopien eigens vorgenommen werden müssen. Leicht werden dabei Programmteile vergessen. Auch kann die Analyse schwierig sein, ob eine Änderung für eine Kopie relevant ist und wie sie ggf. im Zusammenhang mit den speziellen Details dieser Kopie durchzuführen ist.

Günstiger ist der Ansatz, für *eine generelle Aufgabe*, z.B. die Speicherung von Informationen in einer Liste, nur *eine allgemeine Realisierung* in einem Programm vorzunehmen. Diese wird dann an den verschiedenen Stellen entsprechend ihrer Verwendung explizit an die speziellen Gegebenheiten angepasst – und zwar so, dass die Veränderungen im Programm leicht ersichtlich sind. Man könnte die einmalige Realisierung von Programmteilen und ihre mehrfache Verwendung mit leichten Modifikationen als eine Art „Parametrisierung von Programmteilen" auffassen. Auf das Listenbeispiel übertragen bedeutet dies, dass es nur eine einzige Listen-Realisierung gibt, die für Listen von Schlüsseln, Büchern, Personen etc. angepasst wird. Es muss also sichergestellt sein, dass beispielsweise eine Bücherliste nur Bücher-Objekte enthält.

Das Verfahren im Bibliothekssystem war schon ein wenig besser als das oben angesprochene naive Kopieren. Da durch die Modellierung im Bibliothekssystem sowohl Bücher als auch Personen Objekte der Klasse Schluessel sind, war es ausreichend, eine allgemeine SchluesselListe zu erstellen, die zum Beispiel für die Realisierung der BuecherListe per Delegation benutzt wurde.

Wesentlich ökonomischer wäre es, nützliche Strukturen (Listen, Bäume etc., wie in Kapitel 5 aufgeführt) in einer Bibliothek von Softwarekomponenten abzulegen und bei Bedarf gezielt für die Benutzung in einem Programm anzupassen. Zum Teil sind solche Bibliotheken im Lieferumfang von Programmierumgebungen von Sprachen wie Java und C++ enthalten. Komponenten solcher Bibliotheken realisieren so genannte *generische* Daten- oder Objektstrukturen. Sie werden als *generisch* bezeichnet, weil erst durch einen Anpassungsvorgang konkrete Daten- bzw. Objektstrukturen gewonnen werden.

Dabei stellt sich die Frage, welche Sprachmittel sich für diese Vorgehensweise eignen. Einerseits ist eine allgemeine Lösung für eine ganze Klasse von ähnlichen Problemen zu formulieren. Andererseits ist eine solche generelle Lösung an spezielle Fälle anzupassen. Es soll nicht verschwiegen werden, dass die beiden Aufgaben unabhängig von den sprachlichen Ausdrucksmitteln keineswegs einfach zu lösen sind. Sie können mit schwierigen gedanklichen Problemen verbunden sein, weil sowohl Abstraktionsvermögen als auch Weitblick auf mögliche Verwendungserfordernisse in Programmen notwendig sind. Die Analyse, welche Eigenschaften eine allgemeine Lösung besitzen soll, ist nicht einfach. Leicht kann eine Art „Überverallgemeinerung" eintreten, die zwar zu einer sehr reichhaltigen allgemeinen Lösung führt, der Aufwand, eine solche Lösung an eine spezielle Situation anzupassen, kann aber die Kostenersparnis bei weitem übersteigen, die durch die mehrfache Verwendung der allgemeinen Lösung entsteht.

An dem Beispiel einer einfachen Struktur für die Verwaltung von Informationen in Form einer Liste sollen die beiden Aufgaben skizziert werden. Prog. 7–1 zeigt zwei Programmfragmente, die zwei unterschiedliche Listen darstellen. Untersucht man nun, was in diesen beiden Listendefinitionen identisch und was unterschiedlich ist, dann lässt sich die Darstellung aus Abb. 7–1 zeichnen. Hier sind die Abhängigkeiten zwischen dem allgemeinen Teil und dem speziellen Typ der Listen-Objekte (entweder int oder String) zu erkennen: Sie betreffen die Parametertypen und die Aufrufe von Methoden der Listen-Objekte.

```
class IntList                      class StrList
{ class ListenElement              { class ListenElement
  { int derWert;                     { String derWert;
    ListenElement weiter;              ListenElement weiter;
  }                                  }

  ListenElement erstes;              ListenElement erstes;
  void fuege_ein (int i)             void fuege_ein (String s)
  {…}                                {…}
  …                                  …
  int finde (int j)                  String finde (String s)
  { ….derWert == j … }               { ….derWert.compareTo (s)… }
}                                  }
```

Prog. 7–1 *Ähnliche Listenstrukturen*

```
        Die spezielle IntList                    Abhängigkeiten markiert
   class IntList                          class IntList
   { class ListenElement                  { class ListenElement
     { int derWert;                         {              derWert;
       ListenElement weiter;                  ListenElement weiter;
     }                                      }

     ListenElement erstes;                  ListenElement erstes;
     void fuege_ein (int i)                 void fuege_ein (            i)
     {…}                                    {…}
     …                                      …
     int finde (int j)                      int finde (            j)
     { ….derWert == j … }                   { ….derWert        j … }
   }                                      }
```

Abb. 7–1 *Links:* IntList *im Original, rechts: Markierung der Abhängigkeiten zwischen dem allgemeinen Teil und dem speziellen Typ der Listen-Objekte*

Zwei einfache Ansätze zur Darstellung generischer Objektstrukturen

Bevor eine allgemeine Lösung des Problems eingeführt wird, sollen zwei Varianten vorgestellt werden, die einfacher sind, aber durchaus ihre Berechtigung besitzen und häufig eingesetzt werden. Sie weisen aber auch jeweils entscheidende Nachteile auf.

Die erste Variante ist die Verwendung der einfachen Erweiterung in der Form, dass für die Benutzung der Liste ihre interne Struktur offengelegt wird (hier in Form der lokalen Klasse ListenElement). In Prog. 7–2 wird in der Klasse ErweiterungsListe die lokale Klasse ListenElement definiert, die nur den Verweis naechstes auf das nächste Element enthält. Die Verwendung dieser Liste für einen speziellen Fall ist so zu realisieren, dass die Klasse ListenElement zu einer Klasse erweitert wird, welche die speziellen Daten enthält, die es in der Liste zu verwalten gilt. Die Definition einer entsprechenden Klasse sieht dann etwa so aus:

```
class Int1List extends ErweiterungsListe
{
   class IntListElement extends ListenElement
   { int Info;
   }
}
```

Die Klasse Int1List übernimmt durch den Erweiterungsmechanismus automatisch alle Operationen wie fuege_ein, entferne etc.

Bei der Benutzung von Int1List muss die Klasse IntListElement natürlich bekannt sein. Beispielsweise sind zum Einfügen eines Elementes in die Liste und dem anschließenden Ausdrucken des ersten Listenelements Anweisungen notwendig, wie sie in Prog. 7–3 dargestellt sind.

```
class ErweiterungsListe
{
  class ListenElement   // Lokale Klasse, für konkrete Verwendung zu erweitern.
  { ListenElement naechstes;
  }

  ListenElement erstes, laufendes;

  ErweiterungsListe ()   // Konstruktor.
  { erstes = null;  laufendes = erstes;
  }

  void fuege_ein (ListenElement  k)       // Füge am Listenanfang ein.
  { k.naechstes = erstes;   erstes = k;
  }

  boolean gleich (ListenElement x, ListenElement y)   // Prüfe zwei Elemente
  { ...                                               // auf Gleichheit.
  }

  ListenElement finde (ListenElement zufinden)   // Finde ein bestimmtes
  { laufendes = erstes;                          // Element.
    while (laufendes != null)
      if (gleich (laufendes, zufinden))  return laufendes;  // gefunden.
      else                               laufendes = laufendes.naechstes;
    return null;  // nichts gefunden.
  }

  void entferne (ListenElement k)
  { if (erstes != null && erstes == k)
    { erstes = erstes.naechstes;   k.naechstes = null;
    }
    else if (k != null)
    { laufendes = erstes;
      while (laufendes != null)
        if (laufendes.naechstes == k)
        { laufendes.naechstes = k.naechstes;   k.naechstes = null;   return;
        }
        else
          laufendes = laufendes.naechstes;
    }
  }
}
```

Prog. 7–2 *Die Klasse* ErweiterungsListe

```
Int1List li = new Int1List();
Int1List.IntListElement i =  li.new IntListElement();
i.Info = 99;
li.fuege_ein(i);
System.out.println (( (Int1List.IntListElement)li.dasErsteElement ()).Info);
```

Prog. 7–3 *Beispiel für die Verwendung der Klasse* Int1List *auf der Basis der Klasse* ErweiterungsListe *aus Prog. 7–2*

Man kann sich die etwas kompliziert erscheinende Benutzung der lokalen Klasse IntListElement ersparen, indem ListenElement und die Erweiterung IntListElement nicht als lokale Klassen definiert werden. Dann stehen allerdings die Definitionen der Liste nicht mehr kompakt an einer Programmstelle zusammen.

　　Ein anderes Problem ergibt sich, wenn man in ErweiterungsListe in Prog. 7–2 die Methode fuege_ein betrachtet. Diese Methode erwartet einen aktuellen

Parameter vom Typ `ListenElement`. Dies kann ein Verweis auf irgendein Objekt vom Typ `ListenElement` sein, wobei sich dieses Objekt in einer anderen Liste als derjenigen befinden kann, in die gerade eingefügt werden soll. In einem solchen Fall erhält man als Resultat allerdings einen „Zeigersalat". Zwar ist die Struktur der Liste, in die eingefügt wird, in Ordnung, aber die Liste, aus der das einzufügende Element entstammt, ist nun falsch verzeigert: Die Elemente, die ursprünglich nach dem einzufügenden Element standen, gehen verloren, da der Verweis `naechstes` umgesetzt wird. Korrekterweise müsste geprüft werden, ob sich das einzufügende Element noch in einer Liste befindet. Dieser Liste muss es ggf. erst entnommen werden, bevor es in eine neue Liste eingefügt werden kann.

Daher ist die Realisierung generischer Objekte, wie sie in der Klassendefinition von `ErweiterungsListe` exemplarisch angegeben ist, nur in wirklich übersichtlichen Fällen durchzuführen.

Die zweite einfache Variante zur Lösung des Problems, allgemeine Strukturen zur Verfügung zu stellen, besteht darin, eine Struktur (hier eine Liste) zu definieren, die als Elemente Objekte der allgemeinsten Form verwaltet. Das sind in der Regel Objekte der Klasse `Object`. Eine Klassendefinition, die dieser Idee folgt, ist in Prog. 7–4 angegeben.

Die Definition der Klasse `ObjectListe` ist nahezu identisch mit der Definition der Klasse `ErweiterungsListe` aus Prog. 7–2. Die Klasse `ListenElement` enthält eine Verweisvariable `Info` vom Typ `Object`. Damit ist diese Hilfsstruktur so ausgelegt, dass sie auf ein Objekt beliebigen Typs verweisen kann, das die zu speichernde Information enthält. Daher kann nun im Gegensatz zur zuvor genannten `ErweiterungsListe` die Hilfsstruktur in der Klasse `ObjectListe` verborgen bleiben. Bei der Benutzung der Klasse `ObjectListe` ist folglich keine Kenntnis dieser Hilfsstruktur notwendig.

Damit hat sich auch das Problem der gestörten Struktur („Zeigersalat") erledigt. Mit den Methoden wie `finde` erhält man keinen Verweis auf ein in die Liste eingefügtes `ListenElement`-Objekt, sondern vielmehr einen Verweis auf das daran angehängte Objekt, das die zu speichernde Information enthält. Das Einfügen eines solchen Objekts in eine neue Liste führt nicht zur Zerstörung einer bestehenden Liste. Die Konsequenz einer solchen Einfüge-Operation ist allerdings, dass ein Element in mehr als einer Liste als Element auftreten kann. In der Regel ist dies kein Problem, da Listen ja deshalb geführt werden, um Sammlungen von Objekten mit gemeinsamen Eigenschaften zu verwalten. Bei entsprechenden Eigenschaften kann ein Objekt durchaus in zwei Listen enthalten sein. So kann ein Buch sowohl in der Liste der Bücher einer Bibliothek als auch in der Liste der Bücher eines Autors auftreten. Es gibt sicher auch Situationen, in denen ein Objekt höchstens in einer Liste Element sein darf. In diesem Fall muss bei der Lösung gemäß Prog. 7–4 dafür gesorgt werden, dass dem Einfügen wo immer nötig ein Entfernen vorangeht.

```
class ObjectListe
{
  class ListenElement   // Lokale Klasse, nicht zu erweitern.
  { Object Info;
    ListenElement naechstes;

    ListenElement (Object Info, ListenElement naechstes)   // Konstruktor für
    { this.Info = Info;    this.naechstes = naechstes;      // ListenElement.
    }
  }

  ListenElement erstes, laufendes;

  ObjectListe ()                              // Konstruktor für ObjectListe.
  { erstes = null;  laufendes = erstes;
  }

  void fuege_ein (Object  k)                  // Füge am Listenanfang ein.
  { erstes = new ListenElement (k, erstes);
  }

  boolean gleich (Object x, Object y)   // Prüfe zwei Objekte
  { ...                                 // auf Gleichheit.
  }

  Object finde (Object zufinden)   // Finde ein bestimmtes Element.
  { laufendes = erstes;
    while (laufendes != null)
      if (gleich (laufendes.Info, zufinden))
        return laufendes.Info;  // gefunden.
      else
        laufendes = laufendes.naechstes;
    return null;  // nichts gefunden.
  }

  void entferne (Object k)
  { if (erstes != null)
    { if (erstes.Info == k)
        erstes = erstes.naechstes;
      else
      { laufendes = erstes;
        while (laufendes.naechstes != null)
          if (laufendes.naechstes.Info == k)
          { laufendes.naechstes = laufendes.naechstes.naechstes;  return;
          }
          else
            laufendes = laufendes.naechstes;
      }
    }
  }
}
```

Prog. 7–4 *Die Klasse* ObjectListe

Die Verwendung der ObjectListe kann nun auf wenigstens zwei verschiedene
Arten erfolgen. Zum einen lässt sie sich für beliebige Typen von Objekten verwenden, welche die in der Liste zu speichernde Information tragen. Da in Java
alle Objekte zu einer Unterklasse des Typs Object gehören, können in einer
ObjectListe Sammlungen aller möglichen Objekte angelegt und verwaltet werden. Viele der so genannten Container-Klassen der Java-Bibliotheken, die Objekte zu verwalten helfen, arbeiten auf diese Weise. Ein Nachteil dieser Lösung
ist, dass über die Typen von Objekten, wenn sie einmal in die Liste eingefügt
wurden, nicht mehr viel gesagt werden kann. Wenn spezielle Eigenschaften der

```
class IntegerList
{ ObjectListe dieListe;

  IntegerList ()
  { dieListe = new ObjectListe ();
  }

  void fuege_ein (Integer k)
  { dieListe.fuege_ein (k);
  }

  void entferne (Integer k)
  { dieListe.entferne (k);
  }

  Integer finde (Integer k)
  { return (Integer) dieListe.finde (k);
  }
}
```

Prog. 7–5 *Beispiel für die Verwendung der Klasse* ObjectListe *aus Prog. 7–4*

Objekte einer Liste ausgenutzt werden sollen, muss man sich auf andere Weise merken, welchen Typ die einzelnen Objekte aufweisen.

Dieser Nachteil kann vermieden wenn, wenn man sich bei der Verwendung der Klasse ObjectListe mehr Schreibarbeit macht und Erweiterung durch Delegation verwendet (siehe auch Abschnitt 6.7). In dieser Variante würde die Benutzung der Klasse ObjectListe für eine Liste von Integer-Objekten etwa so aussehen, wie in Prog. 7–5 angegeben. Man beachte, dass Integer nicht mit dem primitiven Datentyp int verwechselt werden darf. Die Klasse Integer bezeichnet Objekte, die eine ganze Zahl enthalten.

In dieser Variante werden alle Methodenaufrufe an das Objekt dieListe vom Typ ObjectListe weitergeleitet. Die formalen Parameter der Methoden, z.B. k in der Methode void fuege_ein (Integer k), haben immer den korrekten Typ und sorgen so dafür, dass nur aktuelle Parameter des richtigen Typs zugelassen werden. Für die Typen der zurückgelieferten Resultate gilt Entsprechendes: Die explizite Datentyp-Umwandlung bei der Rückgabe von Verweisen, etwa in der Programmzeile return (Integer) dieListe.finde (k);, liefert stets den erwarteten Typ. Daher kann man sicher sein, dass nur Objekte vom Typ Integer in einer solchen Liste verwaltet werden.

In einigen Fällen werden solche vergleichsweise einfachen Lösungen genügen. Es soll aber noch ein Punkt diskutiert werden, an dem deutlich wird, dass diese einfachen Lösungen allgemein nicht standhalten. Dieser Punkt manifestiert sich an der Methode gleich, welche von finde benutzt wird, um festzustellen, ob ein Objekt gleich dem gesuchten ist.

Bisher wurde der Inhalt von gleich in Prog. 7–2 (Seite 246) und Prog. 7–4 (Seite 248) nicht diskutiert. Verwendet man in gleich die Abfrage x == y, kann

finde nur die Anwesenheit eines Objekts in der Liste feststellen, weil nur geprüft
wird, ob es sich bei x und y um ein und dasselbe Objekt handelt – nicht aber, ob
zwei verschiedene Objekte x und y den gleichen Inhalt aufweisen. Die Bedeutung
von finde ist damit wie folgt eingeschränkt: Falls finde einen von null verschiedenen Verweis liefert, wurde im Grunde nur festgestellt, dass sich das als aktueller Parameter übergebene Objekt zufinden bereits in der Liste befindet. Der gelie-
ferte Verweis ist dann nichts anderes als zufinden, woraus ersichtlich wird, dass
die Methode finde mit einer solchen Implementierung von gleich nicht viel leistet.

Betrachtet man eine andere, auf Inhalte bezogene Anforderung an das Finden
von Elementen in einer Liste, werden viel allgemeinere Einsatzmöglichkeiten von
generischen Objekten deutlich. In einer Liste von rationalen Zahlen, die als
Bruch durch ganzzahlige Zähler und Nenner dargestellt, aber nicht notwendigerweise vollständig gekürzt sind, kann nach einer bestimmten rationalen Zahl gesucht werden. Wird etwa die rationale Zahl $\frac{4}{5}$ gesucht, so muss finde auf ein
Objekt verweisen, wenn es eine der rationalen Zahlen $\frac{4}{5}$ oder $\frac{8}{10}$ oder $\frac{36}{45}$ usw. enthält. Im Allgemeinen heißt dies, dass nicht auf Objektidentität geprüft werden
soll, sondern auf Aufgaben bezogene inhaltliche Kriterien.

Im Folgenden wird anhand dieses Beispiels das Konzept der abstrakten Klassen und Schnittstellen eingeführt und diskutiert.

7.2   Abstrakte Klassen

Bei der Definition von allgemein verwendbaren Klassen wie z.B. Listen ergibt
sich in vielen Fällen das Problem, die Kriterien festzulegen, nach denen Elemente
eingeordnet und wiedergefunden werden können. Das Beispiel mit den Brüchen
hat die Richtung aufgezeigt. Im Gegensatz zu einem einfachen Vergleich der Objektidentität mit Hilfe von == ist es im Allgemeinen notwendig, Objekte nach *Inhalten* wieder aufzufinden. In dem Brüche-Beispiel wird deutlich, dass einfache
Vergleiche fehlschlagen können: Der Bruch $\frac{1}{2}$ hat unendliche viele andere arith-
metisch äquivalente Darstellungen. In einem Programm muss daher zum Vergleich von rationalen Zahlen eine entsprechende Methode formuliert werden.

Verallgemeinert man diesen Punkt, so ergibt sich die Notwendigkeit, an eine
Klasse Anforderungen formulieren zu können. Für Listen, in denen nach inhaltlichen Kriterien gesucht werden soll, ist dies die Forderung, dass eine Methode
gleich existiert, die zwei Objekte einer Klasse vergleicht und nach bestimmten
inhaltlichen Kriterien, z.B. den Werten zweier Brüche, die Gleichheit dieser Objekte feststellt. Auch in dem Bibliotheksbeispiel (siehe Anhang A) wird ein inhalt-
licher Vergleich benötigt, um beim Einfügen eines neuen Buches zu überprüfen,
ob das Autor-Objekt bereits in der Bibliotheksliste vorhanden ist. Dazu muss

nach einem Objekt vom Typ `Autor` gesucht werden, das einen bestimmten Namen als Inhalt besitzt.

In Java gibt es keine Möglichkeit, solche spezifischen Eigenschaften von Objekten zu fordern, ohne eine Realisierung durch ein entsprechendes Programmstück anzugeben. Man kann jedoch in einer Oberklasse die Forderung aufstellen, dass in allen ihren Unterklassen eine bestimmte Methode definiert werden muss, *ohne* dass eine Realisierung für diese Methode in der Oberklasse anzugeben ist. Die Methodenrümpfe solcher Methoden werden leer gelassen. Derartige Methoden heißen *abstrakt*. Klassen, die abstrakte Methoden enthalten, werden *abstrakte Klassen* genannt. Von ihnen können keine Objekte mittels `new` erzeugt werden. Objekte von abstrakten Klassen wären ja nicht vollständig, weil Methodenrümpfe fehlen.

In Java werden abstrakte Klassen wie folgt geschrieben: Der Rumpf einer abstrakten Methode wird anstatt als Block `{ ... }` durch ein Semikolon `;` angegeben. Damit wird eine solchermaßen definierte Methode abstrakt und muss im Methodenkopf mit dem Schlüsselwort `abstract` versehen werden. Außerdem muss die gesamte Klasse ebenfalls mit dem Schlüsselwort `abstract` gekennzeichnet werden.

In Prog. 7–6 wird eine abstrakte Klasse `Element` definiert, in der neben „normalen" Java-Definitionen die abstrakte Methode `gleich` definiert wird. Letztere bewirkt, dass keine Objekte der Klasse `Element` erzeugt werden können. In Unterklassen von `Element` muss auf jeden Fall die abstrakte Methode `gleich` überschrieben werden. Wird sie durch eine abstrakte Methode überschrieben, so ist die Unterklasse wiederum abstrakt. Wird sie dagegen durch eine konkrete, d.h. nicht abstrakte Methode überschrieben, so ist die Unterklasse ebenfalls konkret. Im letztgenannten Fall können Objekte mittels `new` erzeugt werden. Diese lassen sich wie gewohnt benutzen, weil alle Methoden einen ausführbaren Rumpf besitzen.

Für die Formulierung von allgemeinen Strukturen können nun abstrakte Klassen wie z.B. `Element` verwendet werden. Darin lassen sich sogar abstrakte Methoden „aufrufen". Natürlich kann eine abstrakte Methode nicht wirklich ausgeführt werden, weil sie keinen Rumpf besitzt. Sobald aber irgendeine Unter-

```
abstract class Element
{
   abstract boolean gleich (Element zuvergleichen);

   static int id = 0;
   int Id;

   Element ()
   { Id = id++;
   }
}
```

Prog. 7–6 *Die abstrakte Klasse* `Element`

```
class AllgemeineListe
{
  class ListenElement      // Lokale Klasse, nicht zu erweitern.
  { Element Info;          // Der Typ von Info ist die abstrakte Klasse Element.
    ListenElement naechstes;

    ListenElement (Element Info, ListenElement naechstes)    // Konstruktor für
    { this.Info = Info;    this.naechstes = naechstes;        // ListenElement.
    }
  }

  ListenElement erstes, laufendes;

  AllgemeineListe ()                              // Konstruktor für AllgemeineListe.
  { erstes = null;   laufendes = erstes;
  }

  void fuege_ein (Element  k)                     // Füge am Listenanfang ein.
  { erstes = new ListenElement (k, erstes);
  }

  Element finde (Element zufinden)   // Finde ein bestimmtes Element.
  { laufendes = erstes;
    while (laufendes != null)
      if (laufendes.Info.gleich (zufinden))
        return laufendes.Info;  // gefunden.
      else
        laufendes = laufendes.naechstes;
    return null;  // nichts gefunden.
  }

  void entferne (Element k)
  { if (erstes != null)
    { if (erstes.Info.gleich (k))
        erstes = erstes.naechstes;
      else
      { laufendes = erstes;
        while (laufendes.naechstes != null)
          if (laufendes.naechstes.Info.gleich (k))
          { laufendes.naechstes = laufendes.naechstes.naechstes;   return;
          }
          else
            laufendes = laufendes.naechstes;
      }
    }
  }

  Element erstesElement ()
  { laufendes = erstes;   return laufendes;
  }

  Element naechstesElement ()
  { if (laufendes != null) laufendes = laufendes.naechstes;
    return laufends;
  }
}
```

Die abstrakte Methode gleich *aus der abstrakten Klasse* Element *wird hier benutzt.*

Prog. 7–7 *Die Klasse* AllgemeineListe

klasse gebildet wird, welche die abstrakte Methode mit einer konkreten Methode überschreibt, lassen sich solche Aufrufe tatsächlich ausführen.

In der Oberklasse werden die Aufrufe unabhängig von den konkreten Rümpfen formuliert. Verschiedene Unterklassen können durch Überschreiben verschiedene konkrete Rümpfe einsetzen. Für die Formulierung von Listen bedeutet dies, dass für das inhaltsbezogene Auffinden von Elementen die Methode gleich verwendet werden kann, ohne dass an dieser Stelle eine Realisierung der Methode gleich vorhanden sein muss. In Prog. 7–7 wird eine solche allgemeine Liste angegeben, die auf der Formulierung der abstrakten Klasse Element basiert, wie sie Prog. 7–6 zeigt. Man beachte, dass die Methoden finde und entferne, die auf die Inhalte von Listenelementen Bezug nehmen, die Methode gleich der abstrakten Klasse Element benutzen.

Die in Prog. 7–7 realisierte AllgemeineListe kann in einem Programm verwendet werden, das zunächst die Klasse Element um eine problemspezifische Unterklasse erweitert und darin die abstrakte Methode gleich durch eine konkrete Methode überschreibt. In Prog. 7–8 wird dargestellt, wie eine Klasse Bruch als Erweiterung der abstrakten Klasse Element aussehen könnte. Als zusätzliche Information werden die beiden int-Variablen Zaehler und Nenner aufgenommen. Außerdem werden zwei Konstruktoren zum bequemen Erzeugen von Bruch-Objekten definiert sowie eine Methode toString, die für eine Umwandlung eines Bruchs in ein String-Objekt sorgt. Die wichtigste Erweiterung in diesem Zusammenhang ist das Überschreiben der Methode gleich, die zwei Brüche auf Gleichheit prüft – auch wenn sie nicht gleichnamig sind. Zwei Brüche $\frac{a}{b}$ und $\frac{c}{d}$ mit b ≠ 0 und d ≠ 0 sind genau dann gleich, wenn $\frac{a}{b} = \frac{c}{d}$ gilt, was sich in den

```
class Bruch extends Element
{
  Bruch ()
  { this (0, 1);
  }

  Bruch (int Z, int N)
  { Zaehler = Z;  Nenner = N;
    if (Nenner == 0)
      System.out.println ("Es wurde ein unzulässiger Bruch erzeugt.");
  }

  int Zaehler, Nenner;

  boolean gleich (Element b)
  { if ( ! (b instanceof Bruch) )
    { System.out.println ("Es wurde kein gültiges Objekt vom Typ Bruch " +
                          "verglichen.");
      return false;
    }
    else
    { Bruch rat = (Bruch) b;
      if (rat.Nenner * Nenner == 0)
      { System.out.println ("Es wurden keine gültigen Brüche verglichen.");
        return false;
      }
      else
        return (rat.Zaehler * Nenner == rat.Nenner * Zaehler);
    }
  }

  public String toString ()
  { return Zaehler + "/" + Nenner;
  }
}
```

Prog. 7–8 *Die Klasse* Bruch *als Erweiterung der abstrakten Klasse* Element

Ausdruck a·d = c·b umformen lässt. Abb. 7–2 veranschaulicht die Verwendung

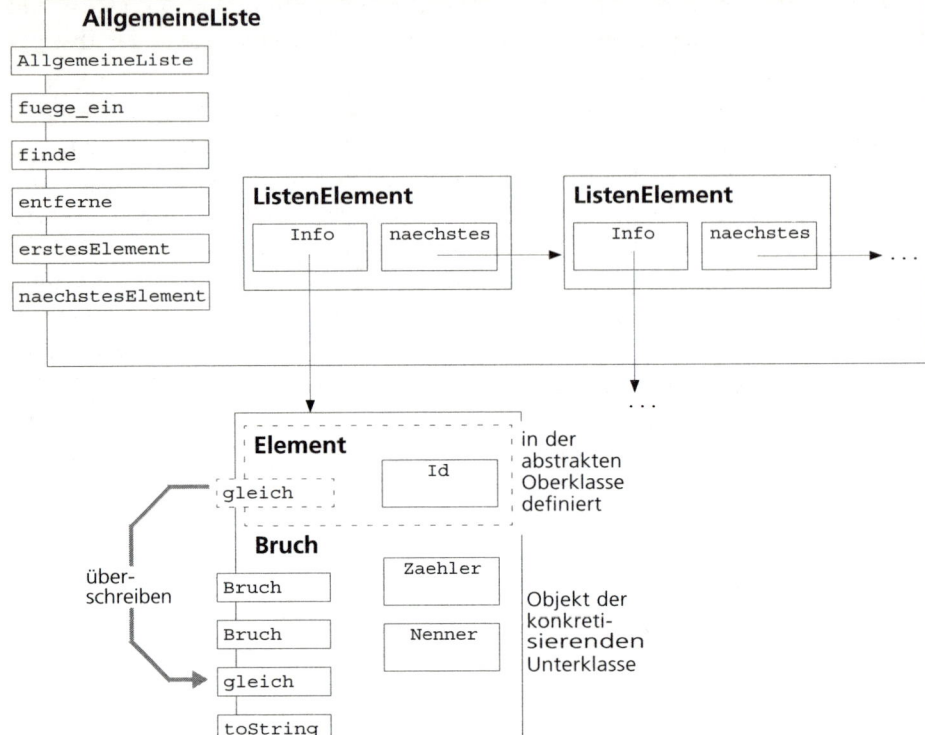

Abb. 7–2 *Verwendung der Klasse* AllgemeineListe

der Klasse AllgemeineListe zur Auflistung von Brüchen.

Betrachtet man die Methode gleich in Prog. 7–8 genauer, erkennt man, dass nur ein kleiner Teil des Rumpfes für die Formulierung dieses Ausdrucks aufgewendet wird. Zuvor muss geprüft werden, ob das zu vergleichende Element überhaupt ein Objekt ist, das zu einem Bruch erweitert wurde. Die Klasse Element lässt sich ja durch verschiedene problemspezifische Unterklassen erweitern, beispielsweise um Brüche, Bücher, Waren, Konten oder Krankheitsbeschreibungen in einer Liste zu verwalten. Der Bruch $\frac{27}{29}$ lässt sich mit *Verstauchung* natürlich nicht vergleichen. Des weiteren ist zu prüfen, ob die beiden Nenner der zu vergleichenden Brüche beide von null verschieden sind. Diese Prüfpunkte gehören sicher zu den problemspezifischen Aspekten von Brüchen, da sie die Bedeutung von Brüchen betreffen.

Den zuerst genannten Punkt zu prüfen ist zusätzlich auch eine programmspezifische Notwendigkeit. In einer Unterklasse Krankheitsbeschreibung gibt es si-

```
AllgemeineListe Brueche = new AllgemeineListe();
Bruch  b = new Bruch (10, 12),  r;

for (int i = 1; i <= 5; i++)  Brueche.fuege_ein (new Bruch (i, i+1));

System.out.println ("Die Liste enthält die folgenden Brüche:");
r = (Bruch) Brueche.dasErsteElement ();
while (r != null)
{ System.out.print (r + " ");    r = (Bruch) Brueche.dasNaechsteElement ();
}
System.out.println (" ");
System.out.print ("Der Bruch " + b + " ist in der Liste ");
if (Brueche.finde (b) != null)  System.out.print ("vorhanden");
else                            System.out.print("nicht vorhanden");
```

Prog. 7–9 *Beispiel für die Verwendung der Klasse* AllgemeineListe *zur Verwaltung von Objekten der Klasse* Bruch

cherlich keine Variablen Zaehler und Nenner, so dass die Methode gleich mit einer solchen Unterklasse nicht ausführbar wäre.

Könnte man nicht dieses Problem dadurch elegant umgehen, dass man für den Parameter b den Datentyp Bruch anstatt Element wählt? Dem Problem zufolge würde man doch ein Objekt der Klasse Bruch erwarten können, was zu dem Methodenkopf

```
boolean gleich (Bruch b)
```

führt. Eine solche Formulierung würde aber wegen des veränderten Parameters nicht die abstrakte Methode gleich überschreiben! Daher muss auch in der Erweiterung Bruch der Methodenkopf von gleich so lauten wie in der Oberklasse:

```
boolean gleich (Element b)
```

Damit kann die Methode gleich nicht unbedingt erwarten, dass Objekte vom Typ Bruch als Parameter übergeben werden. Vielmehr muss man im Allgemeinen davon ausgehen, dass es „nur" ein Objekt vom Typ Element ist. Daher ist die Überprüfung mittels instanceof notwendig, die feststellt, ob der aktuelle Parameter vom Typ Bruch ist. Falls dies zutrifft, kann die Verengung des Typs des Objekts b vom Typ Element auf ein Objekt des Typs Bruch stattfinden:

```
Bruch rat = (Bruch) b;
```

Ein Beispiel für die Verwendung der Klasse AllgemeineListe ist in Prog. 7–9 dargestellt. In diesem Beispiel werden fünf Objekte vom Typ Bruch ($\frac{1}{2}$, $\frac{2}{3}$, $\frac{3}{4}$, $\frac{4}{5}$, $\frac{5}{6}$) in eine Liste eingefügt. Anschließend wird mittels finde abgefragt, ob der Bruch $\frac{10}{12}$ in der Liste vorhanden ist. Die Ausgabe des Programmfragments lautet:

```
Die Liste enthält die folgenden Brueche:
5/6 4/5 3/4 2/3 1/2
Der Bruch 10/12 ist in der Liste vorhanden.
```

Es ist zu beachten, dass `finde`, `erstesElement` und `naechstesElement` jeweils Verweise auf `Element`-Objekte liefern. Daher ist es beispielsweise beim Durchlaufen der Liste mit der Methode `naechstesElement` notwendig, die Typumwandlung zum Typ `Bruch` durchzuführen, da sonst die speziellen Eigenschaften von `Bruch`-Objekten nicht zur Verfügung stehen.

Ein Detail sei noch am Rande erwähnt: In der Klasse `Bruch` wird die Methode `toString` definiert, die eine druckbare Darstellung des Bruchs liefert. Diese Methode wird implizit aufgerufen, wenn in der Zeile `System.out.print (r + " ")` von Prog. 7–9 das `Bruch`-Objekt r durch den Operator + mit einem String konkateniert wird.

Insgesamt bieten abstrakte Klassen die Möglichkeit, Klassen zu definieren, die teilweise schon implementierte Bestandteile besitzen, teilweise jedoch nur vorschreiben, was durch erweiternde Unterklassen noch zu implementieren ist.

Damit ist man dem Ziel, Anforderungen an (Unter-) Klassendefinitionen formulieren zu können, ein wenig näher gekommen. Eine weitere, besser angepasste Möglichkeit dieser Art bietet in Java das Sprachkonstrukt der Schnittstellendefinition. Damit können reine Schnittstellen definiert werden, die überhaupt keine implementierten Anteile besitzen. Schnittstellendefinitionen, die im Folgenden eingeführt werden, sind noch flexibler einsetzbar als abstrakte Klassen.

7.3   Definition von Schnittstellen

Schnittstellendefinitionen (engl. *interfaces*) sind eine Spezialität von Java, die man in dieser Form in anderen gängigen objektorientierten Programmiersprachen nicht findet. Im Kern ist eine Schnittstelle eine besondere abstrakte Klasse, die ausschließlich dazu dient, Anforderungen an eine Klassendefinition zu formulieren. Im Gegensatz zu „normalen" abstrakten Klassen darf sie keine vollständigen Methoden- oder Variablendeklarationen besitzen. Zwar wird eine Schnittstelle ähnlich wie eine Klassendefinition behandelt (z.B. definiert eine Schnittstelle einen Datentyp, der wie jeder andere Typ verwendet werden kann), aber sie kann nicht durch eine Unterklasse erweitert werden. Vielmehr ist es nur möglich anzugeben, dass eine Klasse eine Schnittstelle implementiert. Diese Angabe bedeutet, dass die in der Schnittstelle aufgelisteten Anforderungen an die zu implementierenden Eigenschaften in der betreffenden Klassendefinition als konkrete Definitionen auftreten müssen.

In erster Näherung kann gesagt werden, dass eine Schnittstelle eine Reihe von abstrakten Methoden definiert. In Abb. 7–3 ist ein Beispiel für eine Schnittstellendefinition angegeben. Die Syntax ähnelt der einer Klassendefinition – mit dem Unterschied, dass anstatt `class` das Schlüsselwort `interface` geschrieben wird. In Anlehnung an dieses Schlüsselwort wird auch im Deutschen eine Java-Schnittstelle oft als Interface bezeichnet. Mit Ausnahme von speziellen Variablendeklarationen, die später behandelt werden, sind in einem Interface nur abstrakte Methodendefinitionen zulässig. Das heißt, es können nur die Köpfe von Methoden angegeben werden, der Rumpf wird jeweils durch ein Semikolon leer gelassen. Die Definition der Methoden wird nicht durch das Schlüsselwort abstract eingeleitet, da ohnehin klar ist, dass ein Interface ausschließlich abstrakte Methoden enthalten darf.

Eine Klasse kann ein oder sogar mehrere Interfaces implementieren. Dazu muss sie alle Methoden der implementierten Interfaces mit einer konkreten Methode überschreiben. Im Kopf der Klassendefinition sind die Interfaces zu nennen, die sie implementiert. Diese Angabe wird durch das Schlüsselwort implements eingeleitet, auf das ein Interface-Name bzw. eine durch Kommata getrennte Liste von Interface-Namen folgt. In Prog. 7–10 ist ein kleines Beispiel angegeben, das sich auf die Interface-Definition aus Abb. 7–3 bezieht.

```
class Rechteck implements geometrisches_Objekt
{ public float Umfang () { … }
  public float Flaeche () { … }
  … // evtl weitere Methoden , auch solche,
  … // die nicht in der Schnittstelle verlangt werden.
}
```

Prog. 7–10 *Beispiel für die Verwendung eines Interfaces: Die Klasse* Rechteck *implementiert das Interface* geometrisches_Objekt *(Abb. 7–3)*

Betrachtet man Prog. 7–10 und die schematische Darstellung in Abb. 7–4, so ist noch folgende Besonderheit zu vermerken. Die Methodendefinitionen, die eine Methode aus einem Interface implementieren, werden durch public eingeleitet. Dies ist erforderlich, weil sie den Methodendefinitionen aus dem Interface entsprechen müssen – und letztere gelten implizit als mit public vereinbart. Das bedeutet, dass eine solche Methode von jeder anderen Klasse aus benutzt werden kann. Dies ist natürlich sinnvoll, da die in einem Interface definierten Eigenschaften für alle anderen Teile eines Programms öffentlich sein sollen. In einem Interface gilt für Methoden *implizit* die Zugriffsregelung public. Neben dem Schlüsselwort public existieren noch weitere Schlüsselwörter (private und protected),

```
interface geometrisches_Objekt          Schlüsselwort
{ float Umfang ();                       Name der Interface-Definition
  float Flaeche ();
  …                                      abstrakte Methodendefinitionen
}
```

Abb. 7–3 *Ein Beispiel für eine Interface-Definition*

die ebenfalls den Zugriff auf Definitionen innerhalb einer Klassendefinition regeln. Diese Zugriffsregelungen werden in Kapitel 8 behandelt.

Wie bereits erwähnt wurde, gibt es auch die Möglichkeit, Variablendefinitionen in einem Interface anzugeben. Prog. 7–11 zeigt ein Beispiel mit den int-Va

```
interface FarbManagement
{ int Weiss   = 0;
  int Schwarz = 1;
  int Rot     = 2;
  void LegeFarbeFest (int farbe) ;
  int DerZeitigeFarbe () ;
}

class RGB implements FarbManagement
{ void LegeFarbeFest (int farbe)
    { ... verwandle farbe in das RGB - Modell
      ... setze farbe im RGB - Modell
    }

  int DerZeitigeFarbe ()
    { ... verwandle RGB --> Farbe des Interfaces FarbManagement
    }
}
```

Prog. 7–11 *Beispiel für Variablendeklaration in einer Interface-Definition*

riablen `Weiss`, `Schwarz` und `Rot`. Ähnlich wie bei den Methoden in einer Interface-Definition implizit die Zugriffsregelung `public` gilt, sind für eine Variablendeklaration implizit die Eigenschaften `static` und `final` festgelegt. Diese beiden Eigenschaften von Elementen einer Klassendefinition sollen hier kurz erläutert werden.

Der Zusatz `static` bedeutet, dass eine vereinbarte Variable oder Methode nur einmal für alle Objekte einer Klasse vorhanden ist. Damit werden so genannte Klassenvariablen definiert, die Eigenschaften einer Klasse wiedergeben und zur Vermittlung von Informationen zwischen den Objekten einer Klasse verwendet werden können. Definitionen, die so gekennzeichnet sind, können teilweise nur eingeschränkt benutzt werden.

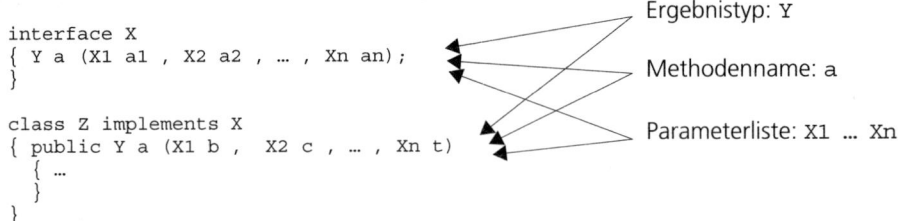

Abb. 7–4 *Beziehung zwischen Interface-Definition und einer implementierenden Klassendefinition*

Der Zusatz `final` hat zur Folge, dass ein solchermaßen gekennzeichnetes Element einer Klassendefinition nicht überschrieben werden darf. Für Methoden bedeutet dies, dass in einer Erweiterung der Klasse keine überschreibende Methode definiert werden darf. Für Variablen bewirkt `final` dagegen, dass diese Variablen Konstanten sind. Die einzige zulässige Wertzuweisung an eine solche Variable ist die Initialisierung in ihrer Vereinbarung. Ansonsten darf die Variable nicht in Zuweisungen auf der linken Seite des Zuweisungsoperators „=" auftreten.

Das Beispiel in Prog. 7–11 definiert somit eine Reihe von symbolischen Konstanten, die Farbwerte codieren. Die im Beispiel angedeuteten Methoden haben die Aufgabe, diese Farbwerte in andere Farbdarstellungssysteme umzuwandeln, z.B. in das RGB-System, das im Videobereich verbreitet ist.

Damit sind die grundlegenden Eigenschaften von Interface-Definitionen geklärt. Bleibt noch genauer zu beleuchten, was es bedeutet, wenn eine Klasse ein Interface oder gar mehrere Interfaces implementiert.

Interfaces werden in bestimmten Kontexten ähnlich wie Klassen behandelt und stellen, wie bereits erwähnt, einen Datentyp dar. Wenn eine Klasse ein Interface implementiert, steht sie in gleicher Weise zu diesem Datentyp in Beziehung, wie dies bei einem Datentyp einer Oberklasse der Fall wäre. Insbesondere gibt es für Objekte der Klasse eine implizite Datentyp-Anpassung an den Datentyp des Interfaces. Das heißt, dass die Objekte dieser Klasse auch überall dort benutzt werden können, wo der Interface-Datentyp verlangt wird.

In Prog. 7–12 wird schematisch ein Beispiel angegeben, in dem eine Klasse `C` einerseits die Klasse `B` erweitert und andererseits die beiden Interfaces `I` und `J` implementiert. In diesem Beispiel besitzen Objekte der Klasse `C` natürlich den Datentyp `C`, werden aber ggf. implizit an einen der Datentypen `B`, `Object`, `I` und `J` angepasst; `B` und `Object` sind Oberklassen, `I` und `J` sind implementierte Interfaces.

Da Interface-Definitionen Datentypen festlegen, können auch Variablen eines Interface-Typs vereinbart werden. Betrachten wir die folgenden Deklarationen, die sich auf das Beispiel in Prog. 7–12 beziehen:

```
J j;    I i;    C z = new C();
```

so sind die folgenden Zuweisungen erlaubt:

```
i = z;    j = z;
```

Ein und dasselbe Objekt, auf das die Variable `z` verweist, wird als `I`- bzw. als `J`-Objekt gesehen. Wegen der impliziten Datentyp-Anpassung verursachen die genannten Zuweisungen keine Probleme. Die folgende Zuweisung ist allerdings nicht erlaubt, obwohl die Variablen `i` und `j` auf dasselbe Objekt verweisen:

```
j = i;
```

Die beiden Typen `I` und `J` stehen in keinerlei Beziehung zu einander, trotz der Ähnlichkeit der beiden Interface-Definitionen (siehe Prog. 7–12). Methoden mit

Namen b kommen in beiden Definitionen vor, einmal mit einem `int`- und einmal mit einem `float`-Wert als Parameter. Als Konsequenz ergibt sich, dass in der Klasse C, die beide Interfaces implementiert, auch beide Methoden b realisiert werden müssen. Damit ist der Methodenname b in der Klassendefinition C *über-laden* (siehe Abschnitt 6.3). Nach den Regeln für das Überladen von Methoden-namen kann durch die Art des Aufrufs einer solchen Methode bestimmt werden, welche Variante einer überladenen Methode für die Ausführung verwendet wird:

```
j.b (5.6);  // entspricht:  z.b (5.6);
i.b (5);    // entspricht:  z.b (5);
```

Mit dem Sprachkonstrukt der Interface-Definition kann nun die abstrakte Klasse Element aus Prog. 7–6 (Seite 251) als Interface wie in Prog. 7–13 formuliert wer-den. In dieser Version kann die allgemeine Liste, wie sie in der Klassendefinition in Prog. 7–7 (Seite 252) angegeben wird, unverändert bestehen bleiben: Die Defi-nition des Interfaces Element definiert den Datentyp Element. In der Klassendefi-

```
interface I
{ void a ();
  void b (int i);
}

interface J
{ void c ();
  void b (float f);
}

class B
{ …
}

class C extends B implements I, J
{
  public void a ()    { … // I erfordert die Realisierung von a in C.
                      }

  public void c ()    { … // J erfordert die Realisierung von c in C.
                      }

  public void b (int i)   { int g = i; …    // I erfordert die Realisierung
                          }                 // von b mit int-Parameter in C.

  public void b (float g) { float z = g; …  // J erfordert die Realisierung
                          }                 // von b mit float-Parameter in C.
}
```

Prog. 7–12 *Schematisches Beispiel für die Implementierung zweier Interfaces*

```
interface Element
{
  boolean gleich (Element zuvergleichen);
}
```

Prog. 7–13 *Interface-Definition* Element *für die Klasse* AllgemeineListe

```
class Bruch implements Element
{
  Bruch ()
  { this (0, 1);
  }

  Bruch (int Z, int N)
  { Zaehler = Z;   Nenner = N;
    if (Nenner == 0)
      System.out.println ("Es wurde ein unzulässiger Bruch erzeugt.");
  }

  int Zaehler, Nenner;

  public boolean gleich (Element b)
  { if (! (b instanceof Bruch) )
    { System.out.println ("Es wurde kein gültiges Objekt vom Typ Bruch " +
                          "verglichen.");
      return false;
    }
    else
    { Bruch rat = (Bruch) b;
      if (rat.Nenner * Nenner == 0)
      { System.out.println ("Es wurden keine gültigen Brüche verglichen");
        return false;
      }
      else
        return (rat.Zaehler * Nenner == rat.Nenner * Zaehler);
    }
  }

  public String toString ()
  { return Zaehler + "/" + Nenner;
  }
}
```

Prog. 7–14 *Die Klasse* Bruch *implementiert das Interface* Element

nition von AllgemeineListe wird keine weitere Eigenschaft aus Element benutzt als die Methode gleich.

In Prog. 7–14 wird das Interface verwendet, um die Klasse Bruch zu definieren. Gegenüber der Lösung in Prog. 7–8 (Seite 253) sind nur zwei Veränderungen vorgenommen worden: Die Klasse Bruch implementiert hier das Interface Element, anstatt die abstrakte Klasse Element zu erweitern, und die Methode gleich muss hier den Zusatz public haben.

Zunächst erscheint – auch motiviert durch diese Gegenüberstellung der beiden Varianten für die Verwaltung von Brüchen in einer Liste – die Verwendung von Interfaces und abstrakten Klassen ziemlich ähnlich zu sein. Es sei aber auf einen wesentlichen Unterschied hingewiesen. Eine Klasse kann höchstens *eine* andere Klasse erweitern, während *beliebig viele* Interfaces von einer Klasse implementiert werden können.

Bevor im nächsten Abschnitt diskutiert wird, wie Schnittstellendefinitionen eingesetzt werden können, soll hier noch die Möglichkeit beschrieben werden, Interface-Definitionen ähnlich wie Klassendefinitionen zu erweitern. Anders als bei der Erweiterung von Klassen, wo nach dem Schlüsselwort extends nur ein Klassenname angeführt werden darf, ist es bei der Erweiterung von Interface-Definitionen erlaubt, mehr als einen Namen einer Interface-Definition anzugeben. So bedeutet die Interface-Definition

```
interface I_und_J extends I, J
{
    float h (double k);
}
```

die sich auf das schematische Beispiel aus Prog. 7–12 (Seite 260) bezieht, dass eine Klasse, die das Interface I_und_J implementiert, sowohl die Interfaces I und J als auch die in dem Interface I_und_J zusätzlich angegebenen Methoden implementieren muss – in diesem Beispiel also die Methoden

```
void a ();
void b (int i);
void c ();
void b (float f);
float h (double k);
```

Dabei kann es passieren, dass ein und derselbe Name in verschiedenen Interface-Definitionen mehrfach vorkommt. Für Methodennamen war dieser Effekt ja bereits in Prog. 7–12 teilweise zu erkennen: Die Methode b musste in einer Klasse überladen werden, um die Interfaces I und J zu implementieren. Im Allgemeinen kann eine Situation eintreten, wie es Abb. 7–5 veranschaulicht. Die Klasse Z muss

Definitionen von Interfaces und Klassen

```
interface W { ... }
interface X extends W { ... }
interface Y extends W { ... }
class Z implements X,Y { ... }
```

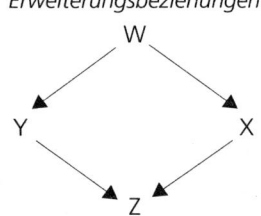

Abb. 7–5 *Beziehungsgeflecht bei mehrfacher Erweiterung von Interfaces*

die verschiedenen Forderungen implementieren, die in den Interfaces W, X und Y formuliert sind. Dabei können für Methoden mit identischem Namen folgende Fälle auftreten:

1. Der gleiche Methodenname erscheint mehrfach mit *identischem* Rückgabedatentyp aber *unterschiedlichen* Parameterlisten. In diesem Fall muß Z entsprechend viele Methoden implementieren, die den identischen Namen besitzen und ihn überladen. Die Parameterlisten müssen den jeweiligen Vorgaben aus den Interfaces entsprechen.

2. Falls der gleiche Methodenname mit *identischem* Rückgabedatentyp und *identischen* Parameterlisten mehrfach in den Interfaces W , X und Y erscheint, so ist genau eine solche Methode in der Klasse Z zu implementieren.

3. Falls ein Methodenname mehrfach erscheint und der Rückgabedatentyp für diesen Methodennamen *unterschiedlich* ist, gibt es keine Methode, die diese Forderung implementieren könnte. Diese Situation führt zu einem Fehler, den der Java-Compiler entdeckt.

Wenn die Interfaces identische Variablennamen (die ja eigentlich keine Variablen, sondern Konstanten bezeichnen) enthalten, entsteht kein Problem. Der potenzielle Konflikt wird durch die Angabe des jeweiligen Interfaces aufgelöst, wie in Prog. 7–15 gezeigt.

```
interface SkatBlatt  { int Kartenzahl = 32; }
interface PokerBlatt { int Kartenzahl = 52; }

class Spielkarten implements SkatBlatt, PokerBlatt
{ …
   SkatBlatt.Kartenzahl …

   …
   PokerBlatt.Kartenzahl …

   …
}
```

Prog. 7–15 *Auflösung von identischen Variablennamen aus unterschiedlichen Interfaces*

Nun sind die wichtigsten Eigenschaften von Interfaces geklärt. Im Folgenden wird die Verwendung von Interfaces diskutiert.

7.4 Verwendung von Schnittstellen

Die vorgestellten Möglichkeiten der Schnittstellen können für unterschiedliche Zwecke in der Programmentwicklung eingesetzt werden. Hier sollen zwei wichtige Einsatzmöglichkeiten aufgezeigt werden. Die eine ist die Nachbildung der so genannten Mehrfachvererbung. Bei der zweiten handelt es sich um die systematische Entwicklung allgemeiner Container-Strukturen zur Abspeicherung und zum Wiederfinden von komplexen Informationen. Letzteres soll wieder an dem bereits oft bemühten Beispiel der Listen deutlich gemacht werden. Die Ausführungen zu Listen sind aber auf andere Strukturen übertragbar. Die Erklärung am Beispiel von Listen ist in einfacher Weise möglich, ohne dass komplexe Datenstrukturen den Blick auf die Schnittstellen-Aspekte verstellen.

Nachbildung der Mehrfachvererbung in Java

Anders als die Sprache C++ lässt Java für eine Klasse nur eine einzige Oberklasse zu. Das bedeutet, dass die Klassenhierarchie immer ein Baum ist, an dessen Wurzel die Java-Systemklasse `Object` steht. Von jeder definierten Klasse führt ein eindeutiger Pfad über die diversen Oberklassen zur Klasse `Object`. Für die Programmiersprache Java ist dies so entschieden und in Form der Java-Compiler auch so implementiert worden, da aus objektorientierten Programmiersprachen mit Mehrfachvererbung eine Reihe von nicht einfach zu lösenden konzeptionellen Schwierigkeiten bekannt ist.

Die Wahl der Sprachkonstrukte für eine objektorientierte Programmiersprache ist die eine Seite der Problematik. Die andere Seite zeigt sich bei der Überlegung, wozu die Erweiterung von Klassen in Programmiersprachen überhaupt vorhanden ist. Wie in der Einführung zu Kapitel 6 dargelegt, besteht das Ziel ja darin, einen Sachverhalt zu modellieren und allgemeine Eigenschaften von speziellen zu trennen. Die gefundenen Strukturen sollen in möglichst gut verständlicher Weise in eine Programmstruktur überführt werden, die flexibel erweiterbar ist.

Betrachtet man die Modellierung realer Sachverhalte, so ist oft zu erkennen, dass man mit der einfachen Erweiterung, so wie sie in Java definiert ist, nicht sehr weit kommt. Schon für das Bibliotheksbeispiel kann man argumentieren, dass die disjunkte Aufteilung der beteiligten Personengruppen in Ausleiher, Studenten und Angestellte nicht realistisch ist. Es gibt Studenten, die gleichzeitig als studentische Hilfskräfte den Status eines Angestellten besitzen. Dies verletzt die Baumstruktur der Erweiterungshierarchie und erfordert stattdessen die Modellierung durch einen gerichteten Graphen, wie in Abb. 7–6 zu sehen ist. Ein solcher Graph, der Erweiterungen ausdrückt, darf natürlich keine Zyklen enthalten.

Die in Abb. 7–6 angegebene Modellierung zeigt, dass es `Student`-Objekte gibt, die nicht nur die allgemeinen Ausleiher-Eigenschaften, sondern auch Angestellten-Eigenschaften besitzen. Da Java diese Form der Erweiterung von Klassen nicht direkt unterstützt, muss eine solche Modellierung auf andere Weise ermöglicht werden. Java bietet hierfür die Benutzung von Interfaces.

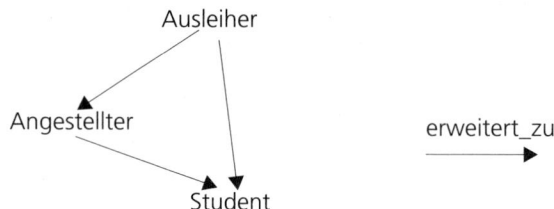

Abb. 7–6 *Realistischere Modellierung der Beziehungen zwischen Ausleiher, Student und Angestelltem*

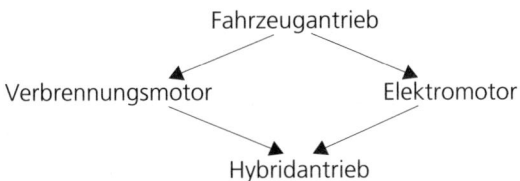

Abb. 7–7 *Struktur der Modellierung verschiedenartiger Fahrzeugantriebe*

Eigenschaften, die „mehrfach erweitert" werden sollen, sind in Form von Interfaces zu definieren. Dies soll an einem einfachen Beispiel verdeutlicht werden und zwar an der Darstellung verschiedenartiger Antriebe für Fahrzeuge: Verbrennungsmotoren, Elektromotoren und Hybridantriebe, die aus Komponten beider Formen zusammengesetzt sind. Eine Struktur für die Modellierung dieses Problems ist in Abb. 7–7 angegeben. Natürlich ist als „oberstes" Element einer solchen Struktur Fahrzeugantrieb zu finden, wo die allgemeinen Eigenschaften aller Antriebe beschrieben werden.

In Java kann diese Struktur nicht direkt in eine entsprechende Klassenhierarchie umgesetzt werden, jedoch in Interfaces mit Erweiterungsbeziehungen gemäß Abb. 7–7 (siehe Prog. 7–16). Zunächst fällt auf, dass diese Interfaces eine Reihe von Methoden enthalten, wo man eher Variablen erwartet hätte (wie z.B. Verbrauch). Dies ist aber notwendig, da Variablen in Interfaces Konstanten wären

```
interface Fahrzeugantrieb
        { int Leistung ();        // in kW
          int Gewicht ();         // in kg
          int Drehmoment ();      // in Nm
        }

interface Verbrennungsmotor extends Fahrzeugantrieb
        { float Verbrennungsraum ();
          Kraftstoff zuTanken ();
          float Verbrauch ();     // in km / 1000 ccm
        }

interface Elektromotor extends Fahrzeugantrieb
        { Stromtyp VerwendeteStromArt ();    //Geich/Wechsel
          boolean KannBremsEnergieWandeln ();
        }

interface Hybridantrieb extends Verbrennungsmotor, Elektromotor
        { Koppelung verwendeteKoppelung ();
        }
```

Prog. 7–16 *Interfaces zur Darstellung der* Fahrzeugantrieb-*Modellierung aus Abb. 7–7*

und damit nicht die technischen Eigenschaften *verschiedener* Antriebe ausdrücken könnten.

Zur Darstellung eines konkreten Antriebs muss jeweils eine Klasse definiert werden, welche das betreffende Interface bzw. die betreffenden Interfaces implementiert – neben den Hilfsklassen wie Kraftstoff oder Stromtyp. Für die Darstellung eines reinen Elektromotors oder Verbrennungsmotors ergibt sich bei der Programmierung eine Mehrarbeit durch die Verpflichtung, für Leistung usw. jeweils eine Methode anzugeben. Bei der Darstellung eines Hybridantriebs, der aus bekannten Antriebskomponenten zusammengesetzt ist, entsteht nicht notwendigerweise zusätzliche Arbeit, da an dieser Stelle die Erweiterung durch Delegation sinnvoll eingesetzt werden kann. In Prog. 7–17 ist ein Java-Fragment angegeben, das von dieser Idee Gebrauch macht. Man beachte, dass nur die Methoden Leistung (gefordert im Interface Fahrzeugantrieb), Verbrennungsraum (gefordert im Interface Verbrennungsmotor) und KannBremsEnergieWandeln (gefordert im Interface Elektromotor) exemplarisch skizziert sind. Die beiden letztgenannten Methoden lassen sich direkt auf die beiden Antriebsarten zurückführen, während

```
class OttoMotor implements Verbrennungsmotor
{ int Leistung ()  { … }
  float Verbrennungsraum ()  { … }
  …
}


class DrehstromMotor implements Elektromotor
{ int Leistung ()  { … }
  boolean KannBremsEnergieWandeln ()  { … }
  …
}


class Otto_Drehstrom implements Hybridantrieb
{ OttoMotor       derVerbrennungsantrieb;
  DrehstromMotor derElektroantrieb;

  int Leistung ()
  { // Berechne die Leistung aus den Leistungsdaten der Komponenten:
    return ( … derVerbrennungsantrieb.Leistung () …
            derElektroantrieb.Leistung());
  }

  float Verbrennungsraum ()
  { return derVerbrennungsantrieb.Verbrennungsraum;
  }

  boolean KannBremsEnergieWandeln ()
  { return derElektroantrieb.kannBremsEnergieWandeln ();
  }
  …
}
```

Prog. 7–17 *Definition konkreter Klassen auf der Basis der Interface-Struktur aus Prog. 7–16*

die Berechnung der Leistung des Hybridantriebs aus der Art der Kombination der beiden Antriebskomponenten hergeleitet werden muss.

Insgesamt ergibt sich aus der Kombination von Programmiertechniken, nämlich der „Simulation" der mehrfachen Erweiterung durch Interfaces und der Erweiterung durch Delegation, eine effiziente und gleichzeitig flexible Lösung, um Mehrfachvererbung programmtechnisch darzustellen. Natürlich müssen in dieser Kombination die Regeln zur Auflösung von Namensgleichheiten in erweiterten Interfaces berücksichtigt werden.

Durch eine etwas andere Kombination aus Interfaces und der Erweiterung durch Delegation können flexible und knapp formulierte Programmstrukturen hergestellt werden, die gut geeignet sind, so genannter Container-Klassen zu erzeugen. Im Folgenden soll dieser Ansatz anhand von Listen verdeutlicht werden.

Systematische Entwicklung von Container-Strukturen am Beispiel der Liste

In Abschnitt 7.3 wurde bereits vorgestellt, wie mit Hilfe von Interfaces Anforderungen an Klassen formuliert werden können, deren Objekte in einer bestimmten Datenstruktur, d.h in einer so genannten *Container*-Struktur, abgespeichert und verwaltet werden (in Prog. 7–7 auf Seite 252 war es die Klasse `AllgemeineListe`). Es bleibt zu klären, wie solche Strukturen systematisch weiterentwickelt werden können, indem schrittweise aus einer einfachen Liste nach und nach komplexere Strukturen entstehen, die nicht nur das Ablegen und Wiederfinden erlauben, sondern beispielsweise auch das Sortieren der Elemente.

Im Folgenden wird anhand einer solchen „Weiterentwicklung" die Verwendung von Interfaces verdeutlicht. Dazu gehen wir von einer leicht modifizierten Variante der Klasse `AllgemeineListe` (siehe Prog. 7–7 auf Seite 252) aus. Hier sollen die beiden Methoden `erstesElement` und `naechstesElement` durch allgemeinere Methoden ersetzt werden. Zur Vereinfachung der Diskussion verzichten wir darüber hinaus auf die Darstellung der Methode `entferne`.

Die Aufgabe dieser beiden Methoden besteht darin, eine Liste Element für Element in der gegebenen Reihenfolge zu durchlaufen. Diese Aufgabe kann natürlich nicht allgemein von einer anderen Struktur übernommen werden. Jedoch ist innerhalb des Java-Systems ein gewisser Standard geschaffen worden, wie solche Aufzählungen generell realisiert werden sollen – unabhängig davon, ob es sich um eine Liste, einen Baum, Graphen oder eine andere Struktur handelt. Dieser Standard ist in Java im Interface `java.util.Enumeration` definiert worden. Darin wird gefordert, dass eine konkrete Ausprägung einer Klasse, die `Enumeration` implementiert, zwei Methoden aufweist:

```
interface Enumeration
{
  boolean hasMoreElements ();
  // liefert true, falls gemäß der Aufzählungsreihenfolge noch
  // weitere Elemente vorkommen.
```

```
    Object nextElement ();
    // liefert das nächste Element gemäß der Aufzählungsreihenfolge.
    // Eine Ausnahmebedingung wird signalisieren, falls keine
    // Elemente mehr in der Aufzählung vorhanden sind.
}
```

Im Grunde erfüllt eine Implementierung dieser Methoden einen ähnlichen Zweck wie erstesElement und naechstesElement. Der Unterschied liegt darin, dass für eine Struktur mehrere Enumeration-Objekte zugleich existieren können, die sich in verschiedenen Zuständen befinden können. Dies bedeutet, dass mehrere Aufzählungen parallel durchführbar sind. Mit der Erzeugung eines Enumeration-Objekts beginnt dieses seine Aufzählung mit dem ersten Element, falls ein solches vorhanden ist. Aufrufe von nextElement liefern nacheinander je ein Element gemäß der gegebenen Aufzählungsreihenfolge. Während zu einem bestimmten Zeitpunkt die Aufzählung in einem Enumeration-Objekt beim dritten Element angekommen sein mag, kann die eines anderen Enumeration-Objekts bereits das zehnte liefern.

Da es wegen der besseren Übersicht guter Stil ist, die einzelnen Klassen zunächst mit ihrem Interface zu beschreiben, soll dies im Folgenden auch so durchgeführt werden. Für die Klasse Liste, die in Prog. 7–18 angegeben ist, gelte das folgende Interface:

```
    interface Liste_I
    {
      void fuege_ein (Element einzufuegen);
      boolean leer ();
      java.util.Enumeration dieElemente ();
      Element finde (Element z);
    }
```

Die Darstellung der Aufzählungsstruktur erfolgt durch die Methode dieElemente (in Prog. 7–18 eingerahmt), die ein Objekt vom Typ Enumeration liefert, das *anonym* erweitert wird um die Variable laufendes sowie um die beiden Methoden hasMoreElements und nextElement, welche die entsprechenden Methoden in Enumeration implementieren. Man beachte, dass der Verweis laufendes zunächst auf erstes gesetzt wird. Jeder Aufruf von nextElement übernimmt das zu laufendes gehörende Element in die Hilfsvariable h, setzt dann laufendes auf das nächste ListenElement und liefert schließlich den Verweis h.

Für ein Element der Liste wird wiederum das Interface aus Prog. 7–13 verwendet. Die Methode finde (in Prog. 7–18 ebenfalls eingerahmt) wird an die neue Formulierung von dieElemente zur Erzeugung einer Aufzählung angepasst.

Als nächstes betrachten wir, wie eine solche Liste erweitert werden kann, um die Elemente in einer bestimmten Reihenfolge zu sortieren – je nach der Ordnung, die für die Elemente gelten soll. Die Eigenschaft der Sortierung wird in einem entsprechenden Interface definiert. Dann muss „nur" noch die Methode

```
class Liste implements Liste_I
{
  class ListenElement
  { Element Info;
    ListenElement naechstes;

    ListenElement(Element Info)
    {this(Info,null);}

    ListenElement (Element Info, ListenElement naechstes)   // Konstruktor für
    { this.Info = Info;    this.naechstes = naechstes;      // ListenElement.
    }
  }

  ListenElement erstes;

  Liste ()              // Konstruktor für Liste.
  { erstes = null;}

  public void fuege_ein (Element k)
  { erstes = new ListenElement (k, erstes);
  }
```

```
  public java.util.Enumeration dieElemente ()
  { return new java.util.Enumeration ()
    { ListenElement laufendes = erstes;

      public boolean hasMoreElements ()
      { return laufendes != null;
      }

      public Object nextElement ()
      { if (hasMoreElements ())
        { Element h = laufendes.Info;    laufendes = laufendes.naechstes;
          return h;
        }
        else
          return null;
      }
    };
  }
```

```
  public Element finde (Element zufinden)
  { if (zufinden != null)
    { java.util.Enumeration alleElemente = dieElemente ();
      Element dasElement;
      while (alleElemente.hasMoreElements ())
      { dasElement = (Element) alleElemente.nextElement ();
        if (dasElement != null)
        { if (dasElement.gleich (zufinden))
            return dasElement;
        }
        else return null;
      }
    }
    return null;
  }
```

```
  public boolean leer ()
  { return erstes == null;
  }
}
```

Prog. 7–18 Die Definition einer einfachen Liste zum Suchen von Elementen

```
interface ElementKG extends Element
{
  boolean kleinerGleich (ElementKG zuvergleichen);
}
```

Prog. 7–19 *Das Interface für Listenelemente mit der Ordnung* kleinerGleich

fuege_ein verändert werden, so dass die Elemente an die jeweils korrekte Stelle eingesetzt werden, die der gegebenen Ordnung entspricht.

Die Festlegung der Ordnung erfordert eine neue Methode, die nicht nur die Abfrage auf Gleichheit, sondern auch auf „<" erlaubt. Die Definition einer Ordnung in diesem Sinne ist in einem Interface angegeben, das Prog. 7–19 zeigt. Dieses Interface ist eine Erweiterung des Interfaces Element aus Prog. 7–13. Klassen, die ElementKG implementieren, müssen sowohl die Forderungen aus Element als auch die aus ElementKG erfüllen.

Für die Realisierung der sortierten Liste muss nun die Methode fuege_ein so umformuliert werden, dass die einzufügenden Elemente immer in der Reihenfolge stehen, die der durch kleinerGleich festgelegten Ordnung entspricht. Bei einem solchen Vorgehen wären beispielsweise die Methode finde und die Aufzählung mittels dieElemente wiederzuverwenden. Allerdings kann für eine sortierte Liste die Methode finde effizienter realisiert werden als in der allgemeinen Fassung aus Prog. 7–18.

Wie bereits in Kapitel 6 diskutiert, gibt es für die Wiederverwendung zwei Möglichkeiten: Erweiterung oder Delegation. Der Hauptgrund, an dieser Stelle Delegation einzusetzen, besteht darin, dass nur so sichergestellt werden kann, dass ein Objekt der Klasse SortierteListe nur Objekte enhält, die das Interface ElementKG implementieren. In Prog. 7–20 ist das Interface SortierteListe_I angegeben, das genau die Eigenschaft der sortierten Liste definiert, nur Elemente für die Methoden fuege_ein, finde etc. zuzulassen, die ElementKG implementieren.

```
interface SortierteListe_I
{
  void fuege_ein (ElementKG einzufuegen);
  java.util.Enumeration dieElemente ();
  ElementKG finde (ElementKG z);
  boolean leer ();
}
```

Prog. 7–20 *Das Interface* SortierteListe_I

Man beachte, dass das Interface SortierteListe_I nicht eine Erweiterung des Interfaces Liste_I (siehe S. 268) ist, da sonst neben

```
void fuege_ein (ElementKG einzufuegen)
```

noch die Methode

```
void fuege_ein (Element einzufuegen)
```

in der Klasse SortierteListe implementiert werden müsste. Das kann aber nicht das Ziel sein, da in einem Objekt der Klasse SortierteListe nur Objekte verwaltet werden sollen, die zu ElementKG kompatibel sind. Mit anderen Worten: Nur Objekte vom Typ ElementKG oder von einem Typ, der zu ElementKG umgewandelt werden kann (insbesondere Erweiterungen von ElementKG), sollen Elemente in der Liste sein.

Würde eine Klasse SortierteListe als normale Erweiterung der Klasse Liste realisiert werden, so müsste beispielsweise aufgrund der Regelungen für das Überschreiben die Methode fuege_ein so formuliert werden, dass sie auch Objekte als Parameter zulässt, die „nur" das Interface Element implementieren, nicht aber ElementKG mit der Methode kleinerGleich.

Allerdings weist die Delegation ebenfalls einen Nachteil auf: Delegation macht es notwendig, auf die internen Verwaltungsstrukturen der Klasse Liste Bezug zu nehmen. Das soll an der generellen Struktur der Klassendefinition von SortierteListe erläutert werden:

```
class SortierteListe implements SortierteListe_I
{
  Liste dieListe;

  SortierteListe ()
  { dieListe = new Liste ();
  }

  public void fuege_ein (ElementKG k)
  { if (dieListe.leer ())
    ...
  }
  ...
}
```

Für die Delegation ist der Verweis dieListe auf ein Objekt vom Typ Liste notwendig, an das die verschiedenen Aufgaben delegiert werden können. Für das Einfügen von Elementen in sortierter Reihenfolge muss aber die Methode fuege_ein gerade auf die Struktur der Verweise in der allgemeinen Liste Einfluss nehmen, da je nach den kleinerGleich-Beziehungen des einzufügenden Elements zu den bereits in der Liste vorhandenen Elementen die Einfügeposition bestimmt wird. Dazu müssen die Verweise naechstes aus der Klasse ListenElement (siehe Prog. 7–18) manipuliert werden.

Die Idee, aus der Klasse SortierteListe heraus auf Informationen und Strukturen in einem Objekt der Klasse Liste zuzugreifen, widerspricht dem Gedanken, dass in einer Klasse möglichst alle Informationen, die sie betreffen, eingekapselt werden. Manipulation von außerhalb möchte man dagegen ausschließen. Allerdings ist die „Verwandtschaft" zwischen den beiden Listen-Arten relativ groß, so dass ein solcher Zugriff gerechtfertigt erscheinen mag. Darüber hinaus wird in Kapitel 8 noch das Thema Zugriffsrechte diskutiert, indem Mechanismen vorgestellt werden, die die Zugriffe zwischen den beiden Listen-Implementierungen zulassen, jedoch Zugriffe von außerhalb der „Listenwelt" auf die interne Klasse ListenElement verbieten.

In Prog. 7–21 wird nun die Klasse SortierteListe in voller Länge wiedergegeben. Man beachte, dass die Methoden leer, finde und dieElemente auf die entsprechenden Methoden der allgemeinen Liste (siehe Prog. 7–18 auf Seite 269) zurückgeführt werden. Es sind hier nur Typüberprüfungen notwendig, die aber immer positiv ausfallen werden, wenn die SortierteListe streng entsprechend dem Interface SortierteListe_I (siehe Prog. 7–20 auf Seite 270) benutzt wird.

In der Methode fuege_ein wird nun die korrekte Reihenfolge bzgl. der Vergleichsoperation kleinerGleich sichergestellt. Es werden dabei die folgenden Fälle unterschieden:

❑ Die Liste ist leer: Dann wird das einzufügende Element als erstes und einziges in die Liste aufgenommen.

❑ Die Liste ist nicht leer und das einzufügende Element ist kleiner als das erste Element der Liste: In diesem Fall wird das einzufügende Element das neue erste Element der Liste, was bedeutet, dass der Verweis erstes der Liste dieListe manipuliert werden muss.

❑ Die Liste ist nicht leer und das einzufügende Element ist größer als das gerade betrachtete Element der Liste, aber kleiner oder gleich dem Nachfolger des gerade betrachteten Elements: In diesem Fall muss das neue Element unmittelbar nach dem gerade betrachteten Element eingefügt werden.

❑ Wenn die genannten Fälle nicht zutreffen, muss zum Nachfolger des betrachteten Elements fortgeschritten und die kleinerGleich-Betrachtung dort wiederholt werden. Als Sonderfall ist noch zu berücksichtigen, dass das einzufügende Element als letztes Element in die Liste aufgenommen wird.

Auf diese Weise wird dafür gesorgt, dass die Elemente in der durch die Ordnung kleinerGleich gegebenen Reihenfolge sortiert sind. Als Beispiel soll die Speicherung von Brüchen in einer jetzt sortierten Liste erfolgen. In Prog. 7–22 (Seite 274) wird die Erweiterung der bisher verwendeten Klasse Bruch (siehe Prog. 7–14 auf Seite 261), die nur Gleichheitsabfragen zuließ, auf die Klasse Bruch_le angegeben, die einen Größenvergleich ermöglicht. Neben dem Konstruktor, der den entsprechenden Konstruktor der Oberklasse benutzt, ist nur noch die Methode

```
class SortierteListe implements SortierteListe_I
{
  Liste dieListe;

  SortierteListe ()
  { dieListe = new Liste ();
  }

  public void fuege_ein (ElementKG k)
  { if (dieListe.leer ())
      dieListe.fuege_ein (k);
    else
    { Liste.ListenElement hh = dieListe.erstes;
      if (k.kleinerGleich ( (ElementKG) hh.Info))
      { Liste.ListenElement h = dieListe.new ListenElement (k);
        h.naechstes = dieListe.erstes;   dieListe.erstes = h;
      }
      else
      { boolean fertig = false;
        while ( ! fertig)
        { if (hh.naechstes == null)
          { fertig = true;
            hh.naechstes = dieListe.new ListenElement (k);
            hh.naechstes.naechstes = null;
          }
          else if (k.kleinerGleich ( (ElementKG) hh.naechstes.Info))
          { Liste.ListenElement hhh = dieListe.new ListenElement (k);
            hhh.naechstes = hh.naechstes;
            hh.naechstes = hhh;  fertig = true;
          }
          else
            hh = hh.naechstes;
        }
      }
    }
  }

  public boolean leer ()
  { return dieListe.leer ();
  }

  public java.util.Enumeration dieElemente ()
  { return dieListe.dieElemente ();
  }

  public ElementKG finde (ElementKG zufinden)
  { return (ElementKG) dieListe.finde (zufinden);
  }
}
```

Prog. 7–21 *Die Klasse* `SortierteListe`

`kleinerGleich` anzugeben. Das Fragment in Prog. 7–23 (Seite 274) benutzt schließlich all diese Definitionen und liefert die Ausgabe:

```
1/2 2/3 3/4 4/5 5/6

1/4 1/2 5/8 2/3 3/4 4/5 5/6 5/6 7/8 11/12
```

```
class Bruch_le extends Bruch implements ElementKG
{
  Bruch_le (int z, int n)
  { super (z, n);
  }

  public boolean kleinerGleich (ElementKG b)
  { Bruch_le rat;
    if ( ! (b instanceof ElementKG))
    { System.out.println ("Es wurde kein gültiges Objekt vom Typ"
                        + " Bruch_le  verglichen");
     return false;
    }
    else
    { rat = (Bruch_le) b;
      if (rat.Nenner * Nenner == 0)
      { System.out.println ("Es wurden keine gültigen Brüche verglichen");
        return false;
      }
     else
        return (Zaehler * rat.Nenner <= rat.Zaehler * Nenner);
    }
  }
}
```

Prog. 7–22 *Klasse* Bruch_le *als Erweiterung der Klasse* Bruch   (*siehe Prog. 7–14*)

```
java.util.Enumeration dieBrueche;
SortierteListe Reihe = new SortierteListe ();
Bruch_le r;

for (int i = 1; i <= 5; i++)
{ Reihe.fuege_ein (new Bruch_le (i, i + 1));
};

dieBrueche = Reihe.dieElemente ();

while (dieBrueche.hasMoreElements ())
{ r = (Bruch_le) dieBrueche.nextElement ();
  System.out.print (r + " ");
}
System.out.println("");

Reihe.fuege_ein (new Bruch_le ( 1,  4));
Reihe.fuege_ein (new Bruch_le ( 5,  8));
Reihe.fuege_ein (new Bruch_le ( 5,  6));
Reihe.fuege_ein (new Bruch_le ( 7,  8));
Reihe.fuege_ein (new Bruch_le (11, 12));

dieBrueche = Reihe.dieElemente ();

while (dieBrueche.hasMoreElements ())
{ r= (Bruch_le) dieBrueche.nextElement ();
  System.out.print (r + " ");
}
```

Prog. 7–23 *Die Benutzung der Klassen* Bruch_le *und* SortierteListe

Zum Abschluss dieses Kapitels sollen die beiden Sprachkonzepte abstrakte Klasse und Interface einander gegenübergestellt werden. Beiden Konzepten ist gemeinsam, dass sie auf einer abstrakten Ebene die Definition von Typen erlauben. Das bedeutet, dass von diesen Typen nicht direkt Objekte mittels new erzeugt werden können. Erst durch eine zusätzliche Konkretisierung – Erweiterung bei einer abstrakten Klasse bzw. Implementierung im Falle eines Interfaces – erhält man eine konkrete Ausprägung eines Java-Typs, mit dessen Hilfe die Erzeugung von Objekten möglich wird.

Der wesentliche Unterschied zwischen abstrakten Klassen und Interfaces besteht darin, dass bei der Konkretisierung von abstrakten Klassen der Erweiterungsmechanismus benutzt werden muss. Während eine Klasse gleichzeitig mehrere Interfaces implementieren und somit eine geeignete Kombination der in den Interfaces geforderten Eigenschaften realisieren kann, ist nur eine abstrakte Oberklasse zugelassen.

8 Spezielle Konzepte der Programmierung

8.1 Pakete

Im Anschluss an die Programmierung im engeren Sinn ist dieses Kapitel einigen ergänzenden, speziellen Konzepten der Programmierung gewidmet. Sicher können Java und die mitgelieferten Bibiliotheken nicht erschöpfend behandelt werden. Die Entwicklung der Bibiliotheken geht recht schnell vonstatten und verästelt sich immer stärker in verschiedene Sachgebiete, so dass in diesem Buch, das die Prinzipien der Programmierung vermitteln will, darauf nicht eingegangen werden kann. Für weitere Informationen sei auf die verschiedenen Java-Dokumentation verwiesen, die vor allem im World-Wide Web zu finden ist (siehe dazu auch die Web-Seiten unter [13]). Des Weiteren existiert inzwischen eine ständig wachsende Menge an Literatur, die sich vor allem mit der Benutzung der inzwischen zahlreichen Java-Softwarebibliotheken beschäftigt. Eine umfassende Darstellung findet sich beispielsweise in [3].

In diesem Kapitel sollen dagegen Spracheigenschaften von Java beleuchtet werden, die bisher allenfalls gestreift wurden. Dazu gehört das Sprachkonstrukt der *Pakete*, mit dem das Thema *Zugriffsrechte* eng verbunden ist. Mit der Regelung von Zugriffsrechten ist natürlich nicht gemeint, dass Personen der Zugriff auf gewisse Teile eines Java-Programms erlaubt oder entzogen wird, sondern vielmehr, dass Namen von Klassen, Methoden und Variablen nur bestimmten Programmteilen zugänglich gemacht werden. Im Anschluss daran werden zwei weitere wichtige Themen behandelt: die durch Fehlerbedingungen hervorgerufenen *Ausnahmen* sowie die nebenläufige Ausführung von Programmteilen, die als *Threads* bezeichnet werden.

Anordnung von Definitionen in Paketen

Java besitzt zu einem gewissen Grade Eigenschaften, die es erlauben, Software modular aufzubauen. Das bedeutet, dass ein Softwaresystem aus einzelnen Teilen wie aus Lego-Bausteinen zusammengesetzt werden kann. Diese Analogie verdeutlicht den Wunsch, einen einzelnen Baustein losgelöst vom Kontext als eine sinnvolle Einheit zu sehen. Als Vision können wir uns das Erstellen von Softwaresystemen zu einem guten Teil als systematisches Zusammensetzen von Bausteinen vorstellen. Einen Ansatz zur Bildung solcher Bausteine in Form einer generischen Objektstruktur hat Kapitel 7 bereits vorgestellt. Unter eigenständigen Programmbausteinen verstehen wir also nicht kleine Einheiten wie Methoden oder Klassen, sondern größere zusammenhängende Gebilde, nämlich Sammlungen von Klassen und Interfaces, die einem gemeinsamen Zweck dienen, beispielsweise der Realisierung einer Listenstruktur.

Wenn die Bausteine wirklich unabhängig voneinander sind, dann können sie zu sehr verschiedenen Zeitpunkten realisiert und in unterschiedlichen Dateien verteilt gehalten sein. Trotzdem ist es wünschenswert, gemeinsam benutzbare Bausteine unter einem Namen zusammenfassen zu können. Eine solche Zusammenfassung wird *Paket* (in Java `package`) genannt. Ein Paket ist letztlich wiederum die Zusammenfassung von Klassen und Interfaces, die über mehrere Dateien verteilt sein können. Jedes Paket besitzt einen Namen. Es bleibt dem Softwareentwickler überlassen, nur aus inhaltlich zusammengehörenden Klassen- und Interface-Definitionen ein Paket zu schnüren.

Pakete als Rahmen für eine Reihe von Definitionen zu nutzen macht nur Sinn, wenn ein abgestuftes Konzept den Zugriff auf die einzelnen Elemente eines Paketes zu regeln gestattet. Daher gehört zu dem Paketkonzept ein Mechanismus, der den „unbefugten" Zugriff auf interne Datenstrukturen verhindert.

Werden etwa die Definitionen für die Realisierung der verschiedenen Listenvarianten zu einem Paket zusammengefasst, so sollte für manche Programmteile bzw. Datenstrukturen eigentlich garantiert werden, dass sie nur von den dazugehörigen Methoden, nicht aber von beliebigen Programmstellen aus manipulierbar sind. Dies gilt beispielsweise für die Klasse `ListenElement`, die nur dazu dient, die Information eines einzelnen Listenelements zu verwalten. Einerseits erzwang die ökonomische Verwendung der Listendefinitionen den Zugriff von der Klasse `SortierteListe` auf `ListenElement` in der Klasse `Liste`. Andererseits sollte diese Klasse außerhalb der „Listenwelt" nicht verfügbar sein. Zur Begründung der letztgenannten Forderung sei angeführt, dass bei Nichterfüllung z.B. die Sortierreihenfolge nicht gewährleistet werden kann, da die Verweise von außen einzeln manipulierbar sind.

Java bietet in Form der Schlüsselwörter `public`, `private` und `protected` wirksame Instrumente an, um den Zugriff auf Bezeichner in verschiedenen Stufen zu erlauben bzw. einzuschränken. Im Folgenden werden zunächst der Paketmechanismus und danach die Regelungen zur Realisierung des Zugriffsschutzes erläutert.

Pakete dienen der modularen Strukturierung von größeren Programmen. In Abb. 8–1 wird die physische Programmstruktur bei Verwendung des Paketkonzeptes anhand eines Beispiels skizziert. Bisher wurden die verschiedenen Definitionen von Klassen und Methoden in eine einzige Datei geschrieben. Der Standard für die Zugriffsregelung ist in diesem Fall, dass die Definitionen innerhalb der Datei uneingeschränkt zugreifbar sind, soweit nicht der Gültigkeitsbereich

bisher: alle Definitionen in einer Datei

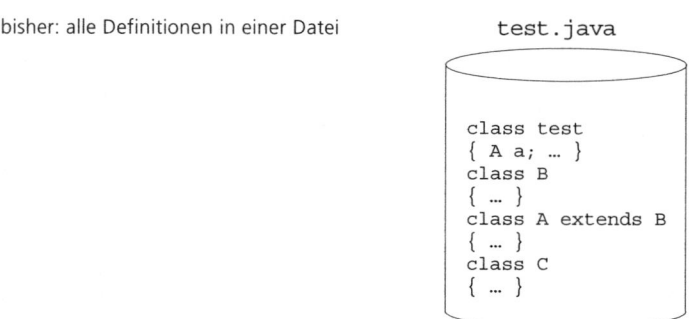

hier: Definitionen der Klassen A,B und C
sind auf verschiedene Dateien verteilt

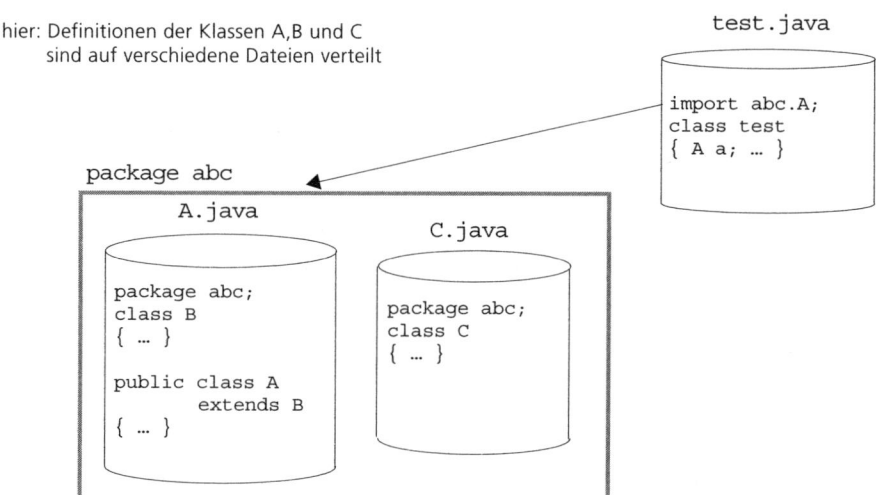

Abb. 8–1 *Die physische Struktur von Java-Programmen als Pakete*

von Bezeichnern verletzt wird (siehe Abschnitt 3.5). Das Java-System behandelt dabei die Klassendefinitionen innerhalb einer einzelnen Datei als *ein* Paket, das keinen (expliziten) Namen hat.

Definitionen können aber auch auf verschiedene Dateien verteilt werden. Da die heutigen Rechensysteme hierarchisch strukturierte Dateisysteme besitzen, sind die einzelnen Dateien, welche die Definitionen enthalten, in einem Verzeichnis (auch Ordner genannt) anzulegen. Bei Verwendung der Standardeinstellungen des Java-Systems werden in der Regel die verschiedenen Definitionen in den betreffenden Dateien gefunden. Dabei wird meistens gefordert, dass die Dateinamen aus dem jeweiligen Klassennamen und dem Zusatz „.java" bestehen.

Mit der Möglichkeit, benannte Pakete zu verwenden, bietet Java einen Ansatz zur Zusammenfassung der auf verschiedenen Dateien verteilten Klassendefinitionen zu Einheiten. Bezogen auf Abb. 8–1 bedeutet dies, dass die Klassendefinitionen in den beiden Dateien A.java und C.java ein gemeinsames Paket mit dem Namen abc bilden – ohne dass sie in der gleichen Datei stehen –, daher auch in Abb. 8–1 der Rahmen um diese Dateien. Die in beiden Dateien vorhandene package-Anweisung schafft genau diesen Rahmen für die Definitionen der Klassen A, B und C.

Innerhalb eines Pakets p besitzen Klassendefinitionen spezielle Zugriffsrechte, die sich von denen unterscheiden, die für Klassen außerhalb des Pakets gelten, wenn sie auf Klassen in dem Paket p zugreifen. Die in einem Paket vorhandenen Definitionen sind nur dann von außen zugreifbar, wenn sie mit dem Schlüsselwort public versehen sind bzw. durch implizite Regelungen automatisch das Attribut public besitzen. Damit kann man erreichen, dass aus einer Menge von Klassen, die beispielsweise eine komplexere Struktur definieren, nur die tatsächlich für den allgemeinen Gebrauch bestimmten Klassen für den „öffentlichen" Zugriff zur Verfügung gestellt werden.

Für die Benutzung öffentlicher Definitionen existieren verschiedene Möglichkeiten. Zum einen kann ein öffentlicher Bezeichner – in der Regel ein Klassenname – durch Voranstellen des Paketnamens und eines Punkts wie jeder andere Bezeichner verwendet werden. Man schreibt z.B. abc.A, um die Klasse A aus dem Paket abc zu benennen. Diese Schreibweise wurde auch in den Beispielen aus Abschnitt 7.4 angewandt, wo die Verwendung von java.util.Enumeration diskutiert wurde. Dabei bezeichnet Enumeration ein Interface; der Name des Pakets lautet java.util. Die Bedeutung des Punkts in der Defintion des Paketnamens wird später noch erläutert.

Neben dieser Verwendung öffentlicher Definitionen unter expliziter Angabe des Paketnamens existieren noch zwei weitere Formen, welche die Schreibarbeit ein wenig reduzieren. Beide Formen werden durch eine import-Anweisung ausgedrückt. Zum einen kann

```
import abc.A;
```

geschrieben werden, um den Klassen- oder Interface-Namen A aus dem Paket abc (siehe auch Abb. 8–1) im Gültigkeitsbereich der import-Anweisung bekannt zu machen. Steht import... am Anfang einer Datei, so ist in dieser die importierte Definition überall bekannt. Durch import... eingeführte Definitionen können ohne weitere Voranstellung des Paketnamens in dem betreffenden Gültigkeitsbereich verwendet werden.

Eine zweite Form der import-Anweisung realisiert eine noch bequemere Variante: Import on demand. Das bedeutet, dass die Anweisung

```
import abc.*;
```

alle Namen des Pakets abc automatisch importiert, soweit sie benötigt werden.

Java-Systeme enthalten eine große Bibliothek von vorgefertigten Bausteinen, die auf die eine oder andere Weise importiert werden können. Die Dokumentation zu diesen zahlreichen Klassen und Interfaces ist auf Web-Seiten verfügbar, teilweise allerdings etwas dürftig. Für ausführlichere Erklärungen ist [4] zu empfehlen.

Um die Übersetzung eines Programms durch den Compiler muss sich ein Programmierer normalerweise nicht kümmern. Wenn aber Programmteile über mehrere Dateien verstreut sein können, ist es wichtig zu wissen, wie der Compiler bei einer import-Anweisung oder bei Angabe einer Klasse mit vorangestelltem Paketnamen nach der Definition sucht. Oft finden sich in einem Rechensystem tausende von Dateien, von denen viele Klassendefinitionen enthalten. Möglicherweise sind sogar viele gleichnamige Klassen darunter, was durchaus sinnvoll sein kann – etwa wenn es mehrere Versionen einer Software geben soll. Dann kommt es darauf an, in welchen Dateiverzeichnissen (in vielen Betriebssystemen auch *Ordner* genannt) der Compiler nach einer Definition sucht, die er importieren soll.

Es ist daher eine bestimmte Organisation der Dateien notwendig, welche die Verbindung zwischen dem Paketnamen und dem Datei- bzw. Verzeichnisnamen herstellt. Mit solchen Regeln zur Dateistruktur gelingt es dem Compiler einen Suchraum festzulegen, in dem Definitionen für den Import zu finden sind.

Das genannte Organisationsproblem der Dateien wird für verschiedene Betriebssysteme (z.B. Unix, Windows 98, Macintosh) unterschiedlich gelöst. Bei vielen Entwicklungssystemen für Java ist die Definition einer so genannten CLASS-PATH-Variable für den Suchprozess wichtig. Solche Variablen sind keine Variablen im Sinne des Programms. Vielmehr werden sie mit Hilfe von Kommandos des zugrunde liegenden Betriebssystems definiert und dienen dazu, die Umgebung zu beeinflussen, in der die übersetzten Programme ablaufen sollen. In der CLASSPATH-Variablen wird eine Liste von Dateiverzeichnissen abgelegt, die für das Auffinden von Klassendefinitionen zu durchsuchen sind. Unter Unix lautet das Kommando zum Setzen dieser Variable beispielsweise:

```
setenv CLASSPATH …
```

Im Folgenden wird ein Beispiel besprochen, das sich auf die Verwendung des Unix-Betriebssystems „Sun Solaris 2.5" bezieht. Wenn nichts anderes festgelegt ist, gilt dabei: Dateien, in denen sich Klassendefinitionen eines Pakets befinden, müssen in einem Verzeichnis enthalten sein, das den Namen des Pakets trägt.

In unserem Beispiel nehmen wir an, dass ein Paket namens abc die Klassen D und E in je einer eigenen Datei enthalten soll. Folglich müssen die Dateien D.java und E.java in einem Verzeichnis mit Namen abc stehen. Dies ermöglicht dem Compliler, die Dateien zu finden, wenn in einem Programm per Import die Klassen D oder E aus dem Paket abc benutzt werden.

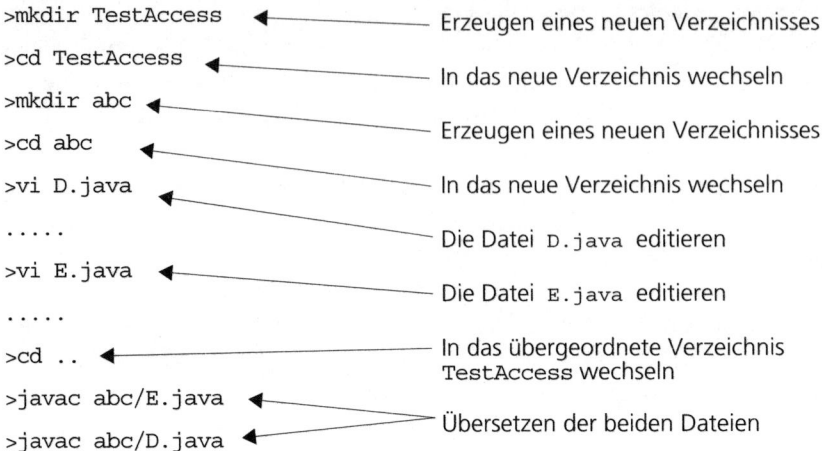

Prog. 8–1 *Unix-Kommandos zum Erzeugen von Programmteilen für ein Paket*

Der folgende Ausschnitt aus einem Bediener-Dialog mit Unix verdeutlicht die Arbeitsweise (siehe Prog. 8–1). Zunächst erzeugt das Kommando `mkdir` die erforderliche Verzeichnisstruktur. Das Verzeichnis `abc` wird in einem übergeordneten Verzeichnis namens `TestAccess` angelegt (siehe Abb. 8–2). Sodann werden die beiden Dateien `E.java` und `D.java` erzeugt, durch einen Editor mit einem Programm beschrieben und anschließend übersetzt.

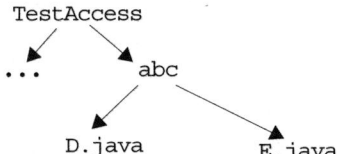

Abb. 8–2 *Verzeichnisstruktur bei der Verwendung des Pakets* `abc`

Die Dateien `D.java` (siehe Prog. 8–2) und `E.java` (siehe Prog. 8–3) enthalten die Klasse `D` bzw. `E` sowie jeweils eine `package`-Anweisung, welche die Zugehörigkeit der Dateien zu dem Paket `abc` ausdrückt. Zu beachten ist der Gebrauch der Klasse `E` in der Klasse `D` sowie umgekehrt der Klasse `D` in der Klasse `E` (siehe entsprechend kommentierte Programmstellen). `import`-Anweisungen sind an diesen Stellen nicht erforderlich, weil `D` und `E` zum gleichen Paket `abc` gehören.

Der Compiler sieht alle Dateien des Pakets, weil diese im gemeinsamen Verzeichnis `abc` liegen. In Unix wird das Verzeichnis `abc` allerdings nur vom übergeordneten Verzeichnis (hier: `TestAccess`) aus gesehen. Daraus erklärt sich der Wechsel in das übergeordnete Verzeichnis vor dem Übersetzen (siehe Prog. 8–1, drittletzte Zeile).

```
// Inhalt der Datei D.java:

package abc;

public class D
{ E the_e_object;    // Benutzung der Klasse E als Datentyp einer Variablen.

  public D ()
  { System.out.println ("Ein Objekt der Klasse D wurde erzeugt.");
  }

  public void g ()
  { System.out.println ("g aufgerufen in einem Objekt der Klasse D.");
  }

  public E h ()     // Benutzung der Klasse E als Rückgabedatentyp von h.
  { E local_E;      // Benutzung der Klasse E als Datentyp einer Variablen.
    local_E = new E ();
    local_E.h ();
    return local_E;
  }
}
```

Prog. 8–2 *Definition der Klasse* D *in Paket* abc

```
// Inhalt der Datei E.java:

package abc;

public class E
{ D the_d_object = new D ();     // Benutzung der Klasse D als Datentyp
                                 // einer Variablen.
  public E ()
  { System.out.println ("Ein Objekt der Klasse E wurde erzeugt.");
  }

  public void g ()
  { System.out.println ("g aufgerufen in einem Objekt der Klasse E.");
    the_d_object.g ();
  }

  void h ()
  { System.out.println ("h aufgerufen in einem Objekt der Klasse E.");
  }
}
```

Prog. 8–3 *Definition der Klasse* E *in Paket* abc

Durch die gegenseitige Benutzung der Klassen D und E entsteht eine gegenseitige Abhängigkeit der Dateien D.java und E.java. Das bedeutet, dass der Compiler immer beide Dateien übersetzen muss, auch wenn nur die Übersetzung einer der beiden Dateien angestoßen wurde.

Nebenbei bemerkt: Mit der Option -verbose (deutsch „geschwätzig") gibt der Compiler aus, welche Aktion er gerade ausführt. Damit kann man im Zweifelsfall überprüfen, welche Datei übersetzt wird.

Falls nur eine einseitige Abhängigkeit besteht, dann werden nur die notwendigen Dateien übersetzt. Wenn etwa nur Klasse D die Klasse E benutzt, aber nicht umgekehrt, dann führt das Kommando, E zu übersetzen, nur zur Übersetzung von E. Wird hingegen die Übersetzung von D verlangt, so müssen beide Dateien übersetzt werden.

An dieser Stelle sei eine Warnung ausgesprochen. Dieses Beispiel wurde nur gewählt, um die Möglichkeiten von Java aufzuzeigen. Zyklische Abhängigkeiten wie die zwischen D und E erschweren das Verständnis eines Programms und gelten als schlechter Programmierstil. Soweit sich zyklische Abhängigkeiten nicht vermeiden lassen, sollten derartige Zyklen nur an möglichst wenigen Stellen auftreten und von den anderen Teilen des Programms isoliert sein.

Für das Beispiel bleibt noch zu diskutieren, wie das Paket mit den Klassen D und E benutzt wird. Die öffentlichen Definitionen des Pakets abc werden durch eine import-Anweisung zugänglich gemacht, wie in Abb. 8–3 gezeigt. Die Ausgabe des Programms ist in Abb. 8–4 wiedergegeben.

```
import abc.*;                                          Import aller öffentlichen Daten-
                                                       typen aus dem Paket abc.
public class TestAccess
{
  public static void main (String unbenutzt [])        Der Aufruf von h erzeugt ein
  { System.out.println ("Hallo!");                      neues Objekt der Klasse E, wel-
    System.out.println ("Test von Klasse D.");          ches wiederum ein Objekt der
    D d = new D ();                                      Klasse D erzeugt (siehe Defini-
    d.g ();                                             tionen von E in Prog. 8–3 und
    E e = d.h ();                                        D in Prog. 8–2).
    e.g ();

    // e.h ();                                          Der Auruf von g wird erst lokal im
    // wäre unzulässig, da diese                         Objekt e dann in dem zugeordne-
    // Methode h nur innerhalb des                      ten D-Objekt ausgeführt.
    // Pakets abc verfuegbar ist.
  }                                                     Dieser Aufruf ist nicht erlaubt, da
}                                                       die Methode h nicht public ist.
```

Abb. 8–3 *Verwendung der Klassen* E *und* D *außerhalb des Pakets* abc

```
Hallo!
Test von Klasse D.
Ein Objekt der Klasse D wurde erzeugt.
g aufgerufen in einem Objekt der Klasse D.
Ein Objekt der Klasse D wurde erzeugt.
Ein Objekt der Klasse E wurde erzeugt.
h aufgerufen in einem Objekt der Klasse E.
g aufgerufen in einem Objekt der Klasse E.
g aufgerufen in einem Objekt der Klasse D.
```

Abb. 8–4 *Ausgabe des Programms aus Abb. 8–3*

Die Namensgebung für Pakete ist nicht „flach". Vielmehr kann ein Paket andere Pakete enthalten. Dies wird durch Strukturierung der Bezeichner für Pakete zum Ausdruck gebracht, wie dies bereits an der einen oder anderen Stelle angedeutet wurde – beispielsweise in dem Paket `java.util` für die Definition des Interfaces `Enumeration`. In einem solchen Falle besteht ein Paket-Bezeichner aus mehreren einfachen Namen, die durch Punkte getrennt sind. Der erste Name benennt das umfassende Paket, der zweite ein darin angeordnetes Paket, der (evtl. vorhandene) dritte ein im zweitgenannten Paket enthaltenes Paket usw. Ein Beispiel aus der Java-Bibliothek wäre:

```
java.awt.image
```

Zu einer hierarchischen Struktur der Pakete gehört in der Regel eine entsprechende Struktur der Dateiverzeichnisse, in denen die betreffenden Dateien mit Klassendefinitionen stehen. Die Regelungen, wie die Verzeichnisse anzuordnen sind, sind aber nicht Bestandteil der Programmiersprache Java, sondern hängen von der Umgebung zur Programmentwicklung ab. Bezüglich weitere Details sei auf die Dokumentation des verwendeten Entwicklungssystems verwiesen.

Zugriffsrechte

Wie bereits mehrfach erwähnt, sind Wechselwirkungen zwischen Klassendefinitionen manchmal nicht leicht zu überschauen. Daher wurde in Java und manchen anderen Sprachen ein Instrument geschaffen, das es dem Programmierer ermöglicht, Zugriffe auf Bezeichner gezielt zu erlauben oder zu verbieten. Durch das Voranstellen bestimmter Attribute vor eine Definition kann festgelegt werden, ob die Definition in globalerem Kontext verwendet werden darf oder auf lokale Benutzung beschränkt bleibt.

Vor allem im Zusammenhang mit Paketen kann eine solche Steuerung der Zugriffsrechte zur Klarheit der Programmstruktur beitragen. Daher werden die Zugriffsrechte in diesem Abschnitt erläutert, der dem Paketkonzept gewidmet ist. Die Attribute, welche die Zugriffsrechte bestimmen, können aber in gleicher Weise auch unabhängig von Paketen vor Definitionen von Variablen, Methoden oder Klassen gesetzt werden.

Es gibt folgende Möglichkeiten, die Zugriffsrechte auf Bezeichner festzulegen:

❑ **public** erklärt eine Definitionen als „öffentlich". Man kann von überall her auf sie zugreifen. Die Eigenschaft der Öffentlichkeit wird bei Erweiterung der betreffenden Klasse vererbt: Öffentliche Definitionen sind auch in einer Unterklasse öffentlich. Selbst wenn in einer Unterklasse eine solche Definition überschrieben wird, darf dies nur durch eine Definition erfolgen, die wiederum öffentlich ist.

❏ **private** drückt das Gegenteil von „öffentlich" aus: Auf eine Definition, der das Attribut private vorangestellt wird, darf nur in der Klasse zugegriffen werden, in der die Definition erfolgt. Sie steht damit der definierenden Klasse exklusiv zur Verfügung. In einer Unterklasse ist die Definition dagegen nicht bekannt. Natürlich kann der Name einer mit private attributierten Definition in einer Unterklasse verwendet werden, aber dann handelt es sich um eine neue Definition in der Unterklasse, nicht um eine Überschreibung oder Überladung des private-Bezeichners aus der Oberklasse.

❏ **protected** ist ein Attribut, dessen Bedeutung quasi zwischen public und private liegt. Auf eine Definition, der das Attribut protected vorangestellt wird, kann von Programmstellen aus zugegriffen werden, die
• in der Klasse liegen, in welcher die Definition steht,
• in Unterklassen davon oder
• in dem Paket, das die Definition enthält.
An anderen Stellen ist der Zugriff nicht gestattet. Die genannte Regel wirkt sich wie folgt aus: Innerhalb des zugehörigen Pakets kann auf eine mit protected attributierte Definition zugegriffen werden. Außerhalb des Pakets ist der Zugriff nur in einer Unterklasse erlaubt, welche die Klasse mit der protected-Definition erweitert – jedoch nur innerhalb der Definition dieser Unterklasse. Werden Objekte der Unterklasse per Parameter an eine Methode übergeben, so kann in deren Rumpf auf die protected-Definitionen nicht zugegriffen werden! Mit dieser Regelung wird erreicht, dass nur die Programmteile, welche „im engen Zusammenhang" mit der protected-Definition stehen, das Zugriffsrecht besitzen. Vor dem Zugriff aus „fremden" Programmteilen ist die Definition dagegen geschützt.

Definitionen, die keines der obigen Attribute tragen, sind innerhalb eines Pakets zugreifbar.

Im Folgenden wird nochmals das Listenbeispiel aus Kapitel 7 bemüht, um die Verwendung der Zugriffsrechte zu erläutern. Hinsichtlich des Schutzes vor unerlaubten Zugriffen gilt: Die interne Struktur der lokalen Klasse ListenElement soll in dem Paket verborgen bleiben, wo die Listenklassen definiert sind. Nur die „Leistungen" der verschiedenen Listen (einfache bzw. sortierte Liste) sollen durch Attributierung mittels public von außen zugänglich sein.

In Abb. 8–5 wird eine Übersicht über die Dateien gegeben, die Listenklassen und -Interfaces enthalten. Die Definitionen im Paket Listen unterscheiden sich von denen aus Abschnitt 7.4 im Wesentlichen nur dadurch, dass in der jeweiligen Datei zusätzlich die package-Anweisung zu finden ist. An den Methodenrümpfen ist mit Ausnahme der Zugriffsrechte nichts zu ändern. Durch die Festlegung von Zugriffsrechten wird erreicht, dass die internen Strukturen zur Ver-waltung der Listen nur innerhalb des Pakets Listen benutzbar sind.

Paket Listen

Interfaces der Klassenimplementierungen
Liste_I.java
SortierteListe_I.java

Interfaces der Elementklassen
Element.java
ElementKG.java

Klassenimplementierungen des Pakets Listen
Liste.java
SortierteListe.java

Benutzung des Pakets Listen
BruchListe.java

Abb. 8–5 *Links: sechs Dateien des* Listen*-Pakets, gegliedert in drei Gruppen zu je zwei Dateien, rechts: Datei des Programms, das eine Liste benutzt*

Zunächst die verschiedenen Interfaces (siehe Programm 8–4 bis 8–7): In die Interfaces, welche die Anforderungen an die Elemente einer einfachen bzw. sortier-

```
package Listen;

public interface Element
{ boolean gleich (Element zuvergleichen);
}
```
Prog. 8–4 *Interface* Element *innerhalb des Pakets* Listen

```
package Listen;

public interface ElementKG extends Element
{ boolean kleinerGleich (ElementKG zuvergleichen);
}
```
Prog. 8–5 *Interface* ElementKG *innerhalb des Pakets* Listen

```
package Listen;

interface Liste_I
{ void fuege_ein (Element k);
  boolean leer ();
  java.util.Enumeration dieElemente ();
  Element finde (Element z);
}
```
Prog. 8–6 *Interface* Liste_I *innerhalb des Pakets* Listen

```
package Listen;

interface SortierteListe_I
{ void fuege_ein (ElementKG k);
  boolean leer ();
  java.util.Enumeration dieElemente ();
  ElementKG finde (ElementKG z);
}
```
Prog. 8–7 *Interface* SortierteListe_I *innerhalb des Pakets* Listen

ten Liste definieren (Programm 8–4, 8–5), sowie den Interfaces, welche die Listen insgesamt festlegen (Programm 8–6, 8–7), sind nur je eine package-Anweisung eingefügt worden.

In den beiden Klassen (Programm 8–8 bzw. 8–9), welche die zwei letztgenannten Interfaces implementieren, wird jetzt der Unterschied zu den Definitio-

```java
package Listen;

public class Liste implements Liste_I
{
  class ListenElement
  { Element Info;  ListenElement naechstes;

    ListenElement(Element Info)
    {this(Info,null);}

    ListenElement (Element Info, ListenElement naechstes)
    { this.Info = Info;  this.naechstes = naechstes;
    }
  }

  ListenElement erstes;

  public Liste ()
  { erstes = null;
  }

  public void fuege_ein (Element k)
  { erstes = new ListenElement (k, erstes);
  }

  public java.util.Enumeration dieElemente ()
  { return new java.util.Enumeration ()
    { ListenElement laufendes = erstes;

      public boolean hasMoreElements ()
      { return laufendes != null;
      }

      public Object nextElement ()
      { if (hasMoreElements ())
        { Element h = laufendes.Info;  laufendes = laufendes.naechstes;
          return h;
        }
        else  return null;
      }
    };
  }

  public Element finde (Element zufinden)
  { if (zufinden != null)
    { java.util.Enumeration alleElemente = dieElemente ();
      Element dasElement;
      while (alleElemente.hasMoreElements ())
      { dasElement = (Element) alleElemente.nextElement ();
        if (dasElement != null)
        { if (dasElement.gleich (zufinden))  return dasElement;
        }
        else  return null;
      }
    }
    return null;
  }

  public boolean leer ()
  { return erstes == null;
  }
}
```

Prog. 8–8 *Klasse* Liste *implementiert das Interface* Liste_I *im Paket* Listen

```
package Listen;

public class SortierteListe implements SortierteListe_I
{
  Liste dieListe;

  public  SortierteListe ()
  { dieListe = new Liste();
  }

  public void fuege_ein (ElementKG k)
  { if (dieListe.leer ())
       dieListe.fuege_ein (k);
    else
    { Liste.ListenElement hh = dieListe.erstes;
      if (k.kleinerGleich ( (ElementKG) hh.Info))
      { Liste.ListenElement h = dieListe.new ListenElement (k);
        h.naechstes = dieListe.erstes;  dieListe.erstes = h;
      }
      else
      { boolean fertig = false;
        while ( ! fertig)
        { if (hh.naechstes == null)
          { fertig = true;
            hh.naechstes = dieListe.new ListenElement (k);
            hh.naechstes.naechstes = null;
          }
          else if (k.kleinerGleich ( (ElementKG) hh.naechstes.Info))
          { Liste.ListenElement hhh = dieListe.new ListenElement (k);
            hhh.naechstes = hh.naechstes;
            hh.naechstes = hhh;  fertig = true;
          }
          else
             hh= hh.naechstes;
        }
      }
    }
  }

  public boolean leer ()
  { return dieListe.leer ();
  }

  public java.util.Enumeration dieElemente ()
  { return dieListe.dieElemente();
  }

  public ElementKG finde (ElementKG zufinden)
  { return (ElementKG) dieListe.finde (zufinden);
  }
}
```

***Prog. 8–9** Klasse* `SortierteListe` *implementiert das Interface* `SortierteListe_I` *im Paket* `Listen`

nen aus Abschnitt 7.4 deutlich. Alle Definitionen, die auch außerhalb des Pakets `Listen` zugänglich sein sollen, sind mit dem Zusatz `public` versehen. Die internen Strukturen der Klasse `ListenElement` sind dagegen nur innerhalb der Klassendefinitionen des Pakets verfügbar, außerhalb jedoch nicht. So kann im Rumpf der Methode `fuege_ein` der Klasse `SortierteListe` auf die interne Struktur der Liste Einfluss genommen werden, was für das Einfügen von neuen Elementen auch notwendig ist. Von außerhalb des Pakets kann auf diese Struktur aber nicht zugegriffen werden. Man beachte, dass nach wie vor gewährleistet ist, dass bei der

Definition der sortierten Liste die Definitionen der einfachen Liste benutzt werden können.

Zum Abschluss sei noch die Benutzung der sortierten Liste zur Verwaltung von Brüchen angegeben (Prog. 8–10). Hier liegt die Änderung gegenüber der Version aus Abschnitt 7.4 darin, dass die einleitende import-Anweisung die öffentlichen Definitionen des Pakets Listen bekannt macht.

```
// BruchListe

import Listen.*;

public class BruchListe
{
  public static void main (String unbenutzt [])
  { System.out.println ("Hier ist das Programm zur Verwaltung von Brüchen.");
    Liste Brueche = new Liste();
    Bruch rat = new Bruch (10, 12), r;
    java.util.Enumeration dieBrueche;

    for (int i = 1; i <= 5; i++)
      Brueche.fuege_ein (new Bruch (i, i + 1));
    System.out.println ("Die Liste enthaelt die folgenden Brüche:");
    dieBrueche = Brueche.dieElemente ();

    while (dieBrueche.hasMoreElements ())
    { r = (Bruch) dieBrueche.nextElement (),
      System.out.print (r + " ");
    }
    System.out.print("\n und der Bruch " + rat +" ist in der Liste");
    if (Brueche.finde (rat) != null)  System.out.print (" vorhanden.");
    else                              System.out.print (" nicht vorhanden.");

    SortierteListe Reihe = new SortierteListe ();

    System.out.println ("Nun werden sortierte Listen verwendet.");

    for (int i = 1; i <= 5; i++)
      Reihe.fuege_ein (new Bruch_le (i, i + 1));

    dieBrueche = Reihe.dieElemente ();

    while (dieBrueche.hasMoreElements ())
    { r = (Bruch_le) dieBrueche.nextElement ();
      System.out.print (r + " ");
    }

    Reihe.fuege_ein (new Bruch_le ( 1,  4));
    Reihe.fuege_ein (new Bruch_le ( 5,  8));
    Reihe.fuege_ein (new Bruch_le ( 5,  6));
    Reihe.fuege_ein (new Bruch_le ( 7,  8));
    Reihe.fuege_ein (new Bruch_le (11, 12));

    dieBrueche = Reihe.dieElemente ();

    while (dieBrueche.hasMoreElements ())
    { r = (Bruch_le) dieBrueche.nextElement ();
      System.out.print (r + " ");
    }
  }
}
```

Prog. 8–10 *Fragment der Klasse* BruchListe, *welches das Paket* Listen *importiert*

(verwendet Bruch *aus Prog. 7–14 und* Bruch_le *aus Prog. 7–22 in unveränderter Form)*

Insgesamt ist festzuhalten, dass der Paketmechanismus die Zusammenfassung verschiedener Klassen- und Interface-Definitionen zu einer Einheit ermöglicht. Darüber hinaus erlaubt die Vergabe von Zugriffsrechten eine Einkapselung von internen Strukturen. Außerdem werden je nach Striktheit der verwendeten Java-Compiler noch weitere Eigenschaften überprüft. So ist es aus Gründen der Übersichtlichkeit wünschenswert, in einer Datei höchstens eine `public`-Klasse zu definieren. Laut Sprachdefinition von Java [2] ist dies eine geforderte Eigenschaft, die allerdings nicht von allen Java-Compilern erzwungen wird.

8.2 Ausnahmen

In diesem Abschnitt wird skizziert, wie Ausnahmebedingungen während der Programmausführung behandelt werden können. Eine Ausnahme tritt immer dann auf, wenn eine semantische Regel bei der Ausführung verletzt wird, beispielsweise durch den Zugriff auf ein Array-Element `a [i]` mit negativem Index `i`. In einigen Situationen dieser Art kann auf das Auftreten einer solchen Ausnahme im Programm sinnvoll reagiert werden.

Ausnahmen sind stets durch das unerwartete Auftreten eines Fehlerereignisses charakterisiert, von dem ein Programm eigentlich verschont bleiben sollte. Aber welches Programm ist schon korrekt? Leicht können sich Fehler einschleichen, die zu Ausnahmen führen wie z.B. Division durch 0, fehlende Zugriffsberechtigung auf ein Objekt, versuchte Benutzung einer Objektvariable über einen Verweis, der `null` ist, Überschreitung des Indexbereichs eines Arrays usw. Aber auch äußere Ursachen können zu Ausnahmen führen, etwa ein Fehler beim Lesen aus einer Datei, das Zusammenbrechen einer benutzten Kommunikationsverbindung, das Fehlschlagen einer Speicheranforderung wegen zu kleinen Arbeitsspeichers oder ein (sehr selten auftretender) Hardwarefehler im Prozessor oder Arbeitsspeicher.

Manche Ausnahmen könnte man mit den bisher bekannten, üblichen Sprachmitteln „abfangen", d.h. erkennen und behandeln. Wenn ein eindimensionales `float`-Array durch `a = new float [15];` erzeugt wurde, könnte vor jedem Array-Zugriff eine Index-Überprüfung stehen:

```
if (0 <= i && i < 15)  … a [i] … // Array-Zugriff
else                   …          // Fehlerbehandlung
```

Der `else`-Zweig behandelt die Ausnahmesituation, die durch einen unzulässigen Index `i` hervorgerufen wird. Mit welchen Aktionen man sinnvollerweise auf einen unzulässigen Index reagiert, lässt sich nicht allgemein, sondern nur programmabhängig festlegen. Die Kreativität des Programmierers ist hier gefragt. In manchen Programmen mag im Ausnahmefall aus anderen Variablen ein Näherungswert für `a [i]` zu bestimmen sein, so dass die Berechnung noch recht und schlecht zum Ziel kommt. In einem anderen Programm bleibt vielleicht nur die Möglichkeit, eine Fehlermeldung auszugeben.

Das beschriebene Abfangen von Ausnahmen ist weniger zu empfehlen, weil es zwei grundlegende Probleme aufwirft:

❏ Jeder (!) möglichen Fehlerstelle eine „Abfang-Abfrage" voran- und ein Programmstück zur Ausnahmebehandlung nachzustellen, vergrößert den Programmieraufwand enorm. Ein Programm kann dabei auf mehrfache Länge anwachsen.

❏ Nicht immer ist die „Abfang-Abfrage" leicht zu formulieren. Es besteht sogar die Gefahr, dass in dieser Abfrage genau der Fehler auftritt, den man eigentlich abfangen möchte. Dazu ein Beispiel: Bekanntermaßen führt eine Multiplikation von `int`-Zahlen x und y zu einem Überlauf, wenn das Produkt $x \cdot y$ den Zahlenbereich überschreitet (hier sei $x > 0$ und $y > 0$). Um dieses unerwünschte Verhalten abzufangen, müsste man sinngemäß `if (x*y <= größte_darstellbare_Zahl)` abfragen, was aber genau in das beschriebene Dilemma führt. Nur kompliziertere Abfragen, die z.B. die Faktoren stellenweise analysieren oder Logarithmen benutzen, leisten das Gewünschte.

Eine Programmiersprache soll daher Mittel zur Behandlung von Ausnahmen anbieten, die geeigneter als die beschriebenen „Abfang-Methoden" sind. Java und einige andere Sprachen enthalten ein Konzept zur *Ausnahmebehandlung* (engl. *exception handling*), das sich an den folgenden Prinzipen orientiert:

❏ Auf die „Abfang-Abfrage" wird verzichtet. Stattdessen meldet das Laufzeitsystem während der Programmausführung entstehende Ausnahmen automatisch. Wo sonst die Ausführung mit Fehlermeldung abgebrochen worden wäre, wird hier eine Ausnahme erzeugt, die in einem eigens dafür vorgesehenen Programmstück, dem *Ausnahmebehandler* (engl. *exception handler*), bearbeitet wird.

❏ Es muss nicht für jede Fehlerstelle einen eigenen Ausnahmebehandler geben. Für einen in geschweifte Klammern eingefassten Block genügt ein einziger. Dieser ist für jede Fehlerstelle im Block zuständig. Wenn etwa in einem Block 30 Programmstellen mit Array-Zugriffen vorkommen, dann gilt für jede dieser Stellen, dass bei fehlerhaftem Array-Zugriff sofort in den Ausnahmebehandler gesprungen wird, der dem Block nachgestellt ist. Der in geschweifte Klammern eingefasste Block wird *Normalblock* genannt, weil er die Anweisungen der normalen, nicht fehlerbehandelnden Programmausführung enthält.

❏ Für verschiedene Ausnahmearten kann je ein eigener Ausnahmebehandler bereitgestellt werden – beispielsweise einer für die Überschreitung des Indexbereichs von Arrays, ein anderer für Division durch 0, ein dritter für die versuchte Benutzung einer Objektvariable über einen `null`-Verweis.

Das grundlegende Sprachkonstrukt zur Ausnahmebehandlung in Java ist die so genannte `try-catch`-Anweisung, die folgendermaßen als Pseudoprogramm skizziert werden kann:

```
try { ... Normalblock ...
    }
catch (Ausnahme-Art 1)
    { ... Ausnahmebehandler für Ausnahme-Art 1 ...
    }
catch (Ausnahme-Art 2)
    { ... Ausnahmebehandler für Ausnahme-Art 2 ...
    }
...
catch (Ausnahme-Art n)
    { ... Ausnahmebehandler für Ausnahme-Art n ...
    }
```

Die Behandlung einer aufgetretenen Ausnahme erfolgt immer durch sofortiges Verlassen des Normalblocks und Verzweigen in den entsprechenden Ausnahmebehandler. Daraus ergeben sich besondere Schwierigkeiten bei der Konstruktion und Analyse von Programmen, in denen Ausnahmen bearbeitet werden. Neben dem normalen Programmablauf (in der Regel schon kompliziert genug) muss dafür gesorgt werden, dass auch bei einer möglichen Ausnahmebehandlung die korrekte Funktion erbracht wird. Da von vielen verschiedenen Programmstellen aus zu ein und demselben Ausnahmebehandler gesprungen werden kann, wenn eine Ausnahme auftritt, ist die Programmierung eines Ausnahmebehandlers oftmals vertrackt. Man soll ein Programmstück schreiben, das auf viele verschiedene Fehlerstellen passt.

Manchmal hilft es, wenn im Normalblock Informationen bereitgestellt werden, auf die der Ausnahmebehandler zugreifen kann. Beispielsweise kann ein eingegebener String, der im Zuge der Analyse modifiziert wird, vor seiner Veränderung in eine andere String-Variable kopiert werden, so dass der Ausnahmebehandler ggf. auf die ursprünglich eingegebene Information zurückgreifen kann. Eine solche vorbeugende Maßnahme macht allerdings den Normalblock komplizierter und sollte daher zurückhaltend verwendet werden.

Das Hauptproblem der Ausnahmebehandlung ist jedoch die begrenzte Fähigkeit des Menschen, potenzielle Fehler vorherzusehen. Fehler können in völlig unerwarteter Weise auftreten. Sinnvolle Ausnahmebehandler zu schreiben gelingt aber meist nur für die Fehlerfälle, die man sich auf Grund der Erfahrung im Umgang mit Programmen einigermaßen konkret vorstellen kann.

Die genannten Schwierigkeiten können dazu führen, dass das Programmverhalten in den verschiedenen Ausnahmesituationen schwierig zu durchschauen ist. Aus diesem Grunde sollte die Gestaltung der Ausnahmebehandler besonders gut überlegt werden. Die Sprachkonstrukte zur Ausnahmebehandlung sind in Java so gewählt worden, dass sich Erkennung und Behandlung von Ausnahmen gut strukturieren lassen, was immerhin die Übersicht verbessert.

In Java ist eine Ausnahme letztlich ein Objekt, das aus einer Unterklasse der Klasse `Throwable` erzeugt wird. Die Unterklasse repräsentiert die jeweilige Art der Ausnahme; `Throwable` fasst gemeinsame Eigenschaften von Ausnahmen zusammen. Insbesondere enthält `Throwable` die Methode `getMessage`, die einen String mit einer verbalen Fehlerbeschreibung liefert. Die Klasse `Throwable` und zahlreiche Unterklassen sind im Java-System definiert und können in einem Programm unmittelbar benutzt werden. Ausnahme-Objekte müssen nicht explizit durch `new` erzeugt werden. Sie entstehen vielmehr implizit, wenn eine Ausnahme auftritt.

Im Folgenden werden einige Unterklassen von `Throwable` beispielhaft genannt. Für eine vollständige Liste und eine ausführlichere Diskussion der Möglichkeiten zur Ausnahmebehandlung sei auf [1] und [2] verwiesen.

`IOException`	Fehler in der Eingabe oder Ausgabe (wurde schon in Prog. 2–3 berücksichtigt)
`ArithmeticException`	verschiedene arithmetische Fehler, z.B. Wurzel einer negativen Zahl, ganzzahlige Division durch 0
`ArrayIndexOutOfBoundsException`	Überschreitung des Indexbereichs eines Arrays
`StringIndexOutOfBoundsException`	versuchter Zugriff auf Zeichen n eines Strings der Länge m, wobei $n < 0$ oder $n \geq m$
`NumberFormatException`	Versuch, einen String in eine Zahl umzuwandeln (z.B. mittels `parseInt`), der keine gültige Zahl enthält
`NullPointerException`	versuchte Benutzung einer Objektvariable über einen Verweis, der `null` ist
`IllegalAccessException`	Versuch eines Zugriffs auf eine Klasse oder Methode ohne Zugriffsberechtigung

Mit dem Wissen, dass Ausnahmen programmtechnisch durch Objekte dargestellt werden, lässt sich eine `try-catch`-Anweisung konkreter formulieren. Wie in Abb. 8–6 angedeutet, „fängt" ein `catch`-Zweig ein aufgetretenes Ausnahme-Objekt, indem er es so aufnimmt, wie eine Methode aktuelle Parameter aufnimmt. Daher stehen in den runden Klammern der Datentyp der Ausnahme (dies ist der Name der Unterklasse, welche die Ausnahme-Art bezeichnet) und der formale Parameter mit frei wählbarem Namen. Der formale Parameter verweist auf das erzeugte Ausnahme-Objekt, das aus einer Erweiterung von `Throwable` hervorgegangen ist.

```
try { ... // Normalblock        ◄───────────── Block von Anweisungen, die potenziell eine
    }                                           Ausnahme erzeugen können
catch (AusnahmeArt1 Parameter1)
    { ... // Ausnahmebehandler 1 ◄────── Behandlung von Ausnahmen vom Typ
    }                                    AusnahmeArt1
catch (AusnahmeArt2 Parameter2)
    { ... // Ausnahmebehandler 2 ◄────── Behandlung von Ausnahmen vom Typ
    }                                    AusnahmeArt2
```

Abb. 8–6 *Struktur der* try-catch*-Anweisung*

Auf dieses Objekt kann dann der Ausnahmebehandler zugreifen, um den aufgetretenen Fehler zu analysieren und darauf zu reagieren. Ebenso kann er die Variablen aus dem Block benutzen, die den try-catch-Block umgibt. Die Inhalte der Variablen, die der Normalblock benutzt hat, kann der Ausnahmebehandler möglicherweise nutzen, um eine Maßnahme gegen den aufgetretenen Fehler zu ergreifen. Im Normalblock lokal vereinbarte Variablen bleiben dem Ausnahmebehandler jedoch verschlossen.

Wenn der Ausnahmebehandler terminiert, endet damit auch die gesamte try-catch-Anweisung. Es wird also nicht in den Normalblock zurückgesprungen, weil dies zu einer unübersichtlichen Programmstruktur führen würde, die das Verständnis der Programmausführung zusätzlich erschwert. Der Ausnahmebehandler muss daher nicht nur auf den Fehler selbst reagieren, sondern auch die noch ausstehende Arbeit des Normalblocks zu Ende bringen.

In Kapitel 2 wurde in der Methode Eingabe (siehe Prog. 2–3) bereits ein Ausnahmebehandler für java.io.IOException angegeben. Allerdings ist der Ausnahmebehandler leer und unternimmt bei Auftreten eines Eingabefehlers nichts. Sollte er einfach nur anzeigen, dass ein Eingabefehler aufgetreten ist, so könnte diese Information mit Hilfe der Methode println ausgegeben (und in der weiteren Programmausführung ignoriert) werden, wie in Prog. 8–11 dargestellt. Man beachte, dass ....println (e) die Ausnahme e als String ausgibt, weil dabei implizit die Methode toString im Ausnahme-Objekt aufgerufen wird. Sollte die Eingabe entgegen der Erwartung keine Zahl enthalten, so schlägt parseInt fehl. Für diesen Fall ist der Ausnahmebehandler für NumberFormatException zuständig. Hier wird angenommen, dass er die Ersatzeingabe 0 liefern soll.

Ein weiteres Beispiel zeigt die Verwendung der NullPointerException, die erzeugt wird, wenn über eine Verweisvariable auf eine Objektvariable zugegriffen werden soll, die Verweisvariable aber den Inhalt null besitzt, also gar nicht auf ein Objekt zeigt. Das Beispiel in Prog. 8–12 soll in einer Liste das erste Auftreten von zwei aufeinanderfolgenden Elementen melden, in die gleiche Zahlen eingetragen sind. Die Liste sei wie in Prog. 4–5 bis 4–7 definiert. Das Programm ist nicht korrekt, weil evtl. versucht wird, das letzte Element mit seinem Nachfol-

```
static int Eingabe ()
{ String s = "";  int i;
  try { s = new java.io.DataInputStream (System.in).readLine ();
        i = java.lang.Integer.parseInt (s);
      }
  catch (java.io.IOException e)
      { System.out.println (e);
      }
  catch (java.lang.NumberFormatException e)
      { System.out.println ("Keine ganze Zahl: " + e.getMessage ());
        i = 0;
      }
  return i;
}
```

Prog. 8–11 *Methode* Eingabe *mit einfacher Ausnahmebehandlung*

ger zu vergleichen – den es natürlich nicht gibt. Die in diesem Fall erzeugte Ausnahme NullPointerException führt zu einem Ausnahmebehandler, der die Situation korrekt rettet, indem er meldet: "Keine gleichen Zahlen in benachbarten Elementen." Erkannte Programmierfehler soll man natürlich verbessern und nicht durch einen Ausnahmebehandler „reparieren". In großen Programmen sind aber Programmierfehler fast unvermeidbar, so dass es sich empfiehlt, Ausnahmebehandler für nicht erwartungsgemäßes Programmverhalten bereitzustellen.

```
  … // Liste wie in Prog. 4-6 bis 4-7 definiert.

public class Haupt
{
  public static void main (String [] unbenutzt)
  { Liste L = new Liste ();
     … // Anweisungen zum Aufbau der Liste.
    System.out.println (pruefeNachbarn (L));
  }

  static String pruefeNachbarn (Liste L)
  { try { Element x = L.Kopf;
          while (x != null)
          { if (x.Zahl == x.Nf.Zahl)  return "Benachbart: " + x.Zahl;
            x = x.Nf;
          }
          return "Keine gleichen Zahlen in benachbarten Elementen.";
        }
    catch (NullPointerException leererVerweis)
        { return "Keine gleichen Zahlen in benachbarten Elementen.";
        }
  }
}
```

Prog. 8–12 *Verwendung der* NullPointerException

Kehren wir noch einmal zurück zum vorangehenden Beispiel. Die Ausnahmebehandlung in Prog. 8–11 ist gewagt. Eine Fehleingabe durch 0 zu ersetzen mag manchen speziellen Anwendungen gerecht werden, den meisten jedoch nicht. Eigentlich sollte nicht im Ausnahmebehandler, sondern in dem Programmstück, das die Methode Eingabe aufruft, entschieden werden, ob und ggf. mit welchen Ersatzwerten weitergearbeitet wird. Dies führt zu der Erkenntnis, dass manche Ausnahmen eher lokal, andere aber besser in einem globaleren Kontext behandelt werden. Daraus ergibt sich das Problem, Ausnahmen über try-catch-Anweisungen und sogar Methoden hinaus zur Behandlung weiterzugeben.

Wenn eine Ausnahme A in einem Normalblock auftritt und dort ein Ausnahmebehandler für A vorhanden ist, wird sofort zu diesem gesprungen. Andernfalls, d.h. wenn

- ❏ die Ausnahme A außerhalb eines Normalblocks auftritt oder
- ❏ A in einem Normalblock auftritt, dem nur Ausnahmebehandler für andere Ausnahme-Arten als die von A zugeordnet sind,

wird die momentan ausgeführte Methode sofort beendet und es wird an der Aufrufstelle die Ausnahme A erzeugt. Mit anderen Worten: An der Stelle, zu der sonst return zurückgeführt hätte, entsteht die Ausnahme A. Hier wird rekursiv in gleicher Weise verfahren. Ausnahmen werden also entgegen der Aufrufrichtung von Methoden so lange „von innen nach außen" zurückgeleitet, bis ein passender Ausnahmebehandler gefunden wird. Abb. 8–7 veranschaulicht dies anhand eines Beispielprogramms. Sollte bis hin zu der „äußersten" Methode main kein passender Ausnahmebehandler zur Verfügung stehen, tritt das Laufzeitsystem in Aktion. Es meldet die Ausnahme sowie die zuletzt aufgerufenen Methoden und bricht dann die Ausführung des Programms ab.

Ausnahme-Objekte können nicht nur vom Laufzeitsystem erzeugt werden. Ein Programm kann sich das Konzept zur Ausnahmebehandlung auch zu eigen machen und selbst Ausnahmen definieren, erzeugen und behandeln. Auf diese Weise können anwendungsbezogene Fehlerarten festgelegt werden. In einem Programm zur Bearbeitung von zyklenfreien Graphen kann, falls unerwartet ein Zyklus festgestellt wird, eine Ausnahme erzeugt werden, die ZyklusAusnahme heißen mag.

Zur Definition einer Ausnahme ist der übliche Erweiterungsmechanismus zu benutzen, um eine Unterklasse von Throwable zu vereinbaren. Die Erzeugung eines Ausnahme-Objekts im Fehlerfall erfolgt wie üblich durch new. Eine throw-Anweisung sorgt dafür, dass das erzeugte Ausnahme-Objekt automatisch der Suche nach einem passenden Ausnahmebehandler unterzogen wird. In einer throw-Anweisung folgt auf das Schlüsselwort throw ein Verweis auf ein Ausnahme-Objekt – etwa in der Form: throw new ZyklusAusnahme ();

Als einfaches Beispiel zeigt Prog. 8–13 eine Ausnahme-Art ungerade, die in einem Programm definiert wird, das nur Listen mit gerader Elementanzahl verarbeiten

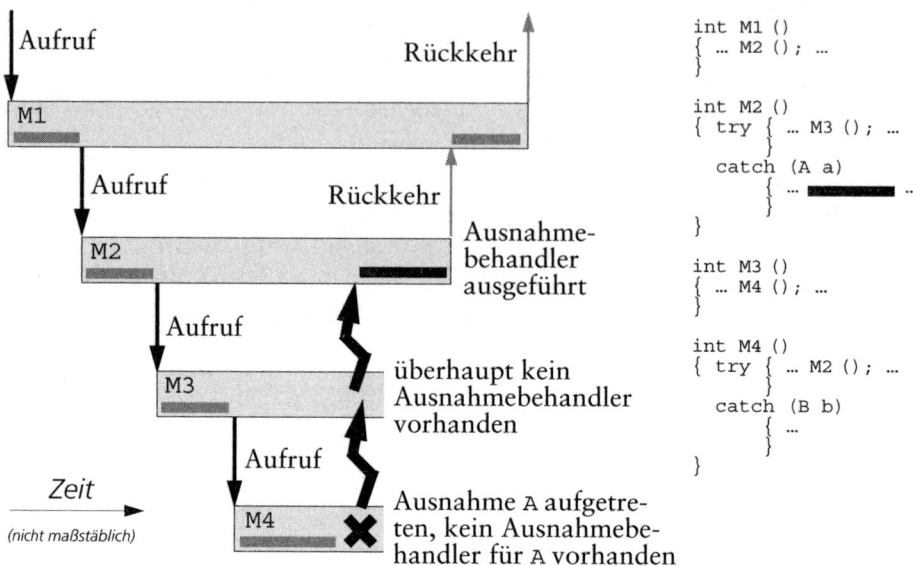

Abb. 8–7   *Weiterleitung einer Ausnahme* A, *die lokal nicht behandelbar ist*

soll. Der Ausnahmebehandler macht eine festgestellte ungerade Elementanzahl dadurch gerade, dass er ein zusätzliches Element mit Eintrag 0 an die Liste anhängt.

Wenn in einer Methode für eine bestimmte Ausnahme-Art kein Ausnahmebehandler realisiert ist, erkennt bereits der Compiler, dass eine ggf. entstehende Ausnahme an die Aufrufstelle der Methode weiterzuleiten ist (wie in Abb. 8–7 skizziert). Handelt es sich um eine mit throw explizit erzeugte Ausnahme (also nicht um eine vom Laufzeitsystem automatisch generierte Ausnahme wie z.B. ArithmeticException), dann wird verlangt, dass die Art der möglicherweise weiterzuleitenden Ausnahme im Methodenkopf angegeben wird. Dazu ist die Syntax eines Methodenkopfes gegenüber Abb. 3–11 (Seite 98) um eine throws-Liste zu erweitern. Aus Abb. 8–8 geht hervor, dass dort die Arten der möglicherweise weiterzuleitenden Ausnahmen aufzuführen sind, wobei jede Ausnahme durch die entsprechende Unterklasse von Throwable benannt wird.

Die throws-Liste könnte man als überflüssigen Ballast abtun, da der Compiler durch Analyse des Programms selbst feststellen kann, welche Ausnahmen ggf. weiterzuleiten sind. Der Zwang zur expliziten Angabe sorgt jedoch dafür, dass die Struktur der Ausnahmebehandlung klarer erkennbar ist. Wenn eine Ausnahme explizit erzeugt wird, dann wird sie auch explizit weitergeleitet. Damit wird die aufrufende Methode gezwungen, sich zu der Ausnahme ausdrücklich zu „äußern" – entweder durch die Bereitstellung eines passenden Ausnahmebehandlers oder durch die nochmalige Weiterleitung mittels ihrer throws-Liste. Für die

```
… // Liste wie in Prog. 4-6 bis 4-7 definiert.

class ungerade extends java.lang.Throwable
{ int Anzahl;

  ungerade (int Anzahl)
  { this.Anzahl = Anzahl;
    System.out.println ("Ungerade Elementanzahl " + Anzahl);
  }
}

public class Haupt
{
  public static void main (String [] unbenutzt)
  { Liste L = new Liste ();   int n;
    … // Anweisungen zum Aufbau der Liste.
    try { …
          n = … // Anzahl der Listenelemente.
          if (n % 2 == 1) throw new ungerade (n);
          …
        }
    catch (ungerade uAusnahme)
        { L.erzeuge_Fuss (0);   n = uAusnahme.Anzahl + 1;
        }
  }
}
```

Prog. 8–13 *Im Programm definierte Ausnahme* ungerade

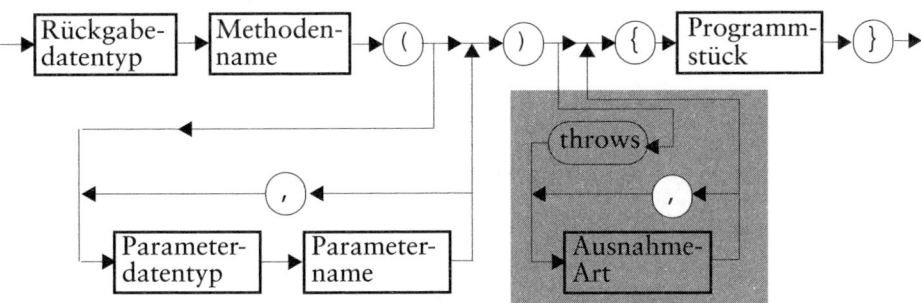

Abb. 8–8 *Syntax eines Methodenkopfs mit der* throws-*Liste (grau unterlegt)*

Programmierung einer Methode M2, die von einer Methode M1 aufgerufen wird, lässt sich dieser Zusammenhang in folgende Regeln fassen:

❑ Wenn M2 eine Methode M3 aufruft, in deren throws-Liste eine Ausnahme A auftritt, muss M2
  • entweder den M3-Aufruf in einen Normalblock einfassen, dem ein

Ausnahmebehandler für A zugeordnet ist,

- oder A in seiner throws-Liste angeben.

❑ Eine andere Ausnahme B *kann* M2 in seiner throws-Liste aufführen, muss es aber nicht.

- Wird B dort aufgeführt, so wird die M2 aufrufende Methode M1 zu einer Reaktion darauf gezwungen.
- Wird B dort nicht aufgeführt, so kann M1 auf B reagieren oder nicht.

Ein Beispiel zur Weiterleitung von Ausnahmen mittels throw ist in Prog. 8–14 skizziert. Die Methode M1 ruft M2 und diese wiederum M3 auf. Wenn letztere feststellt, dass eine bestehende Kommunikationsverbindung plötzlich zusammenbricht, erzeugt sie die Ausnahme ausgefallen, die über throws bis zu M1 weitergeleitet und dort behandelt wird.

```
class ausgefallen   extends java.lang.Throwable
{ …
}

class …
{ …

  void M1 ()
  { …
    try { … M2 () …
        }
    catch (ausgefallen a)
        { … // Ausnahmebehandler für ausgefallen.
        }
  }

  void M2 ()   throws ausgefallen
  { … M3 () …
  }

  void M3 ()   throws ausgefallen
  { …
    if ( … Leitung_tot … )   throw new ausgefallen ();
    …
  }
}
```

Prog. 8–14 *Mittels* throw *weitergeleitete Ausnahme* ausgefallen

Man beachte, dass auch etliche Methoden von Java-Bibliotheken Ausnahmen mit throws weiterleiten. Werden solche Bibliotheksmethoden aufgerufen, so muss an der Aufrufstelle darauf reagiert werden – mit der Bereitstellung eines entsprechenden Ausnahmebehandlers oder durch erneute Weiterleitung über die throws-Liste.

Mit dem Blick auf anwendungsbezogene Definitionen von Ausnahmen soll abschließend nochmals die generelle Frage aufgeworfen werden, welche Maßnahmen ein Ausnahmebehandler ergreifen soll. Eine allgemeine Empfehlung kann es dazu nicht geben. Je nach den Erfordernissen der Anwendung bieten sich unter anderem folgende Möglichkeiten an, wenn es nicht nur darum geht, einen Fehler zu melden, sondern das Programm wieder in einen vollständig oder annähernd fehlerfreien Zustand zurückzuführen:

❑ Wiederholung der Anweisungen, die zur Ausnahme geführt haben: Diese Strategie hilft beispielsweise beim temporären Verlust von Netzwerkverbindungen oder ähnlichen Situationen, wo sich die Ausnahme evtl. „von selbst" erledigt.

❑ Einschlagen eines alternativen Berechnungsweges: In manchen Situationen ergeben sich Fehler allein dadurch, dass vielleicht eine schnelle, aber etwas fehleranfällige Berechnungsmethode gewählt wurde. In einem solchen Fall kann eine allgemeinere und langsamere Methode gewählt werden, die weniger fehleranfällig ist.

❑ Eingrenzen des angerichteten Schadens: Falls eine schwerwiegende Ausnahmesituation gemeldet wird, kann oft nur noch versucht werden, das Schlimmste, wie z.B. umfassenden Datenverlust, zu verhindern. Dann kann die Ausnahmebehandlung dafür sorgen, dass z.B. wichtige Dateien ordentlich geschlossen werden sowie interne Informationen, die für ein Wiederaufsetzen des Programms nötig sind, gerettet werden, und abschließend das Programm mit einer aussagekräftigen Fehlermeldung beendet wird.

❑ Erzeugung einer anderen Ausnahme: Wenn ein Ausnahmebehandler nicht zum Ziel kommt, kann er mittels `throw` eine neue Ausnahme erzeugen, wenn die Chance besteht, dass diese in einem umfassenden Kontext behandelbar ist. In einem `catch`-Zweig steht in diesem Fall eine `throw`-Anweisung. So könnte eine Methode, die "Julember 47" als Datum interpretieren soll, eine Ausnahme `keinMonatsname` hervorrufen, mit der ihr Ausnahmebehandler nichts anzufangen weiß. Also erzeugt er eine Ausnahme `unbekanntesDatum`. Der Ausnahmebehandler einer Methode auf höherer Ebene kann `unbekanntesDatum` mit dem Wissen sinnvoll behandeln, dass bestimmte Ereignisse chronologisch geordnet sind. Also setzt er für das fragliche Datum den zeitlichen Mittelpunkt zwischen vorangehendem und nachfolgendem Ereignis als Schätzwert ein.

Von einer besonderen Art des „Missbrauchs" von Ausnahmen wird abgeraten: Anstatt mit normalen Verzweigungen (`if` oder `switch`) könnte man auch mittels `try-catch`- und `throw`-Anweisungen zu bearbeitende Fälle unterscheiden. Manchmal könnte das Programm dadurch sogar kürzer werden. Es ist aber in der Regel nur mit Schwierigkeiten zu durchschauen. Alle laut Spezifikation vorgesehenen Normalfälle sollten aus Gründen der klaren Programmstrukturierung mit normalen Anweisungen behandelt werden. Nur für die fehlerbedingten Ausnahmen sollen Ausnahmebehandler zuständig sein.

Als generelle Richtlinie sei nochmals betont, dass man Ausnahmen sehr strukturiert und systematisch verwenden sollte. Es ist sicher sinnvoll, anwendungsbezogene Ausnahme-Arten zu definieren. Man muss sich aber vor Augen halten, dass die Ausnahmebehandlung den normalen Ablauf der Ausführung von Anweisungen unterbricht und ihn an einer anderen Stelle fortführt, wodurch das Programmverständnis erschwert wird.

8.3 Threads

Nacheinander aufgeschriebene Anweisungen werden üblicherweise auch nacheinander, d.h. *sequentiell* ausgeführt. In besonderen Fällen ist es jedoch sinnvoll davon abzuweichen:

1. Wenn die Programmausführung auf mehrere Prozessoren verteilt werden soll, um eine Leistungssteigerung zu erzielen.
2. Um weitgehend unabhängige Vorgänge zu realisieren, die zeitlich (fast) beliebig ineinander greifen können.

Diese Ansätze gehen aus den folgenden Überlegungen hervor:

Wenn ein Rechensystem mehrere Prozessoren besitzt, könnte bei rein sequentieller Programmausführung nur einer von diesen arbeiten. Zur Steigerung der Rechenleistung (Punkt 1) kann ein Programm in so viele „parallele Anweisungsstränge" aufgeteilt werden, wie Prozessoren vorhanden sind, so dass alle Prozessoren gleichzeitig arbeiten können und die gesamte Ausführungsdauer des Programms dadurch sinkt. Ein solcher Anweisungsstrang wird *Thread* genannt (wörtlich übersetzt: Faden). Ein Thread besteht intern aus sequentiell auszuführenden Anweisungen. Die verschiedenen Threads sind aber *nebenläufig* zueinander. Sie können von Prozessoren parallel ausgeführt werden – jeder unabhängig vom anderen mit seiner eigenen Geschwindigkeit, solange nicht auf Daten oder bestimmte Ereignisse von Nachbar-Threads gewartet werden muss. Die Bildung der Threads erfolgt nicht automatisch durch den Compiler. Sie ist vielmehr bei der Programmierung von vornherein zu berücksichtigen – also eine Aufgabe des Programmierers.

Wenn in eine komplexe, langdauernde Berechnung wie die Simulation eines Verkehrssystems steuernde Eingriffe zu beliebigen Zeitpunkten möglich sein sollen (Punkt 2), ist es ebenfalls sinnvoll, das Programm in Threads zu zerlegen, selbst wenn nur *ein* Prozessor vorhanden ist. Andernfalls müsste in der Simulation an möglichst vielen Programmstellen abgefragt werden, ob momentan ein Eingriff vorliegt (etwa um einen Simulationsparameter zu ändern), was den Programmier- und Rechenaufwand stark erhöht. Günstiger ist die Aufteilung in einen Simulations- und einen Steuer-Thread, die nebenläufig auszuführen sind. Auf diese Weise werden zeitlich ineinander greifende Vorgänge programmtechnisch getrennt. Im Falle eines 1-Prozessor-Systems führt das Laufzeit- oder Betriebssystem die Threads *quasiparallel* aus. Genau genommen arbeiten die Threads dann zeitlich abwechselnd. Aus der Sicht des Programms erscheint dies aber nicht anders als eine echt parallele Ausführung auf einem 2-Prozessor-System. So kann einerseits dafür gesorgt werden, dass die Simulation ständig „im Hintergrund" ausgeführt wird und keine Leerlaufzeiten des Rechners entstehen. Zum anderen können die eher seltenen Eingriffe bei Bedarf schnell erfolgen, ohne die Berechnung der Simulation zu stören.

Grundsätzlich bedeutet Nebenläufigkeit, dass zu einem Zeitpunkt mehrere Threads existieren, deren Ausführung voranschreiten kann – aber nicht muss. Die tatsächliche Ausführung kann echt parallel oder quasiparallel erfolgen. In Java existieren Sprachkonstrukte und besondere Klassen, welche die Formulierung von nebenläufigen Threads erlauben. Die ggf. notwendige Verteilung von Threads auf Prozessoren ist hingegen keine Aufgabe des Programms, sondern des verwendeten Laufzeit- bzw. Betriebssystems. Anders ausgedrückt: Ein Programm legt fest, was nebenläufig *ausführbar* ist; auf der Maschine ist hingegen festzulegen, was parallel *ausgeführt* wird.

Die Eigenschaft der nebenläufigen Ausführbarkeit wird in der Klasse Thread zum Ausdruck gebracht. Folglich werden anwendungsspezifische Threads erstellt, indem man Unterklassen von Thread durch den üblichen Erweiterungsmechanismus bildet. Um die Ausführung eines Threads anzustoßen, muss die Methode start aus der Oberklasse Thread aufgerufen werden. Dies führt dazu, dass die public-Methode run der Oberklasse Thread nebenläufig zu den gestarteten run-Methoden anderer Threads ausgeführt wird. Um zu erreichen, dass ein Thread ein gewünschtes Programmstück ausführt, muss die Methode run in der Unterklasse entsprechend überschrieben werden. Mit anderen Worten: Die run-Methode der Unterklasse legt das Verhalten eines Threads fest. Natürlich kann die run-Methode weitere Methoden als Unterprogramme aufrufen. Wenn die run-Methode terminiert, endet die Ausführung des Threads.

Die soeben beschriebene Methode zur Bildung und Ausführung von Threads ist in Prog. 8–15 realisiert. Dort werden drei Exemplare eines Threads namens BspThread gebildet und in der Programmzeile

```
a.start ();   b.start ();   c.start ();
```

zur Ausführung gebracht. Jeder Thread führt eine Schleife aus, in deren Körper er jeweils eine Textzeile ausgibt und sodann die Methode yield der Oberklasse aufruft. Bei quasi-paralleler Ausführung bewirkt yield, dass der momentan ausgeführte Thread den Prozessor freigibt und ihn einem anderen Thread überlässt. Das Laufzeitsystem kann irgendeinen lauffähigen Thread als Nachfolger aussuchen.

```
class BspThread  extends java.lang.Thread
{ String Name;  int Anzahl;

  BspThread (String Name, int Anzahl)
  { this.Name = Name;  this.Anzahl = Anzahl;
  }

  public void run ()
  { for (int i = 1; i <= Anzahl; i++)
    { System.out.println (Name + " führt Schritt " + i + " aus.");
      yield ();
    }
  }
}


public class Haupt
{ public static void main (String [] unbenutzt)
  { BspThread a = new BspThread ("Anton", 3),
             b = new BspThread ("Berta", 2),
             c = new BspThread ("Cäsar", 5);
    a.start ();  b.start ();  c.start ();
    System.out.println ("Drei Threads gestartet.");
  }
}
```

Prog. 8–15 *Threads werden quasiparallel ausgeführt*

Belegt ein Thread den Prozessor zu lange, bevor er ihn durch `yield` oder auf andere Weise freigibt, kann das Laufzeitsystem die Thread-Ausführung unterbrechen, ihn vom Prozessor verdrängen und einen anderen Thread auf dem Prozessor ausführen. Zu einem späteren Zeitpunkt wird der verdrängte Thread ab der Programmstelle, an der er unterbrochen wurde, weiter auf dem Prozessor ausgeführt. Das Laufzeitsystem besitzt also Freiheiten zur Steuerung der quasiparallelen Thread-Ausführung, welche durch die Thread-Programmierung nicht vollständig beeinflusst werden können. Für die Abarbeitung von Threads ist das nicht schädlich, weil sie sich durch die abwechselnde Ausführung letztlich so verhalten, als würde man sie auf mehreren Prozessoren parallel ausführen.

Die Ausgabe von Prog. 8–15 in Abb. 8–9 zeigt, wie die quasiparallele Ausführung der drei Threads zeitlich ineinander greift. Die daneben stehende Darstellung veranschaulicht den abwechselnden Thread-Fortschritt grafisch. Man erkennt außerdem, dass nach dem Start der drei Threads auch das Hauptprogramm weiterläuft und die Meldung ausgibt: `"Drei Threads gestartet."` Tatsächlich erzeugt das Java-System neben den explizit programmierten Threads noch weitere, u.a. einen zur Ausführung von `main`.

Abb. 8–9 erweckt den Anschein, dass die Threads reihum stückweise ausgeführt werden – und zwar in der Reihenfolge `Anton`, `Berta`, `Cäsar`, `Anton`, `Berta`, `Cäsar` usw., soweit sie noch nicht terminiert sind. Diese regelmäßige Reihenfolge mag häufig auftreten. Jedoch besitzt das Laufzeitsystem auch die Freiheit davon abzuweichen. Wenn bei quasiparalleler Ausführung der Prozessor neu zu vergeben ist, kann

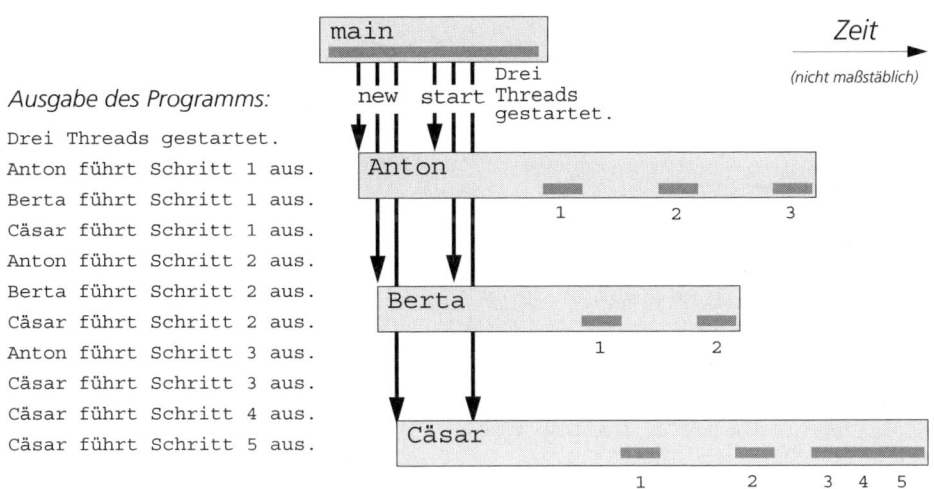

Ausgabe des Programms:

```
Drei Threads gestartet.
Anton führt Schritt 1 aus.
Berta führt Schritt 1 aus.
Cäsar führt Schritt 1 aus.
Anton führt Schritt 2 aus.
Berta führt Schritt 2 aus.
Cäsar führt Schritt 2 aus.
Anton führt Schritt 3 aus.
Cäsar führt Schritt 3 aus.
Cäsar führt Schritt 4 aus.
Cäsar führt Schritt 5 aus.
```

Abb. 8–9 *Ausgabe und Zeitverhalten der Threads von Prog. 8–15*

ihn im Prinzip jeder beliebige lauffähige Thread erhalten. Dies bedeutet, dass sich nebenläufige Threads *indeterministisch* verhalten können. Wird ein Programm mit Threads zweimal nacheinander ausgeführt, kann die Reihenfolge der Ausgabezeilen verschieden sein! Mehr noch: Wenn die Threads in irgendeiner Weise Daten austauschen, können sogar völlig unterschiedliche Ausgaben entstehen.

Auch bei echt paralleler Ausführung von Threads auf einem Mehrprozessor-System kann Indeterminismus auftreten. Da die Arbeitsgeschwindigkeiten der Prozessoren niemals exakt gleich sind, kann eine Variable x, der zwei Threads Werte zuweisen können, bei einer Programmausführung von Thread a, bei einer anderen Programmausführung dagegen von Thread b zuletzt beschrieben werden. Folglich können der weitere Programmverlauf und die Ausgaben der beiden Programmausführungen voneinander abweichen.

Das Indeterminismus-Problem macht die Programmierung nebenläufiger Threads besonders schwierig, kann aber grundsätzlich nicht vermieden werden, wenn ein Informationsfluss zwischen den Threads besteht. Wenn Threads dagegen nicht auf diese Weise interagieren, können sie problemlos nebeneinander ablaufen. Datenunabhängigkeit von Threads würde als auschließliches Modell nebenläufiger Berechnung allerdings nicht viel nützen. Nur durch Zusammenarbeit können Threads gemeinsam eine Aufgabe bearbeiten.

Die Problematik des Datenaustauschs zwischen Threads wird nun anhand eines kleinen schematischen Beispiels erläutert. Es handelt sich um das Problem der verlorenen Änderung (engl. *lost update*). Zwei Threads greifen auf eine gemeinsame int-Variable zu und ändern dabei ihren Wert (update). Diese Variable Info wird in Prog. 8–16 in der Klasse GemeinsameVariable definiert und dort mit Hilfe der Methoden lies und schreibe eingekapselt.

```
class GemeinsameVariable
{ int Info = 100;

  int lies ()
  { return Info ;
  }

  void schreibe (int z)
  { Info = z;
  }
}
```

Prog. 8–16 *Einkapselung der gemeinsam benutzten* int*-Variablen* Info

```
class Zugreifer extends java.lang.Thread
{ int Nr, delta, Zwischenwert;
  GemeinsameVariable gemeinsam;

  Zugreifer (int Nr, int delta, GemeinsameVariable gemeinsam)
  { this.Nr = Nr;   this.delta = delta;   this.gemeinsam = gemeinsam;
  }

  public void run ()
  { for (int i = 1; i <= 5; i++)
    { Zwischenwert = gemeinsam.lies ();
      drucke (Nr, "liest", Zwischenwert);        Zeitdauer ();
      Zwischenwert += delta;
      gemeinsam.schreibe (Zwischenwert);
      drucke (Nr, "schreibt", Zwischenwert);     Zeitdauer ();
    }
  }

  void drucke (int Nr, String Op, int Wert)
  { String Zugr = "Zugreifer " + Nr, Pfeil,
         Abstand = "                          ";
    if (Nr == 1 && Op.equals ("liest"))  Pfeil = "  <----liest--- ";
    else if (Nr == 1)                    Pfeil = " --schreibt--> ";
    else if (Op.equals ("liest"))        Pfeil = " ---liest----> ";
    else                                 Pfeil = "  <--schreibt-- ";
    if (Nr == 1)  System.out.println (Zugr + Pfeil + Wert);
    else          System.out.println (Abstand + Wert + Pfeil + Zugr);
  }

  void Zeitdauer ()
  { long Dauer = (long) (Math.random () * 300);
    try { Thread.currentThread ().sleep (Dauer);
        }
    catch (InterruptedException Ausnahme) {}
  }
}
```

Prog. 8–17 *Klasse der Threads, die auf* GemeinsameVariable *zugreifen*

In Prog. 8–17 ist die Klasse Zugreifer angegeben, die als Erweiterung von java.lang.Thread ein Thread-Verhalten definiert. Aus dieser Klasse werden später zwei Thread-Objekte erzeugt, die auf GemeinsameVariable über die Methoden lies und schreibe zugreifen. Jeder Thread führt nacheinander fünf Zugriffs-sequenzen aus, die jeweils den Wert von Info um delta erhöhen. Dazu wird mit lies der Wert von Info zunächst in Zwischenwert übertragen. Nach der Addition von delta zum Zwischenwert wird dieser mit schreibe in Info zurückgeschrie-ben. Zwischen diesen Schritten wird der Prozessor über die Methode Zeitdauer für eine zufällig gewählte Zeitdauer freigegeben, so dass ihn der jeweils andere Thread benutzen kann.

Zeitdauer ruft die Methode sleep aus der Klasse Thread auf, wodurch sich ein Thread während der angegebenen Zeitdauer „schlafen legt". Er rechnet im Schlafzustand auch dann nicht weiter, wenn der Prozessor frei ist. Also könnte man sleep als eine Art yield mit Zeitverzögerung ansehen. Hier wird sleep für zwei Zwecke benutzt:

❑ Zum einen wird ein lokaler Rechenzeitbedarf im Zugreifer simuliert, der entsprechend der zufällig gewählten Zeit variieren kann.

❑ Zum anderen wird die „Willkür" des Laufzeitsystems simuliert, das bei quasiparalleler Ausführung die Threads zu (fast) beliebigen Zeiten den Prozessor zuteilen und entziehen kann. Wenn beide Threads schlafen, ent-scheidet hier der Zufall: Der Thread mit dem zufällig früheren „Weckzeit-punkt" rechnet als Nächster weiter.

Nebenbei bemerkt: Die Methode sleep führt in ihrer throws-Liste die Ausnahme InterruptedException auf (was man hier frei mit „Schlafstörung" übersetzen könnte). Deshalb stellt die Methode Zeitdauer einen (leeren) Ausnahmebehand-ler dafür bereit.

In Prog. 8–18 ist die Methode main des Hauptprogramms zu sehen, die zunächst ein Objekt der Klasse GemeinsameVariable sowie zwei Thread-Objekte vom Typ Zugreifer erzeugt. Das Objektv v vom Typ GemeinsameVariable wird jeweils über den Konstruktur an die beiden Zugreifer-Objekte z1 und z2 gereicht, so dass letztlich beide dieselbe gemeinsame Variable Info benutzen.

Die in Abb. 8–10 dargestellte Ausgabe zeigt des Verhalten von Zugreifer 1 (linke „Spalte"), Zugreifer 2 (rechte „Spalte") sowie die Werte der gemeinsamen Varia-blen Info (Mitte). Man kann die Ausgabe auch als ein (nicht maßstäbliches) Zeit-diagramm betrachten, in dem die Zeitachse nach unten gerichtet ist.

```
public class Haupt
{ public static void main (String [] unbenutzt)
  { GemeinsameVariable v = new GemeinsameVariable ();
    Zugreifer z1 = new Zugreifer (1, 1, v);
    Zugreifer z2 = new Zugreifer (2, 2, v);
    z1.start ();   z2.start ();
  }
}
```

Prog. 8–18 *Hauptprogramm für den Zugriff von zwei Threads auf eine gemeinsame Variable*

```
Zugreifer 1  <----liest---  100
                            100 ---liest---->  Zugreifer 2
                            102 <--schreibt--  Zugreifer 2
Zugreifer 1 --schreibt-->   101
                            101 ---liest---->  Zugreifer 2
                            103 <--schreibt--  Zugreifer 2
Zugreifer 1  <----liest---  103
                            103 ---liest---->  Zugreifer 2
                            105 <--schreibt--  Zugreifer 2
Zugreifer 1 --schreibt-->   104
                            104 ---liest---->  Zugreifer 2
                            106 <--schreibt--  Zugreifer 2
Zugreifer 1  <----liest---  106
Zugreifer 1 --schreibt-->   107
Zugreifer 1  <----liest---  107
                            107 ---liest---->  Zugreifer 2
                            109 <--schreibt--  Zugreifer 2
Zugreifer 1 --schreibt-->   108
Zugreifer 1  <----liest---  108
Zugreifer 1 --schreibt-->   109
```

Abb. 8–10 *Ausgabe zu Prog. 8–18*

Aus Abb. 8–10 geht deutlich hervor, auf welche Weise Änderungen verloren gehen können. Die Variable Info besitzt zu Beginn den Wert 100. Zugreifer 1 möchte diesen Wert um 1, Zugreifer 2 um 2 erhöhen. Beide Zugreifer lesen den Anfangswert und berechnen daraus den erhöhten Wert 101 bzw. 102. Während Zugreifer 1 noch mit dem gelesenen Wert beschäftigt ist, hat Zugreifer 2 die Variable Info gelesen und gleich wieder mit 102 beschrieben. Erst dann schreibt Zugreifer 1 seinen Wert 101, weil er auf Grund der Nebenläufigkeit nicht wahrgenommen hat, dass Zugreifer 2 zwischenzeitlich gehandelt hat. Damit zerstört Zugreifer 1 die Änderung, die Zugreifer 2 vorgenommen hat (lost update).

Im weiteren Verlauf der Programmausführung tritt dieser Effekt noch einige Male auf. Das Auftreten hängt von dem zufälligen Zeitverhalten der Threads ab und kann nicht vorhergesagt werden. Eine andere Ausführung des gleichen Programms (siehe Ausgabe in Abb. 8–11) führt zu einem anderen Verlauf und letztlich zu einem anderen Endwert von Info, nämlich 108 anstatt 109. Der Indeterminismus der nebenläufigen Threads kann also dazu führen, dass das Ergebnis eines Programms nicht determiniert ist.

Wegen des Problems der verlorenen Änderung muss das Programm verbessert werden. Die Klasse GemeinsameVariable muss eine Methode update anbieten, die alle Schritte einer Veränderung zusammenfasst. Zusätzlich muss dafür gesorgt werden, dass diese Methode zu jedem Zeitpunkt *höchstens einmal* ausgeführt wird. Andernfalls könnte folgender Ablauf eintreten, der wiederum zum Problem der verlorenen Änderung führt:

Zugreifer 1 ruft update auf. Nachdem update die Variable Info gelesen hat, unterbricht das Laufzeitsystem den Zugreifer 1 und bringt Zugreifer 2 zur Aus-

```
Zugreifer 1   <----liest--- 100
                            100 ---liest---->  Zugreifer 2
                            102 <--schreibt-- Zugreifer 2
Zugreifer 1 --schreibt--> 101
                            101 ---liest---->  Zugreifer 2
Zugreifer 1   <----liest--- 101
Zugreifer 1 --schreibt--> 102
                            103 <--schreibt-- Zugreifer 2
                            103 ---liest---->  Zugreifer 2
Zugreifer 1   <----liest--- 103
Zugreifer 1 --schreibt--> 104
Zugreifer 1   <----liest--- 104
                            105 <--schreibt-- Zugreifer 2
                            105 ---liest---->  Zugreifer 2
Zugreifer 1 --schreibt--> 105
Zugreifer 1   <----liest--- 105
                            107 <--schreibt-- Zugreifer 2
Zugreifer 1 --schreibt--> 106
                            106 ---liest---->  Zugreifer 2
                            108 <--schreibt-- Zugreifer 2
```

Abb. 8–11 *Andere Ausgabe zu Prog. 8–18*

führung. Die Umschaltung erfolgt also während der Ausführung von update. Wenn nun Zugreifer 2 update aufruft und vollständig ausführt, wird Info um 2 erhöht. Dieser Wert wird aber wieder zerstört, wenn Zugreifer 1 die unterbrochene Methode update zu Ende bringt.

Zeitlich überlappende Ausführungen der Methode update müssen verhindert werden! Erst nachdem eine Ausführung der Methode update beendet ist, darf die nächste Ausführung beginnen. Wenn bereits während einer update-Ausführung der andere Zugreifer update aufruft, dann muss die Ausführung so lange warten, bis die erste Ausführung terminiert.

In Java kann die zeitgleiche mehrfache Ausführung einer Methode dadurch verhindert werden, dass der betreffenden Methode das Attribut synchronized vorangestellt wird. Prog. 8–19 zeigt die entsprechende Umformulierung der Klasse GemeinsameVariable. Das zurückgegebene int-Array dient nur zur Anzeige des Info-Werts vor und nach der Veränderung. Für die update-Operation selbst ist dieses Array entbehrlich. Die entsprechende Änderung der Klasse Zugreifer ist in Prog. 8–20 wiedergegeben. Nun kann sichergestellt werden, dass einer Veränderung von Info keine andere Veränderung „dazwischenkommt".

```
class GemeinsameVariable
{ int Info = 100;

  synchronized int [] update (int Summand)
  { int [] Aenderung = new int [2];   Aenderung [0] = Info;
    Info = Info + Summand;            Aenderung [1] = Info;
    return Aenderung;
  }
}
```

Prog. 8–19 *Veränderung der* int-*Variablen* Info *durch eine* synchronized-*Methode*

```
class Zugreifer extends java.lang.Thread
{ int Nr, delta;
  GemeinsameVariable gemeinsam;

  Zugreifer (int Nr, int delta, GemeinsameVariable gemeinsam)
  { this.Nr = Nr;   this.delta = delta;   this.gemeinsam = gemeinsam;
  }

  public void run ()                                        // Diese
  { for (int i = 1; i <= 5; i++)                            // Methode
    { int [] alt_neu = gemeinsam.update (delta);            // wurde
      drucke (Nr, "vor", alt_neu [0]);                      // verändert.
      drucke (Nr, "nach", alt_neu [1]);   Zeitdauer ();
    }
  }

  void drucke (int Nr, String Op, int Wert)
  { String Zugr = "Zugreifer " + Nr, Pfeil,
         Abstand = "                    ";
    if (Nr == 1 && Op.equals ("vorher"))  Pfeil = "  <-----vor---- ";
    else if (Nr == 1)                     Pfeil = " ----nach----> ";
    else if (Op.equals ("vorher"))        Pfeil = " ----vor-----> ";
    else                                  Pfeil = "  <----nach---- ";
    if (Nr == 1)  System.out.println (Zugr + Pfeil + Wert);
    else          System.out.println (Abstand + Wert + Pfeil + Zugr);
  }

  void Zeitdauer ()
  { long Dauer = (long) (Math.random () * 300);
    try { Thread.currentThread ().sleep (Dauer);
        }
    catch (InterruptedException Ausnahme) {}
  }
}
```

Prog. 8–20 *Verbesserte Klasse der Zugreifer-Threads nutzt* synchronized-*Methode* update

Somit ist die intendierte Bedeutung der Methode update auch im Falle nebenläufiger Ausführung gewährleistet, wie die in Abb. 8–12 dargestellte Ausgabe zeigt.

Nach wie vor ist dieses Programm mit den nebenläufigen Threads nicht deterministisch, aber das Ergebnis ist determiniert. Info wird insgesamt 5 mal um 1 und 5 mal um 2, also summa summarum um 15 erhöht. Bei jeder Programmausführung lautet der Endwert von Info 115. Allerdings ist die Reihenfolge der Erhöhungen nicht immer die gleiche, wie die Ausgabe eines anderen Programmlaufs zeigt (siehe Abb. 8–13).

Diese Betrachtungen sollen nur einen ersten Einblick in die Problematik beim Entwurf und der Analyse von nebenläufigen Programmen geben. Weitere Ausführungen zu diesem Thema finden sich in [5], wo es mehr um Nebenläufigkeitskonzepte und ihre Umsetzung in Java geht, und [6], wo die Möglichkeiten zur Ausnutzung der Nebenläufigkeit im Vordergrund stehen.

```
Zugreifer 1  <-----vor---- 100
Zugreifer 1  ----nach----> 101
                           101 ----vor----->  Zugreifer 2
                           103 <----nach----  Zugreifer 2
Zugreifer 1  <-----vor---- 103
Zugreifer 1  ----nach----> 104
                           104 ----vor----->  Zugreifer 2
                           106 <----nach----  Zugreifer 2
Zugreifer 1  <-----vor---- 106
Zugreifer 1  ----nach----> 107
                           107 ----vor----->  Zugreifer 2
                           109 <----nach----  Zugreifer 2
Zugreifer 1  <-----vor---- 109
Zugreifer 1  ----nach----> 110
                           110 ----vor----->  Zugreifer 2
                           112 <----nach----  Zugreifer 2
Zugreifer 1  <-----vor---- 112
Zugreifer 1  ----nach----> 113
                           113 ----vor----->  Zugreifer 2
                           115 <----nach----  Zugreifer 2
```

Abb. 8–12 *Ausgabe des verbesserten Programms (Prog. 8–19 und Prog. 8–20)*

```
Zugreifer 1  <-----vor---- 100
Zugreifer 1  ----nach----> 101
                           101 ----vor----->  Zugreifer 2
                           103 <----nach----  Zugreifer 2
Zugreifer 1  <-----vor---- 103
Zugreifer 1  ----nach----> 104
                           104 ----vor----->  Zugreifer 2
                           106 <----nach----  Zugreifer 2
Zugreifer 1  <-----vor---- 106
Zugreifer 1  ----nach----> 107
Zugreifer 1  <-----vor---- 107
Zugreifer 1  ----nach----> 108
                           108 ----vor----->  Zugreifer 2
                           110 <----nach----  Zugreifer 2
Zugreifer 1  <-----vor---- 110
Zugreifer 1  ----nach----> 111
                           111 ----vor----->  Zugreifer 2
                           113 <----nach----  Zugreifer 2
                           113 ----vor----->  Zugreifer 2
                           115 <----nach----  Zugreifer 2
```

Abb. 8–13 *Ausgabe eines weiteren Laufs des verbesserten Programms*

9 Eine Kurzanleitung zur Softwareentwicklung

9.1 Zweck dieser Kurzanleitung

Diese Kurzanleitung gibt einen Überblick über die wichtigsten Arbeitsgänge und Beschreibungen, die für kleinere Softwareentwicklungs-Projekte erforderlich sind. So entsteht eher eine Art Kochrezept zur Zubereitung von Programmsystemen und weniger eine generelle Behandlung der zahlreichen Probleme, welche die Entwicklung von umfangreicher Software mit sich bringt. Die Vorgehensweisen in großen Softwareprojekten sind Gegenstand des Fachs *Software Engineering*. Sie werden daher in dieser Kurzanleitung nicht beschrieben. Eine systematische Behandlung des Themas Software Engineering findet man in [8] und [9].

Trotzdem wird dem Leser ein Gerüst in die Hand gegeben, das ihn zusammen mit den Programmierkenntnissen aus dem Hauptteil dieses Buches in die Lage versetzt, kleinere Programmiervorhaben strukturiert durchzuführen. Hier ist das Prinzip der „Verhältnismäßigkeit der Mittel" angebracht. Der Aufwand für Problemanalyse und Dokumentation soll sich an der Größe und Komplexität des gegebenen Problems orientieren – jedoch mit der folgenden Vorsichtsmaßnahme: Auch wenn manche der angesprochenen Schritte ausgelassen und nicht alle der Beschreibungen erstellt werden, so sollte man sich dennoch darüber im Klaren sein, dass die nicht explizit durchgeführten Punkte zumindest implizit gedanklich erfasst sind.

Ein Programm, das „nur" für ein paar wenige Gebrauchsfälle konstruiert wird, lässt sich in der Regel mit geringerem Aufwand erstellen als ein Programm, das über Jahre von vielen Menschen benutzt werden soll. Im letztgenannten Fall ist es nahezu unausweichlich, das Programm im Laufe seiner Lebenszeit immer wieder zu modifizieren, um es an veränderte Einsatzerfordernisse anzupassen. Das bedeutet, dass der Ersteller des Programms oder ein anderer Programmierer das Programm nach längerer Zeit anschauen, verstehen und modifizieren muss.

Vor allem das Verstehen eines Programms, das man entweder nicht selbst geschrieben oder seit längerer Zeit nicht bearbeitet hat (es genügen schon wenige Monate), stellt sich als ein schwieriges Problem dar, wenn das betreffende Programm nicht gut dokumentiert worden ist.

Im Folgenden widmen wir uns der Frage, worüber eine Dokumentation Auskunft geben soll und welche Entwicklungszustände eines Programmierprojekts sie sinnvollerweise festhält.

Insgesamt ist diese Kurzanleitung für kleinere bis mittelgroße Projekte geeignet, die nur von ein paar wenigen Personen bearbeitet werden. Es sei davor gewarnt, die hier vorgestellte Vorgehensweise auf größere Vorhaben anzuwenden. Die Probleme einer naiven Übertragung auf Großprojekte sind in dem Buch von Brooks [7] dargelegt.

Hier wird zunächst ein Überblick über die Stadien eines Softwareprojekts gegeben. In den verschiedenen Stadien oder Entwicklungsstufen sind Aspekte der Aufgabenstellung, des Programms und des Entwicklungsprozesses zu betrachten. Dabei kann nicht von einer strengen zeitlichen Reihenfolge ausgegangen werden. Beispielsweise ist die Problemanalyse nicht abgeschlossen, wenn die Betrachtung der Grobstruktur des Programms „an der Reihe" ist. Vielmehr ist es nur natürlich und immer wieder zu beobachten, dass die Beschäftigung mit der Lösung eines Problems weitere Einzelheiten des Problems selbst zu Tage fördert. Ein solcher Lerneffekt kann auch im späteren Verlauf der Programmentwicklung zur Wiederaufnahme der Problemanalyse führen, was natürlich Änderungen in der Grobstruktur des Programms und der Programmierung nach sich zieht.

9.2 Stadien der Softwareentwicklung

Die Natur von Software ist durch die Tatsache bestimmt, dass das eigentliche Produkt – das ablauffähige Programm – kein materieller Gegenstand ist. Die produktive Leistung des Programmierens besteht in der Festlegung von Programmstrukturen und -schritten. Die wichtigsten Strukturen dieser Art sind die Datenstrukturen und die Modulstrukur. Die Struktur der Daten (z.B. ein Suchbaum) bestimmt ganz wesentlich die Eigenschaften von Einfüge- und Zugriffsoperationen. Die Modulstruktur eines Programms ist die Aufteilung in größere Einheiten, die möglichst in sich abgeschlossen und einer abgegrenzten Teilaufgabe gewidmet sein sollen. Die Grundlagen für diese Strukturen wurden im Hauptteil dieses Buches gelegt. Hier soll nochmals betont werden, dass die Objektorientierung auf geschickte Art und Weise Daten- und Modulstruktur miteinander verbindet. Objekte kapseln „ihre" Daten ein. Dadurch kann eine bessere Änderbarkeit der Programme erzielt werden. Über die Objekte legt sich noch die grobkörnigere Struktur der Pakete.

Wie lassen sich nun geeignete Strukturen und letztlich ein geeignetes Programm entwerfen, das einen bestimmten Zweck erfüllt? Es muss ein Weg von den Anforderungen zu den Datenstrukturen und der Programmstruktur gefunden werden. Dieser Prozess lässt sich in verschiedene Stadien aufteilen, die unter

Umständen immer wieder durchlaufen werden. Im Groben lassen sich die folgenden Stadien unterscheiden:

- ❏ Stadium der Problemanalyse und der Definition von *Anforderungen*
- ❏ *Design*-Stadium zur Festlegung der Strukturen
- ❏ Stadium der *Implementierung*

Die einzelnen Stadien sind in Abb. 9–1 dargestellt. Im Anforderungsstadium wird
die Arbeit durch das Ziel bestimmt, die Wünsche des Auftraggebers zu analysieren und näher zu bestimmen. Dabei werden verschiedene Gegenstände, ihre Eigenschaften und ihre Beziehungen zueinander herausgearbeitet. Abb. 9–1 deutet
dies durch verschiedene Symbole an, die durch Linien unregelmäßig verbunden
sind. In der Regel ist im Anforderungsstadium auch die Frage zu diskutieren,
welche Arbeitsgänge durch die zu erstellende Software automatisiert werden.

Im Designstadium tritt die Frage in den Vordergrund, wie die Grobstruktur
der Softwarekomponenten zu gestalten ist, damit die geforderten Aufgaben erfüllt werden können. Dabei ist eine reguläre, d.h. „geordnete" Struktur anzustre-
ben, um die Änderungen, die sich unausweichlich aus der weiteren Diskussion
der Anforderungen ergeben, mit möglichst geringem Aufwand vornehmen zu

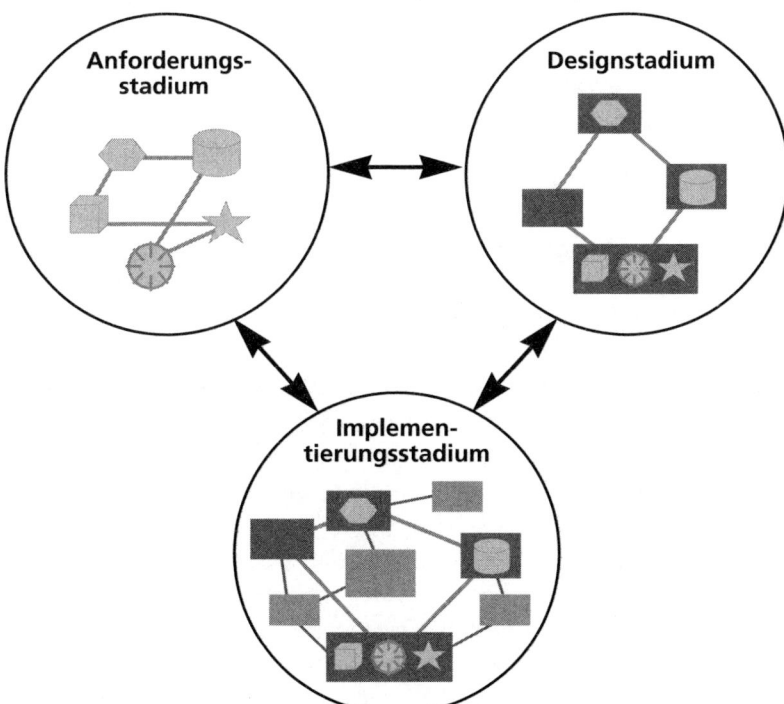

Abb. 9–1 *Stadien der Softwareentwicklung*

können. Diese Struktur wird häufig als *Softwarearchitektur* bezeichnet. Abb. 9–1 stellt die Komponenten dieser Struktur durch graue Kästchen dar. Sie enthalten Elemente des Anforderungsstadiums, weil die Anforderungen natürlich von bestimmten Softwarekomponenten erfüllt werden müssen. Allerdings muss die Softwarestruktur zusätzliche nützliche Eigenschaften aufweisen wie z.B. leichte Änderbarkeit und gute Wartbarkeit. Falls eine Softwarestruktur gefunden wurde, muss sie auf diese Eigenschaften hin untersucht werden.

Stellt sich heraus, dass bestimmte Anforderungen nicht oder nur unter einem unvertretbar hohen Aufwand realisierbar sind, kommen zwei Ursachen dafür in Betracht: Entweder ist die Struktur zu schlecht gewählt oder die Anforderungen sind einzeln oder in ihrer Gesamtheit einfach zu unrealistisch.

❑ Wenn die gefundene Softwarearchitektur ungeeignet ist (die erstgenannte Ursache), muss sie verbessert werden. In traditionellen Ingenieursdisziplinen wie Maschinenbau, Elektrotechnik oder Bauwesen ist es im Übrigen bei vielen Projekten üblich, von vornherein mehrere Entwurfsalternativen zu erstellen und dann die beste unter dem gegebenen Mix von Anforderungen auszuwählen. Auch beim Softwareentwurf sollten von vornherein verschiedene Varianten erstellt werden.

❑ Wenn bestimmte Anforderungen nicht oder nur mit unverhältnismäßig hohem Aufwand erfüllbar sind (die zweitgenannte Ursache), muss das Projekt neu überdacht werden. Entweder muss man es als gescheitert abbrechen oder weniger anspruchsvolle Anforderungen formulieren. Die Analyse der Softwarearchitektur kann wertvolle Information darüber liefern, welche Anforderungen für die Realisierung kritisch sind.

In Abb. 9–1 drückt der Doppelpfeil zwischen Anforderungs- und Designstadium zwei Beziehungen aus: Einerseits liefert die Softwarearchitektur einen Lösungsentwurf für das gestellte Problem. Andererseits kann die Analyse des Lösungsentwurfs eine neuerliche Diskussion der Anforderungen verursachen.

Das Ziel der Arbeit im Implementierungsstadium besteht darin, die im Designstadium gefundene Grobstruktur so auszufüllen, dass ein lauffähiges Programm entsteht, das den Anforderungen genügt. Eine vollständige Beibehaltung der Grobstruktur ist dabei wünschenswert, aber nicht immer möglich. Zumindest wird es in der Regel nötig sein, weitere Komponenten zu implementieren. In Abb. 9–1 sind diese durch hellgraue Kästchen dargestellt, die sich in die Grobstruktur einfügen.

Wiederum kann sich herausstellen, dass die Arbeitsergebnisse des Vorstadiums ungeeignet sind. Eine ungünstige Softwarearchitektur kann den Aufwand für die Implementierung unverhältnismäßig in die Höhe treiben oder eine Implementierung sogar völlig ausschließen. Dies führt dazu, dass ins Designstadium zurückgekehrt werden muss, um eine bessere Grobstruktur der Softwarekomponenten zu finden.

Eine schließlich fertiggestellte Implementierung ist daraufhin zu überprüfen, ob sie die Anforderungen tatsächlich erfüllt. Auch hier ist die Beziehung „zweiseitig". Einerseits gibt es immer wieder Anforderungen, die direkt die Implementierung betreffen, z.B. der Zwang, dass existierende Softwaresysteme eingebunden werden müssen. Anderseits kann es unvorhergesehene Implementierungsprobleme geben, die bestimmte Anforderungen nicht oder nur in abgewandelter Form realisierbar erscheinen lassen.

Wegen den beschriebenen Abhängigkeiten sind die Beziehungen zwischen dem Implementierungstadium und den beiden anderen Stadien in Abb. 9–1 ebenfalls durch jeweils einen Doppelpfeil dargestellt.

Im Folgenden wird auf die genannten Stadien der Softwareentwicklung näher eingegangen, um die jeweiligen Arbeitsvorgänge und die geforderten Arbeitsergebnisse genauer zu beschreiben und anhand eines Beispiels zu erläutern.

Anforderungsstadium

Das Stadium der Problemanalyse und der Definition von Anforderungen hat zum Ziel, dass die Wünsche des Auftraggebers herausgefunden, gezielt analysiert und festgehalten werden. In der Regel ist dies kein in sich abgeschlossener Vorgang. Es ist vielmehr dafür Sorge zu tragen, dass die Stimme des Auftraggebers während des gesamten Entwicklungsprozesses Gehör findet. Im Mittelpunkt stehen dabei oft die Fachexperten des Auftraggebers, die das Gebiet beherrschen, für das die gewünschte Software erstellt werden soll.

Der Umfang der Anforderungen ist recht unterschiedlich. Er hängt stark vom Zweck ab, den die Software erfüllen soll. Dies hört sich selbstverständlicher an als es ist. Für umfangreiche betriebswirtschaftliche Problemstellungen oder für die Automatisierung komplexer Produktionsprozesse würde man erwarten, dass auch das Auffinden, die Analyse und das Festhalten von Anforderungen ein komplexer Prozess ist. Es kann aber durchaus sein, dass solche Anforderungen recht knapp formuliert sind. Möglicherweise sind aber hinter einfach klingenden Formulierungen komplexe Probleme verborgen, die erst im Laufe der Analyse der Anforderungen oder gar noch später – beispielsweise erst bei der Auslieferung des Systems – zu Tage treten.

Stellen wir uns als Beispiel die Anforderungen an ein Rechensystem vor, das Daten eines Radars zur Flugüberwachung auswertet: Zu jedem Zeitpunkt sind bis zu n Flugzeuge zu erfassen, die sich mit einer Geschwindigkeit von maximal $v \ \frac{km}{h}$ bewegen! Auf der abstrakten Ebene ist das Überwachungsziel durch nur zwei Zahlen n und v auszudrücken. Bei näherer Überlegung wird aber sofort deutlich, dass ein solches System aus einer Vielzahl komplexer Hardware- und Softwarekomponenten besteht, für die aus den abstrakten Anforderungen abgeleitete Detailanforderungen erarbeitet und analysiert werden müssen.

Das Gebiet, welches das Problemfeld der Anforderungsdefinition bearbeitet, wird *Requirements Engineering* genannt. Die maßgeblich involvierten Personen, die so genannten Requirements Engineers, nehmen eine Art Vermittlerrolle zwischen den Fachexperten des Auftraggebers und den Experten des Softwareentwurfs ein.

Ein wesentliches Ergebnis der Arbeit im Anforderungsstadium sind Dokumente, die sowohl die Anforderungen als auch deren Entwicklung über die Zeit festhalten. Neben der textuellen Formulierung gibt es eine Reihe von Notationen und Techniken, um die Resultate in einer formaleren Weise auszudrücken. Diagrammatische Notationen sind zur Zeit populär. Unabhängig vom benutzten Ausdrucksmittel muss jedoch betont werden, dass man sich immer um eine präzise Darstellung bemühen muss. Falls Wahlmöglichkeiten oder vage Sachverhalte zu beschreiben sind, kommt es darauf an, gerade die offenen Punkte deutlich herauszuarbeiten und nicht in scheinbar „glatten" Formulierungen zu verstecken.

Ein wesentliches Dokument des Anforderungsstadiums ist die so genannte *Produktskizze* (auch *Produktdefinition* genannt), die im Folgenden erläutert wird. In der Praxis sind auch *Lasten-* und *Pflichtenheft* verbreitet, die ähnlich aufgebaut sind und in der Regel die technischen Anhänge zu Softwareentwicklungs-Verträgen bilden. Als Literatur dazu werden [9], [10] und [11] empfohlen.

Eine gängige Vorgehensweise besteht darin, zunächst eine möglichst konsistente und vollständige Produktskizze zu erstellen, welche die zu realisierenden Ziele und zu implementierenden Softwareeigenschaften auflistet und beschreibt. Eine Produktskizze gliedert sich in die folgenden Abschnitte:

1. Problembeschreibung, Projektziele
2. Funktionsumfang, Außenverhalten des projektierten Softwaresystems
3. Benutzerprofil bzw. -profile
4. Akzeptanzkriterien
5. Entwicklungs-, Einsatz- und Wartungsumgebung, Schnittstellen, Nebenbedingungen
6. Lösungsstrategien
7. Informationsquellen, Glossar

In Abschnitt 1 (*Problembeschreibung, Projektziele*) werden das Problem und die anvisierte Lösung knapp und präzise dargestellt. Hilfreich ist dabei eine explizite Abgrenzung von dem, was die Lösung gerade nicht enthalten soll. Als Beispiel wird hier noch einmal das Mahnwesen einer Bibliothek ausschnittsweise bemüht:

1. Problembeschreibung, Projektziel „Mahnwesen"
Das System für das Mahnwesen soll durch Aufzeichnen von Daten über Buchausleih- und Rückgabevorgänge feststellen, wann und um wie viel ein Benutzer der Bibliothek die jeweils gültigen Leihfristen überschritten hat. Für die Berechnung der Überschreitung und der daraus resultierenden Gebühren wird die jeweils gültige Benutzungsordnung der Bibliothek zugrunde gelegt. ...

Eine detaillierte Beschreibung der zu realisierenden Funktionen sowie der sonstigen sichtbaren Eigenschaften erfolgt in Abschnitt 2 (*Funktionsumfang, Außen-*

verhalten des projektierten Softwaresystems). Hier wird, falls das Softwaresystem es verlangt, in dem Punkt Außenverhalten dokumentiert, wie die Bedienoberfläche auszusehen hat (Darstellung der Daten in Fenstern, Schaltflächen für Mausklicks, Eingabekommandos usw.). Dieser Teil der Beschreibung kann unter Umständen etwas umfangreicher ausfallen, da moderne Softwaresysteme meist über eine komfortable Bedienoberfläche verfügen sollen. Insgesamt wird an dieser Stelle das funktionale Verhalten festgelegt, also die Abbildung der Eingaben auf Ausgaben. Diese Beschreibung sollte aber so wenig wie möglich darauf eingehen, wie dieses Verhalten implementiert wird. Für das Beispielsystem wird hier exemplarisch eine Funktion beschrieben:

2. Funktionsumfang, Außenverhalten
Zur Lösung des Problems müssen unter anderem folgende Funktionen vom System bereitgestellt werden:
- *Eintragen eines neuen Benutzers mit Namen, Adresse und Benutzergruppe, wie durch die Benutzungsordnung vorgegeben wird,*
- *Eintragen eines neuen Buchexemplars mit Titel und Autor bzw. Autoren,*
- *Ausleihen eines Buchs mit Identifikation des Ausleihers und des ausgeliehenen Buchexemplars,*
- *Rückgabe eines Buchs, wobei das System automatisch die relevanten Ausleihdaten überprüft,*
- *Mahnungen drucken auf Grund der vorliegenden Daten. Je nach Benutzergruppe betroffener Ausleiher werden Aktionen wie das Versenden des Mahnbescheids oder das Sperren der Exmatrikulation etc. durchgeführt.*

...
Allgemeine Hinweise: Das System soll alle Eingaben soweit möglich auf Korrektheit und Plausibilität überprüfen. ...

Die Bedienschnittstelle ist zwischen einem Programm und den Menschen angeordnet, die mit ihm umgehen. Folglich muss auch die „menschliche Seite" berücksichtigt werden. In Abschnitt 3 (*Benutzerprofil bzw. -profile*) findet sich deshalb eine Beschreibung der Benutzer und ihres Verhaltens. Es muss dargelegt werden, welche Fähigkeiten und Vorkenntnisse ein Benutzer mitbringen muss, um das Programmsystem erfolgreich einsetzen zu können. Da häufig verschiedene Benutzer in jeweils eigenen Rollen mit dem System arbeiten, z.B. Sachbearbeiter, Sachgebietsleiter und Systemverwalter, müssen entsprechend viele solcher Benutzerprofile definiert sein.

3. Benutzerprofile
Das Mahnwesen soll mehrere Benutzerprofile unterstützen, die mit unterschiedlichen Rechten ausgestattet sein können. Der Systemverwalter kann das System starten sowie die Datenbanken initialisieren und sichern bzw. eine Sicherungskopie wieder einspielen. Sachbearbeiter können die Aufgaben erledigen, die im Zusammenhang mit dem Eintragen von neuen Buchexemplaren, Benutzern usw. stehen. ...

Die für eine Vertragsgestaltung wichtigsten Punkte werden in Abschnitt 4 angegeben (*Akzeptanzkriterien*). Hier werden harte Bedingungen formuliert, an denen der Auftraggeber bzw. sein Beauftragter prüfen kann, ob das erstellte Programm die gewünschten Eigenschaften besitzt. Neben kritischen Testfällen sind ggf. auch quantifizierbare Kriterien bezüglich der Leistungsfähigkeit zu nennen, etwa die Antwortzeit oder der Durchsatz.

4. Akzeptanzkriterien

Für die Abnahme des Programmsystems ist nachzuweisen, dass die Überschreitungs-fristen und -gebühren für die verschiedenen Benutzergruppen korrekt berechnet werden. Das System muss dafür ausgelegt sein, dass es bis zu 10000 Buchexemplare und bis zu 4000 Benutzer verwalten kann. Die Antwortzeit beim Ausleihen und der Rückgabe eines Buchs darf 5 Sekunden nicht überschreiten. Die Anzahl der Arbeits-plätze, die gleichzeitig vom System bedient werden können, muss mindestens 20 betragen. ...

In den verbleibenden Abschnitten werden Regelungen festgehalten, die eher den Entwicklungsprozess bzw. die Realisierung betreffen. So werden in Abschnitt 5 (*Entwicklungs-, Einsatz- und Wartungsumgebung, Schnittstellen, Nebenbedingungen*) weitere Anforderungen ausgedrückt, die nicht in die Beschreibung des funktionalen Verhaltens passen.

5. Weitere Bemerkungen zur Entwicklung

Das Programmsystem zum Mahnwesen soll mit anderen Systemen der Bibiliothek zusammenarbeiten. Darüber hinaus ist eine Schnittstelle zum System des Studenten-sekretariats zu schaffen, um an dieses System ggf. zu übermitteln, dass ein Student sich nicht exmatrikulieren kann. Außerdem muss eine Schnittstelle zum Abbuchen von Mahn- und Überziehungsgebühren für die Benutzergruppen geschaffen werden, die Angestellte der Universität sind. ...

In Abschnitt 6 (*Lösungsstrategien*) wird skizziert, wie ein möglicher Weg aussehen könnte, das geforderte Verhalten (Abschnitt 2) in der erwarteten Umgebung (Abschnitt 5) zu realisieren.

6. Lösungsstrategien

Zu Beginn soll ein Prototyp erstellt werden, der ohne Datenbankmanagementsysteme arbeitet und dazu dient, die Funktionen der Bedienschnittstelle zu entwickeln. In einem zweiten Schritt wird dann eine Lösung erarbeitet, die ein relationales Datenbankmanagementsystem zur Speicherung der Daten über Buchexemplare und Benutzer benutzt.

Um eine einheitliche Sprachregelung für die unvermeidlichen Spezialbegriffe zumindest für die Produktskizze und die daraus folgenden Dokumente zu erhalten, wird in Abschnitt 7 (*Informationsquellen, Glossar*) eine Definition dieser Begriffe angegeben. Die Bedeutung dieses Abschnittes sollte nicht unterschätzt werden, da viele Probleme der Kommunikation zwischen Auftraggeber und Auftragnehmer auf Missverständnisse bei vermeintlich eindeutigen Begriffen zurückzuführen sind.

Designstadium

Die Arbeiten des Designstadiums haben zum Ziel, eine Struktur für das Softwaresystem zu finden, so dass es einerseits die Anforderungen erfüllen kann und andererseits erlaubt, die in Zukunft zu erwartenden Änderungen in möglichst einfacher Weise einzubauen. Dieses Ziel verlangt, sowohl die Anforderungen genau zu beachten als auch die im nächsten Stadium anstehende Implementierung zu berücksichtigen und im Übrigen mit Weitsicht auf potenzielle zukünftige Entwicklungen zu schauen. All dies erfordert eine gute Planung durch programmiererfahrene Personen.

Im Designstadium wird die so genannte *Softwarearchitektur* festgelegt (auch als *Grobstruktur* bezeichnet – im Gegensatz zur *Feinstruktur*, welche durch die Implementierung entsteht). Das Ergebnis ist eine Beschreibung des zu implementierenden Softwaresystems auf Modulebene. Dort ist auch anzugeben, in welcher Verbindung die Softwarekomponenten zueinander stehen. In vielen Fällen wird diese Beschreibung mittels einer einfachen grafischen Notation ausgedrückt: Rechtecke bezeichnen Komponenten, Pfeile geben ihre Verbindungen an, Beschriftungen liefern ggf. zusätzliche Information.

Man beachte, dass sich die Softwarearchitektur auf die *statische* Struktur des Softwaresystems bezieht, nicht auf die Dynamik der Programmausführung. Damit werden bereits Festlegungen getroffen, die später während der gesamten Laufzeit einzuhalten sind. Das bedeutet insbesondere, dass es während der Programmausführung nicht neue Komponenten oder Verbindungen auf der Architekturebene geben darf, die im Designstadium nicht vorgesehen sind. Sollte sich bei der Implementierung zeigen, dass diesbezügliche Abweichungen unumgänglich sind, muss auch die Architekturbeschreibung geändert werden.

Aus der Vielzahl der Beschreibungsformen für Softwarearchitekturen wird in dieser Kurzanleitung eine bereits bekannte ausgewählt, nämlich das Klassendiagramm, das für einfachere Fälle ausreicht. Dieses Diagramm (z.B. Abb. 9–2) identifiziert eine Reihe von Eigenschaften der Klassen: Namen, Attribute und Methoden sowie die verschiedenen Arten von Beziehungen zwischen Klassen, z.B. die Erweiterung einer Klasse zu einer Unterklasse.

Unabhängig von der Beschreibungsmethode sind folgende Punkte für die Auslegung einer Softwarearchitektur wichtig:

❑ **Verständlichkeit:** Eine Klassenhierarchie muss übersichtlich sein. Sowohl die gesamte Struktur als auch jede einzelne Komponente sollen gut verständlich sein. Ein Diagramm darf nicht zu viele Klassen und Beziehungen zwischen ihnen umfassen. Eine Faustregel besagt, dass ein Diagramm allenfalls sieben bis zehn Elemente enthalten sollte. Bei größerer Elementanzahl empfehlen sich Unterdiagramme, die im übergeordneten Diagramm als je ein Element auftreten – also eine Hierarchie von Diagram-

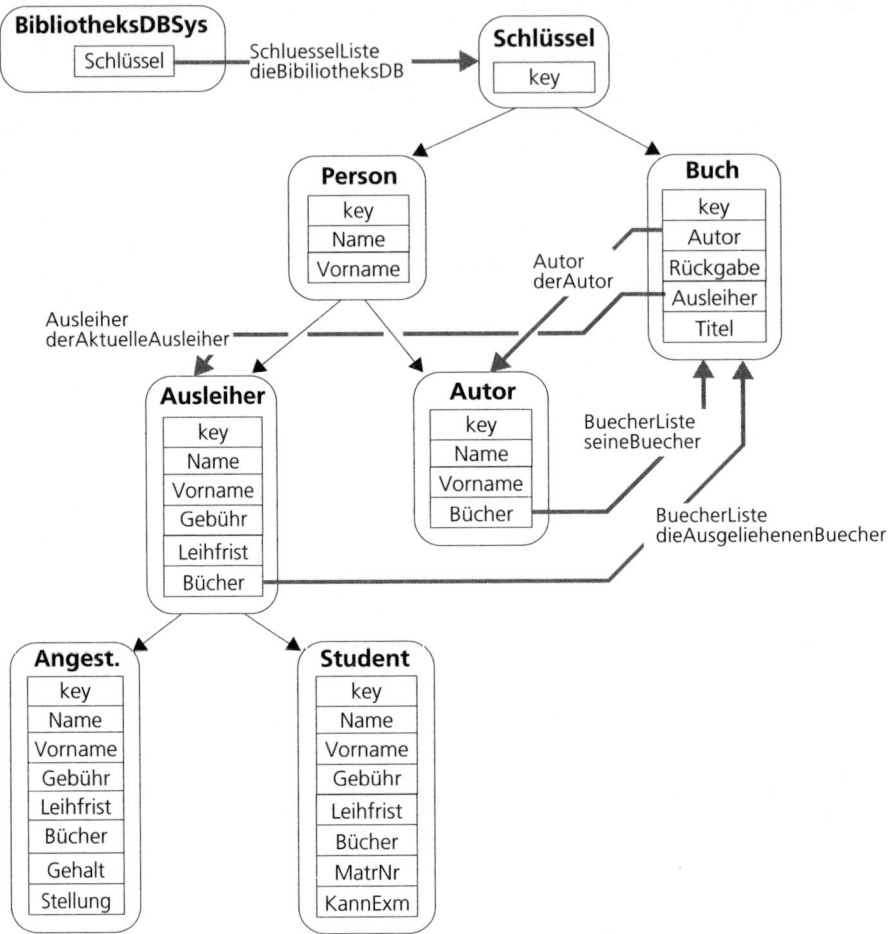

Abb. 9–2 *Ausschnitt aus dem Modell eines Bibliotheksverwaltungssystems*

men. Die Aufteilung auf Unterdiagramme will gut überlegt sein, da die Beziehungen über Diagrammebenen hinweg nicht so leicht zu ersehen sind.

Auch jede einzelne Klasse soll gut verständlich sein. Hier ist gefordert, dass der Klassenname einen Begriff darstellt, der den Zweck, die Leistungen und/oder das Verhalten der Klasse möglichst knapp und präzise wiedergibt. Als Daumenregel kann gelten, dass man dem Verständlichkeitsaspekt am ehesten gerecht wird, wenn jeder „Problemeinheit" genau eine Klasse (oder in komplexeren Fällen ein Menge von Klassen) entspricht, die für die Lösung des Problems ausschließlich zuständig ist. Daraus ergibt sich in den meisten Fällen auch eine gute Zuordnung von Methoden.

Wenn bei größeren „Problemeinheiten" Mengen von Klassen erforderlich sind, sollten diese in geeigneter Weise zusammengefasst sein, beispielsweise in einem Paket. Für die Wahl von Methodennamen gilt in Analogie zur Wahl von Klassennamen: Knapp und präzise sollen sie die Wirkung einer Methode wiedergeben. Hilfreich ist hier die Unterscheidung zwischen verschiedenen Wortarten: Adjektive wie `ungerade` oder Partizipien wie `gekuerzt` kommen für Methoden mit `boolean`-Rückgabewerten in Betracht. Substantive wie `Differenz`, `Wortanfang` oder `Steuertabelle` sind für Methoden mit sonstigen Ergebnissen zu empfehlen. Verben (evtl. im Imperativ) wie `loesche` eignen sich für `void`-Methoden, die kein Ergebnis liefern, sondern eine Datenstruktur manipulieren.

❑ **Robustheit gegenüber Änderungen der Anforderungen:** Wie bereits mehrfach erwähnt, muss praktisch immer damit gerechnet werden, dass sich die Anforderungen im Laufe der Entwicklung oder des Einsatzes eines Softwareprodukts ändern. Eine gute Softwarearchitektur verkraftet viele solcher Änderungen ohne nennenswerte Umstrukturierung. Diese Eigenschaft ist aber nicht einfach zu realisieren. Allgemein anwendbare Vorgehensweisen gibt es kaum. Eine Bewertung der Anforderungen hinsichtlich ihrer Langlebigkeit kann eine Hilfe sein. Sind stabile Kernanforderungen identifiziert worden, kann evtl. ein entsprechender „Architekturkern" geschaffen werden, um den herum die Komponenten anzusiedeln sind, welche die eher veränderlichen Anforderungen erfüllen sollen.

❑ **Leichte Erweiterbarkeit:** Nach der Auslieferung des fertiggestellten Softwaresystems können sich im Laufe der Lebenszeit zusätzliche Anforderungen ergeben. Das Softwaresystem ist dann entsprechend zu erweitern. Hier hilft ebenfalls eine Analyse der Anforderungen, um zu einer Softwarearchitektur zu gelangen, in der bereits Erweiterungsmöglichkeiten vorgesehen sind.

Neben diesen Qualitätskriterien existieren noch weitere, z.B. die einfache Benutzbarkeit, auf die aber im Rahmen dieser Kurzanleitung nicht weiter eingegangen wird.

Implementierungsstadium

Ziel aller Softwareentwicklung ist natürlich ein arbeitsfähiges Softwareprodukt. Alle gewünschten Funktionen müssen in einer Programmiersprache implementiert werden. Die verschiedenen Kapitel dieses Buchs haben die Einzelheiten der Programmierung ausführlich vorgestellt und diskutiert. Diese Kurzanleitung soll dagegen alle weiteren Aktivitäten der Softwareentwicklung beleuchten.

In diesem Abschnitt wird ausgeführt, welche besonderen Punkte im Implementierungsstadium zu berücksichtigen sind. Sie betreffen insbesondere die Beziehungen zu den beiden vorangehenden Stadien (vgl. auch Abb. 9–1). Dabei werden auch wichtige Kriterien genannt, die eine „gute" Implementierung erfüllen soll.

Die Beziehung zwischen dem Design und der Implementierung ist im wesentlichen dadurch gekennzeichnet, dass die Struktur der Implementierung im Groben der Softwarearchitektur entspricht. Wie in Abb. 9–1 angedeutet, existieren die in der Architektur definierten Komponenten (durch dunkelgraue Rechtecke symbolisiert) und die dazugehörigen Beziehungen prinzipiell auch in der Implementierung. In der Regel erfordert die Implementierung noch weitere Komponenten, um Details zu realisieren, die erst im Implementierungsstadium festgelegt werden (hellere Rechtecke in Abb. 9–1).

Diese Details sind häufig durch die verwendete Plattform bedingt, d.h. durch den Rechnertyp, das Betriebssystem, das Datenbankmanagementsystem etc. Durch zusätzliche Komponenten kann es evtl. gelingen, eine bestimmte Umgebung besser zu nutzen. Es kann sich jedoch auch um zusätzliche Komponenten handeln, die von Softwareentwurfs-Werkzeugen automatisch generiert worden sind. In manchen Fällen ist es dann notwendig, algorithmische Details der automatisch erzeugten Komponenten „manuell" festzulegen.

Klassen und deren Methoden müssen ausreichend dokumentiert werden. Dazu sollen Kommentare in den Programmen benutzt werden. Zu jeder Methode gehört die Angabe der erwarteten Eingabe- und Ausgabewerte, d.h. die Bedeutung der Parameter und des von ihnen abhängigen Rückgabewerts. Es existieren einige Werkzeuge, die aus einer Kommentierung, die für Klassen und Methoden in einheitlicher Form vorliegt, eine Dokumentation erstellen, die mit Hilfe eines Web-Browsers inspiziert werden kann.

Die Beziehung zwischen Anforderungs- und Implementierungsstadium ist im Wesentlichen durch den Teil der Anforderungen gegeben, der sich direkt an die Implementierung richtet. Typische Forderungen dieser Art besagen etwa, dass das zu entwickelnde Softwareprodukt auf einer bestimmten Plattform laufen oder mit schon bestehenden anderen Produkten zusammenarbeiten soll.

Auch in umgekehrter Richtung kann ein Einfluss ausgeübt werden, nämlich von der Implementierung auf die Anforderungen. Wenn sich bei der Implementierung herausstellt, dass bestimmte Anforderungen praktisch unerfüllbar sind, bleibt nur die Möglichkeit, die Anforderungen zu ändern, wenn auf das Projekt nicht ganz verzichtet werden soll.

Beispielsweise könnte gefordert sein, dass die Zeitdauer zwischen dem Aufruf einer Methode und dem Abschluss ihrer Ausführung einen Maximalwert nicht überschreiten darf. Wenn trotz geschickter Implementierung mit der gegebenen Hardware die Zeit nicht eingehalten werden kann, ist die geforderte Leistung eben nicht zu erbringen. Hier sind Anforderungen gestellt worden, die im Konflikt zueinander stehen. Die Forderung nach begrenzter Ausführungsdauer und die Forderung, einen bestimmten Rechnertyp zu benutzen, sind nicht vereinbar. An einem solchen Punkt müssen die Softwareentwickler bemüht sein, dem Fachexperten des Auftraggebers das Problem deutlich zu vermitteln. Häufig existieren mehrere Möglichkeiten, unvereinbare Anforderungen aufzulösen. Die Fachexperten sind in das Auffinden einer Lösung einzubeziehen, weil von den ursprünglichen Anforderungen abgewichen werden muss – was im Einvernehmen zwischen Auftraggeber und Auftragnehmer geschehen sollte.

In analoger Form gelten diese Überlegungen auch für die Beziehung zwischen Design- und Anforderungsstadium. Konflikte sollten hier mit ähnlichen Mitteln ausgeräumt werden.

Verschiedene Untersuchungen haben gezeigt, dass die Kosten zur Beseitigung von Unstimmigkeiten und Entwurfsfehlern umso höher ausfallen, je weiter der Prozess der Softwareentwicklung bereits vorangeschritten ist, d.h. je mehr implementierungsrelevante Details bereits festgelegt sind. Leider zeigen sich manche Widersprüche in den Anforderungen erst bei der Implementierung. Besonders unangenehm und teuer sind solche Fehler, die erst nach der Auslieferung des Produkts bemerkt werden. Es lohnt sich sehr, eine ausführliche Analyse der Anforderungen und des Designs schon in den entsprechenden Stadien durchzuführen!

Eine wesentliche Arbeit, die schon bald nach der Festlegung der Anforderungen beginnen kann, besteht in der Erzeugung von relevanten Testfällen. Auf der Basis der Anforderungen sind Eingabedaten zu erzeugen, die zu bestimmten (vorab berechneten) Ausgabedaten führen sollen. Für jeden Testfall, d.h. für jedes Paar aus Eingabe- und zugehörigen Ausgabedaten, ist ein Programmlauf durchzuführen. Stimmt die vorhergesagte Ausgabe mit der tatsächlichen nicht überein, so weist die Implementierung einen Fehler auf – oder aber die vorhergesagte Ausgabe ist nicht korrekt. Eine fehlerhafte Programmstelle zu finden, welche die falsche Ausgabe verursacht, ist ein besonderer Prozess, der je nach Komplexität des Programms sehr mühsam sein kann. Gegebenenfalls ist das Programm mit Testausgabe-Anweisungen zu versehen, um

❑ anhand der Reihenfolge der Testausgaben den Programmablauf nachvollziehen zu können und

❑ dabei die Inhalte von Variablen zu erfahren, die sonst verborgen geblieben wären.

Unter Verwendung von Werkzeugen wie z.B. Debuggern kann die Erzeugung der Testausgaben erheblich vereinfacht werden.

Noch ein Wort zur Auswahl von Testfällen. Leider können Testfälle in der Regel nicht alle Eingabemöglichkeiten erschöpfend abdecken, weil deren Anzahl meist extrem groß ist. Schon wenn ein Programm nur drei Zahlen vom Typ int einliest, sind gemäß den Gesetzen der Kombinatorik bereits $2^{3 \cdot 32}$ verschiedene Eingaben möglich – eine riesige Zahl. So viele Testläufe sind in tausend Jahren nicht durchzuführen. Man muss sich auf weit weniger Testfälle beschränken.

Generell bestimmt nicht die Anzahl der Testfälle die Qualität des Testens. Vielmehr soll durch eine sorgfältige Auswahl der Testfälle dafür gesorgt werden, dass der Bereich der zulässigen Eingabedaten so umfassend wie möglich abgedeckt wird. Alle Arten von anwendungsrelevanten Eingaben sollten durch einige Testfälle repräsentiert sein. Aber auch Sonderfälle und „exotische" Eingaben können helfen, Fehler in einem Programm aufzudecken.

Eine ausführliche Betrachtung des Testens würde den Rahmen dieses Buches sprengen. Daher sei auf die entsprechenden Kapitel in [8] bzw. [9] verwiesen. Ein Klassiker speziell zu dem Thema Testen von Softwaresystemen ist [12].

9.3　Die Rolle von Werkzeugen

Die Softwareentwicklung kann durch *Werkzeuge* unterstützt werden, die die Arbeit erleichtern. Als Werkzeuge werden hier Programme bezeichnet, die bei der Programmentwicklung helfen oder gar einige Entwicklungsschritte (teil-) automatisiert durchführen. Die Entwicklung von immer wieder neuartigen Werkzeugen ist voll im Gang. Auf bestimmte Werkzeuge wird daher nicht eingegangen. Eine knappe Kategorisierung soll aber einen groben Beurteilungsmaßstab für den momentanen Stand sowie für zukünftige Werkzeuge liefern.

Softwareentwicklung bedeutet, eine Reihe von Dokumenten zu erstellen, die gewissen Richtlinien oder sogar strengen Regeln genügen müssen. Dazu gibt es zwei Arten von Werkzeugen: einerseits solche, die bei der Erstellung der Beschreibungen helfen oder sie sogar aus bestehenden Dokumenten automatisch generieren, und andererseits Werkzeuge, die ein Dokument oder eine Menge von Dokumenten auf bestimmte Eigenschaften hin untersuchen.

Zu der ersten Klasse von Werkzeugen gehören Editoren und Generatoren. Je nach Art der verwendeten Notation handelt es sich um Grafik- oder spezialisierte Texteditoren. Das gemeinsame Kennzeichen dieser Art von Werkzeugen besteht darin, dass sie die Notation kennen und bereits bei der Eingabe von Zeichen oder Diagrammen kleinere Fehler feststellen und den Entwickler darauf aufmerksam machen können. Gewöhnliche Texteditoren sind dagegen keine große Hilfe und werden nur in eher einfachen Entwicklungsumgebungen verwendet. Compiler sind Werkzeuge, die aus einem Programm in einer Hochsprache ein ausführbares Programm erzeugen. Andere generierende Werkzeuge vermögen beispielsweise aus einer Architekturbeschreibung Programmfragmente abzuleiten – allerdings kein vollständiges Programm.

Die zweite Art von Werkzeugen dienen der Analyse. Dazu werden für eine Menge gegebener Beschreibungen bestimmte Eigenschaften berechnet. Beispielsweise lassen sich Vollständigkeit und Widerspruchsfreiheit von Beschreibungen überprüfen. Es soll an dieser Stelle nicht verschwiegen werden, dass diese Werkzeuge nur vergleichsweise einfache Tests dieser Art durchführen. Viele „harte

Fragen" beantworten sie nicht. So kann ein Analysewerkzeug meist nicht feststellen, ob eine Beschreibung völlig korrekt ist – etwa in dem Sinne, dass ein entwickeltes Programm bei beliebiger Eingabe die richtige Ausgabe liefert.

9.4 Bewertung und Ausblick

Zusammenfassend soll noch einmal betont werden, dass diese Kurzanleitung nicht eine intensivere Beschäftigung mit dem Thema Software Engineering ersetzen kann. Für kleinere Softwareentwicklungsprojekte sind die vorgeschlagenen Methoden jedoch ausreichend. Sobald der Umfang eines Projekts zunimmt oder die Frage nach der Aufgabe des projektierten Softwaresystems nicht mehr genau beantwortet werden kann, sind umfangreichere Techniken nötig. Sie haben im Wesentlichen zwei Ziele: Zum einen ist es wichtig, sich im Anforderungsstadium explizit um eine geeignete Vorgehensweise zu bemühen. Zum anderen ist parallel dazu eine passende Vorgehensweise zur Strukturierung des Softwaresystems im Desginstadium erforderlich.

Programmierkenntnisse, wie sie in diesem Buch vermittelt worden sind, und die praktische Programmiererfahrung bilden die Grundlage für jede Softwareentwicklung. Nur wer dieses elementare Gebiet beherrscht, kann wirksam in einem Softwareprojekt mitarbeiten. Der geübte Umgang mit Schleifen, Methoden, Klassen usw. garantiert aber nicht allein den Erfolg. Zusätzlich sind zahlreiche Aspekte des Software Engineering zu berücksichtigen, damit der Übergang von vage formulierten Anforderungen zu einem präzise arbeitenden Programm vollzogen werden kann, das die Erwartungen erfüllt.

Die unterstützenden Werkzeuge werden immer besser. Aber der Ansatz, aus einer von Menschen geäußerten Aufgabenstellung automatisch ein korrektes und effizientes Programm zu erzeugen, liegt noch in weiter Ferne und wird vielleicht unerreichbar bleiben.

A Anhang: Beispiel eines Softwareentwurfs

A.1 Überblick über die Vorgehensweise

In diesem Anhang soll die in Kapitel 9 formulierte Kurzanleitung zum Software-entwurf exemplarisch für das Bibiliotheksbeispiel angewendet werden. Das Ziel besteht darin, ein vollständiges und lauffähiges Programm zur Realisierung des Mahnwesens von Universitätsbibliotheken zu implementieren, wobei neben der Implementierung auch die beiden vorangehenden Entwicklungsstadien angemessen zu berücksichtigen sind. „Angemessen" bedeutet hier, dass nicht der gesamte Entwicklungsprozess, sondern nur die Endfassungen der jeweiligen Beschreibungen wiedergegeben werden. Dies darf nicht als Schummelei missverstanden werden. Es geht nur darum, den Textumfang hier in Grenzen zu halten.

Im Folgenden wird zunächst die Aufgabenstellung beschrieben, um dann die anderen Dokumente anzuführen und zu diskutieren. Bezüglich einiger Details der Programmierung sei auf Abschnitt 6.4 und folgende verwiesen.

A.2 Aufgabenstellung

Es ist ein Programm zur Realisierung des Mahnwesens einer Universitätsbibliothek zu erstellen. Das Programm soll für verschiedene Benutzer, die unterschiedlichen Gruppen angehören, je nach Überschreitung der Leihfrist eines Buches eine entsprechende Mahnung schicken. Neben der Mahnung sind ggf. noch andere Aktionen durchzuführen. Im Einzelnen sind die folgenden Punkte zu beachten (vgl. Abschnitt 6.4):

> *Beim Überschreiten der Leihfrist eines ausgeliehenen Buches soll eine entsprechende Mahnung an den Ausleiher verschickt werden. Die verschiedenen Gruppen von Personen sollen unterschiedlich behandelt werden. Dies hat seinen Grund darin, dass für Studenten, Angestellte und andere Personen als Benutzer der Bibliothek verschiedene Fristen und Zahlungsmodalitäten gelten sollen.*
> *Der „normale" Personenkreis von Benutzern, die weder Studenten noch Angestellte der Universität sind, erhält bei Fristüberschreitung neben der Mahnung einen Gebührenbescheid über Mahngebühr und Porto. Die Leihfrist beträgt 30 Tage.*

Bei Angestellten, die die Leihfrist eines Buches überschritten haben, wird eine Mah-
nung geschickt und die Mahngebühr vom Gehalt abgebucht. Die Leihfrist beträgt
120 Tage.
Falls studentische Bibliotheksbenutzer die Leihfrist eines ausgeliehenen Exemplares
überschreiten, wird ihnen neben der Mahnung und dem Gebührenbescheid die Mög-
lichkeit zur Exmatrikulation gesperrt, bis alle ausstehenden Gebühren beglichen sind.
Die Leihfrist beträgt für Studenten 60 Tage. Als besonderen Service müssen Studenten
kein Porto bezahlen, falls ihnen eine Mahnung zugeschickt wird.
Außerdem hängt die Höhe der Mahngebühr generell von der Zeit der Überschreitung
ab. Eventuell anfallende Portogebühren richten sich nach den Bedingungen des ver-
wendeten Zustellers.

Dies sind die wichtigsten Punkte der Aufgabenstellung, die evtl. in Einzelheiten
noch stärker detailliert sein könnte.

A.3   Anforderungen an das Bibliothekssystem

Der nächste Schritt muss nun sein, aus der Aufgabenstellung eine möglichst in
sich stimmige Produktskizze abzuleiten, welche die weitere Arbeit bis zur Implementierung trägt.

Hier wird keine Produktskizze angegeben, da dies den Rahmen der Darstellung sprengen würde. Der grundsätzliche Aufbau einer Produktskizze geht aus
Abschnitt 9.2 hervor. Für die nähere Betrachtung von Eigenschaften, die das Bibliothekssystem erfüllen soll, sei auf die Ausführungen in Abschnitt 6.5 verwiesen.

A.4   Design des Bibliothekssystems

Das Design des Bibliothekssystems lässt sich am besten durch die entsprechende
Klassenhierarchie beschreiben, wobei zwei Arten von Beziehungen darzustellen
sind: Erweiterung und Benutzt-Beziehung.

Zunächst wird auf die Modellierung der beteiligten Objekte eingegangen:
Personen, Autoren, Ausleiher, Bücher, Studenten und Angestellte. Alle Informationen werden in einer Datenbank abgelegt. Die einzelnen Objekte haben unterschiedlichen Typ und sollen durch einen in der Datenbank eindeutigen Schlüssel
identifiziert werden können. Daher sind alle speziellen Klassen Unterklasse der
Klasse schluessel, wie in Abschnitt 6.4 ausgeführt. Auf der nächsten Ebene der
Klassenhierarchie werden dann Personen und Bücher unterschieden. Personen
können als Ausleiher und als Autor in der Datenbank gespeichert sein. Die Ausleiher sind entweder allgemeine Ausleiher, Studenten oder Angestellte. Damit ergibt sich für diesen Teil des Systems die Klassenhierarchie laut Abb. A–1.

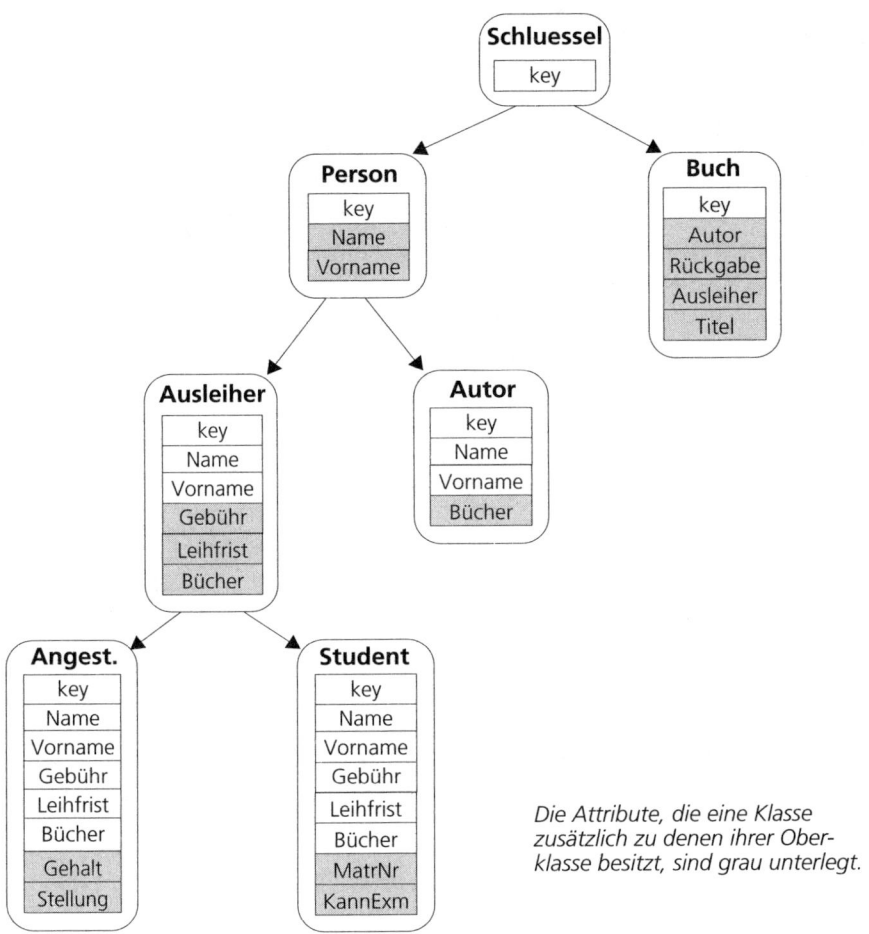

Abb. A–1 *Klassenhierarchie des Bibliotheksverwaltungssystems*

Ein weiterer Punkt im Design ist die Gestaltung der Benutzt-Beziehungen zwischen den Objekten, z.B. den Büchern, Autoren und Ausleihern. Diese Beziehungen sind durch die folgenden Sachverhalte gekennzeichnet:

> Ein Buch besitzt in unserer einfachen Bibliothekswelt genau einen Autor.
> Ein Buch kann von maximal einem Ausleiher ausgeliehen werden.
> Ein Autor kann ein oder mehrere Bücher verfasst haben.
> Ein Ausleiher kann ein oder mehrere Bücher ausgeliehen haben.

Damit können die Benutzt-Beziehungen zwischen den Klassen definiert werden. Außerdem ergibt sich die Notwendigkeit, Mengen von Büchern darzustellen. Dazu wird am besten eine Klasse BücherListe definiert. Eine solche Liste sollte Referenzen auf Buchobjekte verwalten und nicht Kopien der Buchobjekte. Des

Weiteren wird für die Darstellung der Datenbank eine Struktur benötigt, die alle Objekte aufnehmen kann. Da nach der in Abb. A–1 entwickelten Klassenhierarchie alle relevanten Objekte durch eine Unterklasse von Schluessel gegeben sind, bietet sich eine Struktur an, die Mengen von Schluessel-Objekten verwaltet. Der Einfachheit halber soll eine einfach verkettete Liste genügen. Dazu wird eine Klasse SchluesselListe benötigt. Damit kann die Benutzt-Beziehung in die Struktur von Abb. A–1 eingefügt werden, wobei die Listenstrukturen nicht explizit eingefügt sind, sondern durch die Beziehungen zwischen den Objekten implizit dargestellt sind (siehe Abb. A–2).

Nach der Festlegung dieser Struktur kann als Nächstes zu implementierungsnäheren Details übergegangen werden. Neben den erwähnten Hilfsklassen zur

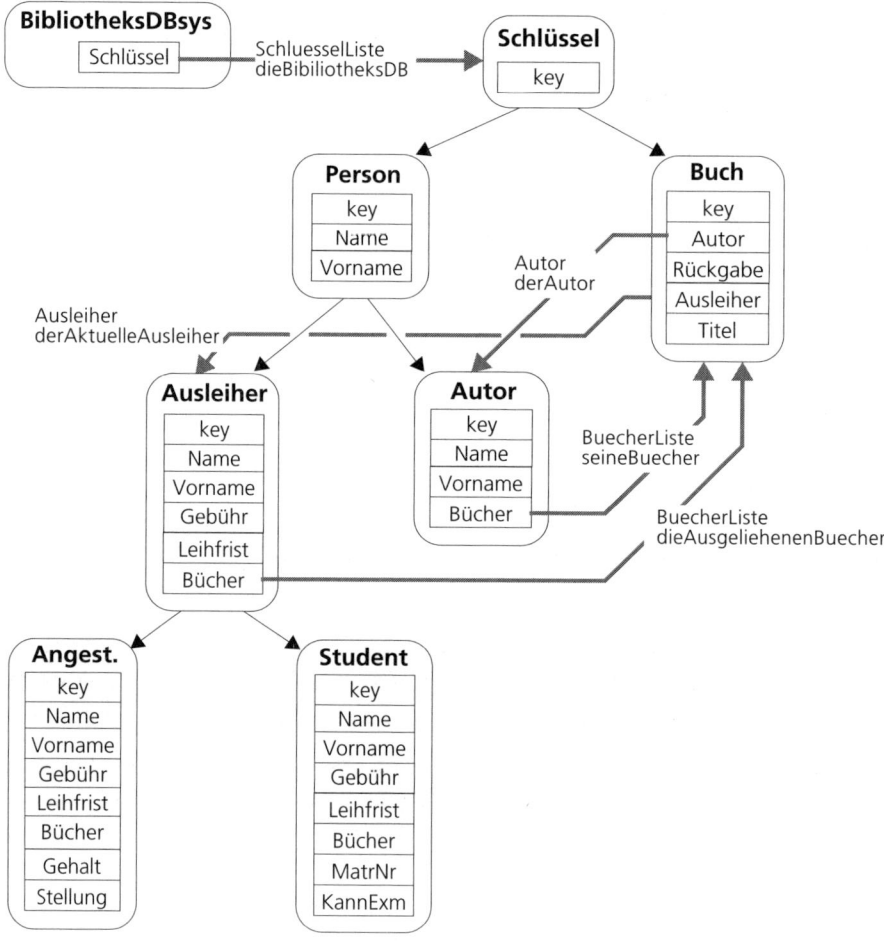

Abb. A–2 *Anreicherung eines Ausschnitts des Bibliotheksmodells aus Abb. A–1 um die wichtigsten Benutzt-Beziehungen*

Darstellung verschiedener Mengen von Objekten werden noch zwei weitere Strukturen benötigt: eine Schnittstelle zum Benutzer und ein Hauptprogramm, das die gesamte Struktur initialisiert und die Koordination zwischen Benutzerschnittstelle und den in Abb. A–2 skizzierten Strukturen realisiert. Die entsprechende Hauptprogramm-Klasse `Bibliothek` (nicht in Abb. A–2 enthalten) wird im Zusammenhang mit ihrer Implementierung näher betrachtet werden.

Die Verwaltung der gesamten Informationsmenge für das Bibliotheksmahnwesen ist die Aufgabe der Klasse `BibliotheksDBsys`. Diese Klasse stellt die Verbindungen zwischen Bücherlisten und Ausleihern her und nimmt die notwendigen Plausibilitätsüberprüfungen vor.

Neben den Klassen sind auch die Methoden zu beschreiben, was hier allerdings nur rudimentär skizziert wird. Die Methoden `BuchAusleihen`, `BuchZurueckGeben` und `MahnungBearbeiten` nehmen eine zentrale Stellung in dem Bibliothekssystem ein. Ihre Funktion wird durch den jeweiligen Namen hinreichend klar ausgedrückt. Zusätzlich werden Methoden benötigt, welche die Strukturen mit Inhalt füllen:

Einfügen und Löschen von Autoren, Büchern, Ausleihern,

Abfragen der Datenbankinhalte nach verschiedenen Kriterien,

...

Diese Methoden werden in der Klasse `BibliotheksDBsys` implementiert. Sie stützen sich auch auf Strukturen ab, die in anderen Klassen verwaltet werden. Folglich muss z.B. beim Buchausleihen zunächst geprüft werden, ob das Buch tatsächlich vorhanden und ausleihbar ist. Erst dann wird das Buch in die Liste der ausgeliehenen Bücher eines Ausleihers eingetragen. Außerdem wird für das Buch vermerkt, wer es ausgeliehen hat. Plausibilitäts- und Konsistenzprüfungen wie die soeben genannte nehmen in der Regel den größten Teil des Programmieraufwands in Anspruch.

A.5 Implementierung des Bibliothekssystems

Ausgehend von der Softwarearchitektur legt die Implementierung zahlreiche Details fest. Beispielsweise sind zur Erstellung von Mahnungen Datumsangaben zu verwalten. Dazu wurde entschieden, kein eigenes Kalendersystem zu entwickeln, sondern das von Java mitgelieferte zu benutzen. Weitere Details betreffen die Benutzungsschnittstelle. Der Einfachheit halber wurde eine Kommando-orientierte Version implementiert – eine grafische wäre mit deutlich höherem Aufwand verbunden gewesen. Die Entscheidung, ob grafisch oder Kommando-orientiert muss in der Regel schon früh in die Designüberlegungen einbezogen werden, da der Übergang von einer Kommando-orientierten zu einer grafischen Benutzungsschnittstelle gravierende Änderungen des Gesamtsystems nach sich zieht – oft eine teure und fehleranfällige Prozedur. Für die Benutzungsschnittstelle wird hier der EinAusRahmen aus dem Paket KEB benutzt (siehe separate Dokumentation dieses Pakets in Anhang B).

Diese Entscheidung hat zur Folge, dass bestimmte Regeln eingehalten werden müssen, um die Leistungen der Klasse EinAusRahmen auch benutzen zu können. Insbesondere ist es notwendig, an allen Programmstellen, wo Ein- oder Ausgabe erfolgen soll, auf ein Objekt der Klasse EinAusRahmen zugreifen zu können. Durch eine geeignete Initialisierung entsprechender Verweisvariablen kann dies gewährleistet werden. Der Einheitlichkeit halber tragen alle Verweisvariablen, die auf ein EinAusRahmen-Objekt zeigen, den Namen EA. Die Anweisung zur Ausgabe eines Textes lautet dann: EA.zeigeAus (" ... "). Dadurch ist die Verwendung der Klasse EinAusRahmen für die Ein- und Ausgabe sowie die Steuerung des Programms ähnlich zur Verwendung der Standardklassen des Java-Systems. In der Regel reicht es aus sich vorzustellen, dass der Aufruf von

```
EA.zeigeAus ("Wieder mal die Ausleihzeit überschritten.")
```

eine ähnliche Wirkung hat wie

```
System.out.println ("Wieder mal die Ausleihzeit überschritten.").
```

Die Klasse Schluessel (siehe Prog. A–1) spielt eine zentrale Rolle bei der Darstellung von Informationen in dem Bibliothekssystem. Daher soll sie näher erläutert werden. Die wesentliche Aufgabe des Konstruktors besteht in der Vergabe eines neuen, eindeutigen Schlüssels und in der Zuweisung eines EinAusRahmen-Objektes.

Die Schlüsselvergabe wird durch die statische Variable LetzterSchluessel realisiert. Das bedeutet, dass diese Variable nur einmal für alle Objekte der

```
import KEB.*;

class Schluessel                                   Diese Methode liefert eine
{ String Id ()                                     textuelle Information über
  { return "Typ Schluessel, Nr: " + key;           Schluessel-Objekte
  }

  EinAusRahmen EA;
  int key;
  static int LetzterSchluessel = 0;

  Schluessel (EinAusRahmen einaus)                 Der Konstruktor setzt den Verweis EA
  { EA = einaus;                                    auf ein EinAusRahmen-Objekt und er-
    key = LetzterSchluessel++;                      zeugt eine neue, eindeutige Schlüssel-
  }                                                 nummer, indem die statische Variable
                                                    LetzterSchluessel inkrementiert
  void DruckeInfo ()                                wird.
  { EA.zeigeAus (Id ());
  }
}
```

Prog. A–1 *Die Klasse* Schluessel

Klasse Schluessel existiert. Sie gilt somit global für alle Objekte dieses Typs. Bei jeder Erzeugung eines Objektes der Klasse Schluessel wird sie um 1 erhöht. Ihr neuer Wert wird jeweils der Variablen key zugewiesen, die den Schlüssel eines jeden Objekts vom Typ Schluessel enthält.

Die beiden anderen Methoden der Klasse Schluessel dienen nur der Erzeugung (Id ()) bzw. Ausgabe von Information (DruckeInfo ()) über ein Objekt der Klasse Schluessel. Sie werden in den Unterklassen stets überschrieben, um die jeweilige Information der Objekte der Unterklasse textuell darstellen bzw. ausgeben zu können.

Wenn nicht nur ein Objekt, sondern eine Menge von Objekten der Klasse Schluessel darzustellen sind, werden dafür Listen verwendet, wie sie durch die Klassen SchluesselListe und Element definiert werden. Prog. A–2 (Seite 336) zeigt die beiden Klassen. Die Klasse Element ist als lokale Klasse der Klasse SchluesselListe realisiert worden, was dazu führt, dass die Listenstrukturen in einer Klassendefinition enthalten sind. Jedes Objekt vom Typ SchluesselListe verwaltet neben einem Verweis auf das erste Element der Liste einen Verweis auf ein laufendes Element. Damit wird ermöglicht, von Element zu Element durch die Liste zu laufen. Die wesentlichen Methoden der Klasse SchluesselListe lauten:

void einfuegen (Schluessel k)
> fügt einen Verweis auf das als Parameter übergebene Objekt als erstes Element in die Liste ein

Schluessel dasErsteElement ( )
> liefert einen Verweis auf das erste Element der Liste und setzt den internen Verweis laufendes auf das erste Element

void entferne (Schluessel k)
> entfernt das Element mit dem Schlüssel k aus der Liste

Schluessel finde (int k)
> durchsucht die Liste nach einem Element mit dem Schlüssel k und liefert einen Verweis auf dieses Element zurück, falls vorhanden, sonst null

Schluessel dasNaechsteElement   ()
> setzt den internen Verweis laufendes auf das nächste Element und liefert, falls es existiert, einen Verweis auf dieses Element zurück

void DruckeAlle ()   und
void DruckeAlleInfos ()
> durchlaufen die Liste und geben unterschiedliche Informationen für jedes Listenelement mit Hilfe der Methode zeigeAus im Ausgabefenster aus

```
import KEB.*;

class SchluesselListe
{
  class Element ◄──────────────── lokale Klasse zur Speicherung der Listenstrukturen
  {
    Schluessel Info;
    Element naechstes;

    Element (Schluessel k)
    { Info = k;
    }                                    dient dazu, die Liste durchlaufen zu können
  }

  Element erstes, laufendes;
  EinAusRahmen EA;

  SchluesselListe(EinAusRahmen einaus)
  { EA = einaus;    erstes = null;    laufendes = erstes;
  }

  Schluessel dasErsteElement()
  { if (erstes == null)
      return null;
    else
    { laufendes = erstes;                entweder ist laufendes == null (im
      return laufendes.Info;             Fall der leeren Liste) oder laufendes
    }                                    zeigt auf das Element, das im voran-
  }                                      gehenden Autruf zurückgeliefert wur-
                                         de (also aufpassen beim letzten Ele-
  Schluessel  dasNaechsteElement()       ment).
  { if (laufendes == null)
      return null;
    else
    { laufendes = laufendes.naechstes;
      // Achtung: Nun kann laufendes auf null verweisen,
      // wenn es vorher auf das letzte Element gezeigt hat.
      if (laufendes == null)   return null;
      else                     return laufendes.Info;
    }
  }

  void einfuegen (Schluessel k)          Die Methode entferne ist in
  { Element h = new Element (k);         Prog. A–3 (Seite 337), die Me-
    h.naechstes = erstes;                thode finde in Prog. A–4 (Seite
    erstes = h;                          338) dargestellt.
  }

  void DruckeAlle ()
  { Element el = erstes;
    while (el != null)
    { EA.zeigeAus (el.Info.Id());    el = el.naechstes;
    }
  }

  void DruckeAlleInfos ()
  { Element el = erstes;
    while (el != null)
    { el.Info.DruckeInfo();    el = el.naechstes;
    }
  }
} // end class SchluesselListe
```

Prog. A–2 *Die Klassen* SchluesselListe *und* Element

Mit Hilfe dieser Basisstruktur werden alle möglichen Listen innerhalb des Bibliothekssystems dargestellt. Eine Operation `entferne` zum Löschen eines Elements ist Prog. A–3 zu entnehmen. Ein Element wird hierbei über seinen Schlüssel `key` aufgefunden. Das Einfügen in eine einfach verkettete Liste ist unkompliziert, während in einer solchen Struktur das Löschen eines Elementes ein wenig aufwändiger ist, da ein Zeiger auf das jeweilige Vorgängerelement mitgeführt werden muss.

```
void entferne (Schluessel k)
{
  Element laufendes, vor;
  boolean fertig;
  // Entferne ein Element aus einer einfach verketteten Liste.
  // Erster Fall:  Die Liste ist leer. Dann geschieht nichts.
  // Zweiter Fall: Die Liste ist nicht leer ...

  if (erstes != null)
  { // Das zu entfernende Element ist das erste der Liste.
    if (erstes.Info == k)
      erstes = erstes.naechstes;
    else
    { // Das zu entfernende Element ist nicht das erste der Liste.
      // Suche es durch Nachziehen des Zeigers vor.
      vor = erstes;    laufendes = erstes.naechstes;
      fertig = false;

      while ( ! fertig)
      {
        if (laufendes == null)    // Das zu entfernende Element
          fertig = true;          // ist nicht in der Liste.
        else if (laufendes.Info == k)
        { // Das Element ist gefunden und kann nun geloescht werden.
          vor = laufendes.naechstes;    laufendes.naechstes = null;
          fertig = true;
        }
        else
        { vor = laufendes;    laufendes = laufendes.naechstes;
        }
      }
    }
  }
}
```

Prog. A–3 *Methode* `entferne` *der Klasse* `SchluesselListe` *(Prog. A–2)*

Das Durchsuchen einer Schlüsselliste wird durch die Methode `finde` realisiert (Prog. A–4). Hier ist nur das Suchen nach dem Schlüssel eines Elementes dargestellt. Weitere Methoden, die nach speziellen Inhalten suchen, müssen mit Hilfe der Methoden `dasErsteElement` und `dasNaechsteElement` explizit programmiert werden (wie dies z.B. in der Methode für die Eintragung eines neuen Buches realisiert ist – siehe Klasse `BibliotheksDBsys`).

Als erste Unterklasse von `Schluessel` wird Klasse `Buch` vorgestellt (siehe Prog. A–5), um damit auch die Klasse `BuecherListe` erklären zu können. Neben

```
Schluessel finde (int zufinden)
{ Schluessel dasElement = dasErsteElement ();
  boolean fertig = false;
  Schluessel gefunden = null;

  while ( ! fertig )
  { if (dasElement == null)
    { fertig = true;    gefunden = null;    // nichts gefunden.
    }
    else if (dasElement.key == zufinden)
    { fertig = true;    gefunden = dasElement;
    }
    else
       dasElement = dasNaechsteElement ();
  }
  return gefunden;
}
```

Prog. A–4 *Methode* finde *der Klasse* SchluesselListe *(Prog. A–2 auf Seite 336)*

```
import java.util.GregorianCalendar;
import KEB.EinAusRahmen;

class Buch extends Schluessel
{
  String Id ()
  { return "Typ Buch, Nr: " + key;
  }

  String Titel;
  Autor derAutor;

  GregorianCalendar RueckgabeDatum;

  Ausleiher derAktuelleAusleiher;

  Buch (EinAusRahmen ea, String DerTitel, Autor P)
  { super (ea);    Titel = DerTitel;    derAutor = P;
  }

  void DruckeInfo ()
  { EA.zeigeAus(Id() + ": " + Titel + " von Autor " + derAutor.Id ());
    if (derAktuelleAusleiher != null)
    { EA.zeigeAus ("ausgeliehen von:");    derAktuelleAusleiher.DruckeInfo ();
    }
    else
       EA.zeigeAus ("nicht ausgeliehen");
  }
}
```

Paket zur Darstellung des üblichen Kalenders, hier RückgabeDatum

Prog. A–5 *Die Klasse* Buch

den Attributen Titel, derAutor, RueckgabeDatum und derAktuelleAusleiher, die sich selbst erklären, sind die Methoden der Klasse dazu da, in verschiedenen Detaillierungsstufen Informationen über Objekte der Klasse Buch zu liefern. Der Konstruktor von Buch sorgt dafür, dass das Objekt vom Typ EinAusRahmen korrekt verankert wird, indem er über super den entsprechenden Konstruktor der Oberklasse aufruft. Danach werden die buchspezifischen Initialisierungen vorgenommen. Der Einfachheit halber ist an dieser Stelle auf eine weitere Plausibilitätsüberprüfung der Parameter verzichtet worden. Es wäre sicher angebracht zumindest zu überprüfen, ob die übergebene Referenz auf ein Objekt vom Typ Autor ungleich null ist.

Aufbauend auf der Klasse SchluesselListe kann die Klasse BuecherListe eingeführt werden (siehe Prog. A–6), da Buch-Objekte auch Objekte der Klasse Schluessel sind. Jedoch wird SchluesselListe nicht zu BuecherListe erweitert. Vielmehr besitzt die Klasse BuecherListe die Variable dieBuecherListe, die auf eine SchluesselListe verweist, an die alle Aufrufe weitergeleitet werden. Als einzige Besonderheit sei erwähnt, dass das Weiterleiten im Falle der Methode finde

```
import KEB.EinAusRahmen;

class BuecherListe
{ SchluesselListe dieBuecherListe;

  BuecherListe (EinAusRahmen ea)
  { dieBuecherListe = new SchluesselListe (ea);
  }

  void einfuegen (Buch b)
  { dieBuecherListe.einfuegen(b);
  }

  Buch dasErsteElement ()
  { return (Buch) dieBuecherListe.dasErsteElement ();
  }

  Buch dasNaechsteElement ()
  { return (Buch) dieBuecherListe.dasNaechsteElement ();
  }

  void entferne (Buch b)
  { dieBuecherListe.entferne (b);
  }

  Buch finde (int key)
  { Schluessel dasBuch = dieBuecherListe.finde (key);
    if (dasBuch == null)                return null;
    else if (dasBuch instanceof Buch)  return (Buch) dasBuch;
    else                               return null;
  }

  void DruckeAlle ()
  { dieBuecherListe.DruckeAlle ();
  }

  void DruckeInfos ()
  { dieBuecherListe.DruckeAlleInfos ();
  }
}
```

Prog. A–6 *Die Klasse* BuecherListe

nicht ganz so einfach funktioniert wie beispielsweise beim Einfügen oder Entfernen. Die Methode `finde` der Klasse `SchluesselListe` liefert, falls ein Element mit dem entsprechenden Schlüssel gefunden wurde, ein Objekt vom Typ `Schluessel` zurück. Da aber in einer `SchluesselListe` nicht notwendigerweise nur `Buch`-Objekte gespeichert sein müssen, ist noch die Überprüfung zwingend, ob das von `finde` der `SchluesselListe` zurückgelieferte Objekt (falls `!= null`) auch mindestens vom Typ `Buch` ist.

Die besondere Benutzung der `SchluesselListe` durch die `BuecherListe` könnte auch als eine spezielle Form der Erweiterung von Klassen betrachtet werden. Im Wesentlichen wird durch das Weiterreichen der Methodenaufrufe dafür gesorgt, dass sich Bücherlisten nahezu wie Schlüssellisten verhalten. Eine solche Form der Erweiterung nennt man auch Erweiterung durch Delegation (oder Vererbung durch Delegation). Die Methodenaufrufe werden an die allgemeinere Klasse delegiert und nur die speziellen Fälle „abgefangen" und gesondert behandelt. Insgesamt erhält man so auf relativ einfache Art und Weise eine Struktur (hier eine Liste), die „typsicher" arbeitet. Es werden nur Objekte eines bestimmten Typs in die Struktur eingefügt bzw. in ihr verarbeitet, da die Parameterlisten der entsprechenden Methoden die entsprechenden Typen verlangen. Dies ist z.B. gut an der Methode `einfuegen` zu erkennen, die in der Klasse `SchluesselListe` als Parameter einen Verweis auf ein `Schluessel`-Objekt erlaubt, während in der Methode `einfuegen` der Klasse `BuecherListe` ein Parameter vom Typ `Buch` erforderlich ist. Dieser Parameterwert kann ohne weitere Typkonversion an die Methode `einfuegen` der Klasse `SchluesselListe` weitergereicht werden, da `Buch` eine Unterklasse von `Schluessel` ist.

Das von `finde` zurückgelieferte Ergebnis muss ebenfalls nicht in spezieller Weise behandelt werden, wenn dafür Sorge getragen wird, dass die Bücherliste nicht von einer anderen Stelle aus manipuliert werden kann. In Prog. A–6 ist `finde` jedoch „defensiv" gegenüber einer möglichen unzulässigen Manipulation formuliert.

Nun können die verschiedenen Klassen eingeführt werden, die Personen in dem Bibliothekssystem repräsentieren: `Person`, `Autor`, `Ausleiher`, `Student` und `Angestellter`. Die Klasse `Person` (siehe Prog. A–7) ist eine Unterklasse von `Schluessel` und beinhaltet die gemeinsamen Eigenschaften aller beteiligten Personenkreise. Die Erweiterung gegenüber `Schluessel` ist die Deklaration von `Name` und `Vorname` sowie das Überschreiben der Methoden `Id` und `DruckeInfo`, um die speziellen Eigenschaften von `Person`-Objekten textuell darstellen bzw. ausgeben zu können.

Die Klasse `Autor` (siehe Prog. A–8) ist eine Erweiterung von `Person` zur Darstellung von Autoren. Die Erweiterung besteht in der Variablen `seineBuecher` vom Typ `BuecherListe` und einer Methode `neuesBuch` zum Einfügen von Büchern des Autors in diese Liste.

```
import KEB.EinAusRahmen;

class Person extends Schluessel
{ String Name, Vorname;

  String Id ()
  { return "Typ Person, Nr: " + key;
  }

  Person (EinAusRahmen einaus, String N, String V)
  { super (einaus);   Name = N;   Vorname = V;
  }

  void DruckeInfo ()
  { EA.zeigeAus (Id () + ":" + Vorname + "," + Name);
  }
}
```

Prog. A–7 *Die Klasse* Person

```
import KEB.EinAusRahmen;

class Autor extends Person
{ BuecherListe seineBuecher;

  String Id ()
  { return "Typ Autor, Nr:" + key;
  }

  void neuesBuch (Buch b)
  { seineBuecher.einfuegen (b);
  }

  Autor (EinAusRahmen ea, String N, String V)
  { super (ea,N,V);   seineBuecher = new BuecherListe (ea);
  }

  void DruckeInfo()
  { EA.zeigeAus (Id () + ":" + Vorname + "," + Name +
                 " hat die folgenden Bücher geschrieben:");
    seineBuecher.DruckeAlle ();
  }
}
```

Prog. A–8 *Die Klasse* Autor

Die Klasse Ausleiher (siehe Prog. A–9) stellt die allgemeinen Eigenschaften von
Ausleihern dar. In den beiden spezielleren Klassen, nämlich Student und Angestellter, sind im Wesentlichen nur noch die speziellen Versionen der Methoden
für die Bearbeitung von Mahnungen und für die Gebührenberechnung zu implementieren.

Zur Berechnung der Gebühren, die ein Ausleiher zu bezahlen hat, muss die
Liste seiner ausgeliehenen Bücher durchlaufen und das aktuelle Datum mit dem
Rückgabedatum verglichen werden. Dazu wird mit den Methoden dasErste-
Element und dasNaechsteElement die Liste dieAusgeliehenenBuecher durchlau-

```
import KEB.*;
import java.util.Calendar;

class Ausleiher extends Person
{
  String Id ()
  { return "Typ Ausleiher, Nr: " + key;
  }

  int Leihfrist;    // Ausleihfrist in Tagen.
  int Gebuehr;      // Aufgelaufene Gebühr in Euro.
  BuecherListe dieAusgeliehenenBuecher;

  Ausleiher (EinAusRahmen einaus, String N, String V)
  { super (einaus, N, V);    Leihfrist = 30;
    dieAusgeliehenenBuecher = new BuecherListe(einaus);
  }

  void DruckeMahnung ()
  { EA.zeigeAus ("Mahnung: " + Gebuehr + " Euro an Gebuehren" +
                " aufgelaufen");
  }

  void BerechneGebuehr (Calendar heute)
  { // Pro ueberzogenem Tag einen Euro! Ein Jahr hat 360 Tage ...
    // Berechne die Anzahl der Tage, die ueberzogen sind.
    int Porto = 1; // Hypothetische Standardbriefgebuehr in Euro.
    Buch laufendesb = dieAusgeliehenenBuecher.dasErsteElement ();

    while (laufendesb != null)
    { if (heute.after (laufendesb.RueckgabeDatum))
      { int jahr1 = heute.get (Calendar.YEAR);
        int jahr0 = laufendesb.RueckgabeDatum.get (Calendar.YEAR);
        int tag1  = heute.get (Calendar.DAY_OF_YEAR);
        int tag0  = laufendesb.RueckgabeDatum.get (Calendar.DAY_OF_YEAR);
        int diff  = (jahr1 - jahr0) * 360 + (tag1 - tag0);
        EA.zeigeAus (diff + " Tage ueberzogen für Ausleiher " + Id () +
                    " und Buch " + laufendesb.Id ());
        Gebuehr = Gebuehr + diff;       // sehr restriktiv und teuer.
      }
      laufendesb = dieAusgeliehenenBuecher.dasNaechsteElement ();
    }
    // Falls eine Gebuehr festgestellt wurde, noch das Porto addieren:
    if (Gebuehr > 0)  Gebuehr = Gebuehr + Porto;
  }

  void MahnungBearbeiten (Calendar heute)
  { BerechneGebuehr (heute);
    if (Gebuehr > 0)
    { EA.zeigeAus ("\nAn " + Name + " , " + Vorname + " Ihre Nummer: " + key);
      DruckeMahnung ();
    }
  }
}
```

Prog. A–9 *Die Klasse* Ausleiher

fen und das jeweilige Element entsprechend behandelt. Das Gebührenmodell ist nicht sehr realistisch, da jedesmal, wenn die Methode BerechneGebuehr aufgerufen wird, die überschrittene Zeit in Gebühren umgerechnet wird. Das bedeutet, dass eine Überschreitungsperiode ggfs. mehrfach berechnet wird, wenn die Bücher, deren Leihfrist überschritten ist, nicht zwischenzeitlich zurückgegeben wurden. Der Einfachheit halber wollen wir es aber bei diesem „groben" Vorgehen belassen.

Die Methode `MahnungBearbeiten` sorgt dafür, dass die beiden Methoden `BerechneGebuehr` und `DruckeMahnung` aufgerufen werden.

In den Klassen `Student` und `Angestellter` wird ein etwas anderes Gebührenmodell realisiert. Studenten brauchen kein Porto zu entrichten und bekommen einen Sperrvermerk bezüglich ihrer Exmatrikulation. Angestellten wird die Gebühr

```
import KEB.EinAusRahmen;
import java.util.Calendar;

class Student extends Ausleiher
{ int MatNr;  boolean KannExmatrikuliertWerden = true;

  String Id ()
  { return "Typ Student, Nr: " + key;
  }

  Student (EinAusRahmen einaus, String N, String V)
  { super (einaus, N, V);   Leihfrist = 60;
  }

  void SperreExmatrikulation ()
  { KannExmatrikuliertWerden = false;
    EA.zeigeAus ("Bitte vor der Exmatrikulation die Gebühren begleichen!");
  }

  void MahnungBearbeiten (Calendar heute)
  { super.MahnungBearbeiten (heute);        Benutzung der Methode in der
    if (Gebuehr > 0)                        Oberklasse
    { SperreExmatrikulation ();
      EA.zeigeAus ("Bitte die aufgelaufene Gebühr von " + Gebuehr +
                   " einzahlen!");
    }
  }

  void BerechneGebuehr (Calendar heute)
  { // Pro ueberzogenem Tag einen Euro, aber kein Porto.
    // Berechne die Anzahl der Tage, die ueberzogen sind.
    Buch laufendesb = dieAusgeliehenenBuecher.dasErsteElement();

    while (laufendesb != null)
    { if (heute.after (laufendesb.RueckgabeDatum))
      { int jahr1 = heute.get (Calendar.YEAR);
        int jahr0 = laufendesb.RueckgabeDatum.get (Calendar.YEAR);
        int tag1  = heute.get (Calendar.DAY_OF_YEAR);
        int tag0  = laufendesb.RueckgabeDatum.get (Calendar.DAY_OF_YEAR);
        int diff  = (jahr1 - jahr0) * 360 + (tag1 - tag0);
        EA.zeigeAus (diff + " Tage ueberzogen für Ausleiher " + Id () +
                     " und Buch " + laufendesb.Id ());
        Gebuehr = Gebuehr + diff;
      }
      laufendesb = dieAusgeliehenenBuecher.dasNaechsteElement ();
    }
  }
}
```

Prog. A–10 *Die Klasse* `Student`

```
import KEB.*;
import java.util.Calendar;

class Angestellter extends Ausleiher
{ int Gehalt;

  String Id ()
  { return "Typ Angestellter, Nr: " + key;
  }

  Angestellter (EinAusRahmen einaus, String N, String V)
  { super (einaus, N, V);   Leihfrist = 120;
  }

  String Stellung;
  void MahnungBearbeiten (Calendar heute)
  { super.MahnungBearbeiten (heute);
    if (Gebuehr > 0)  BucheGebuehrab ();
  }

  void BucheGebuehrab ()
  { EA.zeigeAus("Gebühr in Höhe von " + Gebuehr + " Euro wird abgebucht.\n");
   Gehalt = Gehalt - Gebuehr;   Gebuehr = 0;
  }

  void BerechneGebuehr (Calendar heute)
  { // Pro ueberzogenem Tag einen Euro, aber kein Porto.
    // Berechne die Anzahl der Tage, die ueberzogen sind.
    Buch laufendesb  = dieAusgeliehenenBuecher.dasErsteElement ();

    while (laufendesb != null)
    { if (heute.after (laufendesb.RueckgabeDatum))
       { int jahr1 = heute.get (Calendar.YEAR);
         int jahr0 = laufendesb.RueckgabeDatum.get (Calendar.YEAR);
         int tag1  = heute.get (Calendar.DAY_OF_YEAR);
         int tag0  = laufendesb.RueckgabeDatum.get (Calendar.DAY_OF_YEAR);
         int diff  = (jahr1 - jahr0) * 360 + (tag1 - tag0);
         EA.zeigeAus (diff + " Tage ueberzogen für Ausleiher " + Id () +
                     " und Buch " + laufendesb.Id ());
         Gebuehr = Gebuehr + diff;
       }
       laufendesb = dieAusgeliehenenBuecher.dasNaechsteElement ();
    }
  }
}
```

— Benutzung der Methode in der Oberklasse

— wird indirekt durch **MahnungBearbeiten** in der Oberklasse aufgerufen.

Prog. A–11 *Die Klasse* Angestellter

vom Gehalt direkt abgebucht. In Programm A–10 und A–11 werden die beiden Klassen dargestellt. Als Besonderheiten sind in der Klasse Student

❑ eine etwas längere Leihfirst zu berücksichtigen,
❑ die Exmatrikulation ggf. zu sperren,
❑ die Gebühren ohne Porto zu berechnen sowie
❑ Mahnungen auf Grund der beiden letztgenannten Punkte zu erstellen.

Um dies zu realisieren, sind BerechneGebuehr und MahnungBearbeiten zu überschreiben und die zusätzliche Methode SperreExmatrikulation hinzuzufügen.

Da sich nur „Kleinigkeiten" gegenüber der allgemeinen Version der Methode MahnungBearbeiten in der Klasse Ausleiher ändern, wird hier von der Möglichkeit Gebrauch gemacht, die Methode der Oberklasse mittels super zu benutzen. Man beachte, dass trotzdem die späte Bindung vorgenommen wird, wenn die Methode MahnungBearbeiten in der Oberklasse die Methode BerechneGebuehr aufruft. Es wird also die spezielle Version von BerechneGebuehr in der Unterklasse Student ausgeführt, ohne dass dazu besondere Vorkehrungen zu treffen sind.

Die Klasse Angestellter (Prog. A–11) implementiert das Gebührenmodell für die Angestellten. Dazu dienen zusätzliche Variablen (z.B. Gehalt) und Methoden (z.B. BucheGebührab) sowie die speziellen Versionen von BerechneGebuehr und MahnungBearbeiten.

Nach der Vorstellung der Unterklasse von Schluessel wird nun auf die Klassen eingegangen, welche „übergeordnete" Funktionen realisieren. Dies sind die Klassen BibliotheksDBsys und Bibliothek.

Die Klasse BibliotheksDBsys hat die Aufgabe, solche Funktionen zu realisieren, die über mehrere bereits vorgestellte Objektstrukturen hinwegreichen. Beispielsweise muss beim Einfügen eines neuen Buches dafür gesorgt werden, dass nicht nur das Buch, sondern auch der Autor entsprechend eingetragen wird. Dabei darf natürlich ein bereits in der Datenbank bekannter Autor nicht ein zweites Mal in diese eingetragen werden.

Die Klasse BibliotheksDBsys wird in Programm A–12 bis A–16 wiedergegeben. Wie bereits erwähnt beinhalten diese Methoden einige Überprüfungen, die unsinnige Werte der aktuellen Parameter abweisen. Im Einzelnen lauten die Methoden der Klasse BibliotheksDBsys:

void einfuegen (Schluessel k)

> Dies ist eine Hilfsmethode, die für das Einfügen verschiedener Elemente in die Datenbank einige Grundoperationen zusammenfasst und damit ein wenig Schreibarbeit bei der Programmierung spart.

void neuerAusleiher (String N, String V)

> Diese Methode erzeugt ein Objekt der Klasse Ausleiher. Es findet keine weitere Plausibilitätsprüfung statt, da mehrere Ausleiher gleichen Namens existieren dürfen.

void neuerAngestellter (String N, String V)

> Diese Methode erzeugt ein Objekt vom Typ Angestellter, ebenfalls ohne Plausibilitätsprüfung.

void neuerStudent (String N, String V)

> Diese Methode erzeugt ein neues Objekt vom Typ Student, ebenfalls ohne Plausibilitätsprüfung.

```java
import KEB.*;
import java.util.Calendar;
import java.util.GregorianCalendar;
import java.text.SimpleDateFormat;
import java.util.Date;


class BibliotheksDBsys
{
  SchluesselListe dieBibliotheksDB;    // die Liste aller Buecher, Ausleiher
                                       // und Autoren.
  EinAusRahmen EA;
  GregorianCalendar heute = new GregorianCalendar ();
  GregorianCalendar demnaechst;
  SimpleDateFormat dateformat = new SimpleDateFormat ("dd.MM.yyyy");

  BibliotheksDBsys (EinAusRahmen einaus)
  { EA = einaus;    dieBibliotheksDB = new SchluesselListe (einaus);
  }

  void einfuegen (Schluessel k)
  { dieBibliotheksDB.einfuegen (k);
  }

  void neuerAusleiher(String N, String V)              // Ohne
  { Ausleiher derAusleiher = new Ausleiher (EA, N, V); // Plausibili-
    dieBibliotheksDB.einfuegen (derAusleiher);         // tätsprüfung.
  }

  void neuerAngestellter (String N, String V)              // Ohne
  { Angestellter derAusleiher = new Angestellter (EA, N, V); // Plausibili-
    dieBibliotheksDB.einfuegen (derAusleiher);             // tätsprüfung.
  }

  void neuerStudent (String N, String V)              // Ohne
  { Student derAusleiher = new Student (EA, N, V);    // Plausibili-
    dieBibliotheksDB.einfuegen (derAusleiher);        // tätsprüfung.
  }

  void DruckeAlle ()
  { dieBibliotheksDB.DruckeAlle ();
  }

  void DruckeAlleInfos ()
  { dieBibliotheksDB.DruckeAlleInfos ();
  }

  void DruckeAlleMahnungen ()
  { Schluessel dasElement = dieBibliotheksDB.dasErsteElement ();
    while (dasElement != null)
    { if (dasElement instanceof Ausleiher)
        ((Ausleiher) dasElement).MahnungBearbeiten (heute);
      dasElement = dieBibliotheksDB.dasNaechsteElement ();
    }
  }
}
```

Die weiteren Methoden sind in Programm A–13 bis A–16 dargestellt.

Prog. A–12 *Die Klasse* BibliotheksDBsys

`void DruckeAlle ()`

> Diese Methode gibt die `Id` aller Elemente der Datenbank aus.

`void DruckeAlleInfos ()`

> Diese Methode gibt aussagekräftige Informationen über alle Elemente der Datenbank aus. Es wird dazu die Methode `DruckeAlleInfos` der Datenbank aufgerufen.

`void DruckeAlleMahnungen ()`

> Diese Methode durchläuft die Datenbank und prüft, ob Objekte vom Typ `Ausleiher` Bücher ausgeliehen haben, die schon zurückgegeben sein müssten. `DruckeAlleMahnungen` wird von `SetzeDatum` aufgerufen.

`void Buchausleihen (int Buchnummer, int Ausleihernummer)`

> Diese Methode (siehe Prog. A–13 auf Seite 348) vermerkt ein Buch für einen bestimmten Ausleiher als ausgeliehen. Es wird überprüft, ob das Buch existiert und ausgeliehen werden kann und ob der Ausleiher existiert.

`void SetzeDatum (String neuesdatum)`

> Diese Methode (siehe Prog. A–14 auf Seite 349) dient dazu, das aktuelle Datum zu übernehmen und für den betreffenden Tag das Mahnwesen anzustoßen.

`void BuchZurueckGeben (int Buchnummer)`

> Diese Methode (siehe Prog. A–15 auf Seite 349) vermerkt die Rückgabe eines Buches. Es wird geprüft, ob das Buch existiert und ausgeliehen ist. Dann wird es aus der Liste entfernt, welche die von einem Ausleiher ausgeliehenen Bücher enthält.

`void trageNeuesBuchEin (String Titel, String Vorname_,`
`                        String Nachname_)`

> Diese Methode (siehe Prog. A–16 auf Seite 350) nimmt ein neues Buch sowie seinen Autor in die Datenbank auf, falls dort noch nicht vorhanden.

Insgesamt ist die Klasse `BibliotheksDBsys` etwas umfangreicher. Allerdings zeigen die Programmlistings klar, dass die meisten Anweisungen der Plausibilitätsüberprüfung dienen, während die Formulierung der Eigenschaften von Datenbankelementen relativ gering ausfällt.

```
void Buchausleihen (int Buchnummer, int Ausleihernummer)
{ // Finde heraus, ob das gewuenschte Buch vorhanden und ausleihbar sowie
  // der angegebene Ausleiher existent ist. Wenn ja, trage die entsprechen-
  // den Informationen ein.
  // Prüfe zuerst Plausibilitaet der Buch-Bezeichnung:
  Schluessel dasElement = dieBibliotheksDB.finde (Buchnummer);
  Buch dasBuch = null;
  if (dasElement == null)
    EA.zeigeAus ("Das Buch mit Nummer " + Buchnummer +
                " ist leider nicht vorhanden.");
  else if (dasElement instanceof Buch)
  { dasBuch = (Buch) dasElement;
    if (dasBuch.derAktuelleAusleiher != null)
    { dasBuch = null;
      EA.zeigeAus ("Leider ist das Buch " + Buchnummer +
                  " bereits ausgeliehen.");
    }
  }
  else
  { dasBuch = null;
    EA.zeigeAus ("Das Buch mit Nummer " + Buchnummer +
                " ist leider nicht vorhanden.");
  }
  if (dasBuch != null)
  { // Nun kann nach dem Ausleiher gesucht werden.
    Ausleiher derAusleiher = null;
    dasElement = dieBibliotheksDB.finde (Ausleihernummer);
    if (dasElement == null)
      EA.zeigeAus ("Ein Ausleiher mit der Nummer " + Ausleihernummer +
                  " kann nicht gefunden werden.");
    else if (dasElement instanceof Ausleiher)
    { derAusleiher = (Ausleiher) dasElement;
      if (derAusleiher.Gebuehr != 0)
      { EA.zeigeAus ("Der Ausleiher "+ Ausleihernummer +
                    " muss erst seine Gebühren in Höhe von " +
                    ((Ausleiher) dasElement).Gebuehr + " begleichen.");
        derAusleiher = null;
      }
    }
    else
      EA.zeigeAus ("Ein Ausleiher mit der Nummer " + Ausleihernummer +
                  " kann nicht gefunden werden.");
    if (derAusleiher != null)
    { // Nun sind alle zusammen: Buch und Ausleiher.
      derAusleiher.dieAusgeliehenenBuecher.einfuegen (dasBuch);
      dasBuch.derAktuelleAusleiher = derAusleiher;
      dasBuch.RueckgabeDatum = (GregorianCalendar) heute.clone ();
      EA.zeigeAus ("Das Buch wird heute am " +
                  dateformat.format (dasBuch.RueckgabeDatum.getTime ()) +
                  " ausgeliehen");
      dasBuch.RueckgabeDatum.add (Calendar.DATE, derAusleiher.Leihfrist);
      EA.zeigeAus (" und muss am " +
                  dateformat.format (dasBuch.RueckgabeDatum.getTime ()) +
                  " zurückgegeben werden.");
    }
  }
}
```

Prog. A–13 *Methode* Buchausleihen *in der Klasse* BibliotheksDBsys

```
void SetzeDatum(String neuesdatum)
{ // Setze neues Datum und berechne die Gebühren.
  Date neuesheute = new Date ();
  boolean schluss = false;
  try { neuesheute = dateformat.parse (neuesdatum);
      }
  catch (java.text.ParseException pe)
  { EA.zeigeAus ("ParseException: falsches Datum " + pe);   schluss = true;
  }
  if ( ! schluss)
  { heute.setTime (neuesheute);
    EA.zeigeAus ("Es ist heute der " +
               dateformat.format (heute.getTime ()) +
               ". Die ausgeliehenen Bücher werden jetzt überprueft.");
    DruckeAlleMahnungen ();
  }
}
```

Prog. A–14 *Methode* SetzeDatum *in der Klasse* BibliotheksDBsys

```
void BuchZurueckGeben (int Buchnummer)
{ // Finde heraus, ob das Buch existiert und ausgeliehen ist.
  Schluessel dasElement = dieBibliotheksDB.finde (Buchnummer);
  Buch dasBuch = null;
  if (dasElement == null)
    EA.zeigeAus ("Ein Buch mit der Nummer " + Buchnummer +
                " existiert nicht.");
  else if (dasElement instanceof Buch)
    dasBuch = (Buch) dasElement;
  else
    EA.zeigeAus ("Ein Buch mit der Nummer " + Buchnummer +
                " existiert nicht.");
  // Falls dasBuch vorhanden ist, wird es aus der Liste der
  // ausgeliehenen Bücher gestrichen.
  if (dasBuch != null)
  { Ausleiher derAusleiher = dasBuch.derAktuelleAusleiher;
    derAusleiher.dieAusgeliehenenBuecher.entferne (dasBuch);
    dasBuch.derAktuelleAusleiher = null;
  }
}
```

Prog. A–15 *Methode* BuchZurueckGeben *in der Klasse* BibliotheksDBsys

```
void trageNeuesBuchEin (String Titel, String Vorname_, String Nachname_)
{ // Suche den Autoren. Falls in der Datenbank noch unbekannt,
  // den Autoren in die Datenbank einfügen.
  Schluessel dasElement = dieBibliotheksDB.dasErsteElement ();
  boolean fertig = false;
  Autor derAutor = null;
  Buch  dasBuch;

  while ( ! fertig)
  { if (dasElement == null)
    { fertig = true;      // Autor in die Datenbank einfügen.
      derAutor = new Autor (EA, Nachname, Vorname);
      dieBibliotheksDB.einfuegen (derAutor);
    }
    else if (dasElement instanceof Autor)
    { if ( ( ( (Autor) dasElement).Vorname.compareTo (Vorname_)) == 0 &&
           ( ( (Autor) dasElement).Name.compareTo (Nachname_) ) == 0    )
      { derAutor = (Autor) dasElement;   fertig = true;
      }
      else
        dasElement = dieBibliotheksDB.dasNaechsteElement ();
    }
    else
      dasElement = dieBibliotheksDB.dasNaechsteElement ();
  }

  // Nun ist ein Autor-Objekt gefunden bzw. neu erzeugt worden. Das Buch
  // kann jetzt eingetragen werden. Hier wird nicht geprüft, ob das Buch
  // in der Datenbank schon vorhanden ist, da eine Bibliothek mehrere
  // Exemplare eines Buches anschaffen kann. Dies gilt sogar für die
  // stets unterfinanzierten Uni-Bibliotheken.

  dasBuch = new Buch (EA, Titel, derAutor);
  dieBibliotheksDB.einfuegen (dasBuch);
  derAutor.neuesBuch (dasBuch);
}
```

Prog. A–16 *Methode* trageNeuesBuchEin *in der Klasse* BibliotheksDBsys

Bleibt nun zum Abschluss noch die Klasse Bibliothek zu erläutern, die über eingelesene Kommandos die Methoden der Klasse BibliotheksDBsys aufruft. Die Klasse Bibliothek ist als Erweiterung der Klasse EinAusRahmen programmiert. Folglich stehen alle Methoden und Variablen von EinAusRahmen in der Klasse Bibliothek zur Verfügung. Um diese benutzen zu können, sind einige Bedingungen zu erfüllen, die von EinAusRahmen verlangt werden.

- ❑ Es muss eine Methode Anfang aufgerufen werden, die ein Objekt der Unterklasse von EinAusRahmen (hier ein Objekt der Klasse Bibliothek) startet und dafür sorgt, dass Ein- und Ausgaben über das einfache Fenstersystem der Klasse EinAusRahmen abgewickelt werden.
- ❑ Es muss eine Methode Antwort (String Ein) überschrieben werden, die bei jeder Eingabe eines Kommandos aufgerufen wird. Innerhalb von Antwort kann programmiert werden, wie auf das Kommando reagiert werden soll. Dazu können eine Reihe von Methoden aus EinAusRahmen benutzt werden, die helfen den Eingabestring Ein zu analysieren und in

Wörter und Wortgruppen zu zergliedern. Damit können Kommandos mit komplex gegliederten Parametern einfacher bearbeitet werden.

❏ Es muss eine Methode `Hilfe` überschrieben werden, die einen geeigneten Hilfetext ausgibt oder anderweitig Hilfestellung leistet. Sie wird aufgerufen, wenn in dem Fenster das Hilfe-Kommando ausgewählt wird.

❏ Eine Methode `Ende` muss überschrieben werden, die eventuell erforderliche abschließende Berechnungen durchführt.

In Progr. A–17 bis A–19 wird die Klasse `Bibliothek` angegeben. Die einzelnen Schritte sind dort zum Teil durch Bemerkungen am Rande erklärt. Ein Detail soll etwas ausführlicher diskutiert werden: die Bearbeitung eines Kommandos, das in der Eingabezeile angegeben werden kann und zur Ausführung der Methode `Antwort` führt. Das Kommando wird der Methode `Antwort` als String-Parameter übergeben. In `Antwort` könnten die verschiedenen Kommandos in einer großen `switch`-Anweisung unterschieden werden, deren Zweige zur Bearbeitung des jeweiligen Kommandos führen.

Dieser Weg ist hier nicht verfolgt worden. Stattdessen wird zunächst aus einer Eingabezeile das erste Wort abgetrennt, welches die Kommandoart darstellt. Der Rest einer Kommandozeile sind die Kommandoparameter. Die Analyse der Parameter wird der Kommandobearbeitung überlassen, weil z.B. die Anzahl der notwendigen und optionalen Parameter von der Kommandoart abhängen. Die einzelnen Kommandos und ihre Bearbeitung werden in Objekten der Klasse `command` dargestellt:

```
class command
{ String commandstring;
  command (String u)  { commandstring = u; }
  void go ()  { }
  void go (String dieEingabe)  { }
}
```

Der String `commandstring` drückt die Kommandoart aus. Die Methode `go` repräsentiert die Bearbeitung des Kommandos. Für eine konkrete Kommandoart muss eine Unterklasse von `command` gebildet werden, wo die Methode `go` überschrieben wird.

In der Klasse `Bibliothek` werden die einzelnen Kommandos als anonyme Erweiterung der Klasse `command` dargestellt. Diese Objekte werden alle im Array `thecommands` gespeichert, das von der Methode `Antwort` nach der eingegebenen Kommandoart durchsucht wird. Wenn ein passendes Objekt gefunden ist, wird seine Methode `go` aufgerufen. Dabei wird die gesamte Kommandozeile als Parameter übergeben – inklusive der Kommandoart als erstem Wort.

Damit erhält man eine flexible Darstellung des Kommando-Wortschatzes, die ohne Änderung der Methode `Antwort` erweitert werden kann. Außerdem sind alle Informationen an einer Stelle konzentriert: das Wort, das die Kommandoart

```
import KEB.*;

public class Bibliothek extends EinAusRahmen
{
  BibliotheksDBsys dieBibliothek = new BibliotheksDBsys (this);

  public static void main (String args [])
  { System.out.println ("Hier ist das Bibliothekssystem.");
    Anfang (new Bibliothek (), "Bibliothek", 15, 1);
  }

  command [] thecommands =
  {
    new command ("Ende")
    { void go (String e)
      { Ende ();
      }
    },

    new command  ("DruckeDB")
    { void go (String e)
      { dieBibliothek.DruckeAlle ();
      }
    },

    new command ("NeuerAusleiher")
    { void go (String e)
      { if (WortAnz (e, 1) < 3)
          zeigeAus ("Falsche Zahl von Parametern für Kommando" +
                    commandstring);
        else
          dieBibliothek.neuerAusleiher (Wort (e, 1, 2), Wort (e, 1, 3));
      }
    },

    new command ("trageNeuesBuchEin")
    { void go (String e)
      { if (WortAnz (e, 1) < 4)
          zeigeAus ("Falsche Zahl von Parametern für Kommando:" +
                    commandstring +
                    "\nbenötigt: trageNeuesBuchein Titel Vorname Nachname");
        else
          dieBibliothek.trageNeuesBuchEin (Wort (e, 1, 2),
                                      Wort (e, 1, 3), Wort (e, 1, 4));
      }
    },

    new command ("neuerStudent")
    { void go (String e)
      { if (WortAnz (e, 1) < 3)
          zeigeAus ("Falsche Zahl von Parametern für Kommando:" +
                    commandstring +
                    "\nbenoetigt: neuerStudent Vorname Nachname");
        else
          dieBibliothek.neuerStudent (Wort (e, 1, 2), Wort (e, 1, 3));
      }
    },
```

Erzeugen eines Objekts
BibliotheksDBsys und
„Durchreichen" des Objekts
vom Typ EinAusRahmen

Darstellung der Kommandos

Prog. A–17 *Erster Teil der Klasse* Bibliothek

```
new command ("neuerAngestellter")
{ void go (String e)
  { if (WortAnz (e, 1) < 3)
      zeigeAus ("Falsche Zahl von Parametern für Kommando:" +
              commandstring +
              "\nbenoetigt: neuerAngestellter Vorname Nachname");
    else
      dieBibliothek.neuerAngestellter (Wort (e, 1, 2), Wort (e, 1, 3));
  }
},

new command ("DruckeAlleInfos")
{ void go (String e)
  { dieBibliothek.DruckeAlleInfos ();
  }
},

new command ("Buchausleihen")
{ void go (String e)
  { if (WortAnz (e, 1) < 3)
      zeigeAus ("Falsche Zahl von Parametern für Kommando:"+
              commandstring +
              "\nbenoetigt: Buchausleihen Buchnummer Ausleihernummer");
    else
      dieBibliothek.Buchausleihen (liesInt (e, 1, 2), liesInt (e, 1, 3));
  }
},

new command("SetzeDatum")
{ void go (String e)
  { if (WortAnz (e, 1) < 2)
      zeigeAus ("Falsche Zahl von Parametern für Kommando:" +
              commandstring + "\nbenoetigt: SetzeDatum Datum");
    else
      dieBibliothek.SetzeDatum (Wort (e, 1, 2));
  }
},

new command ("BuchZurueckGeben")
{ void go (String e)
  { if (WortAnz (e, 1) < 2)
      zeigeAus ("Falsche Zahl von Parametern fuer Kommando:" +
              commandstring +
              "\nbenoetigt: BuchZurueckGeben Buchnummer");
    else
      dieBibliothek.BuchZurueckGeben (liesInt (e, 1, 2));
  }
},
};
```

Prog. A–18 *Zweiter Teil der Klasse* Bibliothek

```
public void Hilfe ()
{ zeigeAus ("Dies ist das Bibliotheksprogramm .... die Kommandos lauten:");
  for (int i = 0; i < thecommands.length; i++)
    zeigeAus (thecommands[i].commandstring);
}

public void Antwort (String Eingabe)
{ int i;   boolean fertig;
  if (SatzAnz (Eingabe) >= 1)
  { if (WortAnz (Eingabe, 1) >= 1)
    { i = 0;   fertig = false;
      while ( ! fertig )
      { if (i >= thecommands.length)
          fertig = true;
        else if (thecommands [i].commandstring.compareTo
                                    (Wort (Eingabe, 1, 1)) == 0)
        { thecommands [i].go (Eingabe);  fertig = true;
        }
        else
          i++;

      };
      if (i >= thecommands.length)
        zeigeAus ("Kein Kommando: " + Wort (Eingabe, 1, 1));
    }
    else
      zeigeAus ("Nicht genügend Eingabezeichen? " + Eingabe);
  }
  else
    zeigeAus ("Leere Eingabe? " + Eingabe);
}

public void Ende()
{ zeigeAus ("Schluss jetzt ...");   super.Ende ();
}
}
```

Prog. A–19 *Dritter Teil der Klasse* Bibliothek

ausdrückt, die Analyse der Parameter, die Bearbeitung des Kommandos sowie
Fehler- und Hilfetexte. So kann z.B. die Methode Hilfe eine Übersicht über alle
zulässigen Kommandoarten anzeigen, indem sie einfach das Array thecommands
durchläuft und die jeweilige Variable commandstring ausgibt.

Insgesamt ergibt sich eine angemessene Aufteilung der Aufgaben auf die verschiedenen Klassen. Einerseits ist in der Klassenhierarchie (Schluessel ... Student) zur Darstellung der Informationen in der Bibliotheksdatenbank die Modellierung der Informationsstruktur gut in der Programm-Implementierung ables-
bar. Andererseits ist die Kommandobearbeitung in der Klasse BibliotheksDBsys
von der Aufbereitung des Benutzerschnittstelle in der Klasse Bibliothek ebenfalls gut getrennt. In eine solche Programmstruktur lassen sich Änderungen vergleichsweise leicht einbringen.

B   Anhang: Der EinAusRahmen

Die Klasse EinAusRahmen, die unter www.informatik.uni-essen.de/Prog/ zu finden ist, stellt eine Reihe von Methoden zur Verfügung, um mit einfachen Mitteln eine textuelle Kommunikation mit einem Programm realisieren zu können. Es wird ein Dialogfenster mit den folgenden Elementen geöffnet:

❑ Eine Auswahl-Schaltfläche (oben links in Abb. B–1), über die festgelegt werden kann, ob die Eingabe über Tastatur erfolgen oder aus einer Datei gelesen werden soll.

❑ Eine Auswahl-Schaltfläche (oben Mitte), über die festgelegt werden kann, ob die Ausgabe auf dem Bildschirm anzuzeigen oder in eine Datei zu schreiben ist.

❑ Eine Auswahl-Schaltfläche (oben rechts) zur Anzeige von Hilfstexten und zum Beenden des Programms.

❑ Eine Eingabezeile (unter den Schaltflächen) für die Eingabe von Texten über die Tastatur.

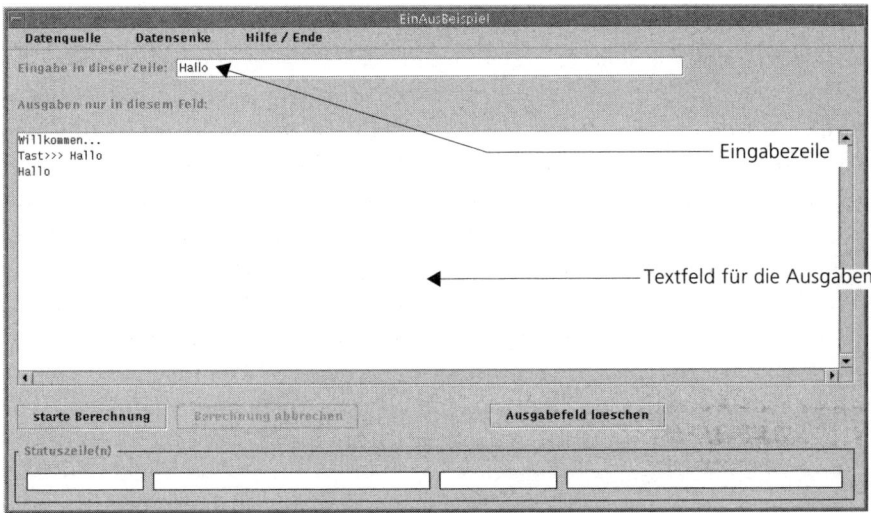

Abb. B–1 *Dialogfenster eines Objekts der Klasse* EinAusRahmen

```
import KEB.*;

public class EinAusBeispiel extends EinAusRahmen
{
  public static void main (String [] unbenutzt)
  { Anfang (new EinAusBeispiel (), "EinAusBeispiel", 15, 1);
  }

  public void Hilfe ()
  { zeigeAus (" Hier kommt die Hilfe ..." +
             "\n Jeder Text wird direkt wieder ausgegeben.");
  }

  public void Antwort (String Eingabe)
  { // Bearbeite den Eingabe-String, führe damit eine Berechnung durch
    // und gib die Ergebnisse aus. In diesem einfachen Beispiel wird die
    // Eingabe unverändert wieder ausgegeben.
    zeigeAus (Eingabe);
  }

  public void Ende ()
  { zeigeAus ("Schluss jetzt ...");   super.Ende ();
  }
}
```

Prog. B–1 *Benutzung der Klasse* EinAusRahmen *durch das Programm* EinAusBeispiel

❏ Ein Textfeld mit Rollbalken (in der Mitte) für die mehrzeilige Ausgabe von Texten, Zahlen usw.

❏ Ausgabefelder am unteren Rand, um Statusmeldungen anzuzeigen.

Ein Beispiel für die Benutzung der Klasse EinAusRahmen ist durch Prog. B–1 gegeben. Mit dem Aufruf von Anfang wird das Programm mit einem neuen Objekt der Klasse EinAusBeispiel gestartet und ein Dialogfenster eröffnet, das in der Kopfleiste die Beschriftung „EinAusRahmen" trägt. Das Rollbalken-Textfenster für die Ausgabe umfasst 15 Zeilen; darunter wird 1 Statuszeile angelegt.

Die Methode Hilfe überschreibt die gleichnamige Methode der Oberklasse EinAusRahmen, um spezielle Hilfestellung für das EinAusBeispiel geben zu können. Diese Methode wird ausgeführt, wenn über die entsprechende Auswahl-Schaltfläche (oben rechts) mit der Maus das Hilfe-Kommando ausgewählt wird.

Die Methode Antwort dient dazu, genau eine Eingabezeile (die in der Regel eine Aufgabenstellung enthält) zu bearbeiten, Ergebnisse zu berechnen und diese in das Rollbalken-Textfeld auszugeben. Antwort wird ausgeführt, wenn eine Eingabezeile durch Return (d.h. Zeilenwechsel) abgeschlossen wird.

Die Methode Ende kann dafür sorgen, dass auf das Ende-Kommando (Auswahl-Schaltfläche oben rechts) eine abschließende Berechnung folgt.

Die Syntaxanalyse der eingegebenen Zeile und das Herausgreifen einzelner Eingabeelemente aus dieser Zeile wird durch eine Reihe von Methoden erleichtert, die EinAusRahmen zur Verfügung stellt. Diese Methoden gehen von dem folgenden Aufbau einer Eingabezeile aus:

❏ Eine Zeile kann in mehrere Sätze unterteilt werden, die durch Komma
oder Semikolon zu trennen sind. Ein Punkt ist kein zulässiges Trennzei-
chen, weil er als Dezimalpunkt in Zahlen vorgesehen ist.

❏ Ein Satz kann in mehrere Wörter unterteilt werden, die durch ein oder
mehrere Leerzeichen zu trennen sind.

Die Eingabezeile „Lufttemperatur -10.5°, Pulverschnee, Höhe 120 cm"
besteht beispielsweise aus drei Sätzen. Der erste umfasst die beiden Wörter
„Lufttemperatur" und „-10.5°". Der zweite Satz besteht aus einem, der dritte
aus drei Wörtern, von denen das zweite eine ganze Zahl ist. Man beachte, dass
die Nummerierung von Sätzen und Wörtern mit 1 beginnt, nicht mit 0.

Die Bearbeitung der Eingabe wird durch folgende Methoden unterstützt:

int SatzAnz (String K)
>   gibt die Anzahl der Sätze in String K an.

int WortAnz (String K, int s)
>   gibt die Anzahl der Wörter in Satz s des Strings K an.

String Wort (String K, int s, int w)
>   liefert Wort w des Satzes s von String K.

int liesInt (String K, int s, int w)
>   liefert die ganze Zahl in Wort w des Satzes s von String K.

long liesLong (String K, int s, int w)
>   liefert die ganze Zahl in Wort w des Satzes s von String K.

float liesFloat (String K, int s, int w)
>   liefert die Gleitkommazahl in Wort w des Satzes s von String K.

Die oben genannten Methoden stehen auch ohne den String-Parameter K zur Verfügung und beziehen sich dann stets auf die zuletzt eingegebene Zeile. Falls beim
Lesen einer Zahl ein Fehler auftritt (etwa weil anstatt einer Zahl „3m" geschrieben wurde), liefert die betreffende Methode den Wert 0 und setzt eine boolesche
Variable auf true, deren Wert mit der Methode ungueltig () erfragt werden
kann. Die Abfrage setzt diese boolesche Variable sofort wieder auf false zurück.
Möchte man auf Grund eines festgestellten Fehlers auf die Bearbeitung nachfol-
gender Eingabezeilen verzichten, so ruft man brichab () auf. Der Abbruch
wirkt sich nur dann aus, wenn die Eingabe nicht über die Tastatur erfolgt, sondern aus einer Datei gelesen wird – die ja möglicherweise noch viele Eingabezeilen enthält. Der Bediener an der Tastatur kann durch Anzeige einer Fehlermeldung dazu bewogen werden, keine weiteren Eingaben einzutippen.

Durch Aufruf von zeigeEin (String Z) kann die im Dialogfenster angezeigte
Eingabezeile mit dem String Z belegt werden. Dies kann vorteilhaft sein, um dem
Bediener das Eintippen einer vermuteten Eingabe Z zu ersparen. Er muss dann

nur noch die Return-Taste drücken. Nur wenn er eine andere Eingabe vornehmen möchte, muss getippt werden – wodurch z in der Eingabezeile ersetzt wird.

Ausgaben können in das Rollbalken-Textfeld durch Verwendung der folgenden Methoden geschrieben werden:

void Echo (boolean ein)

>sorgt bei ein == true dafür, dass alle Eingaben unmittelbar ausgegeben werden. Mit ein == false wird dies unterbunden.

void zeigeAus (String Z)

>schreibt die Zeile z unter die bisherige Ausgabe.

void spAus (String Z)

>speichert z. Alle durch spAus gespeicherten Strings werden in der Speicherungsreihenfolge erst beim nächsten Aufruf von zeigeAus ausgegeben.

void spAusZ (String Z)

>arbeitet wie spAus, schließt aber Z mit einem Zeilenwechsel ab. Mittels spAus bzw. spAusZ und einem abschließenden zeigeAus kann eine Folge von Ergebnis-Strings auf einmal ausgegeben werden (statt in mehreren aufeinander folgenden Ausgabeoperationen). Dies beschleunigt den Bildaufbau im Dialogfenster.

String Spalte (String Z, int a, int b, String S)

>dient der spaltenweisen Formatierung der Ausgabe, wie sie z.B. für Tabellen benötigt wird. Es wird eine Kopie des Strings z zurückgegeben, in welcher der String s in die Spalten a bis |b| eingefügt worden ist. Wenn b positiv ist, wird s linksbündig, andernfalls rechtsbündig in den Spaltenbereich a bis |b| eingefügt. Der vorherige Inhalt der Spalten wird überschrieben. Besteht z aus weniger als a Zeichen, wird z zunächst mit Leerzeichen aufgefüllt. Die Nummerierung der Spalten beginnt mit 1.

In die Statuszeilen am unteren Rand des Dialogfensters kann durch die folgenden Methoden geschrieben werden:

```
zeigeZahl (int z, int Statuszeile)
zeigeZahl (long z, int Statuszeile)
zeigeZahl (String z, int Statuszeile)
zeigeMeld (String z, int Statuszeile)
```

Dabei gibt der Betrag von Statuszeile an, in welche der Statuszeilen geschrieben wird. Bei negativem Vorzeichen von Statuszeile wird in die linke Zeilenhälfte, bei positivem in die rechte geschrieben. In der jeweiligen

Zeilenhälfte schreibt `zeigeZahl` links, `zeigeMeld` dagegen rechts daneben. So führt beispielsweise

```
zeigeZahl (22, -1);    zeigeMeld ("Minuten.");
```

zu der Ausgabe: `22 Minuten.`

Literatur

[1]   Ken Arnold, James Gosling: The Java™ Programming Language. Addison-Wesley, Reading Mass. 1996, ISBN 0-201-63455-4

[2]   James Gosling, Bill Joy, Guy Steele: The Java™ Language Specification. Addison-Wesley, Reading Mass., 1996, ISBN 0-201-63451-1

[3]   Stefan Middendorf, Reiner Singer: Java Programmierhandbuch und Referenz für die Java-2-Plattform. dpunkt.verlag, 2. Überarbeitung und erweiterte Auflage, 1999, ISBN 3-920993-82-9

[4]   Patrick Chan, Rosanna Lee: Java Class Libraries, An Annotated Reference. The Java Series, Addison-Wesley, Reading Mass. 1997, ISBN 0-201-63458-9

[5]   Jeff Magee, Jeff Kramer: Concurrency: State Models & Java Programs. John Wiley, 1999, ISBN 0-471-98710-7

[6]   Doug Lea: Concurrent Programming in Java: Design Principles and Patterns. Addison-Wesley, Reading Mass. 1997

[7]   Frederick P., Jr. Brooks: The Mythical Man-Month : Essays on Software Engineering Anniversary Edition. Addison-Wesley, Reading Mass., 1995, ISBN 0-201-83595-9

[8]   Carlo Ghezzi, Mehdi Jazayeri, Dino Mandrioli: Fundamentals of Software Engineering. Prentice Hall, 1991, ISBN 0-138-20432-2

[9]   Hans-Werner Six, Bernd-Uwe Pagel: Software Engineering, Band 1, Die Phasen der Softwareentwicklung. Oldenbourg-Verlag, München, 1994, ISBN 3-486-24364-0

[10] Ian Sommerville, Gerald Kotonya: Requirements Engineering: Processes and Techniques. Worldwide Series in Computer Science, John Wiley, 1998, ISBN 0-471-97208-8

[11] Klaus Pohl: Process-Centered Requirements Engineering. Advanced Software Development Series, Vol 5, Research Studies Press Ltd, 1997, ISBN 0-471-96184-1

[12] Glenford J. Myers: Methodisches Testen von Programmen. Oldenbourg-Verlag, München, 1999, ISBN 3-486-25056-6

Viele aktuelle Informationen über die Programmiersprache Java und über das Programmieren mit Java finden sich vor allem auch im World-Wide Web. Die Entwicklung verläuft mit hohem Tempo, so dass an dieser Stelle zwar Adressen im WWW angegeben werden sollen, aber für die Gültigkeit dieser Adressen keine Gewähr übernommen werden kann. Vor allem kann es sehr leicht passieren, dass die jeweils angegebene Web-Adresse noch existiert, jedoch das dort vorgefundene Informationsangebot völlig neu strukturiert worden ist. Als Ausgangspunkt für die Suche nach Informationen im World-Wide Web lassen sich die untenstehenden Adressen benutzen oder man kann auch mit Hilfe der bekannten Suchmaschinen von Yahoo, Lycos, Google und anderen weitere Web-Adressen zu dem Thema suchen. Es ist aber angeraten die Suche mit Hilfe geeigneter Stichwörter gezielt einzuschränken, da sonst eine zu große Anzahl von Treffern von den Suchmaschinen geliefert wird.

[13]   `java.sun.com` bzw. `www.sun.com`
        Diese Web-Adressen werden von dem Java-Erfinder der Firma Sun Microsystems betrieben. Hier werden die aktuellen Informationen gefunden, die sich auf die Sprache Java und die zahlreichen mit Java verbundenen Techniken beziehen.

[14]   `www.cetus-links.org`
        An dieser Stelle sind eine große Anzahl von Web-Adressen zusammengefasst, die sich mit dem Thema Objektorientierung und Softwarekomponenten beschäftigen. Vor allem unter der Adresse
        `www.cetus-links.org/oo_java.html`
        sind Verweise auf weitere Java-spezifische Web-Adressen zu finden.

[15]   `www.informatik.uni-essen.de/Prog`
        enthält Übungsaufgaben und weitere Hinweise zu den im Buch behandelten Themen. Hier sind auch ablauffähige Versionen der im Buch als Beispiele verwendeten Programme angegeben, die im Buch aus Platzgründen nur fragmentarisch dargestellt werden konnten.

Index

A

abstrakte Klassen 251
Addition 32
Adjazenzliste 186
aktuelle Parameter 99
Akzeptanzkriterien 319
Algorithmus 7
Allgemeinheit 10
Alphabet 11
Änderbarkeit 10
Anforderungen 315
Anforderungsstadium 317
Anweisung 23, 43
    bedingte 48
    benannte 64
    einfache 18
    import 280
    package 280
    throw 297
    try-catch 293, 294
Anwendungssoftware 4
ArithmeticException 294
Array 66
    Datentyp der Elemente 67
    Dimension 67
    Elementanzahl 69
ArrayIndexOutOfBoundsException 294
Attribut 198
Aufrufbaum 126
Aufrufkette 126
Ausdruck 123
Ausnahme 43
Ausnahmebehandler 292
Ausnahmebehandlung 292
äußere Schleife 60

B

Bedienoberfläche 319
begrenzte Antwortzeit 8
begrenzte Schrittanzahl 8
Benutzerprofil 319
Benutzt-Beziehung 238
Betriebssoftware 4
Bezeichner 114
Beziehung
    erweitert_zu 196
    ist_ein 196
Binärbaum 147
Blätter 148
Block 115
boolean 48
boolescher Operator
    nicht 35
    oder 35
    und 35
break 64
Breitendurchlauf 152
buffer 169
byte 31

C

char 37
character 37
class 21
clone 210
compiler 18
Container 267
Container-Strukturen 263, 267
continue 64

D

Datenknoten 181
Datenstruktur
    komplexe 19
    rekursive 134
Datentyp-Anpassung
    implizite 40
Datentypen
    primitive 19
Datentyp-Umwandlung 202
    explizite 41
declaration 26
Deklaration 26
Design 315
Designstadium 321
Destruktor 112
Determiniertheit 9
Determinismus 9
Division 32
double 32

E

Effizienz 10
else 49
Entwurfsfehler 325
Enumeration 267
equal 210
Erweiterbarkeit 323
Erweiterung 194
    anonyme 231
    durch Delegation 238
    dynamische 221, 238
    statische 237
exception handler 292
exception handling 292
Exponent 32
extended_by 196
extends 194
Extension 196

F

Faktor 123
falsch 35, 48
Feinstruktur 321
FIFO-Puffer 169
finalize 210

Finitheit 8
first in, first out 169
float 32
formale Parameter 99
formale Sprache 11, 12
Funktionsumfang 318
Fuß 134

G

Garbage Collector 113
generisch 244
gerichtete Kanten 186
gerichteten Graphen 186
getClass 210
ggT 133
Gleitkommazahl 33
Grammatik 12
Graph 185
Grobstruktur 321

H

Hardware 4
Hashfunktion 181
Hashindex 180
Hashknoten 181
Hashtabelle 180
hasMoreElements 267
Hochsprache 18

I

if 49
IllegalAccessException 294
Implementierung 315
import 280
Indeterminismus 7, 9, 305
Index 66
Indexausdruck 67
inner 221
innere Schleife 60
Instanz 86
Instanzvariable 86
int 31
integer 23
interface 256
Intervallschachtelung 133
IOException 294

is_a 196
Iteration 53
iterativ 125, 161

J

Java 2
Java Virtual Machine 30

K

Kante 186
Kapselung 106
Keller 170
Klasse 20, 85
    abstrakte 251
      Kopf 21
      Rumpf 22
Klasse von Objekten 20
Klassendiagramme 196
Klassenhierarchie 198, 217
Klassenname 85
Knoten 186
Kommentar 25
konkatenieren 26
Konstruktor 108, 205, 231
Kopf 134

L

last in, first out 170
Lastenheft 318
LIFO-Prinzip 170
Liste 134
long 31
lost update 305

M

main 21
Mantisse 32
Maschinensprache 18
Mehrfachvererbung 264
Methode 21, 85, 98, 212
    abstrakte 251
      Rumpf 98
Methodenname 98
Modell 5
Multiplikation 32

N

narrowing 200
nebenläufig 302
new 86, 208, 231
nextElement 268
Normalblock 292
NullPointerException 294
NumberFormatException 294

O

Oberklasse 195
Oberklassenverweis 222
Objekt 19, 84
objektorientiert 84
Operation 30
Operator
    nachgestellter 45
    vorangestellter 45
Ordner 281

P

package 278
Paket 277
Parameterliste 98
Parameterübergabe 99
Pflichtenheft 318
Priorität der Operatoren 36
private 257, 286
Problembeschreibung 318
Produktdefinition 318
Produktion 12
Produktskizze 318
Programm 4
Programmiersprache
    höhere 18
Projektziele 318
protected 257, 286
public 257, 280, 285
Puffer 169

Q

quasiparallel 303
queue 169

R

Rekursion
  linear 158
  schlicht 158, 160
rekursiv 122, 125
Requirements Engineering 317
Restbildung 32
Robustheit 10, 323
Rückgabedatentyp 98
run 303
Rundungsabweichung 34

S

Schlange 169
Schleife 43, 52
  do-while 55
  for 57
  while 53
Schnittstelle 256
Seiteneffekt 90, 101
Selbstverweis 109, 222
Semantik 11
  denotationale 17
  operationale 17
  verbale 17
sequentiell 302
short 31
Software 4
Software Engineering 313
Softwarearchitektur 316, 321
Sortierverfahren 74
späte Bindung 216, 223
Sprache 12
sqrt 54
square root 54
stack 170
Stapel 170
start 303
statement 23
Steuerzeichen 38
String 23, 38
StringIndexOutOfBoundsException 294
Subklasse 195
Subtraktion 32
Suchbaum 173
Summand 123
super 222

Superklasse 195
  abstrakte 195
switch 50
synchronized 309
Syntaxdiagramm 14

T

Terminalsymbol 12
Terminierung 8, 123
Testfall 325
then 49
this 111, 222
Thread 302
throw 297
Throwable 294
throws 298
throws-Liste 298
Tiefendurchlauf 152
  In-Order 152, 173
  Post-Order 152
  Pre-Order 152
type cast 42, 201
typkompatibel 39
Typkompatibilität 42
Typkonversion 42
Typsystem 39
Typüberprüfung 202

U

überladen 214, 216, 260
Überschreiben 212, 214
Übersetzer 18
Unicode 38
Unterbaum 148
Unterklasse 195
Unterprogramm 18, 85

V

Variable 19, 23, 26, 85, 212
  syntaktische 12
Variablen-Vereinbarung 23
Verbreiterung 199
Verdeckungsregel 213
Vereinbarung 26
Verengen 200
Vererbung 196

Vererbungshierarchie 217
Verständlichkeit 321
Verstauchung 254
Verweisvariable 86
Verzweigung 43, 49
Vorzeichen 32

W

wahr 35, 48
Wahrheitswerte 35
Werkzeuge 326
Wertebereich 30
widening 199
Wiederholungsanweisung 52
Wort 12
Wurzel 148

Y

yield 304

Z

Zahlen
    ganze 31
    rationale 32
Zeichen 37
Zeichenkette 38
Zugriffsrechte 277, 285
Zuweisung 43

Martin Hitz, Gerti Kappel

UML@Work

Von der Analyse zur Realisierung

Anhand der Entwicklung eines Web-basierten, verteilten Kalendermanagers wird der objektorientierte Modellierungsstandard UML (Unified Modeling Language, Version 1.3) vorgestellt. Die Konzepte und Einsatzmöglichkeiten von UML werden schrittweise und praxisnah eingeführt, beginnend mit der Anforderungsbeschreibung bis hin zur Implementierung eines Java-Programms mit Datenbankanbindung.

Kritische Reflexionen über einzelne Schwächen von UML, eine Einführung in das UML-Metamodell, ein Überblick über existierende UML-Werkzeuge und ein umfangreiches Glossar bieten zusätzliches Insider-Wissen für den Entwickler im technischen und kommerziellen Umfeld sowie für den Studierenden und Lehrenden.

Die beigelegte CD-ROM enthält das komplette Beispiel in Rational Rose und als Java-Code.

1999, 368 Seiten, Broschur, mit CD
DM 78,00 / öS 569,00 / sFr 70,50
ISBN 3-932588-38-X

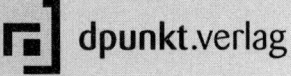

Ringstraße 19 • 69115 Heidelberg
fon 0 62 21/14 83 40
fax 0 62 21/14 83 99
E-Mail hallo@dpunkt.de
http://www.dpunkt.de

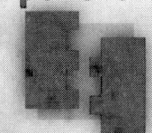